国际贸易学 理论、政策与实证
（第二版）

International Trade: Theory, Policy and Evidence

余淼杰 著

图书在版编目(CIP)数据

国际贸易学:理论、政策与实证/余淼杰著. —2版. —北京:北京大学出版社,2021.1
21世纪经济与管理规划教材·国际经济与贸易系列
ISBN 978-7-301-31799-0

Ⅰ.①国… Ⅱ.①余… Ⅲ.①国际贸易—高等学校—教材 Ⅳ.①F74

中国版本图书馆CIP数据核字(2020)第202853号

书　　　名	国际贸易学:理论、政策与实证(第二版) GUOJI MAOYIXUE: LILUN、ZHENGCE YU SHIZHENG (DI-ER BAN)
著作责任者	余淼杰 著
责任编辑	孙昕 李娟
标准书号	ISBN 978-7-301-31799-0
出版发行	北京大学出版社
地　　　址	北京市海淀区成府路205号　100871
网　　　址	http://www.pup.cn
微信公众号	北京大学经管书苑(pupembook)
电子邮箱	编辑部 em@pup.cn　总编室 zpup@pup.cn
电　　　话	邮购部 010-62752015　发行部 010-62750672　编辑部 010-62752926
印刷者	北京虎彩文化传播有限公司
经销者	新华书店
	787毫米×1092毫米　16开本　23.25印张　559千字 2013年4月第1版 2021年1月第2版　2023年12月第4次印刷
定　　　价	58.00元

未经许可,不得以任何方式复制或抄袭本书之部分或全部内容。
版权所有,侵权必究
举报电话:010-62752024　电子邮箱:fd@pup.cn
图书如有印装质量问题,请与出版部联系,电话:010-62756370

丛书出版前言

教材作为人才培养重要的一环,一直都是高等院校与大学出版社工作的重中之重。"21世纪经济与管理规划教材"是我社组织在经济与管理各领域颇具影响力的专家学者编写而成的,面向在校学生或有自学需求的社会读者;不仅涵盖经济与管理领域传统课程,还涵盖学科发展衍生的新兴课程;在吸收国内外同类最新教材优点的基础上,注重思想性、科学性、系统性,以及学生综合素质的培养,以帮助学生打下扎实的专业基础和掌握最新的学科前沿知识,满足高等院校培养高质量人才的需要。自出版以来,本系列教材被众多高等院校选用,得到了授课教师的广泛好评。

随着信息技术的飞速进步,在线学习、翻转课堂等新的教学/学习模式不断涌现并日渐流行,终身学习的理念深入人心;而在教材以外,学生们还能从各种渠道获取纷繁复杂的信息。如何引导他们树立正确的世界观、人生观、价值观,是新时代给高等教育带来的一个重大挑战。为了适应这些变化,我们特对"21世纪经济与管理规划教材"进行了改版升级。

首先,为深入贯彻落实习近平总书记关于教育的重要论述、全国教育大会精神以及中共中央办公厅、国务院办公厅《关于深化新时代学校思想政治理论课改革创新的若干意见》,我们按照国家教材委员会《全国大中小学教材建设规划(2019—2022年)》《习近平新时代中国特色社会主义思想进课程教材指南》《关于做好党的二十大精神进教材工作的通知》和教育部《普通高等学校教材管理办法》《高等学校课程思政建设指导纲要》等文件精神,将课程思政内容尤其是党的二十大精神融入教材,以坚持正确导向,强化价值引领,落实立德树人根本任务,立足中国实践,形成具有中国特色的教材体系。

其次,响应国家积极组织构建信息技术与教育教学深度融合、多种介质综合运用、表现力丰富的高质量数字化教材体系的要求,本系列教材在形式上将不再局限于传统纸质教材,而是会根据学科特点,添加讲解重点难点的视频音频、检测学习效果的在线测评、扩展学习内容的延伸阅读、展示运算过程及结果的软件应用等数字资源,以增强教材的表现力和吸引力,有效服务线上教学、混合式教学等新型教学模式。

为了使本系列教材具有持续的生命力,我们将积极与作者沟通,争取按学制周期对教材进行修订。您在使用本系列教材的过程中,如果发现任何问题或者有任何意见或建议,欢迎随时与我们联系(请发邮件至 em@pup.cn)。我们会将您的宝贵意见或建议及时反馈给作者,以便修订再版时进一步完善教材内容,更好地满足教师教学和学生学习的需要。

最后,感谢所有参与编写和为我们出谋划策提供帮助的专家学者,以及广大使用本系列教材的师生。希望本系列教材能够为我国高等院校经管专业教育贡献绵薄之力!

北京大学出版社

经济与管理图书事业部

第二版自序

本书第一版于2013年出版之后,全国各地采用的院校较多,已一印再印,到现在为止应是第四次印刷了。这几年我收到了许多师友的鼓励,也受到了很多同学的肯定和接受。因初稿成文较为仓促,书中出现了一些错漏。同时,现在离首版印刷已经近七年,其间我多次想尽快更新,但因杂事缠身,再加上总想再版时精益求精,结果一拖再拖,直到现在,同学们手中才拿到新版教材,实在是负疚于心。

本版在第一版的基础上,做了大量的修订和扩充。全书除了对各个图表更新了截至目前可得的数据,还新增了大量的内容。本版新增内容主要如下:

在第一章中,更新了全球贸易的相关数据,特别新增了对影响全球经济的三波贸易全球化进程的介绍。

在第二章中,增加了李嘉图模型的最新发展。在21世纪,国际贸易领域的大量研究拓展了李嘉图模型的应用范围,改变了过去在国际贸易领域中该模型"虚晃一枪"的情形:只是在本科教材中进行介绍,但到了真正的研究中,又变成了"屠龙刀",总是拿出来向新的学生展示下又"置之高阁"。

在第三章中,主要对实证部分做了拓展。

在第五章中,增加了"加工贸易与中国出口生产率之谜"的内容,解释了为什么广为接受的Melitz模型理论与中国的出口现实表面看上去不相符合。

在第六章中,增加了对全面贸易价值链以及加工贸易的介绍。

在第七章中,增加了关于近两年来中美贸易摩擦的一些案例和相关研究成果。

在第八章中,增加了对中国非关税壁垒减免的相关介绍。

在第九章中,增加了中国近年来产能过剩与供给侧改革的相关情况,并分析了目前在美国参议院中各个参议员对待自由贸易的态度。

在第十章中,增加了对目前WTO所面临的困境以及不同国家提出的不同WTO改革方案的介绍。

在第十一章中，增加了对《北美自由贸易协定》(NAFTA)以及其后续的《美墨加协定》(USMCA)的介绍。

在第十二章中，增加了21世纪以来全球主要的经济与贸易制裁案例。

在第十四章中，增加了对中华人民共和国成立70年以来对外贸易方面的成就的介绍，把改革开放之后的四十多年在外贸发展取得的奇迹分成了广度开放、深度开放和全面开放三个阶段，并相应进行了详细的介绍。

另外，为了更好地服务于立德树人的目标，反映党的二十大精神相关内容，在各章"学习目标"之后增加了"素养目标"，并将"素养目标"自然地体现在各章内容之中。

需要特别指出的是，在本版的修订过程中，我们吸收了许多国内外研究人员的研究成果，具体的内容在书中有详细介绍。在这里，首先要特别感谢我的合作者李志远、盛柳刚、陈诚、郭美新、陆琳、戴觅、田巍等，感谢他们允许在书中介绍我们相关的合作成果。其次，要特别感谢崔晓敏、袁东、智琨、张睿、向为、罗蔚然、祝辉煌、徐竹西和张达明等同学的帮忙，郑纯如、林雨晨、解恩泽、曹健、林槟等同学对最后一稿的修订和校正工作，以及马嘉文、佘可欣、吴双、杜明威、赵子龙、申澳、顾源等同学对本书关于"素养目标"以及二十大精神相关内容的补充工作。再次，感谢北京大学出版社的刘京老师和李娟老师为本书的初版和再版给予的帮助。本书有幸在2018年获评"北京大学优秀教材"，对北京大学的各位领导、同事的大力支持表示诚挚的感谢。最后，我还要感谢我的家人。没有他们默默的、一贯的支持和鼓励，本书的完成是不可想象的。

余淼杰
2020年6月于北京大学朗润园
2023年12月重印时修改

第一版自序

　　这是一本写给研究型大学本科生的国际贸易学教材。当为这本书敲完最后一个字的时候,我真是有点如释重负的感觉。我自2006年加入北京大学中国经济研究中心以来,每年为上千名在中国经济研究中心攻读双学位的同学开设"国际贸易"这门课,到现在为止,已有十次之多。我有两点感受最深。第一点感受就是北大同学的聪明和勤奋。很多时候一下课,就有许多同学围上来,要求提供给他们课中所涉及知识的延伸材料。又或是某一部分言之未尽,定有同学要求继续深入讨论。另外,不管考试多难,总有同学能满分或接近满分。跟这帮聪明好学的年轻人一起学习探讨,实在是一种人生不可多得的享受!

　　第二点感受更多的是一种内疚感。我在为这门课选教材的时候,总是很为难。当然,市面上有关国际贸易学的书可谓多如牛毛,但出于各种原因,要么内容太浅,很多关键知识点总是浮光掠影,浅尝辄止;要么内容相对太老,不能跟上时代的要求。毕竟今天的中国,已是世界上最大的贸易国,中国的国际贸易在许多方面都发生了深刻的变化,而国际贸易学的发展在21世纪更是突飞猛进。事实上,国际贸易学在21世纪的发展在各个经济学学科中应算是最快的。在这样一种客观背景下,要为最聪明的中国学生们找一本合适的教材,实非易事。

　　因此,我在课上列出了四本教材作为参考书。第一本是保罗·克鲁格曼(Paul Krugman)和茅瑞斯·奥伯斯法尔德(Maurice Obstfield)的《国际经济学:理论与政策》(*International Economics: Theory and Policy*)。这是一本很流行的西方经典教材。作为才华横溢的经济学大师级人物,克鲁格曼在国际贸易上的深厚功力不容置疑。因此,直到现在为止,我上课的主要内容还是来自该书。该书的最大特点就是克鲁格曼把贸易理论用大白话解释得很清楚,当然,这得力于其一流的经济学直觉和优美的文笔。不过,凡事皆有成本。该书的不足之处在于对许多地方的解释都过于简单,不够深入。当然,对只想了解一下国际贸易概况的本科生来讲,书中的知识已经够了,但对国际贸易专业的本科生来讲,与他们以后在研究生阶段要受的训练还是有较大的差距。另一个不足之处是该书对中国外贸现实的介绍太少,这当然无可厚非,毕竟克鲁格曼是美国人。

为了弥补这个缺陷,我就给学生推荐了第二本参考书,就是理查德·凯夫斯(Richard Caves)、杰弗里·弗兰克尔(Jeffery Frankel)和罗纳德·琼斯(Ronald Jones)合著的《国际贸易与国际收支》(World Trade and Payment: An Introduction)。为此,我还主译了该书的最新版(第十版),并由北京大学出版社出版。这本书与克鲁格曼的教材是互为补充的。该书内容相对比较深奥,比较强调模型的数理推导。不过,不足之处在于对21世纪国际贸易学的发展并没有介绍;此外,对各个理论模型的现实实证应用展开不足。对中国的国际贸易发展更是缺少必要篇幅。

这样,从2010年开始,我就给同学们介绍了第三本教材,那就是戴维斯加州大学(UC Davis)的罗伯特·芬斯特拉(Robert Feenstra)和其同事艾伦·泰勒(Alan Taylor)的新版本科教材《国际经济学》(International Economics)。芬斯特拉教授是我的博士导师,我的国际贸易学的所有知识都是他一手传授的。记得很清楚,十年以前,我对国际贸易学还是个"门外汉",好多东西都是似懂非懂,直到读了他的《高级国际贸易学:理论与实证》(Advanced International Trade: Theory and Evidence)才真正明白过来。那真是一本经典的一流研究生国际贸易教材!我第一次读那本书时,真有点醍醐灌顶、豁然开朗的感觉。很多以前似是而非的东西马上变得清清楚楚,明明白白。能得到这样一位享誉全球的大家指点,实在是我这辈子到目前为止最大的福分。他的这本本科教材秉承他一贯的著作风格,高屋建瓴而又深入浅出。更为难得的是,作为对中国了解最深的美国贸易学家,该书相应地增加了对中国贸易发展的介绍。但令人遗憾的是,到目前为止,该书并没有中文版也没有英文影印版,这严重限制了该书内容在中国的传播。

为了增加大家对中国外贸的了解,我向同学们推荐了海闻、林德特和王新奎的《国际贸易》教材。我认为海闻教授的这本力作是过去十年最好的中文国际贸易教材之一。与其他外国经典教材相比,该书大量而详细地介绍了中国在加入WTO之前的外贸发展。但是,因为出版得较早,WTO之后外贸的发展和21世纪国际贸易学的发展(比如企业异质性理论)则没有介绍。

言归正传,本书有什么特点呢?简单地讲,本书力求做到下面几点:

第一,针对性强。本书除了讲授国际贸易的理论和政策,还介绍了大量的实证研究,这在同类国内教材中是相当少的。除了介绍四大理论模型的相对经典的国外实证研究成果,本书还花了大量的篇幅介绍中国国际贸易在改革开放以后,特别是进入21世纪以来的发展。比如,本书最后一章专门介绍了改革开放以来中国对外贸易40年的发展情况。

第二,覆盖内容新。书中所涉及的部分内容都是国内外同类教材很少提到的。比如跨太平洋贸易协议(TPP)和东盟"10+1"的发展。本书还专门辟出一节来讨论环境与贸易保护,介绍"污染天堂假说"和污染者付费原则(Polluter-pays Principle)。在介绍贸易引力模型时,本书还专门探讨民主法制对一国外贸的影响。在介绍非关税壁垒时,本书则第一次较为深入地探讨了出口信贷与出口的关系。在GATT/WTO谈判中,本书第一次深入、全面地介绍第九轮多哈回合谈判的内容和成果。在讲到发展中国家的发展战略时,本书介绍了林毅夫教授刚提出来的"新结构经济学"理论。此外,本书还更新了全部可能的最新数据。相信这在同类教材中也是比较少有的。

第三,理论部分力求讲深、讲透、讲明。这是本书最想达到的目标,也是我与这本书的初衷。如同我每次上课对学生们讲的,同学们最好先修过《中级微观经济学》,这样理解理论会比较容易。如果没有修过,也没关系。我的责任就是把各个理论讲清楚。这个理念同样贯彻在本书中。本书的阅读对象是大学一年级以上的本科生,并不需要学生们有任何的专业知识(当然,如懂得简单的微积分更好)。无论是介绍经典的四大理论模型(李嘉图模型、赫克歇尔-俄林模型、特定要素模型、克鲁格曼模型),还是介绍较新的芬斯特拉-汉森(Feenstra-Hanson)外包模型、单部门国际资本流动模型,我都强调一步一个脚印,一招一式都要明明白白,清清楚楚。从最基本的一条线的方向、斜率讲起,再到整个模型达到一般均衡为止,都贯彻着这个理念。因为对学生们而言,任何知识点的模糊都是因为前面某一处的基本知识没讲清楚。在此基础上,本书理论难度逐步推进,让学生们在不知不觉中掌握了较深入的理论知识,为他们下一步可能接受的研究生训练打下良好的基础。同时,本书还强调各个知识点的有机统一,融会贯通。比如,在介绍赫克歇尔-俄林模型时,先逐一介绍四大定理(赫克歇尔-俄林定理、斯托尔帕-萨缪尔森定理、罗伯金斯基定理和要素价格均等化定理),再介绍四者如何有机统一。在介绍克鲁格曼模型时,为了便于读者理解,本书先介绍了产品多样化与产业内贸易理论。此外,本书还提供了许多延伸阅读,供学有余力的同学们做进一步学习的参考。

第四,增加大量实证研究部分。与国内外同类教材相比,本书增加大量实证研究的内容。可以负责任地讲,这是本书很鲜明的特色。比如,在介绍完经典的李嘉图模型之后,本书专门加了一节,用通俗易懂的语言介绍了目前国际上对李嘉图模型的最前沿研究成果。在介绍完赫克歇尔-俄林模型后,本书也辟出一节来介绍赫克歇尔-俄林模型的实证证据。在每一节中,既给出了支持该模型预测结果的实证证据,也给出反对该模型预测结果的实证证据。这样就可以使读者了解到该模型在多大程度上能有助于我们理解真实的世界。特别值得一提的是,本书专门列出一节讨论在Melitz提出企业异质性贸易模型之后,在实证领域对企业异质性研究的发展。这不仅在目前国内外本科教材中绝无仅有,在研究生教材中也鲜有提及。

第五,力求内容生动,与现实接近。国际贸易是一门与现实紧密联系的学科,因此,本书也力求真正做到理论联系实际。所以,本书增加了相应的案例。比如,在讲到关税政策时,本书加入专栏"如何对iPad征税?";在讲到非关税壁垒时,本书介绍了2009年美国对中国商用轮胎企业的"轮胎特保案";在讲到区域合作时,本书加入专栏"TPP:美国的独角戏?"。由于地区贸易自由化是当前国际贸易合作的主要形式之一,本书用了大量的篇幅介绍北美自由贸易区对成员方经济的影响,这些都是以前的教科书中不曾介绍的。此外,为了增加趣味性,本书还增加了许多小专栏,比如对著名贸易学家及其理论的介绍等。

为便于教学,本书还强调了选学内容。如限于时间安排,有些内容无法在课堂展开,可让同学们在课后自由阅读。对此,书中一一给出提醒。另外,本书配有上课专用的PPT教案。

特别要强调的是,本书的成功出版得归功于很多人的帮忙。我首先要感谢我的研究团队。如果没有这些助研、助教们的帮忙,这本书是不可能完成的。这并不是一句客套话。在北京大学国家发展研究院(前中国经济研究中心)工作,研究压力是相当大的。撰写教材需要花费大量的时间,而时间刚好是我们最缺的,因此,撰写教材在一定程度就占用了做研究的时间。对一个严肃的学者来讲,学术研究近乎一切!在这个意义上,我深深地理解许斌教授在他的书的序言中提到的感受。本书从2009年开始准备写作,从修改我的上课讲义开始,每学期不断地修改、再修改,历时三年才得以完稿。在此,我特别要感谢我的学生、助教、助研们的大力帮忙。他们是:周翌、戴觅、林念、茅锐、胡莹、蔡晓慧、李殊琦、李晋、王雅琦、何滔、李宇信、户德月、王艺伟、尚振宁、党韦华、苏晓童、郑汉涛、冯博、黄子冀、黄成玉、方锐、郑润泽、张煦、邓留纯、贾炜、刘通、曹新、刘逸楠。其次,感谢梁中华同学为全书初稿做了细致的校对。此外,我的领导和同事特别是林毅夫老师、姚洋老师等对本书的出版也给予了大力的支持。北京大学的黄道林老师,北京大学出版社的周月梅老师、林君秀老师、郝小楠老师、刘京老师为本书的出版给予了大力的帮助,在此表示深深的感谢!对北京大学的各位领导、同事的大力支持也表示诚挚的感谢。最后,我还要感谢我的家人。没有他们默默的、一贯的支持和鼓励,本书的完成是不可想象的。

由于时间匆促,本书肯定还存在不少谬误和不足。请读者们多提宝贵的建议,以便再版时修改(来信可发 mjyu@ccer.pku.edu.cn)。

余淼杰
2012 年 11 月于北京大学朗润园

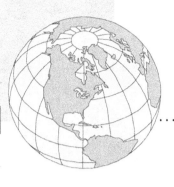

目 录

第一章 全球贸易概况 …………………………………………………… 1
  第一节 全球贸易一体化 …………………………………………… 2
  第二节 贸易的引力模型 …………………………………………… 13

第二章 劳动生产率与比较优势：李嘉图模型 ………………………… 21
  第一节 基础概念 …………………………………………………… 23
  第二节 单一要素经济中的工资与价格 …………………………… 26
  第三节 贸易模式与贸易所得 ……………………………………… 28
  第四节 比较优势理论中工资与价格的决定 ……………………… 32
  第五节 提供曲线 …………………………………………………… 39
  第六节 李嘉图模型的最新发展 …………………………………… 41

第三章 赫克歇尔-俄林模型 …………………………………………… 55
  第一节 模型假设与比较 …………………………………………… 56
  第二节 赫克歇尔-俄林定理及模型 ……………………………… 59
  第三节 斯托尔珀-萨缪尔森定理 ………………………………… 65
  第四节 罗伯金斯基定理 …………………………………………… 73
  第五节 要素价格均等化定理 ……………………………………… 77
  第六节 赫克歇尔-俄林模型的实证 ……………………………… 79

第四章 特定要素模型 …………………………………………………… 90
  第一节 模型内容 …………………………………………………… 91
  第二节 修改版的斯托尔珀-萨缪尔森定理 ……………………… 93
  第三节 修改版的罗伯金斯基定理 ………………………………… 94

第五章　规模报酬递增模型 …… 98
- 第一节　产品多样化与产业内贸易 …… 99
- 第二节　克鲁格曼规模报酬递增模型 …… 102
- 第三节　企业异质性和国际贸易的实证研究 …… 111

第六章　国际要素流动模型 …… 120
- 第一节　国际移民模型 …… 121
- 第二节　国际资本流动模型 …… 123
- 第三节　外包模型 …… 128

第七章　关税政策 …… 139
- 第一节　关税的基本概念 …… 140
- 第二节　关税的梅茨勒悖论和有效保护率 …… 149
- 第三节　征收进口关税的福利分析：理论部分 …… 152
- 第四节　征收进口关税的福利分析：实证部分 …… 159

第八章　非关税壁垒 …… 167
- 第一节　出口补贴 …… 168
- 第二节　进口配额 …… 170
- 第三节　其他贸易政策 …… 175

第九章　贸易的政治经济学分析 …… 180
- 第一节　自由贸易和公平贸易 …… 181
- 第二节　中间选民模型 …… 187
- 第三节　集体选择理论 …… 191
- 第四节　政治捐献模型 …… 193

第十章　GATT 与 WTO …… 204
- 第一节　GATT 与 WTO 的演变 …… 205
- 第二节　前八轮多边贸易谈判 …… 217
- 第三节　WTO 主要基本原则 …… 223
- 第四节　第九轮多哈回合谈判 …… 228
- 第五节　中国入世及其对全球经济的影响 …… 234

第十一章　地区贸易协定 …… 243
- 第一节　地区贸易协定简介 …… 244
- 第二节　北美自由贸易区 …… 246

第三节　关税同盟 ··· 260

第十二章　策略性贸易政策和贸易制裁 ··· 274
　　第一节　策略性贸易政策 ··· 275
　　第二节　贸易制裁 ··· 278
　　第三节　环境与贸易保护 ··· 286

第十三章　发展中国家的贸易政策 ··· 290
　　第一节　进口替代战略与保护幼稚产业理论 ·································· 292
　　第二节　贸易自由化战略 ··· 297
　　第三节　出口导向战略 ·· 298
　　第四节　新结构经济学 ·· 304

第十四章　改革开放以来中国对外贸易的发展 ·································· 316
　　第一节　改革开放以前的中国外贸概述 ······································· 318
　　第二节　改革开放以来中国外贸的主要成就 ································· 319
　　第三节　外商直接投资 ·· 330
　　第四节　经济特区与外商投资管理制度 ······································· 336
　　第五节　中国各部门外贸分析 ··· 340
　　第六节　中国的对外贸易盈余 ··· 350

第一章

全球贸易概况

【重点难点】

- 理解为何第二次世界大战后世界的贸易开放度反而比第一次世界大战前显得要低。
- 掌握引力模型的各项内容。

【学习目标】

- 了解全球贸易的概况,包括各国贸易总量、贸易结构、边界效用、贸易开放度。
- 掌握引力模型的基本内容,理解引力模型的各种拓展形式。
- 了解引力模型的最新发展情况。

【素养目标】

本章通过介绍全球贸易的整体情况以及引力模型的相关知识,促使学生深入理解党的二十大报告提出的"坚持高水平对外开放"和"反对保护主义,反对'筑墙设垒''脱钩断链'"等决策的正确性和必要性,正确认识习近平新时代中国特色社会主义思想强调开放合作的重要性和必然性,进一步增强对国际贸易规律的理解;不再仅仅关注贸易规模,而更应重视贸易结构,包括参与贸易的商品或服务类型、产业链层级等。

[引导案例]

世界第一大经济体的贸易伙伴

2017年,美国的前十大贸易伙伴分别是:中国、加拿大、墨西哥、日本、德国、韩国、英国、法国、印度和意大利。美国和前十大贸易伙伴的贸易额占其总贸易额的2/3左右。其中,美国与中国的进出口贸易总额超过6 000亿美元;与加拿大的贸易总额为5 800亿美元。欧洲国家中,与美国的贸易额最大的国家依次为德国、英国和法国。特别值得指出的是,美国的十大贸易伙伴中有六个属于全球较大的经济体:中国、日本、德国、英国、印度和法国。这是为什么呢?更有意思的是,2017年加拿大和墨西哥是美国的第二大和第三大贸易伙伴,到了2018年分别成为美国的第一大和第二大贸易伙伴。就出口而言,2018年美国对加拿大、墨西哥、中国和日本的出口额分别为2 987.2亿美元、2 650.1亿美元、1 203.4亿美元和749.7亿美元,占美国出口总额的18.0%、15.9%、7.2%和4.5%。那么,为什么加拿大和墨西哥并非大国,却与美国有这么高的贸易额呢?这一章我们将要解答这些问题。

第一节 全球贸易一体化

如果说经济全球化是21世纪最主要的特征之一,贸易全球化则无疑是经济全球化最重要的一项内容。本章主要介绍以下内容:贸易的全球一体化、生产的地区分工化、世界各主要国家特别是中美两个大国的国际贸易情况,以期让读者对当今的国际贸易概况有个大致的了解。

大致说来,国际贸易的全球化主要表现为以下四个方面:物品和服务的跨境流动、人力和资本的流动、文化和思想的跨国传播、金融市场的紧密联系。本节主要关注第一项——物品和服务的跨境流动。目前全球贸易额到底有多大规模呢?以商品离岸价格计算,2018年全世界的货物出口总额是19.6万亿美元,是同期中国经济规模的1.44倍(2018年中国GDP为13.6万亿美元)。全球国际贸易的增长速度也很快,2018年世界货物出口总额比2000年的6万亿美元增加了两倍多。

一、贸易开放度的衡量

第一个问题是:如何衡量一国的贸易开放度?我们学国际贸易,首先要知道国际贸易的规模有多大。通常我们采用贸易开放度来衡量国际贸易的规模。贸易开放度是一国进口和出口总额与GDP的比率。经过40年的改革开放,中国已是世界上最大的商品贸易国。在2007年,中国的贸易开放度达到71%。近年来由于受到2008年金融危机的影响,外需疲软,中国贸易开放度有所下降,2018年中国进出口总值为30万亿元,当年中国GDP为90万亿元,贸易开放度刚好是1/3。那么,世界上其他各主要工业国的情况如何呢?表1-1列出了第二次世界大战之后几个主要工业国的贸易开放度。要注意的是,表中的贸易开放度定义有所不同,是进口和出口总额的**均值**与GDP的比率。对比1980年和1990年的数据,可以看到各国的贸易开放度总体上增加的并不多。比如,1990年美国的贸易开放度为 10.3% 左右,1980 年美国的贸易开放度则为 10.4%。难道美国在整个 20 世纪 80 年代贸易萎缩了吗？这显然不符合真实世界观察到的现象。

表 1-1 西方各主要工业国家贸易开放度　　　　　　　　　　　单位:%

国家	1960	1970	1980	1990	2000	2010	2018
澳大利亚	13.4	13.0	16.0	15.9	20.3	20.7	20.6
加拿大	17.6	21.0	27.2	25.7	42.7	30.1	26.9
丹麦	33.3	29.9	34.0	34.9	43.5	47.8	51.7
法国	13.5	15.7	22.2	21.9	28.3	26.6	22.6
德国	—	17.2	22.7	24.8	33.2	44.1	35.6
意大利	12.7	15.7	22.4	19.1	26.6	27.7	25.3
日本	10.5	10.0	14.0	9.9	10.3	14.6	15.0
挪威	36.8	37.0	40.2	37.0	38.0	35.3	34.3
瑞典	23.2	24.0	30.3	30.1	43.3	46.9	43.2
英国	20.9	21.8	25.9	25.0	28.6	31.1	22.6
美国	4.8	5.6	10.4	10.3	13.0	14.4	10.4

资料来源:World Development Indicators, World Bank,出口数据来自 Exports of Goods and Services (% of GDP),进口数据来自 Imports of Goods and Services(% of GDP)。

注:"—"表示数据空缺。

图 1-1 形象地刻画了贸易全球化的历史进程。贸易全球化以前的世界，货物贸易、通信、面对面交流都面临高成本。事实上,迄今为止发生过三波全球化浪潮。第一波是 1840 年到 1914 年,蒸汽机、铁路、电报电话的出现促进了第一波全球化。在蒸汽机革命后,生

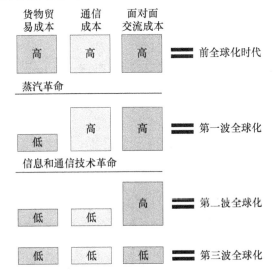

图 1-1 三波贸易全球化进程

资料来源:Baldwin, R., 2013, "Global Supply Chains: Why They Emerged, Why They Matter, and Where They Are Going", in *Global Value Chains in a Changing World*, World Trade Organization, 13-59.

产和消费被分开。第二波是1945年到20世纪末,飞机、计算机、互联网、光纤的出现加速了全球化进程。在这一阶段,货物贸易的交通运输成本被大大地降低了,全球商品贸易得以迅速地发展。产品生产的条块化、地区化以及贸易的全球化是这个阶段国际贸易的主要特征。进入21世纪,第三波全球化的浪潮方兴未艾,主要表现为互联网技术的快速发展大大减少了人们面对面的交流成本。在这一阶段,服务贸易同商品贸易一样,得以迅速地发展。

不过,有意思的是,如果我们仔细考虑第二次世界大战前,最深入融入全球化的英国的贸易全球化进程,就会发现:对英国而言,相对于1910年,国际贸易只是最近几十年才变得重要。对美国而言,第二次世界大战后的国际贸易开放度甚至比不上它在第一次世界大战前的情况(如图1-2所示)。

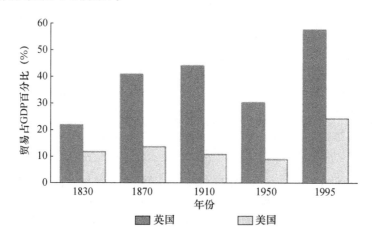

图1-2 1830—1995年英美两国的国际贸易趋势

资料来源:Baldwin, R. E. and Martin, P., 1999, "Two Waves of Globalization: Superficial Similarities, Fundamental Differences", in *Globalization and Labor*, Mohr.

注:如果把贸易与GDP的百分比改为贸易与GDP及第三产业的差之比,我们可以看到更明显的趋势。

之所以会出现这种情况,并不是说国际贸易在第二次世界大战后或者在20世纪最后十年没有较大的发展。相反,种种事实都可以说明第二次世界大战后国际贸易发展得相当迅速。那么问题出在哪里呢?问题在于衡量指标本身。用进出口额与GDP的比率来衡量的贸易开放度忽略了一些重要的事实。正如美国加利福尼亚大学著名的国际贸易学家罗伯特·芬斯特拉(Robert Feenstra)教授指出的,第二次世界大战后工业化国家的经济增长主要体现在服务部门,而非生产部门,但是贸易的增长主要发生在生产部门。所以,如果想得到一个合理的衡量指标,应该把服务部门(即第三产业)剔除掉。

基于此,表1-2展示了一个修改后的西方各主要工业国家的贸易开放度。很明显,各国的贸易开放度都有大幅提升。例如,美国的贸易开放度从1960年的3.4%提升到1990年的35.8%。

表 1-2 修正后的西方各主要工业国家贸易开放度　　　　　　　　　　单位：%

国家	1960	1970	1980	1990
澳大利亚	13.0	13.4	24.4	38.7
加拿大	14.5	22.0	37.6	69.8
丹麦	26.9	24.3	60.2	85.9
法国	9.9	17.1	16.8	53.5
德国	14.5	16.5	24.6	57.8
意大利	10.0	15.9	19.2	43.9
日本	24.9	28.8	15.3	18.9
挪威	8.8	8.4	60.0	74.8
瑞典	18.8	23.5	39.7	73.1
英国	15.3	20.6	33.8	62.8
美国	3.4	8.0	9.6	35.8

资料来源：Feenstra，R.C.，1998，"Integration of Trade and Disintegration of Production in the Global Economy"，*Journal of Economics Perspectives*，12，31—50。

二、全球贸易总量和结构分布

那么，今天全球的国际贸易额到底有多大呢？由于受 2008 年全球金融危机的影响，各国外需疲软，2008 年至今国际贸易总额事实上是先减后增的。我们不妨通过 2018 年全球国际贸易的情况来了解目前的全球贸易格局。

从表 1-3 可见，2018 年全球商品的出口总额是 19.601 万亿美元，而商品进口总额为 19.873 万亿美元。为什么出口总额不等于进口总额呢？这主要是因为衡量的指标有所不同。出口总额通常是用离岸价（FOB）来衡量的，而进口总额通常是用到岸价（CIF）来衡量的。由于存在关税及各种非关税壁垒，离岸价和到岸价通常不同。因此，全球商品的出口总额就不会等于商品的进口总额。

表 1-3　全球贸易概况

国家/地区	出口 总值（十亿美元） 2018	出口 年度变化百分比 2006—2018	出口 年度变化百分比 2016	出口 年度变化百分比 2017	出口 年度变化百分比 2018	进口 总值（十亿美元） 2018	进口 年度变化百分比 2006—2018	进口 年度变化百分比 2016	进口 年度变化百分比 2017	进口 年度变化百分比 2018
世界	19 601	61	−3	11	10	19 873	60	−3	11	10
北美										
美国	1 664	62	−3	7	8	2 614	36	−3	7	9
加拿大	449	16	−5	8	10	469	31	−4	7	6
墨西哥	450	80	−2	9	10	477	81	−2	9	10
南美洲和中美洲										
巴西	239	74	−3	18	10	189	97	−20	10	20

(续表)

国家/地区	出口 总值（十亿美元）2018	年度变化百分比 2006—2018	2016	2017	2018	进口 总值（十亿美元）2018	年度变化百分比 2006—2018	2016	2017	2018
欧洲										
欧元区	4 985	39	1	10	9	4 727	33	0	11	11
法国	581	17	−1	7	9	673	24	−1	9	9
德国	1 560	41	1	9	8	1 286	42	0	10	11
意大利	546	31	1	10	8	501	13	−1	11	11
荷兰	723	56	0	14	11	646	55	−2	15	12
英国	486	8	−11	8	10	674	10	2	1	5
俄罗斯	444	46	−17	26	26	249	52	−1	24	5
非洲										
南非	94	153	−1	12	9	114	182	−5	23	13
撒哈拉以南非洲地区	353	47	−11	19	14	372	76	−13	5	11
亚洲										
中国	2 487	157	−8	8	10	2 136	170	−5	16	16
日本	738	14	3	8	6	749	29	−6	11	11
韩国	604	86	−6	16	5	535	73	−7	18	12
印度	326	167	−1	13	9	511	186	−8	24	14
APEC	11 271	45	−1	9	8	12 110	39	−1	10	9
阿拉伯联盟国家	1 115	65	−9	16	23	821	110	−8	3	1
中东与北非地区	1 278	61	−8	15	21	953	100	−7	4	3

资料来源：世界银行数据库。

那么，哪些国家是最大的商品出口国呢？如表1-3所示，世界前三大商品出口国是中国、美国和德国。其中，中国2018年的出口总额为2.487万亿美元，高于美国的出口总额（1.664万亿美元）。相应地，世界排名前三的商品进口国分别是美国、中国和德国。美中之所以会成为最大的两个进口国，与它们本身巨大的经济规模分不开，我们将在引力模型部分对此再展开介绍。

那么，哪些产品是全球贸易的主要产品呢？按照研究惯例，我们把服务贸易剔除掉，只考察农业产品、化石燃料和矿产品及制造业产品。表1-4列出了2017年全球各个主要部门的出口额和出口比例。从中可见，最重要的贸易部门是制造业部门，它占了全球贸易的2/3以上。这个比重随着时间的推移在不断地上升，在20世纪90年代每年甚至以10%左右的速度上升。另外，矿产品贸易占了全球贸易的13%左右，农产品贸易则只占全球贸易的10%左右。

表 1-4 世界贸易的组成部分

部门	2017 年度 总值（十亿美元）	所占世界贸易比例（%）	年度变化百分比							
			1980—1985	1985—2000	2000—2005	2005—2010	2010—2015	2013	2014	2015
农产品	2 384	10.1	−2	9	9	10	0	2	1	3
化石燃料和矿产品	3 068	13.0	−5	3	16	1	−3	−4	−7	−26
化石燃料	2 233	9.4	−5	0	17	10	−3	−5	−8	−30
制造业	17 283	73.1	2	15	9	6	1	1	3	7
钢铁制品	574	2.4	−2	9	17	6	−2	−10	5	−7
化学制品	2 975	12.6	1	14	13	9	0	−1	3	4
办公和电信设备	2 497	10.6	9	18	6	3	0	2	2	11
汽车	2 210	9.3	5	14	10	3	3	1	4	10
纺织业	376	1.6	−1	5	5	4	1	5	3	7
服装业	612	2.6	4	18	7	5	2	7	6	7

资料来源：World Trade Organization, International Trade and Market Access Data.

下一个问题是，贸易额构成是怎样变化的？过去，世界贸易量最大的产品是农产品和矿产品，而现在世界贸易量最大的商品所属行业依次是制造业、矿产和农业。发达国家和发展中国家的国际贸易均体现了这个特征。例如，1910 年至 2017 年英国和美国的进出口中制造业都占了相当大的比重（如表 1-5 所示）。

表 1-5 制造业占商品贸易的百分比　　　　　　　　单位：%

年份	英国		美国	
	出口	进口	出口	进口
1910	75.4	24.5	47.5	40.7
2002	82.5	76.5	82.4	77.8
2017	72.2	72.1	72.9	77.8

资料来源：1910 年数据来自 Kuznets, S., 1966, *Modern Economic Growth: Rate, Structure, and Speed*, Yale Univ. Press. 2002 年及 2017 年数据来自 World Trade Organization。

图 1-3 则提供了发展中国家方面的经验证据。在过去 40 年里，发展中国家的出口向制造业倾斜。在 1980 年，发展中国家出口的农产品和制造业产品均不到 20%。而到了 2010 年，发展中国家 60% 的出口为工业品，10% 的出口是农产品。之后的其他年份也可以看出这种趋势。

进一步地，我们想知道，国际贸易到底是从发达国家流向发展中国家，还是从发展中国家流向发达国家？根据世界银行的分类，各国按照人均 GDP 的多少可分为发达国家和发展中国家。虽然世界银行对发达国家和发展中国家的划分标准每年都在变化，但目前认为，如果一国人均 GDP 高于 1.2 万美元，则属于发达国家。如果一国人均 GDP 低于 1.2 万美元，则属于发展中国家。在 20 世纪 80 年代末，许多东欧国家由计划经济转为市场经济，这些国家通称为转型国家。表 1-6 分别介绍了这三类国家之间的国际贸易情况。

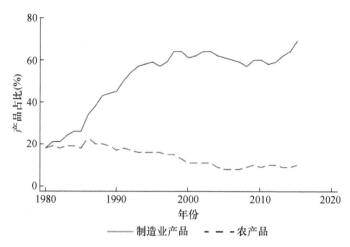

图 1-3 1980—2020 年发展中国家出口产品的组成变化

资料来源：United Nations Council on Trade and Development。

表 1-6 全球贸易主要流向 单位：%

出口国家	年份	进口国家		
		发达国家	转型国家	发展中国家
发达国家	1985	72.7	—	23.0
	1998	71.8	4.4	22.8
转型国家	1985	50.7	34.9	13.6
	1998	51.4	34.6	13.5
发展中国家	1985	64.0	—	30.6
	1998	55.2	1.8	40.6

资料来源：根据 WTO 网站相关数据整理。

具体而言，我们主要考察两个不同的年代，20 世纪 80 年代和 20 世纪 90 年代（分别以 1985 年和 1998 年为代表）。从这两个年代的数据可以看出：发达国家出口产品的主要销售国还是发达国家。以 1985 年为例，发达国家出口产品的 72.7% 销售到发达国家，只有 23% 销售到发展中国家。另外，发展中国家的出口国也主要是发达国家。仍以 1985 年为例，发展中国家出口产品的 64% 销售到发达国家，只有 30.6% 销售到发展中国家。为什么会这样呢？原因很简单：发达国家收入较多，有较强的购买力，因此是国际贸易中的主要买方。同时，随着发展中国家和发达国家收入差距的缩小，发展中国家在国际贸易中的进口比率也在上升，这通过对比 1985 年和 1998 年的数据可知。总之，表 1-6 告诉我们，国际贸易主要发生在发达国家与发达国家之间。由于发达国家多数位于北半球，换言之，"北北贸易"是当前国际贸易的主流。

目前，如图 1-4 所示，国际贸易主要集中在三大地区：一是以美国为贸易中心的，包括美国、加拿大、墨西哥在内的美加墨自由贸易区；二是以中国大陆为贸易中心的，亚洲特别是东亚为主的贸易区域；三是以德国为贸易中心的，欧洲特别是欧盟为主的贸易区域。

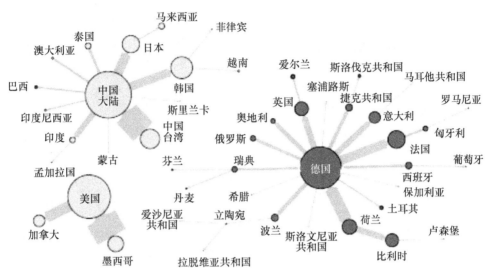

图 1-4　2015 年全球附加值贸易拓扑图

资料来源：对外经济贸易大学全球价值链研究院、WTO、世界银行、经济合作与发展组织、亚洲经济研究所，《全球价值链发展报告 2019》，2019 年。

三、中国和美国的国际贸易概况

前面已提到，今天，美国和中国既是经济体量最大的两个国家，也是贸易量最大的两个国家。要考察全球的国际贸易情况，自然离不开对这两个国家的分析。我们在第二章会详细分析中国的国际贸易，这里，我们先简要地考察一下美国的外贸情况。如图 1-5 所示，可以发现：第一，美国的出口额和进口额在过去 60 年中有所上升，但是幅度不大。第二，美国的进口额比出口额多，说明美国长期以来就存在着贸易逆差。2018 年，美国贸易逆差为 9 464 亿美元，而美国 GDP 为 204 941 亿美元，贸易逆差约占 GDP 的 4.6%。

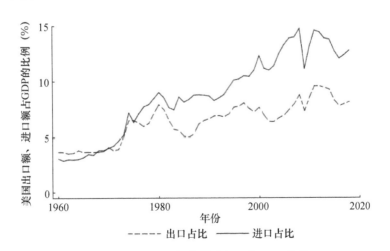

图 1-5　1960—2020 年美国进出口占 GDP 的比例

资料来源：CEIC 数据库。

中国的情况则有所不同。如图 1-6 所示,与美国相比,中国的贸易开放度要大得多,这在改革开放之后表现得更为明显。中国的出口额、进口额占 GDP 的比例在不断地上升,2000 年后达到了 30% 以上,进出口总额与 GDP 的比率在 2007 年甚至接近 70%。简单对比中美两国的贸易开放度,可以清楚地看到,美国主要依赖于国内市场,而中国则对国际市场的依赖度比较高。

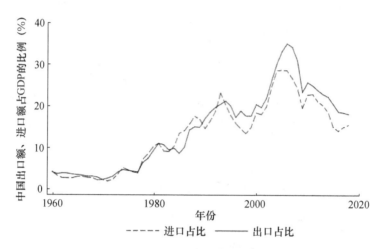

图 1-6　1960—2020 年中国进出口占 GDP 的比例

资料来源:CEIC 数据库。

接下来,我们可以分行业考察美国的外贸情况。表 1-7 列出了 2018 年美国各行业进出口份额。其中,第(1)列是该行业出口占美国总出口的份额,第(2)列则是该行业出口占该行业总产出的份额,第(3)列是该行业进口占美国总进口的份额,第(4)列则是该行业进口占该行业总花费的份额。从表 1-7 可以看出,美国的出口大项有:运输设备、计算机和电子产品、化工品、机械和非电子产品。美国的进口大项有:计算机和电子产品、运输设备、化工品、机械和非电子产品。出口大项和进口大项有许多重合之处,这正说明了美国存在大量的行业内贸易,我们会在第六章对行业内贸易的理论背景和经验现象做更为详细的分析。

表 1-7　2018 年美国分行业货物贸易占总贸易和总产出的份额

行业	出口份额 (1)	产出份额 (2)	进口份额 (3)	花费份额 (4)
农林产品	4.7	3.7	2.5	3.1
矿物质和石油产品	5.9	3.3	6.8	5.9
食物、饮料和烟草制品	4.6	1.9	3.7	2.4
纺织品	0.6	4.4	0.3	4.1
纸制品	1.5	3.7	0.9	3.2
皮革制品	0.3	4.5	1.6	39.8

(续表)

行业	出口份额 (1)	产出份额 (2)	进口份额 (3)	花费份额 (4)
木制品	0.5	2.1	0.8	5.7
印刷品	0.3	1.6	0.2	1.9
石油和煤产品	6.3	3.0	2.5	1.8
化工品	12.5	6.4	9.9	7.8
塑料和橡胶制品	2.1	3.9	2.3	6.5
非金属矿物质制品	0.8	2.8	1.0	5.7
主要金属制品	3.6	5.5	3.8	9.0
制造金属产品	2.9	3.3	3.1	5.3
机械和非电子产品	8.6	9.7	7.4	12.7
计算机和电子产品	12.8	13.0	16.3	25.2
电子设备	3.8	12.2	5.0	24.6
运输设备	17.2	23.1	15.8	32.4
家具	0.4	2.1	1.8	16.0
杂物	5.0	12.5	5.1	19.1

资料来源：分行业进出口数据来自美国商务部国际贸易局（ITA）；生产数据来自美国经济分析局（BEA）。

那么，各个主要贸易国的双边贸易情况如何呢？图1-7汇报了德国、日本、韩国、墨西哥、加拿大和印度等国家分别与中美两国的双边贸易情况，以及中美两国之间的双边贸易情况。具体地，中国在2017年向美国出口了约5060亿美元商品，从美国进口了约1300亿美元商品。对中国而言，从日本、韩国进口商品的金额大于从美国进口商品的金额；同时，中国对美国、墨西哥、印度有双边贸易顺差，但对日本、韩国、德国、加拿大有双边贸易逆差。美国同图1-7中的另外7个国家都有双边贸易逆差。

图1-8进一步汇报了中国内地在2017年的十大贸易伙伴，按照贸易额的大小，它们分别是欧盟、美国、东盟十国、日本、中国香港、韩国、中国台湾、巴西、印度和俄罗斯。欧盟之所以与中国内地有比较大的贸易额，一是因为欧盟有27个国家之多，二是因为欧盟的成员国大部分是高收入国家。东盟十国指新加坡、文莱、印度尼西亚、菲律宾、马来西亚、泰国、越南、柬埔寨、缅甸和老挝。东盟十国与中国内地的贸易额比较大主要是受益于2010年与中国内地签订的东盟-中国（"10+1"）自由贸易区协议。中国香港则主要是因为转口贸易。日本、韩国、中国台湾与中国内地比较大的贸易额则与全球价值链分工有关，中国内地从日本、韩国、中国台湾进口核心零部件之后再由中国内地进行加工，把最后的产成品出口到美国和欧盟地区，这就是我们通常所说的"加工贸易"。巴西、印度、俄罗斯和中国是"金砖五国"中的四个国家，由于巴西、印度、俄罗斯是经济规模相对较大而且增速较快的经济体，这三个国家同中国的贸易额都相对比较大。

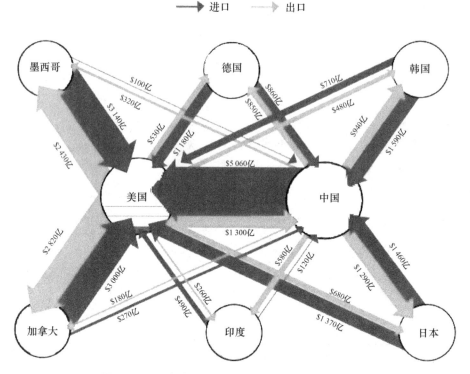

图 1-7　2017 年中美两国与主要贸易国家的双边贸易
资料来源：根据美国国际贸易委员会（USITC）2017 年的数据计算而得。

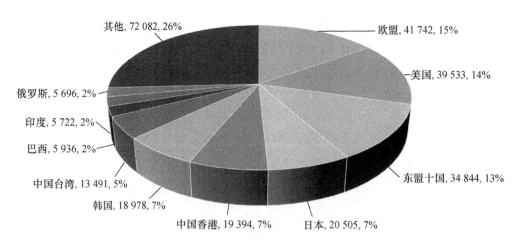

图 1-8　2017 年中国内地的十大贸易伙伴
资料来源：根据中华人民共和国商务部相关数据整理。
注：以 2017 年中国内地与前十大贸易伙伴的进出口额（亿元人民币）和比重（%）来排序。

根据中国海关总署的统计,2020年1—2月中国外贸总额为4.12万亿元人民币,同比下降9.6%。其中,出口额为2.04万亿元人民币,下降15.9%;进口额为2.08万亿元人民币,下降2.4%;贸易逆差425.9亿元人民币,去年同期为贸易顺差2 934.8亿元人民币。按美元计价,2020年的头两个月中国进出口总额为5 919.9亿美元,同比下降11%。其中,出口下降17.2%,进口下降4%,贸易逆差70.9亿美元,去年同期为贸易顺差414.5亿美元。中国对外贸易的下降主要是受新冠肺炎疫情和春节假期延长等因素的影响。

值得一提的是,2020年的1—2月,中国与东盟货物贸易总值为5 941.1亿元人民币,增长2%,占中国外贸总额的14.4%。其中,中国对东盟出口3 090.8亿元人民币,下降3.6%;自东盟进口2 850.3亿元人民币,增长9%。这样,东盟超过欧盟和美国,成为中国的第一大贸易伙伴。

第二节 贸易的引力模型

一、双边国际贸易额的主要决定因素

如表1-8所示,根据WTO的统计,2018年,中国货物出口额为24 867亿美元,货物进口额为21 357亿美元,货物贸易总额为46 224亿美元。美国货物出口额为16 660亿美元,货物进口额为26 124亿美元,货物贸易总额为42 784亿美元。中国货物贸易总额为世界第一,而美国为世界第二。当然,如果把服务贸易也算上,则有所不同。中国服务出口额为2 668亿美元,服务进口额为5 250亿美元,服务贸易总额为7 918亿美元。美国服务出口额为8 284亿美元,服务进口为5 592亿美元,服务贸易总额为13 876亿美元。所以,美国的贸易(包括货物贸易和服务贸易)总额为56 660亿美元,高于中国的贸易(包括货物贸易和服务贸易)总额54 142亿美元,目前仍居世界第一位。

表1-8 2018年部分国家经济总量及外贸情况　　　　　单位:十亿美元

	国家	GDP	货物出口	货物进口	货物贸易总额	服务出口	服务进口	服务贸易总额	贸易总额
1	美国	20 494.1	1 666.0	2 612.4	4 278.4	828.4	559.2	1 387.6	5 666.0
2	中国	13 407.4	2 486.7	2 135.7	4 622.4	266.8	525.0	791.8	5 414.2
3	日本	4 971.9	738.1	748.5	1 486.6	192.0	200.0	392.0	1 878.6
4	德国	4 000.4	1 560.6	1 285.7	2 846.3	331.2	351.5	682.7	3 529.0
5	英国	2 828.6	486.9	674.0	1 160.9	376.2	235.3	611.5	1 772.4
6	法国	2 775.3	581.9	672.5	1 254.4	291.5	256.8	548.3	1 802.7
7	印度	2 716.7	324.8	514.5	839.3	205.1	176.6	381.7	1 221.0
8	意大利	2 072.2	546.6	500.8	1 047.4	121.6	125.0	246.6	1 294.0
9	巴西	1 868.2	239.9	188.6	428.5	34.0	68.0	102.0	530.5
10	加拿大	1 711.4	450.6	470.6	921.2	92.9	112.9	205.8	1 127.0

资料来源:World Economic Outlook Database(April 2019),IMF;WTO统计数据库。

在这一节,我们想知道美国的主要贸易伙伴是哪些国家?更有意思的是,为什么会是这些国家?是什么因素决定了两个国家之间的双边贸易额?

2017年,美国的前十大贸易伙伴分别是中国、加拿大、墨西哥、日本、德国、韩国、英国、法国、印度和意大利,如图1-9所示。美国和前十大贸易伙伴的贸易额占其贸易总额的2/3左右。其中,美国和中国的贸易额为6 360亿美元;与加拿大的贸易额为5 824亿美元。欧洲国家中,与美国的贸易额最大的国家依次为德国、英国和法国。这里,特别值得指出的是,美国的十大贸易伙伴中有六个属于全球较大的经济体:中国、日本、德国、英国、印度和法国。这就给我们一个启发:两个国家的双边贸易额是否与它们的经济规模正向相关呢?经济学的直觉告诉我们这是有可能的。如果出口国的GDP较高,则说明它可以生产更多的产品,这是因为GDP是衡量一个国家一年内生产的商品和服务的价值。同理,进口国的GDP较高,则可以理解为该国国民有较强的购买力,可以进口较多的产品。图1-10是全球贸易增长率和全球GDP增长率的时序图。可以看出,贸易增长率的波动与全球GDP增长率的波动方向大致相同。当然,全球GDP增长率一直比较平稳,而贸易增长率的波动相对较大。

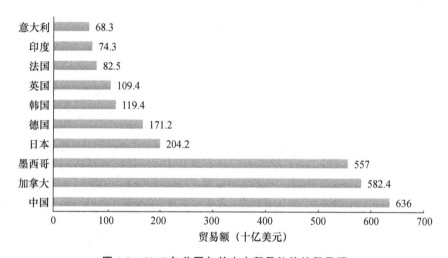

图1-9　2017年美国与其十大贸易伙伴的贸易额

资料来源:U.S. Department of Commerce。

更有意思的是,在2017年,加拿大和墨西哥分别是美国的第二大和第三大贸易伙伴。为什么加拿大和墨西哥并非大国,却与美国有着这么高的贸易量?这里,我们要做这样一种区分:判断一国是否是大国,应当看它的经济规模(即GDP)而并非国土面积,加拿大虽然国土面积大,但其GDP总量却不是很大;判断一国是否是富国,应当看它的人均GDP。我们注意到,虽然加拿大和墨西哥经济规模较小,但它们与美国相邻,地理距离较近,贸易往来十分方便。此外,由于美国和加拿大在1989年成立了美加自由贸易区,经济往来十分密切,以至于加拿大的小学课本在地图上把美国称为"新加拿大地区"。这自然是一个笑话,但也可见两国关系的紧密。墨西哥于1994年与美加两国签订了《北美自由贸易协定》(2018年又升级为《美加墨协定》),与美国的双边贸易自然也就多起来。

综合上述例子,我们发现:两国的双边贸易额受到贸易两国的经济规模、地理距离和

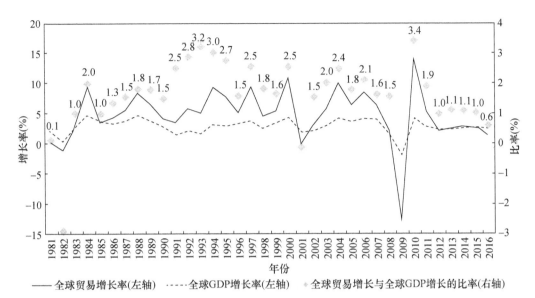

图 1-10 1981—2016 年全球 GDP 增长率和贸易增长率

贸易便利度的影响。我们可以进一步考察上述发现对美国和其他贸易伙伴是否成立。具体地,我们来考察美国与欧盟各国的贸易情况。英国脱欧后,欧盟还有 27 个成员。

事实上,美国与欧盟各国(特别是西欧、北欧各国)的地理距离相差不大,但与它们的贸易额差别很大。这说明了对美欧各国贸易来讲,地理距离并不是一个主要的原因。在控制了地理距离的差异后,贸易国的经济规模显得尤为重要。这些正是"引力模型"所要强调的。

二、引力模型的基本内容

引力模型是著名经济学家简·丁伯根(Jan Tinbergen)于 1962 年首先提出的。他发现,通常来讲,两国的贸易额与它们的经济总量成正比,与它们的地理距离成反比。这个观点与伟大的物理学家牛顿所提出的万有引力定律非常相似:任意两个物体通过连心线方向上的力相互吸引。该引力的大小与它们的质量乘积成正比,与它们距离的平方成反比。通常我们也把丁伯根提出的贸易模型称为"国际贸易的引力模型"。

图 1-11 形象地说明了引力模型的各个影响因素。其中,纵轴表示在 21 世纪之初各国与美国的贸易额占欧盟与美国贸易额的百分比,横轴表示各国 GDP 占欧盟 GDP 的百分比,由图可以看出美国与其邻国的贸易比与欧盟同规模国家显著得多。对欧盟国家来讲,经济规模越大,双边贸易越多。这主要是因为这些国家与美国的地理距离相当。从这里可见,两国之间的贸易量与两国的 GDP 成正比。而加拿大和墨西哥虽然经济总量只各占欧盟 GDP 的 10% 不到,但加拿大与美国的贸易额其至超过了整个欧盟与美国的贸易额。墨西哥与美国的贸易额也有欧盟与美国贸易额的 60% 左右。这说明较近的地理距离显著地促进了美国与墨西哥和加拿大的贸易。从这里可见,两国之间的贸易量与两国的地理距离成反比。

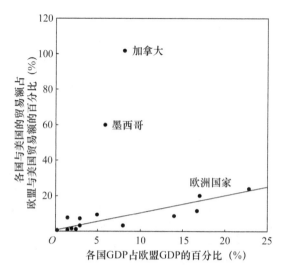

图 1-11 经济体规模和与美国的贸易

资料来源：U.S. Department and Commerce, European Commission。

基于此，我们可得出贸易的引力模型的基本形式：

$$T_{ij} = AY_iY_j/D_{ij} \tag{1-1}$$

其中，T_{ij} 表示从 i 国出口到 j 国的出口额；A 为一个固定系数，由其他相关因素决定；Y_i、Y_j 分别表示 i 国和 j 国的 GDP；D_{ij} 表示 i 国和 j 国之间的地理距离。通常来讲，在国际贸易的研究中，一般以两国首都间的距离作为两国的地理距离。距离越远意味着交通运输成本越高，贸易发生的可能性越小。保罗·萨缪尔森（Paul Samuelson）提出"冰山成本"的概念，用来形容地理距离对国际贸易的影响。为使一单位的商品到达目的国，出口国必须运出多于一单位的产品，因为其中的一部分产品会像"冰山"一样融化掉。另外，在式（1-1）这个简单的表达式中，进口国与出口国的 GDP 系数都被限定为 1，这显然与现实有一定距离。因为出口国和进口国对双边贸易的影响可能会不一样。所以，在实证计量研究中，经济学家通常使用更灵活的表达式：

$$T_{ij} = AY_i^a Y_j^b / D_{ij}^c \tag{1-2}$$

其中，a、b、c 取值可以偏离 1。这样，在实证计量研究中，研究者可以把双边贸易额、出口国 GDP、进口国 GDP、双边地理距离放到程序中，估计出系数 a、b、c。大量的实证结果表明 GDP 每增加 1%，贸易额将增加 0.8%—1.2%；地理距离每增加 1%，贸易额会减少 0.7%—1%。

值得指出的是，如果贸易国之间经济规模相当，那么它们的贸易额会比经济规模相差较大的贸易国之间大得多。比如，A、B、C 三个国家，有以下两种不同的贸易模式：第一种模式，A 国 GDP 为 100 亿美元，B 国和 C 国 GDP 各为 25 亿美元；第二种模式，三个国家 GDP 各为 50 亿美元。虽然在这两种情况下三国的 GDP 总量均为 150 亿美元，但在第一种模式下，三个国家的最大双边贸易额为 100 亿美元，而在第二种模式下，最大双边贸易额则为 150 亿美元。

三、引力模型的拓展形式

除了经济规模与地理距离两个因素,还有其他因素影响两国之间的贸易额。在严格的实证研究中,考虑下列这些因素,可得到引力模型的拓展形式。

(一)除地理距离外的其他地理因素

一般而言,岛国较内陆国贸易额更大,自然屏障(如高山)会降低贸易额。例如,由于莱茵河的联通,荷兰和比利时之间的贸易额较大;而中国和印度尽管都是发展中大国,但由于喜马拉雅山的间隔,两国双边贸易额较小。

(二)关税和其他非关税壁垒的因素

贸易国的高关税壁垒和其他形式的非关税壁垒都会降低贸易国的双边贸易额。一个有力的例子就是美国在经济大萧条时期(1929—1933年)通过《斯穆特-霍利关税法案》(Smoot-Harley Tariff Act),对进口商品征收高达60%左右的关税,随后各国竞相模仿,全球平均关税率达到了25%左右,贸易保护主义在20世纪30年代盛行一时。图1-12描述了自1871年以来全球各国的平均进口关税率。

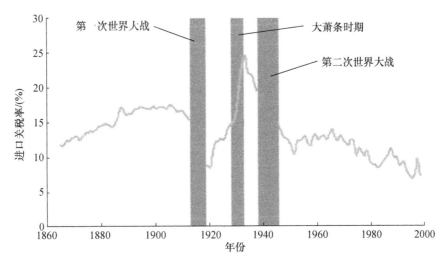

图1-12 1860—2000年全球平均进口关税率

资料来源:Feenstra,R. C. and Taylor, A. M., 2010, *Intenational Economics*, Worth Publishers.

此外,货币的差异也是影响国际贸易的一个显著因素。在国际贸易中,出口国与进口国使用的货币不同,会影响两国间的贸易量。

(三)边界效用

由于两国边界的存在,即便贸易两国是在同一个自由贸易区或者关税同盟(即贸易两国互为零关税),边界的存在也会给双边贸易带来显著的负面影响。这主要是因为商品货物过境时手续上的烦琐、时间的占用都会对两国的国际贸易产生负面影响。这一点在美国和加拿大的双边贸易中体现得淋漓尽致。

美国华盛顿州与加拿大英属哥伦比亚省的距离和加拿大的阿尔伯塔省与英属哥伦比

亚省的距离相当,但华盛顿州与英属哥伦比亚省的贸易比阿尔伯塔省与英属哥伦比亚省的贸易要小得多。如表1-9所示,在1996年,阿尔伯塔省与英属哥伦比亚省的贸易占加拿大GDP的6.9%,而华盛顿州与英属哥伦比亚省的贸易只占加拿大GDP的2.6%。同样地,萨斯喀彻温省与英属哥伦比亚的距离同美国的蒙大拿州与英属哥伦比亚省的距离相当,但蒙大拿州与英属哥伦比亚省的贸易只占加拿大GDP的1.0%,而萨斯喀彻温省与英属哥伦比亚省的贸易占到了加拿大GDP的2.4%。

表1-9　与加拿大英属哥伦比亚省的贸易占加拿大GDP百分比(1996)　　　单位:%

加拿大各省份	贸易占GDP百分比	与加拿大英属哥伦比亚同等距离的美国各州	贸易占GDP百分比
阿尔伯塔	6.9	华盛顿	2.6
萨斯喀彻温	2.4	蒙大拿	1.0
曼尼托巴	2.0	加利福尼亚	0.3
安大略	1.9	俄亥俄	0.2
魁北克	1.4	纽约	0.1
新不伦瑞克	2.3	缅因	0.2

资料来源:Wall, H. J.,2000,"Gravity Model Specification and the Effects of the U.S.-Canadian Border". Federal Reserve Bank of St. Louis Working Paper 2000-024A.

之所以如此,是因为美国与加拿大之间存在着一条横跨北美大陆的边境线。虽然美加两国早在1989年就签订了自由贸易区协议,但边境的客观存在导致了美国的州际(或加拿大的省际)之间的贸易比美加相同距离间的国际贸易要大得多,这也从另一角度有力地说明了地理因素对国际贸易的影响。为了降低边境效用对国际贸易的负面影响,一个有效的方法就是签订各类"零关税"的贸易协定,尽管这些贸易协定不能完全消除边境效用。

(四)文化、宗教和语言因素

文化和语言的差异等因素都会影响两国之间的贸易量。国家之间的文化连接直接影响它们的贸易量,文化近似度越高贸易额越大。阿拉伯国家之间的国际贸易比它们与非阿拉伯国家的国际贸易要大,一个重要原因是它们有共同的文化和宗教信仰。语言也是影响国际贸易的一个重要因素。比如,东南亚的泰国、马来西亚等国与中国广东潮汕地区、福建闽南三角洲的贸易量较大,一个原因就是泰国、马来西亚有很多来自该地的移民,他们使用自己本土的方言,在文化上有较强的认同感。

那么,以上影响因素各自的重要性如何呢?Baier and Bergstrand(2001)通过欧洲的数据发现,第二次世界大战后欧洲地区国际贸易的发展,贸易国GDP的增长可以解释2/3贸易的增加,而贸易自由化和交通运输成本的下降能解释剩下的1/3。

四、引力模型的最新发展

目前,引力模型的最新发展之一是讨论贸易国制度对双边贸易的影响。如Yu(2010)仔细讨论了贸易国民主程度的提高如何促进贸易。下面对此做简要介绍。

贸易国的政治制度会对贸易产生影响。如图1-13所示,在20世纪最后40年中,国际实际双边进口增长了534%,与此同时,有36个国家在这段时期进行了民主化,世界的民主化程度大幅度提高。那么,民主化程度是否会对贸易产生影响呢? Yu(2010)认为,一国的民主程度可以通过多种途径来影响贸易。

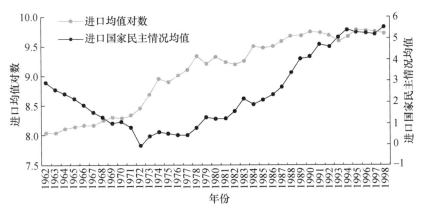

图1-13 贸易与民主的关系

对于出口国来说,更高的民主化程度意味着更高的产品质量、较低的贸易成本,从而可以促进贸易增加。第一,民主化程度较高的国家往往同时拥有较健全的法制体系以及较完善的产权保护制度,因此这些国家更可能拥有公平的竞争性市场。这两个效应都会使民主化程度较高的国家拥有较高的产品质量。第二,民主化程度对产品质量的影响可能因行业而异:民主化程度与知识产权保护密切相关,而知识产权保护对于科学研究与技术发展(R&D)费用较高的行业的产品质量有较大的影响,因此,民主化程度应该对这些R&D较高行业的产品质量影响较大。第三,国际社会更偏向于信赖高民主化程度国家的产品质量。总的来说,出口国的民主化程度越高,其关于消费者权益、产品监管的法律法规(及实施)就越好,这有助于提升产品质量,增加出口国信誉。此外,由于各国往往信任民主化程度较高的国家,因此民主化程度较高的国家可能有较低的交易成本,这也会促进贸易的增加。

对于进口国来说,民主化程度主要是通过影响贸易成本来影响贸易的。当一国进行民主化后,权力一般会由精英阶层转移到劳动者的手中。对于在劳动力密集型产业有比较优势的发展中国家,这意味着促进贸易的政策更有可能被执行。因此一般来说,对于发展中国家,民主化改革会导致关税的降低。然而对于在资本密集型产业有比较优势的发达国家,民主化改革意味着贸易保护政策更容易被执行(因为这些政策可以保护劳动者,提高劳动者的真实回报)。另外,民主化程度较高的进口国往往其国内产品质量也较高,因此它们偏向少从国外进口。总的来说,与出口国不同,进口国的民主化程度提高会减少贸易。经过严格的计量验证,Yu(2010)发现贸易两国民主的进步的确有利于促进双边贸易的发展。

最后,对引力模型最新发展感兴趣的同学可以参考余淼杰和张睿(2019)对国际贸易的引力模型在经济地理中最新的研究成果进行的细致梳理和介绍。

本章概要

1. 第一次世界大战前全球贸易已经取得了很快的发展。第二次世界大战后全球贸易得到了进一步的发展。

2. 第二次世界大战后经济增长主要体现在服务部门,贸易增长则发生在生产部门。对贸易开放度的衡量标准需要有不同方式。

3. 目前,中国是全球最大的货物贸易国。如果考虑服务贸易的话,美国则是全球最大的贸易(含货物贸易和服务贸易)国。

4. 贸易的引力模型是解释国际双边贸易的模型。引力模型具有很强的可拓展性,能很好地解释现实生活。

 习题

1. 如何衡量一国的贸易程度?中国和美国哪个国家贸易开放度更高?为什么会有这种现象?

2. 请列出美国的前三大贸易伙伴,并用相应的理论或模型解释这种现象。

3. 一国的民主法制能否影响该国的对外贸易?如果可以,请扼要讲出其中的逻辑。

 参考文献

[1] Baier, S. L. and Bergstrand, J. H., 2001, "The Growth of World Trade: Tariffs, Transport Costs, and Income Similarity", *Journal of International Economics*, 53(1), 1-27.

[2] Yu, M. J., 2010, "Trade, Democracy, and the Gravity Equation", *Journal of Development Economics*, 91(2), 289-300.

[3] 余淼杰、张睿, 2019, "国际贸易与经济地理中的量化一般均衡研究综述",《长安大学学报》, 第 20 卷第 6 期, 第 1-11 页。

21世纪经济与管理规划教材
国际经济与贸易系列

第二章

劳动生产率与比较优势：李嘉图模型

【重点难点】
- 理解在李嘉图模型中，生产可能性曲线与预算约束线为同一条线。
- 推导出两国两产品模型中的世界相对供给曲线。
- 推导出两国两产品模型中工资与劳动生产率的关系。

【学习目标】
- 掌握生产可能性、机会成本、比较优势的概念。
- 掌握李嘉图的核心思想：每个国家都会在自由贸易中获利。
- 理解贸易由一国的比较优势决定，一国会出口它具有比较优势的产品。
- 理解两国两产品模型中世界相对供给曲线的推导和相对价格的确定。
- 理解一国工资与生产率的关系；理解一国工资由其绝对优势所决定。
- 了解实证研究发现李嘉图模型能够较好地刻画各国工资与劳动生产率的正相关关系。

【素养目标】

通过学习李嘉图模型，深入了解党的二十大报告关于"构建国内国际双循环相互促进的新发展格局""坚定奉行互利共赢的开放战略"的重要指示，深刻领悟"增强国内国际两个市场两种资源联动效应，提升贸易投资合作质量和水平"的重要意义，充分认识国际贸易在高质量发展中的重要作用。

[引导案例]

国际贸易是当前全球化世界中一个重要而又被广泛争论的话题。不论贸易自由还是贸易保护,贸易协定还是贸易战争,每一天都会有各种各样与贸易有关的事件或观点见诸媒体。人们关心以下这些问题:首先,两个国家如何在贸易中获利?进一步地,开放贸易如何影响两个国家不同群体的人的福利?其次,如果两个国家要想在贸易中获利,它们的贸易模式应该是什么样的?具体地说,本国应该出口什么,又应该进口什么?最后,在这一过程中,两国的产品价格和要素回报是如何被决定的?在过去的一百多年中,关于国际贸易的研究和讨论产生了一系列的学说和理论,从本章开始,我们将对其中最具影响力的几个理论一一进行详细的阐述与比较,以期能增进同学们对于现实世界的理解和思考。

经典的国际贸易模型包括李嘉图模型、赫克歇尔-俄林模型、特定要素模型和克鲁格曼模型。四大模型因关注不同的贸易问题相互区别,模型设定方面的主要区别如表2-1所示。

表2-1 四大模型的模型设定区别

模型	国家个数	商品种类	要素种类	要素构成	市场结构
李嘉图	2	2	1	劳动力	完全竞争
赫克歇尔-俄林	2	2	2	劳动力/资本	完全竞争
特定要素	2	2	3	劳动力/资本/土地	完全竞争
克鲁格曼	2	N	1	劳动力	垄断竞争

本书首先介绍的是李嘉图的比较优势理论,这是国际贸易中一个基本且历史悠久的概念。尽管它广为人知,但又多为人所误解。诺贝尔经济学奖获得者萨缪尔森是一位在经济学诸多领域均有所建树的学者,曾在李嘉图模型的发展上做出了重要的贡献。他曾被问到经济学中是否存在一个正确的但对许多人又不显而易见的理论,他回答说:"有,那就是比较优势理论。"美国经济学家N.格里高利·曼昆(N. Gregory Mankiw)指出,93%的经济学家都认同比较优势理论。

在第一章中,我们介绍了引力模型,它主要使用地理距离和经济规模等因素来解释两国之间贸易量的大小,相对于李嘉图模型来说,它的道理比较简单而且富有直觉。而在第三章将要介绍的赫克歇尔-俄林模型,则是基于两国要素禀赋差异来讨论国际贸易的模式与福利影响。赫克歇尔-俄林模型在解释南北贸易时很成功,但是在解释北北贸易或南南贸易时则显得并不成功。相对于赫克歇尔-俄林模型来说,李嘉图模型主要关注两国的技术层面,也就是生产率上的差异。两个模型都能够解释国家如何在贸易中获利,虽然这两个模型都只限于讨论两个国家之间的贸易,但是对于理解一个国家和整个世界的贸易同样是有指导作用的。李嘉图模型可以回答以下问题:

(1) 贸易两国为何能从自由贸易中获利?一国该出口怎样的产品?
(2) 工资如何被产品价格决定?
(3) 产品价格如何内生地被决定?

本章将围绕这些问题展开讨论。

第一节 基础概念

一、生产要素与机会成本

生产要素指生产活动中所需要的社会资源。在本书中，主要讨论的生产要素包括劳动力、资本和土地。当然，企业家才能也是社会生产中重要的要素，但在本书中暂时不涉及。在李嘉图模型里，只分析了劳动力一种投入要素。由于在一个经济体中，要素是稀缺的，这意味着人们不得不做取舍。当我们多生产 1 单位 A 产品时，就不得不放弃生产一定数量的其他产品，所放弃生产的这部分产品就是生产 1 单位 A 产品的机会成本。

二、比较优势与绝对优势

一些人对于发展中国家开放贸易充满担忧，认为它们在所有部门中的生产效率都比较落后，在国际贸易中处于劣势，开放贸易会让它们承受损失。这种看起来好像有道理的观点经不住推敲。将比较优势和绝对优势混为一谈，是比较优势理论时常会被错误地用于推断的一个原因。当一个国家拥有生产某种产品最好的技术时，它将在生产这种产品上具有绝对优势，但是绝对优势不能很好地解释国际贸易情况，比较优势则能够很好地解释国家与国家之间的贸易状况。简单地说，一个国家生产某种产品相比于它生产其他产品来说更好，那么它将具有生产该产品的比较优势。举例来说，考虑本国和外国两个国家的情形。假设本国生产 1 单位帕萨特汽车需要 4 个小时，而外国只需要 2 个小时。外国生产帕萨特汽车的绝对成本更低，因此它在帕萨特汽车生产上具有绝对优势。假设经济中还包含一个产品部门——电脑芯片，本国生产 1 单位电脑芯片需要 4 个小时，而外国只需要 0.5 个小时。此时本国生产 1 单位帕萨特汽车的相对机会成本为 1 单位电脑芯片，而外国为 4 单位电脑芯片。虽然看起来本国在两个部门中都处于绝对劣势，但是本国在帕萨特汽车生产上具有比较优势。因此，如果一个国家生产某一种产品的相对机会成本比其他国家生产该产品的相对机会成本要低，那么它就在这个产品的生产上具有比较优势。形象地说，比较优势就是在两个部门中，强强取其更强，弱弱取其次弱。

三、劳动生产率

在本章中，我们用生产每单位产品所需要的劳动力投入来衡量劳动生产率的高低。令 a_{lp} 和 a_{lc} 分别表示本国生产帕萨特汽车和电脑芯片所需的单位产品劳动力投入。a_{lp} 越高则说明生产 1 单位帕萨特汽车所需要的劳动力投入越多，也即本国在帕萨特汽车上的劳动生产率越低。对应地，$1/a_{lp}$ 表示本国每单位劳动力投入所能生产的帕萨特汽车数量，其数值越高则说明每单位劳动力投入生产的帕萨特汽车越多，即每单位劳动力投入带来的帕萨特汽车的边际产量越高，也即本国在帕萨特汽车上的劳动生产率越高。简单地说，劳动生产率与单位产品劳动力投入量成反比。

四、无差异曲线

无差异曲线上每一点所代表的商品组合给每个人带来的效用是相同的。本节将用到社会无差异曲线的概念。社会无差异曲线是表明一个国家或经济体保持等量国民福利水平的两种商品的各种消费量组合的点的轨迹。

无差异曲线一般的形状如图 2-1 所示,箭头的方向表示效用增加的方向。无差异曲线凸向原点,且离原点距离越远,表明商品效用水平越高。这是因为这两种商品都带来正效用。

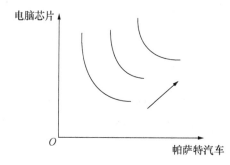

图 2-1　无差异曲线示例一

理论上说,无差异曲线也可能有别的形状。如果一种商品带来正效用(如汽车),另一种带来负效用(如污染),则会出现如图 2-2 左图的情况;如果两种商品都带来负效用(如水污染和核辐射),则会出现如图 2-2 右图的情况。

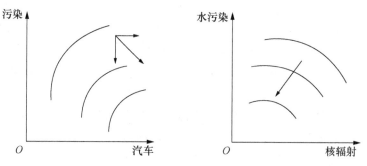

图 2-2　无差异曲线示例二

五、生产可能性曲线

一个国家的要素总量是有限的,多生产一种产品则必然需要少生产另一种产品。在经济学的讨论中,我们通常会使用生产可能性曲线(PPF)来描述一个国家生产上所受到的约束以及产品之间的替代关系。生产可能性曲线能够表示在恒定的生产率和有限的资源下最大限度地生产一系列产品的组合。

李嘉图模型中所讨论的生产可能性曲线只包含两种类型的产品,而且这两种产品的生产率都是恒定的。换言之,本国因多生产 1 单位电脑芯片而必须放弃生产的帕萨特汽车数量即机会成本,是一个常数。如图2-3所示,我们将这种情况下的生产可能性曲线用横轴和纵轴之间的一条线表示出来。这条线与横轴的交点表示当全部劳动力资源都用于帕萨特汽车生产所能获得的帕萨特汽车数量,与纵轴的交点表示全部劳动力资源都用于电脑芯片生产所能获得的电脑芯片数量,其斜率的含义是每多生产1单位帕萨特汽车所必须放弃生产的电脑芯片数量。

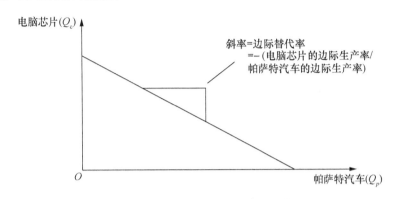

图2-3 李嘉图模型中的生产可能性曲线

需要强调的是,李嘉图模型中的要素边际回报是一个常数。这一点与中级微观经济学中常见的边际回报递减的情形有所差别,其原因是李嘉图模型中的生产只使用劳动力一种要素,不存在劳动力与资本之间的替代,而且李嘉图模型假设没有固定成本。如果有固定成本,则一切都会改变,我们在下面的章节中会提及。进一步地,由于两个部门的要素边际回报都是常数,因此它们的边际替代率也是恒定的。如果令本国全部的劳动力资源总量为L,我们可以使用式(2-1)将生产可能性曲线表示出来:

$$a_{lp}Q_p + a_{lc}Q_c = L \tag{2-1}$$

式(2-1)中的等号隐含地假设在生产可能性曲线上的所有生产组合使用了全部可得的劳动力要素,不存在劳动力资源的浪费或者失业。

在李嘉图模型中,生产可能性曲线和预算约束线是重合的。下面我们来证明这个结论:

首先证明斜率相等。

生产可能性曲线的斜率为两种商品的劳动生产率的反比,为$-\dfrac{a_{lp}}{a_{lc}}$,预算约束线的斜率为$-\dfrac{P_p}{P_c}$。

因为在李嘉图模型中市场是完全竞争市场,厂商得到零利润[①],则:

$$\pi_p = P_p y_p - W_p l_p = 0 \tag{2-2}$$
$$\pi_c = P_c y_c - W_c l_c = 0 \tag{2-3}$$

[①] 我们用P_p代表产品p(帕萨特汽车)的价格,y_p为产品p的产量,W_p为生产产品p的企业所面临的单位劳动力的价格,l_p为生产产品p的企业雇用的劳动量;P_c为产品c(芯片)的价格,y_c为产品c的产量,W_c为生产产品c的企业所面临的单位劳动力的价格(在国内劳动力可自由流动的情况下$W_p = W_c$),l_c为生产产品c的企业雇用的劳动量;MPL_p为帕萨特汽车的边际产量,相应地MPL_c为电脑芯片的边际产量。

$$W_p = P_p \mathrm{MPL}_p, \quad W_c = P_c \mathrm{MPL}_c \tag{2-4}$$

$$W_p = W_c \Rightarrow \frac{P_p}{P_c} = \frac{\mathrm{MPL}_c}{\mathrm{MPL}_p} = \frac{a_{lp}}{a_{lc}} \tag{2-5}$$

所以两者斜率相等。

注意到,因为 $\mathrm{MPL} = 1/a_l$,劳动力的边际产量也就是劳动生产率,它是单位产品劳动力投入的倒数。

下面证明截距相等:

在生产可能性曲线上,当所有劳动力用来生产第一种产品时,产量为 $\frac{L}{a_{lp}}$,所以生产可能性曲线和 x 轴的交点为 $\frac{L}{a_{lp}}$。

消费的预算约束线与 x 轴的交点表示,当全部消费第一种商品时最多能消费多少。在封闭经济中,消费的最大可能为生产量 GDP,即工资与工人数量的乘积,$\mathrm{GDP} = WL$,所以第一种商品最大的消费量为 $\frac{WL}{P_p} = \frac{L}{a_{lp}}$,和生产可能性曲线的截距相等。

以上证明了在李嘉图模型中的封闭经济下,生产可能性曲线和消费的预算约束线完全重合。

我们再通过一个比较优势的例子来说明贸易使得两个国家的情况都有所好转。假设中美两国都可以生产帕萨特汽车和电脑芯片,但美国在生产电脑芯片上有比较优势,生产 1 单位帕萨特汽车所放弃的电脑芯片数量是 10 块,大于中国的 3 块;相对地,中国在生产帕萨特汽车上具有比较优势。那么,如果美国只生产电脑芯片,中国只生产帕萨特汽车,而两国都要消费这两种产品,这样国际贸易是否会使两国都受益呢?

从表 2-2 中我们可以看到,只要两个国家从事符合自己比较优势的产品生产,那么它们总会得益于国际贸易。请注意,在没有国际贸易的情景下,只有 10 单位帕萨特汽车和 30 单位电脑芯片生产出来。

表 2-2 比较优势引例

	帕萨特汽车	电脑芯片
美国	−10	+100
中国	+10	−30
总计	0	+70

最后,值得一提的是生产可能性曲线的形状。生产可能性曲线的形状并不一定是一条直线,其形状主要取决于边际替代率的变化。如果边际替代率不变,那么它就是一条直线(如李嘉图模型所示)。但现实生活中也可能出现边际替代率递减和递增的情况,它们的生产可能性曲线的形状我们以后再深入学习讨论。

第二节 单一要素经济中的工资与价格

在学习了以上基本概念的基础上,我们开始在一般均衡的框架下对李嘉图模型进行阐释。假定市场结构是完全竞争的。完全竞争的市场结构意味着，对于企业而言，产品价格是外生给定的，单个企业没有能力去决定甚至是稍微影响产品价格。用数学语言来说，价格不是企业生产数量的函数。在劳动力市场上，我们假设工人可以在两个部门之间完全自由地流动，当两个部门支付的工资存在差异时，工人会向单位报酬较高的那个部门流动。

生产可能性曲线只是告诉我们经济体中可供选择的产品集合，却不会告诉我们最终会在集合的哪一个具体的点上实现均衡。前面的讨论主要集中在经济体中的供给方面，完整的讨论则应将需求也考虑进来。这就要通过引入无差异曲线来实现。在李嘉图模型中，一个经济体里的所有消费者都是同质的，我们可以用一个代表性的消费者无差异曲线来展开分析。如通常所假定的那样，模型中的无差异曲线凸向原点，且随着其向右上方移动效用不断增加；同一条曲线上的两个产品组合带给消费者的效用是相同的，不同的无差异曲线之间没有交点（见图 2-4）。

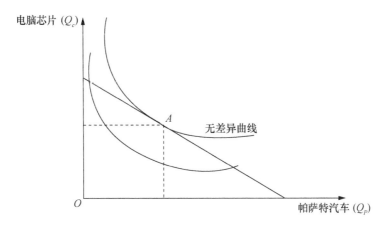

图 2-4 无差异曲线

在自给自足的封闭经济中，需求与供给的均衡会在某个产品组合上实现。从图形上看，这一产品组合为无差异曲线与生产可能性曲线的切点，生产可能性曲线的斜率反映了多生产一部帕萨特汽车的机会成本。在完全竞争的条件下，任意一种产品的相对价格与其机会成本相等。

接着我们来讨论在这个模型中工资是如何被决定的。按照前面的假设，两个部门都是完全竞争的，不存在利润，因此厂商创造的全部价值都将用于支付要素回报。在这个模型中只有一种要素，所以一个部门的工人每小时的工资等于其在该部门多工作一小时实现的价值，即劳动的边际生产值。可以直观地看出，劳动的边际生产值是边际产量与产品价格的乘积。由于工人在部门之间是完全自由流动的，工人会向单位工资更高的部门流动，因此在均衡的情况下，两个部门之间的工资必然相等，否则劳动力的部门间转移将会继续。如图 2-4 所示，我们使用 MPL_p 来表示帕萨特汽车的边际产量，相应地用 MPL_c 来表示电脑芯片的边际产量。以上条件可以表示为式(2-6)：

$$P_p \mathrm{MPL}_p = P_c \mathrm{MPL}_c \tag{2-6}$$

对这个等式进行变换后就得到：

$$P_p/P_c = \mathrm{MPL}_c/\mathrm{MPL}_p \tag{2-7}$$

式(2-7)的左边是帕萨特汽车的相对价格（即用电脑芯片来衡量的帕萨特汽车的价格），右边则是生产可能性曲线斜率的绝对值，即多生产1单位帕萨特汽车的相对机会成本。它的经济含义是，在均衡的状态下，每多生产1单位帕萨特汽车的边际成本与其边际价格相等。在均衡的情况下，两个部门的工资应该相等，部门之间不会有劳动力的转移。

在上一节中我们已经涉及过每单位产品所需劳动的概念，例如 a_{lp} 和 a_{lc}。值得注意的是，劳动的边际产量与之为倒数关系，乘积恒等于1。这是根据两者的定义得出的，即有 $\mathrm{MPL}_c \cdot a_{lc} = 1$ 和 $\mathrm{MPL}_p \cdot a_{lp} = 1$。显而易见地，存在如下式子：

$$P_p/P_c = a_{lp}/a_{lc} \tag{2-8}$$

第三节 贸易模式与贸易所得

上一节讨论分析了在一个封闭的、单一要素的经济体中，在均衡条件下，工资和价格是如何被决定的。在这一节中，我们讨论在开放经济中两个国家的贸易模式是怎样的，以及贸易对两国的福利水平分别会有什么样的影响。

与上一节不同，本节假设现在同时存在两个都只有一种生产要素（即劳动力）和两种商品（帕萨特汽车和电脑芯片）的经济体。除了我们前面讨论的"本国"，还有另一个称为"外国"的国家。两个国家之间可以进行产品交换，而且不存在交易成本和运输费用。我们用 P^*、W^* 和 a^* 来表示外国相应的价格、工资和生产率。

一、贸易模式

李嘉图认为，国际上相对劳动生产率的差异是国际贸易的决定因素。基于他一百多年前的这一推断发展起来的国际贸易理论，被命名为李嘉图模型。如果用数学语言来表达的话，当 $a_{lp}/a_{lc} > a_{lp}^*/a_{lc}^*$ 或者 $a_{lp}/a_{lc} < a_{lp}^*/a_{lc}^*$ 时，就会有国际贸易发生。进一步地，假如两国之间的情况是 $a_{lp}/a_{lc} < a_{lp}^*/a_{lc}^*$，说明本国在生产帕萨特汽车上的相对机会成本比外国低。此时，本国在帕萨特汽车的生产上具有比较优势；反之，假如 $a_{lp}/a_{lc} > a_{lp}^*/a_{lc}^*$，则本国在电脑芯片的生产上具有比较优势。因此，从这些分析可以得到两个方面的结论：第一，本国在哪个部门上具有比较优势不仅取决于本国的劳动生产率，也取决于外国的劳动生产率；第二，无论本国的绝对生产率如何，它总会在某一个部门上具有比较优势。

为了更清楚地进行说明，我们对两国的生产率进行赋值，并用表2-3来表示。

表2-3 机会成本引例

	帕萨特汽车	电脑芯片
本国	1单位电脑芯片	1单位帕萨特汽车
外国	4单位电脑芯片	1/4单位帕萨特汽车

通过对表2-3的观察，我们可以知道本国生产1单位帕萨特汽车的机会成本是1单位电脑芯片，外国生产1单位帕萨特汽车的机会成本是4单位电脑芯片。这就说明，本国生

产帕萨特汽车的机会成本较低,在帕萨特汽车的生产上具有比较优势;而相应的,外国生产1单位电脑芯片的机会成本是1/4单位帕萨特汽车,本国生产1单位电脑芯片的机会成本是1单位帕萨特汽车。外国生产电脑芯片的机会成本更低,在电脑芯片的生产上具有比较优势。按照比较优势理论,一个国家将出口它具有比较优势的产品,同时进口它不具有比较优势的产品。因此,两国的贸易模式将是本国出口帕萨特汽车,同时进口电脑芯片。

具体来说,当经济由封闭转为开放时,对于本国而言,生产帕萨特汽车的本国厂商将生产出来的帕萨特汽车拿到外国去交换电脑芯片,要比它在本国交换电脑芯片能够获利更多。当本国开始出口帕萨特汽车时,在本国销售的帕萨特汽车数量就减少了,供应减少,本国的帕萨特汽车价格就会上升;另一方面,当更多的帕萨特汽车进入外国市场时,外国的帕萨特汽车价格就会下降。总之,经济开放以后,外国的电脑芯片价格上升且本国的电脑芯片价格下降。当两国相对价格相等时即实现均衡。因为本国的帕萨特汽车价格上升且电脑芯片价格下降,给定边际劳动生产率不变,帕萨特汽车部门的工资将会高于电脑芯片部门的工资,工人将会从电脑芯片部门向帕萨特汽车部门流动,即帕萨特汽车部门将扩大生产,同时电脑芯片部门将缩减生产。对应地,外国的电脑芯片部门会扩大生产,帕萨特汽车部门会缩减生产。最终的结果是每个国家会专业化生产它具有比较优势的商品。

二、贸易的福利影响

那么这一贸易模式对两个国家的福利有什么影响呢?如果福利有改进的话,那么这种改进又是如何实现的?我们现在就来考察这些问题。

给定边际劳动生产率不变,同时外国的帕萨特汽车相对于电脑芯片价格下降,帕萨特汽车的相对价格由4降为3,即意味着消费可能性边界发生了如图2-5所示的变化。

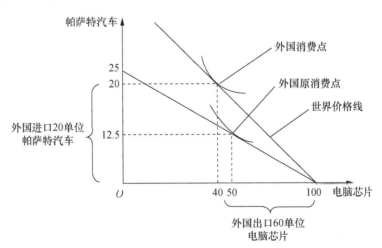

图2-5 外国的贸易所得与贸易模式

从图2-5我们可以清楚地看到在贸易发生后,外国消费者的约束条件顺时针旋转,与右上方的另一条无差异曲线相切,新的无差异曲线向右上方移动。由无差异曲线的定义可知,无差异曲线向右上方移动时,消费者的福利发生了改进。外国进口20单位帕萨特汽车，出口60单位电脑芯片。对于本国而言，如图2-6所示，也有类似的结论。帕萨特汽车的国内相对价格由贸易前的1上升到了3，本国进口60单位电脑芯片，出口20单位帕萨特汽车。同时，本国代表性消费者的效用和福利得以提升。因此，国际贸易使得两国的福利都增加了。

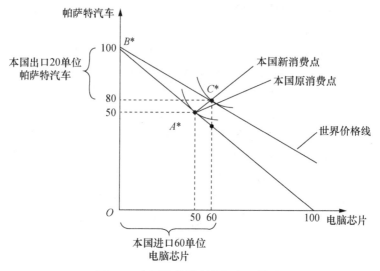

图2-6 本国的贸易所得与贸易模式

◀阅读材料▶

经济学大师——大卫·李嘉图

英国有一则笑话，说经济学家是即使自己身无分文也要劝说别人照他们的建议行事的傻瓜；如果真按他们的建议行事，到头来会和他们一样成为穷光蛋。但大卫·李嘉图，这位古典政治经济学的集大成者，同时又是一个能干的金融家、机敏的实业家和典型的暴发户。他出生于一个典型的犹太家庭，为爱情与家庭决裂；他以800英镑起家，在几年后便腰缠万贯；他从未受过正规的教育，却成为一代经济学大师……这位历史上最富有的经济学家，生命虽然短暂，却充满着传奇色彩。

1772年4月19日，李嘉图出生于伦敦一个富有冒险精神的犹太移民家庭，其父亚伯拉罕·李嘉图是当时著名的商人和经纪人，在宗教、政治和家庭教育方面十分独断专行。他根据犹太人的教规，用一套严厉的家规来管束众多的子女，正是这种独特的教育方式培养了大卫·李嘉图诚实、独立和自信的品质，为其日后取得商业与学术上的成就奠定了良好的基础。

年轻的李嘉图从小就被安排要继承父业,11岁时就只身前往荷兰的一位伯父家熟悉家族事业,积累了一些证券方面的知识;14岁时即进入证券交易所学习金融运作,在那里他养成了独立思考、细心观察的习惯,形成了果断抉择、虚心好学的作风;16岁时就成了英国金融界的少年明星。1793年,李嘉图放弃了家庭的犹太教信仰,与一位基督教徒结婚,因而被逐出家庭,成了一无所有的穷小子。但随后他投身金融行业,在不到20年的时间里成为一名百万富翁。

李嘉图在金融事业上取得成功之后,开始将一部分精力放到自己喜欢的事情上。虽然没有受过长期的系统教育,但李嘉图小时候对自然科学十分着迷。出于这种爱好,他抽出部分时间研究数学、物理、化学和地质学。他研究了气体照明原理,并在自己家中安装了气体照明设备。他还推动了英国地质学会的创立,并积极参加该学会的活动。可见,李嘉图在从事经济学研究之前,已不仅是一位具有丰富金融经验的经济实践家,而且是一位对许多门自然科学具有相当研究造诣的学者。虽然自然科学与李嘉图后来的经济学研究看似毫无关联,但李嘉图的智慧正是在这些研究活动的影响下发展起来的。这些活动培养了他许多在经济学研究与写作中十分重要的品质,如思维的逻辑性和精确性。

1799年,李嘉图在一个流动图书馆里邂逅了亚当·斯密(Adam Smith)的《国富论》(*An Inquiry into the Nature and Causes of the Wealth of Nations*),开启了自己的经济学研究生涯。李嘉图理论体系以劳动价值论为基础,以分配理论为核心,其主要经济思想集中于其代表作《政治经济学及赋税原理》(*On the Principles of Political Economy and Taxation*)之中。李嘉图坚持劳动时间决定商品价值的原理,强调劳动是创造价值的唯一源泉,并揭示了地租、利润二者与工资的对立关系。他发现并确立了利润率的变化规律;概括了货币的本质与货币流通的规律;同时,他继承和发展了亚当·斯密的国际分工和自由贸易理论,提出了进行国际贸易的比较优势原理。他大力提倡为促进经济发展而增加资本积累和杜绝浪费;坚信资本主义经济的自我调节功能,呼吁减少政府干预。

李嘉图有其独特的研究方法。他较为科学地运用了演绎法(从抽象到具体,运用基本原理说明具体、个别事物的方法)和抽象法(提炼出事物的某些特征而撇开其他特征进行研究的方法),同时还十分重视数学在经济学中的作用。

李嘉图个头不高,比较瘦,他讨人喜欢的面容表露出睿智、善意和诚实,他有一双黑色的眼睛,目光专注而锐利。在生活中,拥有一个大家庭的李嘉图是一个比较顾家的人,是受尊敬的一家之主;同时,李嘉图热情且富有同情心,他坚信经济情况特别是工人阶级的经济情况是有可能改善的,呼吁要用一切合法的方式鼓励工人阶级努力获得舒适品和享用品。虽然李嘉图不相信慈善事业能医治社会弊病,但他还是扮演了善良而慷慨的角色,不惜用自己的财产去帮助别人:李嘉图曾经为盖科姆花园附近的一所学校捐款,资助130名穷人家的孩子上学;他还资助过医院和养老院,并多次帮助家庭困难的亲戚。

李嘉图知识渊博,但在知识和兴趣的范围上,远远比不上亚当·斯密百科全书式的头脑。他对高雅艺术、文学甚至历史都不感兴趣。从1822年李嘉图到欧洲大陆旅游时与亲人的书信中,我们可以看到一个带着英国绅士心理和眼光的平凡人形象。此行中,李嘉图认真地参观了教堂、博物馆和宫殿。他在书信中记录了许多有趣的琐事、善意的幽默和众所周知的现象,然而并没有什么特殊之处。他所看到的一切并没有引起他任何美的感受、历史和文化的联想以及深刻的思考。这并不令人感到意外,一个大器晚成的经济学家,要想在短时间内完成学术使命,必须有足够的精力专注于本领域的问题。

不幸的是,死亡突然降临到李嘉图头上。51岁时,李嘉图因耳疾而离世,可谓英年早逝,但其思想却一直影响着经济学的发展,让我们在其中汲取养分,寻找灵感。

(专栏作者:马永芳　北京大学中国经济研究中心双学位学生)

第四节　比较优势理论中工资与价格的决定

一、工资的决定

在李嘉图模型中,自由贸易不但可以使世界的总产出增加,而且可以使两国的真实工资上升。按照前面的假设,两个部门都是完全竞争的,不存在利润。因此厂商创造的全部价值都将用于支付要素回报,在这个模型中只有一种要素,所以每个部门工人每小时的工资等于他在该部门一个小时内实现的价值。以帕萨特汽车部门为例,其工人的工资为 $W_p = P_p/a_{lp}$,同样地,我们还可以知道从事电脑芯片生产的工人工资为 $W_c = P_c/a_{lc}$。假定本国帕萨特汽车的边际劳动生产率为1,电脑芯片的边际劳动生产率为1,即 $MPL_p = 1$, $MPL_c = 1$,则 $a_{lp}/a_{lc} = 1$;外国 $MPL_p^* = 1$, $MPL_c^* = 4$, $a_{lp}^*/a_{lc}^* = 4$,由此本国在生产帕萨特汽车上具有比较优势。

假设自由贸易后,本国专门生产帕萨特汽车,外国专门生产电脑芯片,$P_p/P_c = 3$。自由贸易后本国的真实工资为3单位电脑芯片,即 $W = P_p/P_c \cdot MPL_p = 3$,或者1单位帕萨特汽车。而自由贸易前本国的真实工资是1单位电脑芯片,即 $W = P_p/P_c \cdot MPL_p = 1 \times 1 = 1$。

同理,自由贸易后,外国的工资为4/3单位帕萨特汽车,即 $W^* = P_c/P_p \cdot MPL_c^* = 1/3 \times 4 = 4/3$,或者4单位电脑芯片。自由贸易前外国的真实工资为1单位帕萨特汽车,或者4单位电脑芯片。贸易使两国的真实工资上升。

需要强调的是,贸易模式是由比较优势决定的,而工资水平则是由绝对优势决定的。在李嘉图模型中,一种商品在两个国家的价格是相同的,但由于劳动力不能自由流动,两国的工资分别由其单位劳动生产率决定。也就是说,商品价格相同,但工资可以不同。在上面的例子中,无论是贸易前还是贸易后,两国的工资都不相等。高劳动生产率的国家和地区,它的工资相对来说也会比较高。这也与直觉符合,一个低劳动生产率的国家只有给工人支付低工资,才能在贸易中占有成本优势。衡量劳动生产率的一个指标是单位劳动增加值。世界上主要国家和地区的工资水平和劳动生产率也为这一结论提供了证据。

从图2-7中我们可以清楚地看到那些劳动生产率较高的国家和地区,其工资也相应较高。比如美国的劳动工人工资就比韩国和日本的高。当一个经济体的技术进步时,该经济体的工资也会相应提高。如中国台湾的人均收入从1978年的925美元上升到2000年的3 750美元。印度的人均收入从1978年的1 180美元上升到2000年的2 480美元。显然这和两个经济体的技术进步是密不可分的。如果从时间序列上看,随着一个国家和地区劳动生产率的上升,它的工资水平也会有相应提高,这一点从下面几个国家和地区1973—2001年劳动生产率和工资的关系中可以得到验证(如图2-8所示)。

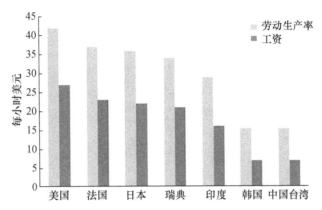

图2-7　世界不同国家和地区劳动生产率与工资的关系(2001)

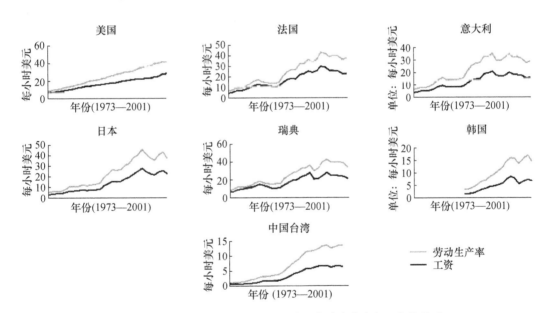

图2-8　1973—2001年几个国家和地区劳动生产率与工资的关系
资料来源:Feenstra and Taylor(2014)。

以中国为代表的发展中国家工人的低工资是一个经常被发达国家贸易保护主义者们所指责的话题。他们认为,低劳动生产率国家在劳动生产率上升的同时支付给工人低工资将会损害美国这样的高劳动生产率国家的利益。他们认为这一情形将增强发展中国家在进出口上的成本优势,从而使得发达国家处于更恶劣的位置。如果我们使用李嘉图模型来对这个问题展开讨论,会发现这一结论经不起推敲。虽然中国在过去二十多年中,劳动生产率有了很大的提升,但是相对于发达国家(特别是美国),劳动生产率的绝对水平还相对较低。比如据Feenstra et al.(2015),中国的全要素生产率(或劳动生产率)在2014年只有美国的45%左右。事实上,这些指责将劳动生产率的增长率和水平程度两个概念混淆在一起,从而错误地使用了比较优势理论。在李嘉图模型中,讨论低工资的影响时,我们关心的是它对应的劳动生产率水平,而不是它的劳动生产率增长速度。

二、世界相对价格的决定

接下来,我们讨论在李嘉图模型中两种产品的相对价格是如何决定的。这里需要引入贸易条件的概念。贸易条件(Terms of Trade)指一国出口产品和进口产品的相对世界价格比。这里需注意两点:第一,是出口价格与进口价格之比,而不是相反;第二,是世界价格,而不是国内价格。不过因为在李嘉图模型中,没有考虑关税和其他非关税壁垒,所以世界价格等同于国内价格。

现在,我们考虑相对供给曲线,即从供给方的角度来看,产品相对价格是如何决定产量的。和前面一样,我们假设本国在帕萨特汽车生产上有比较优势。为了得到相对供给曲线,我们必须考虑价格在不同水平时两国对该产品的供给情况。现考虑产品相对价格在不同水平变动时可能产生的几种情况:

第一,当 $P_p/P_c < a_{lp}/a_{lc}$ 时,本国和外国都不会生产帕萨特汽车,均生产电脑芯片。

我们知道 $P_p/a_{lp}=W_p$,$P_c/a_{lc}=W_c$。如果 $P_p/P_c < a_{lp}/a_{lc}$,则有 $W_p < W_c$,所有工人都会跑到电脑芯片部门工作。而由于自由贸易,我们又有 $P_p=P_p^*$,$P_c=P_c^*$。故有 $W_p^* < W_c^*$,那么外国同样也只会生产电脑芯片。

第二,当 $P_p/P_c = a_{lp}/a_{lc}$ 时,本国既生产帕萨特汽车也生产电脑芯片,外国只生产电脑芯片。

第三,当 $a_{lp}/a_{lc} < P_p/P_c < a_{lp}^*/a_{lc}^*$ 时,两国只会专业生产自己有比较优势的产品。具体来说,本国生产帕萨特汽车,外国生产电脑芯片。

第四,当 $a_{lp}/a_{lc} < P_p/P_c = a_{lp}^*/a_{lc}^*$ 时,外国既生产帕萨特汽车也生产电脑芯片,而本国只生产帕萨特汽车。

第五,当 $P_p/P_c > a_{lp}^*/a_{lc}^*$ 时,本国和外国都将只生产帕萨特汽车,而不生产电脑芯片。进而,我们可以得到图2-9的相对供给曲线。

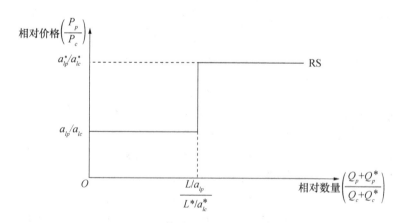

图 2-9 李嘉图模型的相对供给曲线

注意,在完全分工的情况下,我们还能决定各国的生产数量。因为本国专业化生产帕萨特汽车,所以根据它的生产可能性曲线,有 $a_{lp}Q_p + a_{lc}Q_c = L$。给定 $Q_c = 0$,可得 $Q_p = L/a_{lp}$。同理,可得 $Q_c^* = L/a_{lc}^*$。

世界相对价格由相对供给和相对需求共同决定。我们知道,需求曲线是消费者在其面临的预算约束下最大化效用水平形成的曲线,同其他已有的国际贸易模型一样,李嘉图模型并没有特意刻画需求。给定相对供给曲线以后,相对需求曲线的位置和形状决定了均衡价格和产量。比如相对需求曲线为 RD_1,则可知 A 点为均衡点。在此模式下,各国实现专业化生产,即本国生产帕萨特汽车,外国生产电脑芯片。不过,需要强调的是,两国是否都专业化生产还取决于两国的规模,即对产品的需求。比如,外国是小国,而本国是大国。小国即使专业化生产,也无法满足本国对该商品的需求。在这种情况下,就会出现外国专业化生产,而本国两种产品都生产的情形,如图 2-10 中 B 点所示。

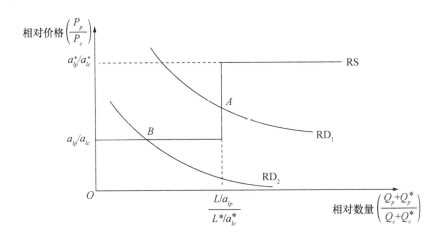

图 2-10 李嘉图模型均衡价格的决定

值得一提的是,在 B 点,世界能否因国际贸易而实现福利提升呢?答案是肯定的。在 B 点,尽管本国价格没有发生变化,不能出现图 2-6 所示的代表性无差异曲线外移的情况,但国外的福利却如图 2-5 所示,直接提升了。这样一来,就世界范围看,世界福利也得到了提升,因为本国福利没有变差,而外国福利变得更好了。

之前,我们已学习一国的生产可能性曲线。那么,在两国模式中,世界的生产可能性曲线又是什么形状呢?

如上例,本国和外国各生产两种商品,电脑芯片(c)和帕萨特汽车(p)。本国在帕萨特汽车生产上有比较优势,外国在电脑芯片生产上有比较优势。世界的生产可能性曲线如图 2-11 所示:在 A 点,两个国家都生产电脑芯片,本国生产 AE 量的芯片而外国生产 OE 量的芯片;在 C 点,两个国家都生产帕萨特汽车,本国生产 OD(也即 BE)量的帕萨特汽车而外国生产 DC 量的帕萨特汽车;在 B 点,本国专业化生产帕萨特汽车而外国专业化生产电脑芯片;在 J 点,则是本国和外国都生产帕萨特汽车,同时外国还生产电脑芯片。

在图 2-10 中我们已学习了两种产品的相对供给曲线。不过,应科学地理解相对供给曲线的形状。比如当横轴不再为两种产品的相对数量,而仅是一种产品(比如电脑芯片)的绝对数量时,相对供给曲线则如图 2-12 所示。请读者自己推导验证。

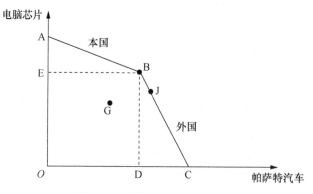

图 2-11 世界生产可能性曲线

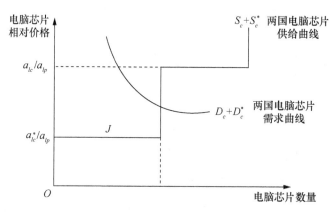

图 2-12 李嘉图模型相对供给曲线的另一种表述

三、工资与价格的关系

在李嘉图模型中,工资到底是由什么决定的呢?它受价格影响吗?它受劳动生产率影响吗?本小节我们考察这个问题。

事实上,在两国各自专业化生产的标准模式下,工资是受价格和劳动生产率共同影响的。这是因为:

$$W = \text{MPL}_p \cdot P_p = P_p/a_{lp} \tag{2-9}$$

同时又有:

$$W^* = \text{MPL}_c^* \cdot P_c^* = P_c^*/a_{lc}^* \tag{2-10}$$

而由于自由贸易的假定,又有:$P_p=P_p^*$,$P_c=P_c^*$。所以,我们有:

$$\frac{W}{W^*} = \frac{1/a_{lp}}{1/a_{lc}^*} \cdot \frac{P_p}{P_c} \tag{2-11}$$

可见,本国贸易条件的改善(即 P_p/P_c 的上升)会提高本国的相对工资。本国劳动生产率的提升也会导致本国相对工资的上升。

另外,当 $\frac{P_p}{P_c} < \frac{a_{lp}}{a_{lc}} < \frac{a_{lp}^*}{a_{lc}^*}$ 时,$W_p < W_c$,$W_p^* < W_c^*$,两国都只生产电脑芯片,不生产帕萨特汽车。此时有:

$$W = \frac{P_c}{a_{lc}}, \quad W^* = \frac{P_c^*}{a_{lc}^*}; \quad \frac{W}{W^*} = \frac{1/a_{lc}}{1/a_{lc}^*} \tag{2-12}$$

当 $\frac{a_{lp}}{a_{lc}} < \frac{P_p}{P_c} < \frac{a_{lp}^*}{a_{lc}^*}$ 时,$W_c < W_p$,$W_p^* < W_c^*$,本国只生产帕萨特汽车,外国只生产电脑芯片。此时有:

$$W = \frac{P_p}{a_{lp}}, \quad W^* = \frac{P_c}{a_{lc}^*}, \quad \frac{W}{W^*} = \frac{1/a_{lp}}{1/a_{lc}^*} \cdot \frac{P_p}{P_c} \tag{2-13}$$

当 $\frac{a_{lp}}{a_{lc}} < \frac{a_{lp}^*}{a_{lc}^*} < \frac{P_p}{P_c}$ 时,$W_c < W_p$,$W_c^* < W_p^*$,本国和外国都只生产帕萨特汽车。此时有:

$$W = \frac{P_p}{a_{lp}}, \quad W^* = \frac{P_p}{a_{lp}^*}, \quad \frac{W}{W^*} = \frac{1/a_{lp}}{1/a_{lp}^*} \tag{2-14}$$

这样,我们就得到如图 2-13 所示的曲线。

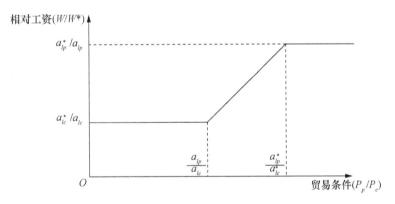

图 2-13 贸易条件与相对工资的关系

由图 2-13 可看出,贸易条件在两个国家的成本率之间,本国贸易条件改善会成比例地提高本国相对工资。当贸易条件在两个国家的成本率之间时,我们还可以通过该区间两端点坐标 $\left(\frac{a_{lp}}{a_{lc}}, \frac{a_{lc}^*}{a_{lc}}\right)$ 和 $\left(\frac{a_{lp}^*}{a_{lc}^*}, \frac{a_{lp}^*}{a_{lp}}\right)$ 直接计算本国相对工资函数的斜率。

在李嘉图模型中,相对工资反映了两国的相对劳动生产率。这个性质有多大程度可以在现实中成立呢?有观点认为,劳动生产率不断提高的穷国有意压低工资,从而使相对发达的国家在贸易中处于劣势。但事实表明,穷国的低工资反映了其低生产效率。另外也有实证表明,劳动生产率的提高往往伴随着工资的上升。比如 20 世纪 70 年代,韩国很穷,1975 年其平均工资仅为美国的 5%,劳动生产率也基本是在这个水平。而到了 2000 年,韩国的劳动生产率是美国的 35%,平均工资也达到美国的 38%。

图 2-14 则通过各国的横截面数据清楚地表明了劳动生产率与工资是成正比的。

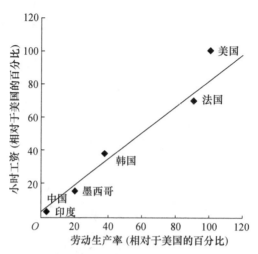

图 2-14　各国工资与劳动生产率的关系

注：中国和印度的点在图形上基本重合。

四、小结

最后，我们谈谈对比较优势可能产生的几个误解。

第一个误解是：贸易只对发达国家有利。

自由贸易的基础是比较优势，而不是绝对优势。比较优势强调一个国家应该专业化生产其相对最有效率的产品。如果没有贸易，一个国家必须耗费资源去生产相对成本更高的商品，从而导致资源的无效率使用。由于专业化生产提高了资源的使用效率，任何一个国家，即使不发达国家也能从贸易中获利。

第二个误解是：高工资国家的利益会在与低工资国家贸易时受到损害。

这一说法在目前中美贸易摩擦中显得尤为突出。这一观点也是美国前总统特朗普所提的观点，但其实是错误的。尽管中美贸易由于中国出口大量劳动力密集型产品导致部分美国蓝领工人的工作机会暂时受到影响，但由于美国进口大量中国产品，降低了国内消费品价格，从而提升了整个国家的真实工资。尽管蓝领工人的收入在短期内可能受损，但其他阶级的收入大为提升。总体而言，对美国所得大于所失。

贸易可能会降低高工资国家部分人口的收入，从而影响一国的收入分配。由于提高了资源使用效率，贸易会提高另一部分人口的收入水平，且对所有的消费者都是有利的，因为消费者可以用更便宜的价格买到更高品质的商品。专业化生产还有利于厂商提高劳动生产率。

第三个误解是：自由贸易剥削穷国。

工资由劳动生产率决定，和贸易无关。不管有没有自由贸易，穷国的劳工标准[①]都低于富国。假如没有自由贸易，穷国的劳工标准可能会更糟。贸易会使穷国的工资和劳工标准得到提高，也使消费者得到更多的好处。

从自给自足到自由贸易，每个国家都会受益。贸易获利来自资源使用效率的提高，即

---

① 劳工标准就是通常所指的"五险一金"等措施。

一国可以更好地利用自己的比较优势,专注于生产自己具有比较优势的产品,并通过贸易换取自己不具有生产比较优势的产品。所以,贸易就好像一种生产技术,推动两个国家都获得更高水平的消费。

不过,需要指出的是,李嘉图模型并没有说随着开放度增加,一国福利会增大。李嘉图模型也不能完全解释日益复杂的全球化问题,以及不同个体的福利变化问题。不管如何,李嘉图模型还是很好地解释了国际自由贸易是如何促进各国经济增长的。

第五节 提供曲线

提供曲线(Offer Curve,OC)表示一国为获取某一产品的进口量而愿意提供的另一产品的出口量。因此,我们利用图解法来简要介绍提供曲线。

一、贸易平衡的约束条件

假定一个国家只生产两种产品,产品 1 的产量为 Q_1,产品 2 的产量为 Q_2,产品 1 的价格为 P_1,产品 2 的价格为 P_2,该国生产产品 1 具有比较优势,因此该国将出口产品 1,进口产品 2,消费者可以消费产品 1 的数量为 c_1,可以消费产品 2 的数量为 c_2,消费者的预算约束为:

$$P_1 c_1 + P_2 c_2 \leqslant P_1 Q_1 + P_2 Q_2 \tag{2-15}$$

或者

$$P_2 M \leqslant P_1 E \tag{2-16}$$

其中,进口量 $M = c_2 - Q_2$,出口量 $E = Q_1 - c_1$。

进一步地:

$$M \leqslant \frac{P_1}{P_2} E \tag{2-17}$$

其中,P_1 代表出口产品的世界价格,P_2 代表进口产品的世界价格。因此,P_1/P_2 就代表了本国所面临的贸易条件。

也就是说,一个国家的进口量受到贸易条件和出口量的共同限制。这个约束条件如图 2-15 所示,一个国家只能选择曲线右下方区域中的进口量与出口量组合,如果将出口量 E 的全部所得用来购买进口产品,也只能购买 $\frac{P_1}{P_2}E$ 单位。如果该国的贸易条件改善,即出口产品的世界价格相对于进口产品的世界价格上涨 $\left(\frac{P_1'}{P_2'} > \frac{P_1}{P_2}\right)$,约束曲线将变陡,为换取一定的进口量所需要的出口量将下降。图 2-15 显示了这一变化过程。

一个国家可以实现的进口量与出口量组合为曲线右下方的区域,当贸易条件改善时,约束曲线的斜率变陡,曲线向左上旋转。

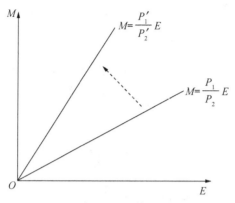

图 2-15　贸易平衡的约束曲线

二、消费者的效用曲线

消费者的效用大小取决于两种商品的组合,可以用下列效用函数表示：

$$效用 = U(c_1, c_2) \tag{2-18}$$

当产出量 Q_1、Q_2 固定时,消费量 c_1 可以用出口量 E 表示,消费量 c_2 可以用进口量 M 表示,那么效用函数可以用 E、M 表示为：

$$U(c_1, c_2) = U(Q_1 - E, Q_2 + M) \tag{2-19}$$

计算进口量与出口量对效用的影响

$$\frac{\partial U}{\partial E} = \frac{\partial U}{\partial c_1} \cdot \frac{\partial c_1}{\partial E} < 0 \tag{2-20}$$

$$\frac{\partial U}{\partial M} = \frac{\partial U}{\partial c_2} \cdot \frac{\partial c_2}{\partial M} > 0 \tag{2-21}$$

这表示出口量的增加导致效用的降低,进口量的增加导致效用的提高,即无差异曲线发生向左或向上的移动时都会导致效用的增加。这样一组无差异曲线可以用图 2-16 表示。

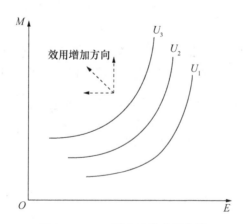

图 2-16　$M\text{-}E$ 图上的无差异曲线

进口量越高,效用越高;出口量越高,效用越低。随着图 2-16 箭头的方向,曲线所对应的效用水平是递增的。

三、提供曲线

在每一个特定的贸易条件下,贸易平衡约束曲线与无差异曲线的切点决定了该国进口量、出口量的最优组合,为消费者最大化其效用。当贸易条件改善时,贸易平衡约束曲线变陡,在此约束下可达到的效用增加,该国进口量、出口量的最优组合随着切点的变动而变动。将所有表示最优组合的切点连接起来,就得到了如图 2-17 所示的提供曲线。

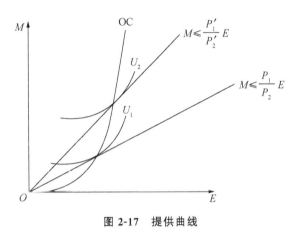

图 2-17 提供曲线

第六节 李嘉图模型的最新发展

如前面几节所论述,在基准的李嘉图模型中,专业化生产不同的产品并进行国际贸易可以让两国的经济状况更好。即使其中一个国家在生产两种产品上都具有绝对优势,另一个国家依然可以专业化生产并出口该国具有比较优势的产品。两个贸易国都会在自由贸易中获利。

李嘉图模型的这个发现可以说是整个国际贸易学最重要的基石,通常都会出现在各种经典的国际贸易教材的必备章节。这样做的好处是学生能够快速地理解专业化生产和贸易能够带来福利。有意思的是,当经济学家在进行国际贸易研究时,却很少直接使用该模型。比如,目前全球最权威的国际贸易研究生教材——罗伯特·芬斯特拉教授的《高级国际贸易:理论与实证》[①],对李嘉图模型的介绍只是一带而过。21 世纪之前,对国际贸易理论和定量分析基本都是先用基于国际要素禀赋不同的赫克歇尔-俄林模型来解释贸易及国民福利,然后再将目光转向基于规模报酬递增的克鲁格曼模型。李嘉图模型似乎变成了"屠龙刀",总是拿出来向新的学生展示一下然后放回去,让学生们去追求更有成效的学习和研究方向。

幸运的是,到了 21 世纪,经过乔纳森·伊顿(Jonathan Eaton)教授、萨姆·科图姆(Sam Kortum)教授以及其他经济学家的共同努力,李嘉图模型迎来了复兴,并取得了长

---

① Feenstra, R. C., 2004, *Advanced International Trade: Theory and Evidence*, Princeton University Press.

足的发展。过去的十年中,国际贸易领域的大量研究重新开始使用李嘉图模型的假设,即国际贸易能够获利是因为各国拥有不同的技术。这些技术可能是在一个国家内部的不同行业(甚至是不同企业)中得以使用。本节的目的正是介绍李嘉图模型近年来的最新发展。① 这一节对本科同学可不做考查要求。

一、最简单的李嘉图模型

同李嘉图模型相似,我们假设了一个由中国和美国两个国家组成的世界,两个国家都生产衣服和汽车。表2-4描述了每个国家对每种产品的单位产品劳动力投入。李嘉图假设了规模报酬不变,单位产品劳动力投入不随着总产量的变化而改变。

表2-4 李嘉图模型:单位产品劳动力投入

	衣服	汽车
中国	100	120
美国	90	80

通过贸易,中国得到1单位的汽车只需要100个工人的劳动(而不是120),而美国得到1单位的衣服只需要80个工人的劳动(而不是90)——如果国际市场中两种产品的价格相同,就会出现这样的结果。

李嘉图模型可以如此流畅地证明贸易福利,但是它为什么没能为之后更复杂并具有量化意义的分析提供理论支持呢?一个主要的原因是,即使是这个基本的方程也会产生不同的均衡结果,需要分情况讨论。最简单的李嘉图模型设定可能出现三种结果:第一,中国只生产衣服,美国只生产汽车;第二,中国生产衣服和汽车,美国只生产汽车;第三,中国只生产衣服,美国同时生产衣服和汽车。李嘉图模型所假设的是第一种情况,劳动力禀赋直接决定产出,需求决定价格。在第二种情况下,两国的相对劳动力投入决定产品的相对价格,需求决定产出。这个例子一开始告诉我们的是,贸易可能会带来福利,尽管福利的大小不得而知。之后,我们要假设某一种情形,求出均衡状态,并确保它满足价格不超过成本且劳动力充分就业。

可以发现,这时模型的分类方法就已经开始显得笨拙。在真实世界中,我们有242个经济体(包括国家和地区)。联合国的COMTRADE数据库是目前国际贸易方面最主要的数据来源,它报告了超过242个经济体的双边年贸易量(相当于241×241=58 081个组合),涵盖了776个产品种类,年份数据可以回溯到1990年。在李嘉图模型中,即使是两个国家、两种产品的情况都难以求解,又怎么能让它去处理如此复杂的数据呢?

用公式重新刻画李嘉图模型中中国和美国的相对工资ω,假设美国的工资为1。在中国生产衣服的单位成本是100ω,在美国生产的成本是90ω。在中国生产汽车的单位成本是120ω,在美国生产的成本是80ω。在自由贸易和完全竞争的市场条件下,两种产品在两个国家的价格相同,并且都是以最低成本生产的。美国和中国生产衣服的单位产品劳动

---

① 本节的内容均取自Eaton, J. and Kortum, S., 2012, "Putting Ricardo to Work", *Journal of Economic Perspectives*, 2(26), 65-90, 内容有删减。

力投入比为 90/100，假设 ω 高于这一比例。那么，由于

$$\frac{90}{100} > \frac{80}{120}$$

（衣服） （汽车）

在美国生产衣服和汽车更便宜，中国工人便会失业。因此为了满足充分就业的条件，中国的工资不能超过美国工资的 90%。在另一种极端情况下，如果 ω 小于 80/120，那么在中国生产衣服和汽车更便宜，美国工人就会失业。因此 ω 一定在 2/3 和 9/10 之间（因为李嘉图模型假设美国在生产两种产品上都具有绝对优势，中国工人为了就业，只能拿到比美国工人低的工资）。求解李嘉图均衡需要知道成本最低的产地，这是将其拓展应用到高维模型中的核心问题。

若要将这个模型应用于真实世界的贸易中，就必须在模型中加入更多的商品和国家。如何做到这一点？解决这个问题需要几个步骤。

二、多商品版本的李嘉图模型

在原模型中加入另一种产品——棉花，仍然只考虑两个国家的情况。假设中国生产棉花的单位产品劳动力投入为 100 个工人，美国生产的情况相同。这使得中国生产棉花的比较优势比生产衣服更大。我们可以将前面的不等式扩展为：

$$\frac{100}{100} > \frac{90}{100} > \frac{80}{120}$$

（棉花） （衣服） （汽车）

这种以中国相对劳动生产率对产品进行排序的方式被称为比较优势链。自由贸易时，中国人的相对工资 ω 会与相对劳动生产率一起进行重新排序。相对劳动生产率大于相对工资的产品在中国生产更便宜，相对劳动生产率小于相对工资的产品在美国生产更便宜。打个比方，当 ω 为 0.95 时，它被排在棉花（在中国生产更便宜）和衣服（在美国生产更便宜）之间。当 ω 为 0.9 时，它的位置与衣服相同（在两个国家生产衣服的成本相同，棉花在中国生产更便宜，汽车在美国生产更便宜）。

是什么决定了相对工资 ω 呢？通常来讲，解决这个问题会很烦琐，但是如果两个国家的人民有完全相同的消费方式（具体来讲，两个国家的人民有相同的消费偏好），这个问题就会得到简化。借助比较优势链，可以得到中国劳动力相对国际劳动力的需求量（在 x 轴上）随着中国工资 ω 变化（在 y 轴上）而变化的曲线。

当 $\omega>1$ 时，中国工人生产任何产品都不具有竞争力，此时需求曲线会是一条在零点处的竖直的线。当 $\omega=1$ 时，中国在生产棉花上具有竞争力，两国产品对于消费者而言并无差异。因此在中国生产棉花的产量范围内（不小于 0，不大于世界市场此价格下的总需求），劳动力的相对需求曲线会是一条水平线（完全替代）。若 ω 下降，中国就会成为棉花的唯一生产国。由于棉花的价格是 100ω，ω 的降低会导致棉花价格的下降，需求量上升，因此对中国劳动力的相对需求上升。当 $\omega=0.9$ 时，中国在生产衣服和棉花上都会具有竞争力。由于两国的衣服对于消费者而言无差异（消费者还是只在中国购买棉花，只在美国购买汽车），因此对中国的劳动力需求量会到达另一个水平区。沿着比较优势链，对中国

劳动力的需求函数会倾斜向下并呈阶梯式，其中水平部分表示由中国和美国共同生产同一产品，倾斜部分表示由中国和美国专业化生产不同产品。水平部分是标准的阶梯式，但是倾斜部分只有在极端情况下才会是竖直的，否则它们会斜向下延伸至下一个水平区。竖直的供给曲线表示中国劳动力在世界中的占比，以此可以得到均衡状态，它可能与需求曲线相交于水平部分（对应的产品由中国和美国共同生产）或者倾斜部分（由某一国家专门生产）。

图 2-18 展示了四种商品时的结果，比上文提及的例子多了一种产品（比如飞机），在中国生产这种商品的单位产品劳动力投入是美国的两倍。当中国的劳动力供给改变时，要将其相对供给曲线 $L/(L+L^*)$（L 表示中国的劳动力数量，L^* 表示美国的劳动力数量）沿着 x 轴移动。

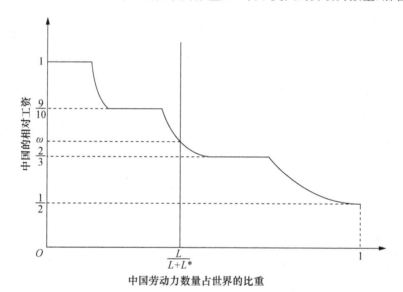

图 2-18　多商品版本李嘉图模型的工资决定

资料来源：Eaton, J. and Kortum, S., 2012, "Putting Ricardo to Work", *Journal of Economic Perspectives*, 2(26), 65-90。

注：倾斜向下的实线是对中国劳动力的相对需求曲线，垂直的实线是中国劳动力的相对供给曲线。

一共有五种可能出现的结果，按照比较优势链的顺序可以有不同的生产组合。当然，如果在比较优势链中加入更多的商品，会有更多的组合方式。

贸易经济学家常讨论贸易的广延边际和集约边际。一个国家提高出口，可以选择在集约边际上提高某种产品的出口量，或者在广延边际上出口更多类型的产品。阶梯状曲线描述了在李嘉图理论中两种模式如何相互协调。沿着斜线，ω 的降低会导致某种中国生产的产品价格下降，从而只会集约地提高中国某种出口产品的需求。而当 ω 到了水平阶段，随着中国扩大了其生产和出口产品的种类，出口量会在广延边际上增长。

这种分析框架给我们的启示是，给定世界的技术水平，一个国家的劳动力越多，意味着该国的工资水平越低。在技术水平不变的情况下，为了使更多的劳动力就业，一个国家需要卖出更多种类的产品（向下移动到倾斜部分）或者顶替别的国家生产某些产品（到达更低的水平线）。

尽管李嘉图出于直觉构建了这样的模型，但是不得不承认阶梯状的图形不便于求解。

三、无穷商品版本的李嘉图模型

Dornbusch et al.(1977)将阶梯式曲线变为平滑曲线,可以将上述问题简化。[①] 他们在比较优势链中加入了更多的商品,减小了不同产品的劳动力投入比差距,最终导致原来的三种均衡状态合并为同一种结果。他们假设所有商品都对应着从 0 到 1 区间内的某个点,将每种商品的相对劳动生产率进行排序形成比较优势链,中国在生产接近 0 点的产品上具有比较优势,美国在生产接近 1 点的产品上具有比较优势。方程 $A(j)$ 为美国和中国生产产品 j(j 处于 0 到 1 之间)的劳动力投入比,也就是中国的相对劳动生产率,$A(j)$ 是平滑并严格递减的。图 2-19 中倾斜向下的曲线描述了这样一个函数。

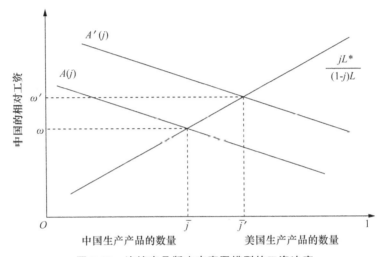

图 2-19 连续产品版本李嘉图模型的工资决定

资料来源:Eaton,J. and Kortum,S.,2012,"Putting Ricardo to Work",*Journal of Economic Perspectives*,2(26),65-90。

注:X 轴上是从 0 到 1 的连续商品,中国在生产接近 0 点的产品上具有比较优势,美国在生产接近 1 点的产品上具有比较优势。中国生产从 0 到 $\bar{j}$ 范围的商品,美国生产从 $\bar{j}$ 到 1 范围的产品。本图描述了相对劳动生产率曲线 $A(j)$ 的向上移动(意味着中国生产每种产品的相对劳动生产率均提高)如何提高中国的相对工资和扩张其生产的商品种类。

对于任意中国工资水平,都会有某种介于 $A(0)$ 和 $A(1)$ 之间的商品,我们将其称为 $\bar{j}$,满足 $A(\bar{j})=\omega$。这种商品 $\bar{j}$ 在中国和美国生产的成本相同。中国生产产品 $j\leqslant\bar{j}$,美国生产产品 $j\geqslant\bar{j}$。由谁来生产 $\bar{j}$ 无关紧要,因为这种产品只是产品总量中极微小的一部分。j 的范围就是 0 到 1,所以 $\bar{j}$ 也是在中国生产、供给两国消费的产品比重。$A(j)$ 是递减函数,给定方程 $A(j)$,任何导致中国相对工资 ω 提高的改变都一定会减少在中国生产的产品数量的比重。

那么,在什么样的工资水平下贸易会改变两国的生产模式呢?为回答这个问题,我们

[①] Dornbusch,R.,Fischer,S. and Samuelson,P. A.,1977,"Comparative Advantage, Trade, and Payments in a Ricardian Model with a Continuum of Goods",*American Economic Review*,67(5),823-839.

需要考察需求方。更高的 $\bar{j}$ 意味着中国生产产品所占的比重更大，提高了对其劳动力的需求量，因此提高了工资水平 ω。图 2-19 描述了 ω 与 $\bar{j}$ 之间的正相关性。它与倾斜向下的 $A(j)$ 曲线的交点决定了均衡状态。

图 2-19 描述了生产率函数 $A(j)$ 的向上移动（意味着中国在生产每一种产品上的劳动生产率都提高）如何提高中国的相对工资 ω，并扩大中国生产产品的范围。

在上文的例子中，如果中国人和美国人以相同的方式进行消费（消费者的偏好相同），那么他们一定按照相同的比例消费不同的商品。但是贸易和生产数据所呈现的明显特征是，消费者更倾向于购买本国生产的产品。因此可以假设在李嘉图模型中，美国人比中国人更喜爱汽车。消费者的偏好与该国比较优势相一致仅能作为巧合，目前没有证据可以证明这一点。

一种更说得通的解释是在国家间转移产品有成本。Dornbusch et al. (1977) 的另一个突出贡献是在李嘉图模型中引入了贸易成本。具体来讲，他们引入了萨缪尔森经典的冰山假设，即为了向某国输入 1 单位的产品，出口国需要实际输出 d 单位产品 ($d \geqslant 1$)。也就是说，一部分的产品会在运输过程中丢失、腐败、被破坏或者以其他形式损耗掉。

由于存在冰山贸易壁垒，不同地区的商品成本不再相同。考虑李嘉图模型中衣服的例子。如果中国的相对工资是 0.8，那么在中国生产衣服的单位成本是 80，在美国生产衣服的单位成本是 90。但是如果 1/3 的衣服会在途中被海水泡坏，那么为了能够输入美国 1 单位的衣服，实际需要在中国输出 1.5 单位，这使得美国市场中中国产的衣服实际成本为 120。因此，相比于从中国进口衣服，美国不如自己生产。

如果我们假设所有商品都存在运输成本，那么 Dornbusch et al. (1977) 的模型会发生什么变化？运输成本导致非贸易品的出现，对于这些产品，各国自产自销的成本更低。但是只要距离 d 不是太大，就会有一些商品（j 接近零）仅由中国生产，一些商品（j 接近1）仅由美国生产。

运输成本给我们的一个重要启示是要考虑中美两国间贸易赤字与其相对工资的关系，我们在下文会做进一步说明。当中国的消费者不再从国内市场购买商品而是选择从美国进口时，会产生支付转移。这样会导致中国的工资下降，中国出口产品范围扩大，美国出口产品范围缩小。

总之，Dornbusch et al. (1977) 的研究成果让李嘉图模型从教材中的示范例子变成了可以解决实际问题的实用工具。①

四、多国家模型

在模型中引入多国的做法与引入多产品相同。假设引入第三个国家日本，在日本生产衣服的单位产品劳动力投入是 120，生产汽车的单位产品劳动力投入是 60。李嘉图模型最初的不等式为：

---

① 例如，Matsuyama(2008)使用这个模型的变形，考察了国家大小、技术变迁和技术转移对贸易福利和收入分配的影响。但是这个模型仍然只考虑了两个国家的情况。具体参见 Matsuyama, K., 2008, "Ricardian Trade Theory", in *The New Palgrave Dictionary of Economics* (2nd Edition), Palgrave Macmillan.

$$\frac{120}{100} > \frac{80}{90}$$
（中国） （美国）

在比较优势链中加入日本，得到：

$$\frac{120}{100} > \frac{80}{90} > \frac{60}{120}$$
（中国） （美国） （日本）

中国在不等式的最左端，将生产衣服；日本在不等式的最右端，将生产汽车。每个国家的消费者偏好和劳动力数量会决定每个国家的生产模式。我们可以回到阶梯式模型，算出五种可能出现的结果，但是由于引入了更多国家，情况也会更加复杂。用这种直接方式来算出结果将变得非常烦琐。

不过，对李嘉图模型进行拓展的最大难题是，当我们面临多国家多商品的情况时，模型该如何扩展。现在我们考虑一个三个国家三种产品的例子。在这个模型中，排除了第一种分工方式，其单位产品劳动力投入的关系如表 2-5 所示。

表 2-5 三个国家三种产品的单位产品劳动力投入

产品	美国	中国	日本
谷物	10	10	10
棉花	5	7	3
衣服	4	3	2

有两种分配方法，一种是美国生产棉花，中国生产谷物，日本生产衣服；另一种是美国生产谷物，中国生产衣服，日本生产棉花。单独来看任意两个国家和两种商品，每一种情况都满足李嘉图不等式，但是只有第二种情况是可能出现的竞争均衡。为了解释这个问题，将前面李嘉图模型转换为相乘的形式，以第三种方式表述：

$$120 \times 90 \quad > \quad 100 \times 80$$
（不正确的分工方式） （正确的分工方式）

注意李嘉图模型中的均衡分工是中国生产衣服而美国生产汽车，这样在给定技术条件下的劳动力投入最小。尽管这个例子很好，但它并不能为解决高维度的问题做出指导。至少我们还没有解决均衡状态是在水平区还是在倾斜区的问题。所以，在 20 世纪 90 年代以前，学术界对李嘉图模型的研究又暂时停滞。这种情况直到 Eaton 教授和 Kortum 教授在 2002 年发表了他们的经典论文时才得以解决。

五、Eaton-Kortum 版本的李嘉图模型

如何有效地求解多国家多产品的李嘉图模型的均衡呢？Eaton and Kortum(2002)对此做了革命性的贡献。他们先是按照 Dornbusch et al.(1977)的做法，假设商品是连续的，并给国家编号。此时所需要处理的是每个国家（一共 I 个国家）生产每一种商品（单位区间内的每一点）的单位产品劳动力投入，这一数据将远大于李嘉图模型中的四个数字。

为了解决这个问题，Eaton and Kortum(2002)放弃使用实际的数字，并参照 Dornbusch et al.(1977)的方法,用 $a_i(j)$ 表示国家 i 生产产品 j 所需要的劳动力。在国家数量 $I>2$ 并有多种产品的情况下,不必考虑 a 的比例,因此也不用考虑比较优势链,而是将 a(在不同地点生产不同产品的劳动力投入)视为某个概率分布中的随机变量。这种思考方式有两个好处:第一,分布本身是平滑的,使得模型函数也是平滑的;第二,我们不需要每个个体的 $a_i(j)$,因为这一变量的数量庞大,我们只需在分布函数的系数上体现这一变量,因此数量会减少很多。

在具体阐述之前,有必要解释一些关于分布集的问题。劳动力投入和生产成本应当具有相同的分布特征,并且因为产品价格分布是所有国家生产可能性中成本最低的情况,价格也应当具有相同的分布特征。最后,要用一个简单的方式来表述某国是生产某种产品成本最低的国家。

为了满足这些条件,Eaton and Kortum(2002)引入了一种叫作极值分布的集合。中心极限定理中被人熟知的部分是,如果从一个分布良好的集合中抽出一个大样本的子集,其均值会有一个近似正态的分布。除此之外,在这样的一个集合中,最高或最低的观察值所组成的特殊分布被称为极值分布。例如,在一系列竞技比赛中的比赛时间(最快),如果每个竞技者所用的时间都是某个特定分布比如对数正态分布的子集,那么大量的竞技比赛中最短时长所组成的集合分布就是极值分布。如果它是对数正态的,那么就是 III 型极值分布,或者被称为 Weibull 分布。

竞技比赛与生产工人数量之间有什么关系呢?如果生产某种产品的技术已经总结了前人的发明创造,**并且每个工人使用技术所进行的劳动产出满足帕累托分布,那么每个工人都会用最有效率的技术进行生产**,其产出会是 II 型极值分布,或者是 Fréchet 分布。①

李嘉图模型用劳动力投入来刻画技术水平,而不是它的倒数形式,即每个工人的产出。将上述的 Fréchet 分布结果转化成李嘉图模型的形式,在 i 国生产产品 j 的劳动力投入小于任何一个正数 x 的概率形成了 Weibull 分布,具体来讲,是

$$\Pr[a_i(j) \leqslant x] = 1 - e^{-(A_i x)^\theta} \tag{2-22}$$

其中,两个参数分别表示绝对优势和比较优势。参数 A_i 表示 i 国的绝对优势。该值越高表示 i 国生产任何产品的劳动力投入可能越低。允许不同的国家具有不同程度的绝对优势,模型可以更好地反映实际上一些国家在很多生产活动中都比另一些国家具有更高的相对生产率。例如,在李嘉图模型中,美国在生产两种产品上都比中国的效率更高。积累更多技术的国家会有更高的 A_i。

相反地,参数 θ 描述的是劳动力投入如何变化,该值越高意味着一个国家生产某种产品的劳动力投入越接近平均值,削弱了比较优势的程度。在李嘉图模型中,假设美国生产衣服的单位产品劳动力投入是 67 而非 90,尽管美国在生产两种产品上都还是比中国的效率更高,但生产衣服并没有显著地强于生产汽车。随着李嘉图不等式更加接近等式,贸易带来的福利减少了。类似地,在 Eaton-Kortum(2002)的模型中,θ 值越高会导致贸易福利越低。让各国的 θ 相同能够让我们更直接地观察到如何通过贸易来影响各国的技术水平。

---

① 参见 Kortum, S. S., 1997, "Research, Patenting, and Technological Change", *Econometrica*, 65(6), 1389-1419。

设定极值分布并不困难,但是它反映现实世界的程度如何呢?由上文可知,产生这种分布的方式是重复地从帕累托分布中得到工人的工作效率,并取其中的最大值。分布的上尾表示最有效率的企业,它本身就是一个帕累托分布。Wifredo Pareto 为了描述收入的分布情况而创造了我们称之为帕累托分布(有时候也被称为"幂次法则")的形式,而它事实上描述了许多函数分布的上尾情况,例如城市人口、企业规模和就业情况。因此,极值分布可以很好地描述生产数据的情况。

模型假设有 I 个国家,不同国家之间贸易的冰山成本可以变动,从国家 i 输入 1 单位产品到国家 j 需要实际输出的产品数量为 $d_{ji} \geqslant 1(d_{ii}=1)$。贸易成本可以很好地解释贸易数据的一个众所周知的定律,就是两国间贸易量随着两国的地理距离的增加而降低。这种特征被视为"引力",贸易的引力模型由此建立(具体可参读第一章的介绍)。如果任何两个国家间的冰山成本随着地理距离的上升而产生系统性的提高,这里推导的多国模型就会显示出引力模型的结果。

将这些因素组合在一起,在国家 i 生产产品 j 并将其运输至国家 n 的成本为 $c_{ni}(j)=a_i(j)\omega_i d_{ni}$,其中包含在国家 i 生产产品所需要的劳动力,i 国的工资,以及从 i 国运输到 n 国的冰山成本。与 Dornbusch et al. (1977) 相同,一个国家生产所有产品的工资和冰山成本都是相同的,所以 $c_{ni}(j)$ 与 $a_i(j)$ 的分布情况相同,只是绝对优势的参数 A_i 换成了 $A_{ni}=A_i/(\omega_i d_{ni})$。在成本分布上 i 国的劳动生产率高出 n 国(通过更高的 A_i)的部分会被 i 国更高的工资水平和运输到 n 国的成本所抵消。

正如简单的李嘉图模型,完全竞争确保了在 n 国商品 j 的价格 $p_n(j)$ 是产品 i 所有生产可能性中的最低成本 $c_{ni}(j)$。李嘉图的简单模型中没有考虑贸易成本,而本文为了使模型设定更有普遍意义,假设以最低成本提供产品的国家 I 可能随着目的国 n 的改变而发生变化。Dornbusch et al. (1977) 的两国模型已经呈现了考虑贸易成本的结果:每个国家都会为本国生产一些产品,而其他产品则只由一个国家提供生产,贸易品在各国间的劳动生产率差异更高。尽管本文中多国家的模型更加复杂,但是得到产品 j 在国家 n 的价格分布并不困难。商品价格等于所有生产可能性最低的成本,而成本函数为极值分布,因此价格函数也满足极值分布,属于 Weibull 分布。

除了价格,这个模型还能告诉我们任何两个国家间贸易的概率 π_{ni},即对国家 n 而言,国家 i 生产产品的成本最低的概率。保持国家生产技术的绝对优势不变,从 i 国运输到 n 国的贸易壁垒 d_{ni} 越高,或者生产国的工资越高,发生贸易的概率就会越低。因为商品是连续变量,概率 π_{ni} 同样也表示由国家 i 提供给国家 n 的商品比重。除此之外,在对称的柯布-道格拉斯偏好假设下,π_{ni} 同样对应着国家 n 从国家 i 购买产品的支出占比。如果 i 与 n 不同,购买就表示进口;如果 i 与 n 相同,购买就表示国内销售。因为在贸易额和产品方面的数据足够计算贸易比重,所以 π_{ni} 很好地联结了模型和数据。

任何可以降低供给国成本的行为(比如降低关税)都会产生更多的需求,其程度取决于 θ。越大的 θ 意味着国家内生产不同产品的技术水平越接近。因此,当 θ 值较高时,与各国相对成本间的差异相比,成本变化所导致的贸易比重的变化更大。

贸易经济学家花了很长时间思考如何度量不同相对成本的贸易弹性,因为贸易弹性会受到关税或者汇率等的改变的影响。在本文中,θ 决定了弹性。它在下文的讨论中起着非常重要的作用。定量分析采用了 Simonovska and Waugh(2014)中提出的 $\theta=4$。他们基于 123 个国家 62 种制造业产品的数据,经过谨慎的计算得到了这个结果,并且这个估计值与此前用别的方法得到的几个结果一致。

贸易究竟如何转化成福利呢？在模型中,国家 I 的实际工资有个简单的表达方式,它与 $A_i\pi_{ii}^{-1/\theta}$ 成正比。绝对优势的参数 A_i 描述了国家的劳动生产率。在封闭的经济体中,$\pi_{ii}=1$,劳动生产率直接决定了实际工资。第二项 $\pi_{ii}^{-1/\theta}$ 描述了贸易带来的福利。国家 i 的国内销售比重 π_{ii} 越小,它从别的地方购买（进口）产品的比重就会越大。当然如果不存在贸易的话,它就会使用自己的技术来生产这些产品。一个国家从自给自足到贸易的过程中生产产品比重的降低所带来的福利大小,取决于进口产品所使用的技术与本国被替代的技术差距。平均来讲,θ 越小,差距越大,贸易所带来的福利越大。因此即使是一个没有太多先进技术的国家也可以通过专业化生产它技术最先进的产品并从国外进口其他产品来获得高的生活质量。采用 $\theta=4$,我们可以推断国家通过从外国进口 25% 的消费品,从国内市场购买 75% 的消费品,从而让实际工资提高 7.5%。

仅仅使用在国内支出的比重和参数 θ 就能够计算出贸易福利,但是计算在国内支出的比重需要知道世界范围内的工资水平,后者则取决于每个国家的劳动力市场均衡。为了求得工资水平,我们不仅需要知道贸易成本、劳动力禀赋 L_i,还需要知道各国的贸易赤字 D_i。

通常来讲,即使有百余个国家的数据,我们也能够通过电脑计算而快速地得到计量结果。即便如此,我们还是不能通过分析得到劳动力市场均衡状态的工资水平。但是若不考虑贸易成本（也就是说,没有冰山成本）,我们就可以得到解析解。在这种特殊的情况下,两个国家间的相对工资水平随着其劳动生产率（即 A_i）比值的提高而提高,弹性为 $\theta/(1+\theta)$。弹性小于 1 意味着在开放的经济体中,一个国家可以通过降低商品价格来将自己高劳动生产率带来的福利传递给别国。通过这种方式,即使没有技术扩散,国家也可以通过与其他高技术水平的国家建立贸易关系而获益。两国相比,一国的劳动力禀赋（L_i）比值越高,其相对工资越低,弹性为 $-1/(1+\theta)$。这里的弹性是负值,与李嘉图模型的设定相同。劳动力禀赋高的国家为了确保就业（在集约边际上）会提高生产产品的数量,降低产品的相对价格。除此之外,国家还会（在广延边际上）多样化地生产其他产品,尽管它生产这些产品的劳动生产率相对较低。在没有贸易壁垒的情况下,贸易赤字的大小不会影响相对工资水平,这与 Dornbusch et al. (1977)模型的结论相同。

若不存在贸易成本,一个国家的劳动力禀赋与技术水平会共同影响该国的相对福利水平。一旦意识到贸易距离的重要性,就必须在模型中考虑地理位置对相对收入和福利水平的决定性作用。与大型市场和低价产品的距离成为另一个决定一个国家福利水平的重要特征因素。

为了更好地理解地理位置对国家福利的影响程度,可以先考虑两个国家的情况。假如一国为大国,拥有世界上 99% 的劳动力,另一国为小国,仅拥有世界上 1% 的劳动力。假设国家间自由贸易,并且工人的劳动生产率相同,没有贸易壁垒,那么两个国家会有相同的工资水平（并且由于价格相同,两国的实际工资也相同）。由于没有贸易壁垒,小国人民只会在国内市场消费 1% 的收入。

此时假设两个国家之间出现了贸易壁垒,在两国间往来运输商品的冰山成本 $d=2$。均衡状态会变为小国人民将花费一半的收入购买国内市场的产品（一个实际小国的典型情况）。

尽管大国并不会真的被这种变化影响,小国的实际工资水平会降低到大国的38%。有两种因素导致了这种结果:第一,为了在国际市场具有一定的竞争性,小国的工资水平必须降低到大国的65%;第二,由于从大国进口的产品变贵了,国内的价格指数上升了70%。

考虑存在贸易壁垒的情况下,需要将小国的技术水平提高多少才能保证小国人民的实际工资水平与大国相同呢?答案是,至少是在没有贸易成本的时候小国的实际工资超过大国的两倍,才能在存在贸易壁垒的时候保证这一水平。这个例子告诉我们,地理位置可以通过影响贸易成本影响收入,这一作用与技术水平同样重要。

证明了李嘉图模型如何应用于存在贸易壁垒的多商品多国家的复杂情况之后,下面将进行实证分析。Eaton and Kortum(2002)提出了一些现实中存在的问题:国际贸易带来的福利有多大,以及这些福利在过去的20年中是如何变化的?

如上文所述,只要知道消费者在国内市场购买产品的比重 π_{ii} 就可以计算出贸易福利的大小。这里选择了一种直接的方法计算 π_{ii}:制造业的总产出减去总出口,除以制造业的总产出减去净出口。

表2-6报告了2006年25个国家国内支出占总支出的比重,这一占比的均值略低于50%。无贸易摩擦(所有的 $d_{ni}=1$)时,消费者在本国与外国的消费比重一定相同。这种情况下,各国的国内支出占比会与其产出的世界占比相一致。而如表2-6所示,每个国家的国内支出占比远大于该国产出的世界占比:美国接近3倍,德国接近10倍,丹麦接近50倍,而希腊将近100倍。这足以表明贸易壁垒影响世界市场的程度之大。即使国家在本国购买产品的比重远大于无摩擦贸易情况的预测值,大国从本国购买产品的比重还是会大于小国,这一点与理论相一致:在2006年,国内支出占比与GDP占比的总体相关关系接近0.5。

表2-6的第三栏显示,从1996年到2006年,各个国家的国内支出占比大幅下降,表明这段时间发生了制造业的全球化过程(爱尔兰除外)。最后两栏计算了国家的贸易福利及其变化。在计算过程中,我们从两个角度对模型进行了修改。第一,由于只考察了制造业的贸易福利,而制造业实际上只占了总支出的20%,因此贸易福利被低估。第二,由于很大一部分制造业产出还会进入制造业的生产过程,降低投入品的成本也会间接地带来福利。两种作用相加,将国内支出占比转化为贸易福利的弹性就不再是1/4(即 $\theta=4$),而是1/6。由此可以通过式(2-23)计算国家 i 在时间 t 的贸易福利:

$$G_i^t = 100[(\pi_{ii}^t)^{-\frac{1}{6}} - 1] \tag{2-23}$$

其中,π_{ii}^t 表示国家 i 在时间 t 的国内支出占比。

显然,贸易带来的福利很大,对于小国来说更是如此。丹麦、爱沙尼亚和匈牙利的贸易福利已经超过了其收入的25%。对于最大的贸易国日本和美国,在过去的20年中,贸易所得占到了GDP的2%到6%,现在这一数字已经增长了50%之多。

除此之外,Eaton and Kortum(2002)的多国多商品李嘉图模型还可以用来解释许多现实生活中重要的国际贸易和国际金融领域问题。比如如果未来世界贸易的成本下降,贸易总量增加,那么福利的增长幅度是多大?贸易伙伴的技术进步可以给贸易国带来多大的福利?如果贸易国有大量的贸易赤字,那么贸易国消除贸易赤字的成本是多少?对这些研究感兴趣的读者可以直接阅读他们的多篇相关论文,基于篇幅,本节不再赘述。

表 2-6　Eaton-Kortum 模型：国内支出占比和国家的贸易福利

国家	2006 年 GDP 的世界占比（%）	国内支出占比		贸易福利	
		2006 年的水平（%）	1996—2006 年的变化（百分点）	2006 年的水平（%）	1996—2006 年的变化（百分点）
奥地利	0.66	31.4	−16.2	21.3	8.1
加拿大	2.60	49.1	−1.5	12.6	0.6
捷克共和国	0.29	42.6	−14.7	15.3	5.5
丹麦	0.56	25.6	−18.1	25.5	10.7
爱沙尼亚	0.03	2.5	−19.6	85.4	56.7
芬兰	0.42	58.2	−7.3	9.4	2.1
法国	4.60	56.9	−10.3	9.9	3.0
德国	5.94	53.7	−16.4	10.9	4.8
希腊	0.54	52.7	−11.6	11.3	3.6
匈牙利	0.23	26.0	−34.5	25.1	16.4
冰岛	0.03	27.9	−10.0	23.7	6.2
爱尔兰	0.46	39.6	9.9	16.7	−5.7
意大利	3.80	68.9	−7.1	6.4	1.7
日本	8.88	84.9	−5.6	2.8	1.1
韩国	1.94	77.2	−0.7	4.4	0.1
墨西哥	1.94	58.3	−7.9	9.4	2.3
新西兰	0.22	53.6	−8.2	11.0	2.6
挪威	0.68	51.9	−2.5	11.6	0.9
波兰	0.69	53.4	−15.8	11.0	4.7
葡萄牙	0.41	50.8	−10.2	12.0	3.4
斯洛文尼亚	0.08	27.2	−15.5	24.3	9.0
西班牙	2.51	62.8	−10.2	8.1	2.7
瑞典	0.81	49.2	−10.0	12.5	3.4
瑞士	0.80	35.3	−20.0	18.9	8.6
美国	27.26	73.5	−8.3	5.3	1.9
其他国家	33.62				

资料来源：作者使用经济合作与发展组织（OECD）的 STAN（Structural Analysis）数据库以及经济学人智库（Economist Intelligence Unit）的数据，通过文中所述模型进行计算得到，具体参见 Eaton and Kortum(2012)。

注：国内支出占比指一个国家的居民花费在国内市场制造业的支出占该国居民在制造业的总支出的比重。中间两栏计算了国内支出占比的水平值和变化值，由此得到国家的贸易福利及其变化。Eaton and Kortum(2012)只考察了制造业的情况。

本章概要

1. 在李嘉图模型中，生产可能性曲线与预算约束线为同一条线。
2. 贸易模式：一国出口其具有比较优势的产品，进口其不具有比较优势的产品。
3. 两国都会从自由贸易中获利。
4. 产品的价格跨国相等。

5. 工资受到绝对优势影响,不受比较优势影响。
6. 工资和价格正相关。当两国专业化生产时,工资受到价格和劳动生产率影响。
7. 大量的实证研究表明,李嘉图模型能较好地解释现实世界。

习题

一、单项选择题

1. 下列关于引力公式的讨论,哪一项是正确的?(　　)
(1) 甲同学说:"引力公式能很好地解释和预测两国之间的贸易模式。"
(2) 乙同学说:"根据引力公式,两国之间的贸易量与它们的产出负相关,与它们之间的地理距离正相关。"
(3) 丙同学说:"引力公式的结论没有得到实证研究的支持。"
(4) 丁同学说:"引力公式可以通过引入民主、语言和文化等因素得到进一步的扩展。"
　　A. 只有(1)(2)正确　　B. 只有(1)(4)正确　　C. 只有(4)正确　　D. 全都正确

2. 学完李嘉图模型后,同学们组织了一场关于各国发展的大辩论,根据课上所学知识,你认为下列观点中哪一项说法是不正确的?(　　)

A. 日本明治维新时期的历史告诉我们,李嘉图模型能够很好地解释在两国贸易从无到有的过程中,双方都一定能够获利。

B. 根据李嘉图模型的结论,发展中国家在对外贸易过程中,收入分配将会越来越不均衡,贫富差距将会加大。

C. 根据李嘉图模型的结论,低工资的国家虽然经济增长快,但是劳动生产率也很低;高工资的国家能够支付更高的工资,劳动生产率也更高。所以说,工资反映了劳动生产率。

D. 李嘉图预测在现实中国家都能实现专业化分工,这点与现实不符。

二、不定项选择题

利用你所学习的国际贸易知识,你认为这些建议中错误的有哪些?(　　)

A. 甲国是发展中国家,如果甲国同发达国家做贸易,将会在贸易中受损,因为根据李嘉图模型,只有发达国家才能够在贸易中获利,自由贸易会剥削穷国。

B. 根据李嘉图模型,尽管甲国的劳动生产率与其他国家的劳动生产率不一样,但是甲国工人的工资会等于外国工人的工资。

C. 贸易条件对于一国生产、贸易多元化很重要,贸易条件指进口产品和出口产品的相对世界价格。

D. 在选择是否进行自由贸易时,我们要慎重,因为进行自由贸易可能获利也可能受损。但是一旦开放,我们就要坚持对外开放,因为贸易的加深一定能够使该国获利。

三、计算题

1. 假设世界上只有甲国和乙国两个国家;两个国家只生产两种产品,巧克力派和帕萨特汽车;生产只需要劳动力一种要素;两国有劳动力禀赋和生产率差异。甲国有 360 单位劳动力,每生产 1 单位巧克力派(可以用 C 简写)需要 4 单位的劳动力投入,每生产 1 单位帕萨特汽车(可以用 P 简写)需要 6 单位的劳动力投入。乙国有 600 单位的劳动力,每生产 1 单位巧克力派需要 10 单位的劳动力投入,每生产 1 单位帕萨特汽车需要 12 单位的劳动力投入。

(1) 以帕萨特汽车来计价,乙国和甲国生产巧克力派的机会成本分别是多少?

(2) 现在假设世界的需求有以下形式:巧克力派需求/帕萨特汽车需求=帕萨特汽车价格/巧克力派价格。请画出世界的相对需求曲线和世界的相对供给曲线。

(3) 请描述两国的贸易模式。

2. 假设世界上只有 A 国和 B 国,两个国家中生产两种产品:酒和大米。劳动力是唯一的投入要素,两国有劳动力禀赋和生产率差异。A 国有 360 单位劳动力禀赋,每生产 1 单位酒需要 4 单位的劳动力投入,每生产 1 单位大米需要 6 单位的劳动力投入。B 国有 600 单位劳动力禀赋,每生产 1 单位酒需要 10 单位的劳动力投入,每生产 1 单位大米需要 12 单位的劳动力投入。

(1) 请分别画出 A、B 两国的生产可能性曲线。

(2) 请用大米作为计价物,A 国和 B 国生产酒的机会成本分别是多少?

(3) 如果没有贸易,以大米为计价物,酒在 A 国和 B 国的价格分别是多少?

(4) 请描述 A 国和 B 国的绝对优势和比较优势。

3. 如第 2 题所述,现假定世界相对需求如下:酒需求/大米需求=大米价格/酒价格。

(1) 请画出世界的相对供给曲线。

(2) 请画出世界的相对需求曲线。

(3) 请以大米为计价物,酒的均衡价格是多少?

(4) 请描述两国的贸易模式。

4. 假设世界由三个国家进行贸易,A 国和 B 国是其中两国。C 国有 100 单位劳动力禀赋,每生产 1 单位酒需要 10 单位的劳动力投入,每生产 1 单位大米需要 5 单位的劳动力投入。请画出世界的相对供给曲线。

参考文献

[1] Dornbusch, R., Fischer, S. and Samuelson, P. A., 1977, "Comparative Advantage, Trade, and Payments in a Ricardian Model with a Continuum of Goods", *American Economic Review*, 67(5), 823-839.

[2] Eaton, S. and Kortum, S., 2002, "Technology, Geography, and Trade", *Econometrica*, 70(5), 1741-1780.

[3] Feenstra, R. C., Inklaar, R. and Timmer, M., 2015, "The Next Generation of the Penn World Table", *American Economic Review*, 105(10), 3150-3182.

[4] Feenstra, R. C. and Taylor, A., 2014, *International Economics* (3rd Edition), Worth Publisher.

[5] Simonovska, I. and Waugh, M. E., 2014, "The Elasticity of Trade: Estimates and Evidence", *Journal of International Economics*, 92(1), 34-50.

第三章

赫克歇尔-俄林模型

【重点难点】

- 推导出四大定理。
- 理解里昂惕夫悖论。

【学习目标】

- 掌握赫克歇尔-俄林定理：一国会出口密集使用其相对丰富资源的产品，进口密集使用其相对稀缺资源的产品。
- 掌握斯托尔珀-萨缪尔森定理，并理解当经济由封闭走向开放时，一国的相对丰富要素受益，相对稀缺要素受损。
- 掌握罗伯金斯基定理：在保持产品价格不变的情况下，某一要素禀赋的增加会导致密集使用此要素的产品产量增加，另一产品产量减少。
- 掌握要素价格均等化定理：贸易会使贸易双方的要素价格完全相等。
- 了解有关赫克歇尔-俄林模型的实证研究。

【素养目标】

赫克歇尔-俄林模型对世界贸易格局和中国贸易政策有重要的影响和启示。在新时代新征程上，我们要结合中国国情和发展阶段，坚持和平发展道路和互利共赢的开放战略，创新和完善符合中国特色社会主义的贸易理论和贸易战略，促进国内外贸易的公平正义和平合作和共同发展，推动共建"一带一路"高质量发展，维护多元稳定的国际经济格局和经贸关系。

[引导案例]

20世纪60年代,已是制成品出口主要国家的荷兰发现了大量天然气,自此荷兰政府大力发展天然气业,出口剧增,国际收支出现顺差,经济显现繁荣景象。可是,蓬勃发展的天然气业严重打击了荷兰的农业和其他工业部门,削弱了出口行业的国际竞争力。20世纪70年代,荷兰出现了通货膨胀上升、制成品出口下降、收入增长率降低、失业率增加等问题。这种被称为"荷兰病"的现象会在本章的模型中得到解释。

除此之外,本章还将回答下列问题:当一国经济从封闭走向开放之后,产品的相对价格会发生变动。那么,这如何引起要素价格的变动呢?谁会在产品价格的变化中受益呢?而谁又会受损呢?是丰富要素所有者,还是稀缺要素所有者?

第一节 模型假设与比较

首先要理解李嘉图模型与赫克歇尔-俄林模型的相同点和不同点。两者的相同点在于:它们都解释了贸易模式;它们都从供给面考虑,并不考虑需求面。两者的不同点在于:李嘉图模型说明了两国在贸易中都将获利,但没有解决两国内部哪些人获利、哪些人受损的问题;赫克歇尔-俄林模型则更进一步地解释了两国内部哪些人获利,哪些人受损。

赫克歇尔-俄林模型指出各国资源禀赋的不同会导致劳动生产率的不同,使得国与国间的贸易得以发生。该模型的基本假设包括:

(1) 有劳动力和资本两种要素。

(2) 各个国家的劳动力和资本数量不同。

(3) 每个国家的劳动力和资本数量是固定的。

(4) 只有两种产品供生产和消费:衣服和电脑。

(5) 完全竞争的市场结构,企业零利润,收益等于成本;竞争使得要素价格等于产品价格乘以要素边际生产率,要素可以自由流动到要素价格高的产业。

(6) 只有两个国家:本国和外国。

(7) 两国技术一样。

(8) 两国偏好相同。

本节将集中讨论各种不同情况下的生产可能性曲线以及对国际贸易的可能影响。

一、不同情况下的生产可能性曲线讨论

当投入要素的种类大于一种时,生产可能性曲线不再是一条直线。定义电脑为 C,衣服为 S,a_{KS}、a_{LS}、a_{KC}、a_{LC}、L、K 分别为生产1单位衣服需要的资本、生产1单位衣服需要的劳动、生产1单位电脑需要的资本、生产1单位电脑需要的劳动、可用于生产的总劳动量和总资本量。赫克歇尔-俄林模型中生产可能性曲线包括两个式子:

$$a_{KC}Q_C + a_{KS}Q_S \leqslant K \quad (3-1)$$

$$a_{LC}Q_C + a_{LS}Q_S \leqslant L \quad (3-2)$$

这里引入两个概念，资本密集型产品和劳动力密集型产品。如果生产 1 单位 A 商品所需要的劳动力和资本的比例大于生产 1 单位 B 商品所需要的劳动力和资本的比例，则我们说 A 商品是劳动力密集型的，而 B 商品是资本密集型的。在这个例子中，生产的两种产品有技术区别，假设衣服密集使用劳动力，电脑密集使用资本。用个体的式子表示，即 $a_{LS}/a_{KS} > a_{LC}/a_{KC}$ 或者 $a_{LS}/a_{LC} > a_{KS}/a_{KC}$；用总量的式子表示，即 $L_S/K_S > L_C/K_C$，如图 3-1 所示。

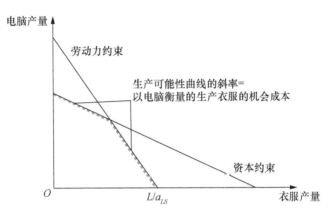

图 3-1 生产可能性曲线的推导

在图 3-1 中，粗线上的点同时满足两个约束条件，为该国的生产可能性曲线。图中可以看到生产衣服的机会成本不是恒定的，在衣服产量比较小、电脑产量比较大的情况下，生产衣服的机会成本比较小；在衣服产量比较大、电脑产量比较小的情况下，生产衣服的机会成本比较大。

上述生产可能性曲线的构造都假设资本和劳动力之间是刚性的，或者说是没有替代性的，当我们考虑两者之间的替代性时，可以得到图 3-2 中的生产可能性曲线。

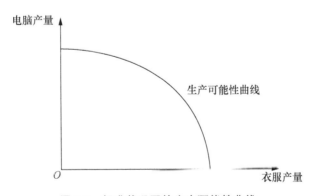

图 3-2 标准状况下的生产可能性曲线

在图 3-2 中，生产可能性曲线的形状是在假设生产的机会成本随产量递增的情况下得出的。事实上，现实世界也存在生产的机会成本随产量递减的情况。图 3-3 分别是在机会成本不变、递增、递减假设下生产可能性曲线的形状。

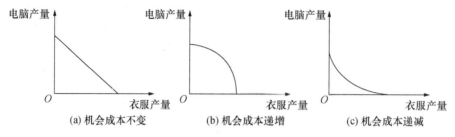

图 3-3 不同情况下的生产可能性曲线

二、技术刚性下的生产可能性曲线

假设有两国——本国和外国,两种要素——劳动力和资本,生产两种商品——衣服(S)和电脑(C)。两国拥有一样的资本存量,但本国相对丰富的资源是劳动力,即 $L/K > L^*/K^*$。这时我们说本国是劳动力丰富型国家。两国的生产技术相同且不变,即

$$a_{LS}Q_S + a_{LC}Q_C = L, \quad a_{KS}Q_S + a_{KC}Q_C = K \tag{3-3}$$

$$a_{LS}Q_{S^*} + a_{LC}Q_{C^*} = L^*, \quad a_{KS}Q_{S^*} + a_{KC}Q_{C^*} = K^* \tag{3-4}$$

两国消费偏好相同。我们假设 $a_{LS}/a_{KS} > a_{LC}/a_{KC}$ 或者 $a_{LS}/a_{LC} > a_{KS}/a_{KC}$;相对电脑而言,衣服更劳动力密集。如图3-4所示,约束线 L^* 比约束线 K^* 更陡峭,而横轴为衣服产量,说明衣服相对电脑来说是劳动力密集型商品。A 点和 D 点分别为外国与本国所生产的产品组合。

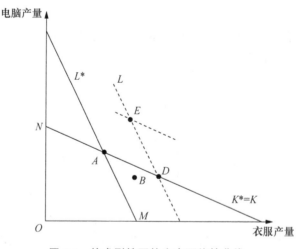

图 3-4 技术刚性下的生产可能性曲线

三、生产可能性曲线与产品组合

生产可能性曲线只能决定一国可以生产什么,在知道产品价格的情况下,才能确定会生产什么。不同的相对价格会得出不同的产品组合。经济体会最大化产出价值:$GDP = P_S Q_S + P_C Q_C$。我们通过等预算线来分析这个问题。等预算线具有如下表达式:$Q_C =$

$GDP/P_C-(P_S/P_C)Q_S$,其中 GDP 表示最大化的总产出价值。生产者会选择不同的要素量来生产衣服和电脑,他们的选择依赖于要素价格。如图 3-5 所示,生产可能性曲线和等预算线的交点 A 为经济体选择的产品组合,此时用电脑表示的生产衣服的机会成本等于二者相对价格之比,即 P_S/P_C。

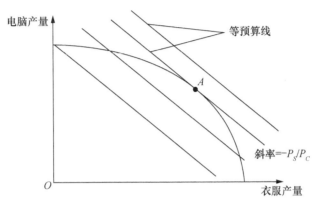

图 3-5 等预算线与生产可能性曲线在均衡时相切

第二节 赫克歇尔-俄林定理及模型

一、封闭环境下的赫克歇尔-俄林模型

仍假定两国环境,给定各国的生产要素量,生产要素包括资本与劳动力,产品为电脑(C)与衣服(S),两国消费者偏好给定且相同。在这里,我们要问两个问题。第一,贸易前两国相对价格是否相等?第二,如果贸易前两国相对价格不相等,那么贸易是怎样发生的?

此时情况如图 3-6 所示,生产可能性曲线与无差异曲线的交点的斜率恰为该经济环境下两产品的相对价格,本国相对价格为 $(P_S/P_C)^A$,外国相对价格为 $(P_S^*/P_C^*)^{A^*}$。外国

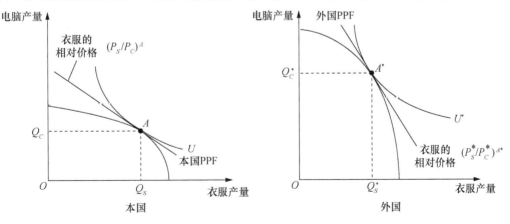

图 3-6 封闭经济下的两国经济

资本要素相对丰富,电脑为资本密集型产品,所以在无贸易时,电脑的相对价格在外国比较低,衣服的相对价格在外国比较高,贸易开放后外国会愿意用更多的电脑交换衣服。本国的情况刚好相反。

二、开放环境下的赫克歇尔-俄林模型

在没有贸易的情况下,本国相对价格和外国相对价格不一致,如图 3-7 所示,本国均衡在 A 点,即相对价格、本国生产可能性曲线、无差异曲线的切点。此时,国内衣服与电脑的相对价格是 $(P_S/P_C)^A$,记作 P^A。现假设外国相对价格也是 P^A,若两国偏好符合一次齐次,即收入增加时,对两种产品的消费也会等比例上升,则收入的扩展线为经过原点的射线。因为两国的偏好相同,若两国价格相同,则外国的消费组合点应在收入扩展线上,外国均衡应为 C'。但 P^A 与外国 PPF 的切点在 B',并非 C',生产和消费并不平衡,此时,外国对衣服产品存在过度需求。在均衡时,外国衣服自给自足的均衡价格要比 P^A 高。所以,P^A 不可能是外国的均衡价格。

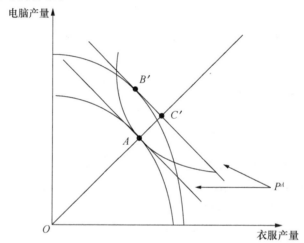

图 3-7 封闭经济下本国与外国产品相对价格不等①

那么,既然外国衣服的相对价格较高,当贸易开放后,两种产品的相对价格又是如何决定的呢?图 3-8 回答了这个问题。用横轴来表示衣服的本国的过度需求数量(Z_S)与外国的过度需求数量(Z_S^*)的和,而纵轴表示衣服的相对世界价格。根据定义,当不存在对衣服的过度需求时,我们有 $Z_S + Z_S^* = 0$。当价格为 P^A 时,本国对衣服的过度需求为 0,外国则存在正的过度需求。所以,加在一起就可知 $Z_S + Z_S^* > 0$。换言之,值会处在第一象限。同理,当价格为 P^{A^*} 时,外国对衣服的过度需求为 0,本国则存在负的过度需求。所以,加在一起就可知 $Z_S + Z_S^* < 0$。换言之,值会处在第二象限。这样,根据需求函数的连续性可知,开放后两种产品的相对价格一定会位于 P^A 和 P^{A^*} 之间。

在开放环境下,本国和外国会面临相同的世界相对价格,如上分析,衣服的世界相对价

---

① 图 3-7 中,B' 点之所以在 A 点左侧是因为由 A 到 B' 点相当于本国的资本总量增加。根据罗伯金斯基定理,在产品价格不变的情况下,某一要素禀赋的增加会导致密集使用此要素的产品产量增加,另一产品产量减少。

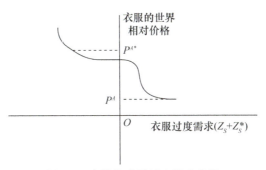

图 3-8　衣服的世界过度需求曲线

格应当低于外国衣服的相对价格,因此可以看到一个更加陡峭的相对价格曲线。相对价格曲线与生产可能性曲线的切点 B^* 为外国的生产点,此时外国可以在此条相对价格线的任一点处消费,与消费者无差异曲线的切点是使得消费者效用最大化的点,此点 C^* 为外国的消费点。此时,外国出口电脑 $Q_{C2}^* - Q_{C3}^*$,进口衣服 $Q_{S3}^* - Q_{S2}^*$。这就是赫克歇尔-俄林定理的内容。

赫克歇尔-俄林定理:一国会出口密集使用其相对丰富资源的产品,进口密集使用其相对稀缺资源的产品。

在图 3-9 中,三角形 $B^* C^* D^*$ 通常称为"贸易三角",表示本国出口和进口的关系。因本国出口即为外国进口,外国出口即为本国进口,故两国贸易三角的面积必定相等。

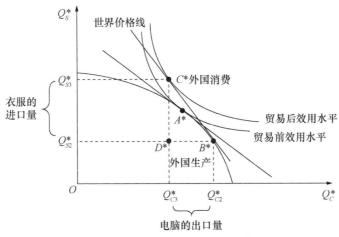

图 3-9　开放经济下外国的贸易情况

由此,可以得到出口产品的相对价格与出口量的出口供给线,如图 3-10 所示。

本国在开放条件下的分析方法与外国是一样的。开放后,衣服的世界相对价格高于封闭环境下本国衣服的相对价格。世界相对价格曲线与生产可能性曲线的切点和无差异曲线的切点决定了本国的生产点 B 与消费点 C。此时,本国进口电脑,出口衣服。三角形 BCD 为本国贸易三角,面积与外国贸易三角相等(如图 3-11 所示)。

由此可画出进口产品的相对价格与进口量的进口需求线。如图 3-12 所示,图中 A 为本国自给自足情况下的相对价格,此时进口量为 0。D 为有国际贸易时本国的相对价格与进口量。

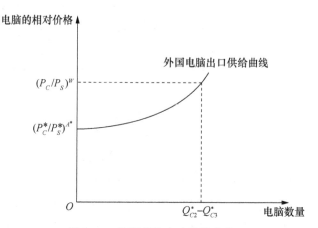

图 3-10　外国电脑出口供给曲线

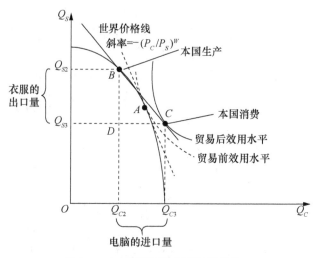

图 3-11　开放经济下本国的贸易情况

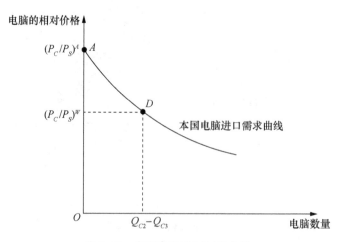

图 3-12　本国电脑进口需求曲线

世界均衡价格与均衡进出口量是由上述两条关于相对价格与进口量(出口量)的曲线交叉决定的,如图 3-13 所示,E 点为均衡点。

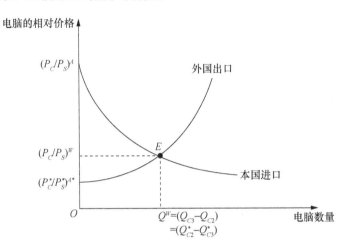

图 3-13 世界电脑市场的均衡

小结一下,赫克歇尔-俄林定理告诉我们:在两国两要素两产品的贸易中,每个国家都会出口密集使用其相对丰富资源的产品,进口密集使用其相对稀缺资源的产品。

有一点需要提醒同学们注意,赫克歇尔-俄林模型有个非常重要的假设区别于李嘉图模型,那就是两个国家的技术和偏好都相同。但两个模型都预测了价格的收敛。

◀ 阅读材料 ▶

国际贸易学大师——伯蒂尔·俄林

1977 年诺贝尔经济学奖由两人共同获得,分别是瑞典经济学家伯蒂尔·俄林(Bertil Ohlin)和英国经济学家詹姆斯·米德(James Meade)。其中,伯蒂尔·俄林这个名字大部分人都是因为国际贸易中的赫克歇尔-俄林(Heckscher-Ohlin)模型而熟知的,这里简单介绍一下经济学家俄林的生平以及他在经济学方面的代表理论和做出的贡献。

俄林,瑞典人,1899 年出生于瑞典南部的柯里潘村,1915 年考入瑞典隆德大学,1924 年以《贸易理论》的论文获得瑞典斯德哥尔摩大学哲学博士,并被授予副教授职称。1925—1930 年,他任教于丹麦哥本哈根大学。1930 年,他回到斯德哥尔摩经济学院继任赫克歇尔的教职,并在那里留任到 1965 年退休为止。1938—1970 年,俄林担任瑞典国会议员长达 32 年之久;1944—1967 年,他作为瑞典自由党的一位领袖执政 23 年,并在第二次世界大战期间出任联合政府的贸易大臣。1969—1975 年,俄林担任诺贝尔经济学奖委员会主席,主持颁发这项奖金

的评选工作。

俄林著有很多著作,包括《对外贸易与贸易政策》《区间贸易与国际贸易》《资金市场与利率政策》《对外贸易政策》等。而1977年俄林获得诺贝尔经济学奖,更是肯定了其在国际经济学领域开辟的研究道路和领域,可以说,俄林的科学贡献在很大程度上奠定了现代国际贸易理论的基础。

俄林在国际贸易方面的贡献,可以归为以下三点:第一,赫克歇尔-俄林定理。俄林认为,各个国家的各种产品之所以在价格体系上存在差异,主要是基于以下五个方面的原因:自然资源蕴藏量和气候条件方面的差异;技术水平上的差异;劳动力、资本、土地等基本生产要素拥有量上的差异;与生产规模有关的生产率上的差异;国民偏好或嗜好方面的差异。在这五项原因中,俄林重视第三项即基本生产要素拥有量上的差异所起的作用。第二,生产要素价格不完全均等化定理。这一定理研究的是国际贸易对国内收入分配的影响问题,其中心内容是:国际贸易使各国之间生产要素的价格差异逐渐缩小。第三,国际资本流动的理论。俄林认为,国际资本流动同国际贸易有着十分密切的关系。除此之外,俄林还非常重视经济稳定政策和政府扩张性的经济政策。

想要深度了解俄林的贡献,就要将经济学的历史追溯到亚当·斯密的时代,斯密在《国富论》中提出了分工的问题。而接下来同为英国古典经济学家的李嘉图又提出了比较优势的概念。他认为在贸易时,两国会发挥各自的比较优势。但如果两个国家都拥有相同的生产技术呢?俄林及其老师赫克歇尔在比较优势理论的基础上进一步提出了要素禀赋理论。这样一来,即便生产技术相同,生产产品中所包含的要素不同的两个国家依然可以进行贸易。这就是要素禀赋理论。俄林进一步在《区域贸易和国际贸易》(*Interregional and International Trade*)一书中将国际分工理论做了系统的阐述。

俄林在经济学研究方面的特点是,不做已有理论的奴隶,而是勇于探索和创新。他认为,后来者的任务不仅仅是对已有理论做出解释,还要在已有理论的基础上创新和突破。他登门求教于弗兰克·陶西格(Frank Taussig),但他并不同意陶西格的古典贸易理论;他赞赏赫克歇尔的开放贸易理论分析,但他又在此基础上加以修改和完善。因此,俄林所提出的贸易理论被认为是资产阶级经济学中关于区域和国际分工贸易理论体系的第一次较完整的阐述。

除了杰出的学术贡献之外,俄林的人生也充满了传奇色彩。1925年,俄林参加了丹麦哥本哈根大学经济教授职位的竞争。按照挑选委员会的规定,参加竞选者必须在三个月内就指定的题目写一篇论文,在48小时之内准备一篇讲演。最终,俄林以3∶2的优势在竞选中获胜。这样,年仅26岁的俄林,成为当时最年轻的教授。1930年,他应聘回到母校瑞典斯德哥尔摩经济学院,接替他的老师赫克歇尔任经济学教授,从此担任这一职务达35年之久。

俄林不仅是一位经济学家,还是瑞典著名的政治活动家。他一直雄心勃勃,希望有朝一日能登上首相的宝座。他刚担任斯德哥尔摩经济学院经济学教授不久,就当上自由青年协会的主席,一举成为政坛上引人注目的活跃人物。1938年,俄林当选为议会议员。1944年,他出任瑞典主要反对党——自由党的主席。同年,他在联合政府中出任贸易大臣。他连任自由党主席达23年之久。但是,令他失望的是,他想当首相的夙愿一直没有实现。不过,驰骋政坛并未使俄林中断对经济学的研究。他不负盛名,探索不止。自进入政界之后,他不仅扩大了研究范围,写出了大量论著,而且多次出国讲学。

在俄林众多的轶事当中,有一件颇为有趣。据说俄林曾将自己的论文献给大名鼎鼎的凯恩斯,结果对方批复说:"此文毫无意义,理应退回。"凯恩斯这样说的具体原因无从考证,据说俄林一直珍藏着那张便条,而那篇被退回的论文一直没有与世人见面。

(专栏作者:周珊珊,北京大学外国语学院 2007 法语专业学生)

第三节 斯托尔珀-萨缪尔森定理

斯托尔珀-萨缪尔森定理研究的是产品价格与要素价格的关系。如前所述,当一国从封闭到开放之后,产品的相对价格会发生变动。那么,这将如何引起要素价格的变动呢?谁会从产品价格的变化中受益呢?是丰富要素所有者,还是稀缺要素所有者?本节将回答这些问题。

一、基础知识

在正式学习斯托尔珀-萨缪尔森定理之前,有必要先简要地回顾一下相关的中级微观经济学内容。考虑一个 2×2 的经济体:生产环境是投入两种要素(资本和劳动力)去生产两种产品(电脑和衣服)。电脑是资本密集型产品,衣服是劳动力密集型产品。图 3-14 画出了生产衣服的单位等产值线。线上各点是产出等值产品需投入的不同要素组合,如 1、2 两点。值得注意的是,这两点的切线斜率不同,从而要素的相对价格在这两点并不相同。当劳动力较贵时(如点 1),则厂商会使用较少的劳动力和较多的资本进行生产;相反,当资本较贵时(如点 2),则厂商会使用较多的劳动力和较少的资本进行生产。

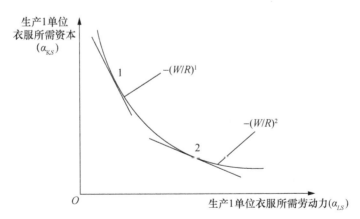

图 3-14 衣服的单位等产值线

进一步地,图 3-15 表示的是要素投入量与要素相对价格之间的关系。该图表示出对衣服(S)和电脑(C)两个行业劳动力的相对需求曲线。这两条需求曲线都向右下方倾斜。

曲线向右下方倾斜的原因是,当工资上升时,厂商会用资本替代劳动力,L/K 下降。

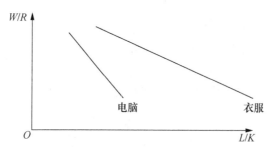

图 3-15 劳动力的相对需求曲线

而衣服的劳动力需求曲线之所以在电脑行业的右边,则是因为衣服行业为劳动力密集型,电脑行业为资本密集型。所以,在给定要素价格的情况下,生产衣服会比生产电脑使用更多的劳动力。

二、斯托尔珀-萨缪尔森定理

在赫克歇尔-俄林模型中,市场结构是完全竞争的,所以产品的单价等于其边际成本。由于技术是没有固定成本的,因此在零利润假设下产品的单价等于其平均成本。这样,产品相对价格(P_S/P_C)的变化就会影响到要素相对价格(W/R)的变化。而这就是斯托尔珀-萨缪尔森定理的内容。

斯托尔珀-萨缪尔森定理意在描述产品价格变动对要素价格变动的影响。当一种产品的相对价格上升时,密集生产此产品的要素价格会上升。如图 3-16 所示,衣服(S)为劳动力密集型产品,由于要素可在不同产业间自由流动,故各产业面临相同的要素价格,即要素相对价格与衣服的等产值线 S_1、电脑的等产值线 C 同时相切。现假设衣服价格上升,投入较少的要素就能得到同样价值的衣服,从而衣服的等产值线由 S_1 平移到 S_2。要素市场需要重新出清,从而相对价格(斜率)旋转到新的水平上,劳动力的回报——工资上升了。

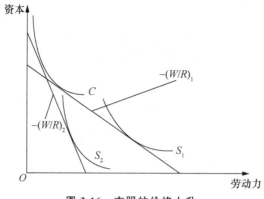

图 3-16 衣服的价格上升

其中的作用机制如下所述。工资和利率的相对比率是由劳动力和资本的相对供给与相对需求决定的。每个国家在任一时点上的要素供给是固定的。相对需求与相对供给的决定公式如下:

$$\frac{\overline{L}}{\overline{K}} = \frac{L_C + L_S}{\overline{K}} = \frac{L_C}{K_C}\left(\frac{K_C}{\overline{K}}\right) + \frac{L_S}{K_S}\left(\frac{K_S}{\overline{K}}\right) \tag{3-5}$$

经济中的相对劳动力需求应当位于两个行业对劳动力的相对需求之间,权重是由资本在两个部门之间的分配决定的,而相对供给在一定时间内是不变的。如图 3-17 所示,相对需求曲线向右下方倾斜,因两个部门的相对需求均受相对价格影响,但一国的总要素禀赋是给定的,故总相对供给是竖直线。相对供给曲线与相对需求曲线的交点 A 决定了均衡工资/利率 $(W/R)_0$。

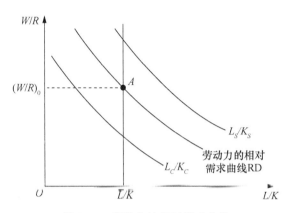

图 3-17 劳动力的相对需求曲线

进一步分析,如图 3-18 所示,当本国衣服相对价格上升时,衣服的产量会增加,电脑的产量会减少,劳动力和资本都会流向衣服部门。由于两部门规模的变化会改变式(3-5)中相对需求的权重。相对需求曲线从 RD_0 移动到 RD_1,均衡 W/R 上升,且两部门的出清 L/K 下降了,即相对利用资本更多了。直观上,由于电脑相对于衣服会更多地使用资本,当电脑的生产减少时,在经济达到均衡时,需要增加对资本的需求才可以吸收从电脑部门释放出的多余资本,这样,两部门都会出现资本代替劳动力的行为。

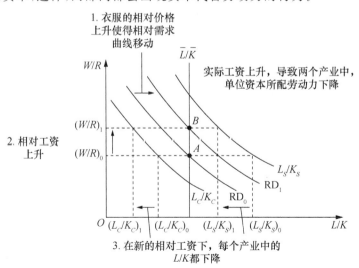

图 3-18 劳动力的相对需求曲线

注意，

$$\underbrace{\frac{\bar{L}}{\bar{K}}}_{\text{相对供给未改变}} = \underbrace{\frac{L_C}{K_C}\left(\frac{K_C}{K}\right) + \frac{L_S}{K_S}\left(\frac{K_S}{K}\right)}_{\text{相对需求在总量上也未改变}} \tag{3-6}$$

由于两个部门的 L/K 都下降了，因此劳动力的边际产量都增加。由下式：

$$W = P_C \mathrm{MPL}_C, \quad W = P_S \mathrm{MPL}_S \tag{3-7}$$

可知两个部门的劳动报酬上升，工资相对任一产品价格都上升，因此劳动力要素的拥有者受益。这样，我们就可得出结论：一种产品相对价格的上升会使得生产该产品密集使用的要素的所有者获益。

同理，由于两个部门的 L/K 都下降了，因此资本的边际产出也都下降。由下式：

$$R = P_C \mathrm{MPK}_C, \quad R = P_S \mathrm{MPK}_S \tag{3-8}$$

可知利率相对任一产品价格都下降了，因此资本要素的所有者（资本家）受损。

由此，我们可得到斯托尔珀-萨缪尔森定理的基本内容：当要素可以在不同部门间流动时，一种产品相对价格的上升会使得生产该产品所密集使用的要素所有者获益；生产该产品不被密集使用的要素所有者受损。

再结合赫克歇尔-俄林定理，就可以自然地得出：当经济由封闭走向开放时，一国的相对丰富要素所有者受益，相对稀缺要素所有者受损。当然，以上情况下的斯托尔珀-萨缪尔森定理都是要求在不发生要素密集度逆转的情况下得出的。

细心的读者会发现，在图3-18中，我们发现，两个部门的 L/K 都下降，这到底有没有可能？答案是完全有可能的。比如，假设第一个部门是资本密集型，即有 $\frac{K_1}{L_1} = \frac{7}{10}$，有 $\frac{K_2}{L_2} = \frac{3}{10}$。先假设从第一个部门抽出1个资本、2个劳动力到第二个部门，我们就有 $\frac{K_1-a}{L_1-b} = \frac{7-1}{10-2} > \frac{K_1}{L_1} = \frac{7}{10}$，同时有 $\frac{K_2+a}{L_2+b} = \frac{3+1}{10+2} > \frac{K_2}{L_2} = \frac{3}{10}$。最后，注意到这一变动还满足第一个部门是资本密集型的要求：$\frac{K_1-a}{L_1-b} = \frac{7-1}{10-2} > \frac{K_2+a}{L_2+b} = \frac{3+1}{10+2}$。

三、斯托尔珀-萨缪尔森定理的数学推导

现在我们将详细介绍斯托尔珀-萨缪尔森定理的数学推导。这部分对本科生不要求掌握。现考虑两种产品。在完全竞争条件下，产品的价格（P_1, P_2）等于成本（C_1, C_2），注意产品成本是要素回报（W, R）的函数：

$$\begin{aligned} P_1 &= C_1(W, R) \\ P_2 &= C_2(W, R) \end{aligned} \tag{3-9}$$

则可得到如图3-19所示的等成本线。从单位向量上我们可知第一种产品是劳动力密集型产品。这是因为：$a_{1L}/a_{1K} > a_{2L}/a_{2K}$ 或者 $L_1/K_1 > L_2/K_2$。若发生要素密集度逆转，即一种产品在某种情况下为劳动力密集型，而在另一种情况下则为资本密集型。之所以会如此，是因为两条等成本线没有唯一的交点。相反，它会有两个交点。这在现实中也可能发

生。例如,Feenstra(2004)就举例指出,耐克鞋在中国是典型的劳动力密集型产品(如图 3-20 的 A 点),而在美国的缅因州则为资本密集型产品(如图 3-20 的 B 点)。为简单起见,经典的赫克歇尔-俄林模型通常排除这种情况,只考虑均衡点唯一的情况。

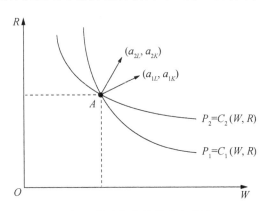

图 3-19 单均衡点的等成本线组合

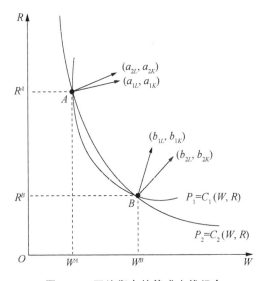

图 3-20 双均衡点的等成本线组合

现对式(3-9)取全微分得:

$$dP_i = a_{iL} dW + a_{iK} dR \Rightarrow \frac{dP_i}{P_i} = \frac{Wa_{iL}}{C_i}\frac{dW}{W} + \frac{Ra_{iK}}{C_i}\frac{dR}{R} \quad \forall\, i = 1,2 \quad (3\text{-}10)$$

注意由于运用了包络引理,全微分中的另外两项加总等于零,所以没有包含进来。现分别定义产品的劳动力成本比重和资本成本比重如下:

$$\begin{aligned}\theta_{iL} &= Wa_{iL}/C_i \\ \theta_{iK} &= Ra_{iK}/C_i\end{aligned} \quad (3\text{-}11)$$

再定义任一变量 Z 的百分比变化为 $\hat{Z}$,则价格的百分比变化可写成工资和利率百分比变化的加权。整理得:

$$\hat{P}_i = \theta_{iL}\hat{W} + \theta_{iK}\hat{R}, \quad i=1,2 \tag{3-12}$$

这样得到价格和资本回报率、工资的关系，解得

$$\begin{pmatrix}\hat{P}_1\\\hat{P}_2\end{pmatrix} = \begin{pmatrix}\theta_{1L} & \theta_{1K}\\\theta_{2L} & \theta_{2K}\end{pmatrix}\begin{pmatrix}\hat{W}\\\hat{R}\end{pmatrix}$$

$$\Rightarrow \begin{pmatrix}\hat{W}\\\hat{R}\end{pmatrix} = \frac{1}{|\theta|}\begin{pmatrix}\theta_{2K} & -\theta_{1K}\\-\theta_{2L} & \theta_{1L}\end{pmatrix}\begin{pmatrix}\hat{P}_1\\\hat{P}_2\end{pmatrix} \tag{3-13}$$

其中行列式的值如下：

$$\begin{aligned}|\theta| &= \theta_{1L}\theta_{2K} - \theta_{1K}\theta_{2L} = \theta_{1L}(1-\theta_{2L}) - (1-\theta_{1L})\theta_{2L}\\&= \theta_{1L} - \theta_{2L} = \theta_{2K} - \theta_{1K}\end{aligned} \tag{3-14}$$

给定第一种产品是劳动力密集型产品，可知行列式的值为正。从而有：

$$\hat{W} = \frac{\theta_{2K}\hat{P}_1 - \theta_{1K}\hat{P}_2}{|\theta|} = \frac{(\theta_{2K}-\theta_{1K})\hat{P}_1 + \theta_{1K}(\hat{P}_1-\hat{P}_2)}{(\theta_{2K}-\theta_{1K})} > \hat{P}_1, \quad 因为 \hat{P}_1 - \hat{P}_2 > 0$$

之所以 $\hat{P}_1 - \hat{P}_2 > 0$，是因为假设产品 1 的价格上升，而产品 2 的价格不变。同理，我们有：

$$\hat{R} = \frac{\theta_{1L}\hat{P}_2 - \theta_{2L}\hat{P}_1}{|\theta|} = \frac{(\theta_{1L}-\theta_{2L})\hat{P}_2 - \theta_{2L}(\hat{P}_1-\hat{P}_2)}{(\theta_{1L}-\theta_{2L})} < \hat{P}_2, \quad 因为 \hat{P}_1 - \hat{P}_2 > 0$$

由此，可得到结论：

$$\hat{W} > \hat{P}_1 > \hat{P}_2 > \hat{R} \tag{3-15}$$

也即工资价格百分比的变化大于产品价格百分比的变化，大于利率百分比的变化。这就是国际贸易中所指出的"放大效应"。所以，式（3-15）也通常被称为"琼斯不等式"。它表明：一个小小的产品价格波动会导致要素价格较大的波动。从这个角度，就可以理解为什么现实中有那么多人支持自由贸易，又有那么多人反对自由贸易。

四、贸易甜筒

现在，我们来介绍在什么情况下一国会同时生产两种产品，又在什么情况下会只专业化生产一种产品。图 3-21 中，向量 y_1、y_2 代表两个部门对要素的耗费，两个向量之和即平行四边形的右上顶点是经济的总要素禀赋。y_1、y_2 的方向不同意味着二者对要素使用的密集程度不同，(a_{1L}, a_{1K}) 表示部门 1 的相对劳动力/资本密集程度。同理，(a_{2L}, a_{2K}) 表示部门 2 的相对劳动力/资本密集程度。向量的方向确定后，给定一国的要素禀赋总量 (L, K)，就可以分别解出两个部门的产出 y_1、y_2。事实上，如果一国的要素禀赋位于向量 (a_{1L}, a_{1K}) 和 (a_{2L}, a_{2K}) 之间，我们就可知这个经济体会同时生产两种产品。在国际贸易学上，人们通常形象地把向量 (a_{1L}, a_{1K}) 和 (a_{2L}, a_{2K}) 之间的区域称为"贸易甜筒"。

相应地，如果一国的劳动力/资本禀赋比率没有位于两个向量之间，则可知这个经济体会专业化生产一种产品。具体地，如果一国劳动力十分丰富，导致其要素禀赋比率的斜率低于向量 (a_{1L}, a_{1K})，则可知该经济体会专业化生产第一种产品。相反地，如果一国资本

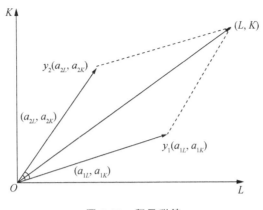

图 3-21　贸易甜筒

十分丰富,导致其要素禀赋比率的斜率高于向量 (a_{2L}, a_{2K}),则可知该经济体会专业化生产第二种产品。

接下来,再来讨论斯托尔珀-萨缪尔森定理的经济学意义。斯托尔珀-萨缪尔森定理的内容事实上也可用图 3-22 说明。由于衣服的生产是劳动力密集型,电脑的生产是资本密集型,而要素价格与产品的价格有一一对应关系,因此当劳动力的相对成本更高时,密集使用劳动力生产的产品的相对价格必然更高。这种关系体现在图中的 SS 曲线上。

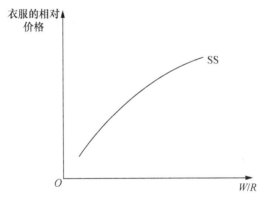

图 3-22　要素价格与产品价格

图 3-22 形象地说明了斯托尔珀-萨缪尔森定理的内容,即如果衣服的价格上升了,工人工资上升的幅度会大于衣服价格上升的幅度,这就是斯托尔珀-萨缪尔森定理要强调的放大效应。但这是为什么呢?

简单来说,这是因为要素的价格不仅仅取决于产品价格,还取决于边际生产率的变化。具体地,如图 3-23 所示,P_S/P_C 的上升,会导致 K/L 的上升,从而提高了劳动的边际生产率,降低了资本的边际生产率,于是增加了工人的真实收入,降低了资本家的真实收入。P_S/P_C 上升,W/P_C 上升,同时 W/P_S 也上升。同理,R/P_C 下降,R/P_S 也下降。

产品价格决定投入要素选择。给定衣服的相对价格,就决定了 W/R 的值。这个 W/R 比值就决定了在每个产业生产中所投入的 K/L 比,如果衣服的相对价格发生变化,W/R

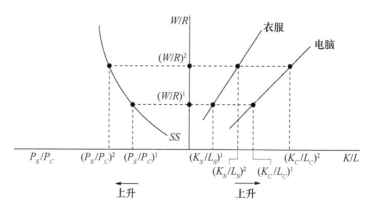

图 3-23　斯托尔珀-萨缪尔森定理图解

的值也会发生变化,最终导致在每个产业生产中资本和劳动力的投入比 K/L 发生变化。

五、举例

现在我们举一个例子来说明斯托尔珀-萨缪尔森定理。

假定电脑部门的销售收入如下:$P_C \times Q_C = 200$,其中劳动力收入 $W \cdot L_C = 100$,资本收入 $R \cdot K_C = 100$。相对应地,衣服部门的销售收入如下:$P_S \cdot Q_S = 200$,其中劳动力收入 $W \cdot L_S = 120$,资本收入 $R \cdot K_S = 80$。将上式变形可知 $\frac{W \cdot L_C}{R \cdot K_C} < \frac{W \cdot L_S}{R \cdot K_S}$,即 $\frac{L_C}{K_C} < \frac{L_S}{K_S}$,故衣服是劳动力密集型产品,电脑是资本密集型产品。

贸易开放后,假设电脑价格(ΔP_C)上升 10% 而衣服的相对价格不变。由公式 $\Delta R = \frac{\Delta P_C \times Q_C - \Delta W \times L_C}{K_C}$;$\Delta R = \frac{0 \times Q_S - \Delta W \times L_S}{K_S}$①,可以推导出:

$$\frac{\Delta R}{R} = \left(\frac{\Delta P_C}{P_C}\right)\left(\frac{P_C \times Q_C}{R \times K_C}\right) - \left(\frac{\Delta W}{W}\right)\left(\frac{W \times L_C}{R \times K_C}\right) \tag{3-16}$$

$$\frac{\Delta R}{R} = -\left(\frac{\Delta W}{W}\right)\left(\frac{W \times L_S}{R \times K_S}\right) \tag{3-17}$$

将已知数值代入可得到:

$$(\Delta W/W) = -(20\%/0.5) = -40\%$$
$$(\Delta R/R) = -(\Delta W/W)(60/40) = 60\%$$

这样,一方面,当电脑的价格上升了 10% 时,工资下降 40%,从而以相对产品衡量的真实工资下降了,工人的处境变坏了;另一方面,资本回报率上升 60%,以相对产品衡量的真实资本回报上升了,资本家的处境变好了。

最后,小结一下,在均衡时,我们可得到如下结果:

---

① 注意这里再次使用了包络引理。$\Delta P \times Q + P \times \Delta Q = \Delta w \times L + w \times \Delta L + \Delta r \times K + r \times \Delta K$,需证 $P \times \Delta Q = w \times \Delta L + r \times \Delta K$,其中,$w$ 是工资,r 是利率。由均衡条件 $w = \frac{\partial Q}{\partial L}P$ 和 $r = \frac{\partial Q}{\partial K}P$,结合全微分定义,可证 $Pd\theta = P\left(\frac{\partial \theta}{\partial L}dL + \frac{\partial \theta}{\partial K}dK\right)$。

第一,电脑价格 P_C 上升,使得 $\Delta W/W<0<\Delta P_C/P_C<\Delta R/R$;实际工资下降,实际资本回报率上升。

第二,电脑价格 P_C 下降,使得 $\Delta R/R<\Delta P_C/P_C<0<\Delta W/W$;实际工资上升,实际资本回报率下降。

第三,衣服价格 P_S 上升,使得 $\Delta R/R<0<\Delta P_S/P_S<\Delta W/W$;实际工资上升,实际资本回报率下降。

以上就是斯托尔珀-萨缪尔森定理所要强调的放大效应。简单地讲,一国丰富要素所有者会在自由贸易中获利,而稀缺要素所有者会在自由贸易中受损。

第四节 罗伯金斯基定理

斯托尔珀-萨缪尔森定理阐述了商品价格变化对要素价格变化的影响,阐述的是"价"之间的关系。罗伯金斯基定理阐述的是"量"的关系,这个定理说明了当一国的要素禀赋发生变化时其产出的相应变化。

现在考虑资源的分配:

我们用一个图示来说明罗伯金斯基定理的核心内容。图 3-24 是一个埃奇沃斯盒状图,盒状图横轴的总长度表明了一个国家的劳动力存量,而左边和右边的纵轴分别表示一国的资本存量。由横轴往右,用于生产衣服的劳动力越多,用于生产电脑的劳动力越少;纵轴往上,用于生产衣服的资本越多,用于生产电脑的资本越少。因此,盒状图中的每一个点都可以看作是将资源在衣服与电脑两个部门之间进行分配的结果。

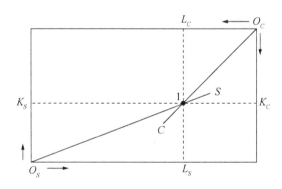

图 3-24 罗伯金斯基定理图示

我们需要在图上描述两个产业的资本密集度,见 O_CC 与 O_SS 曲线。容易看出,在给定的要素价格下,不论生产多少产品,生产衣服的资本-劳动力比率 K_S/L_S 都小于电脑的资本-劳动力比率 K_C/L_C。因此相对而言,衣服为劳动力密集型产品,电脑为资本密集型产品。

在图 3-24 中,盒子的横轴是经济体中的劳动力供给,而纵轴是资本供给。衣服生产部门的投入从左下角开始衡量起,电脑生产部门的投入从右上角开始衡量起,给定衣服部门的资本-劳动力比率,衣服部门的资源投入必定落在斜率为 K_S/L_S 的线上,即直线 O_SS 上。同理,电脑部门的资源投入落在直线 O_CC 上,那么资源的分配就在两者的交点,即点

1处。注意,由于我们假设两种商品的要素密集度不同,因此 O_SS 与 O_CC 两条直线不可能完全重合;另外,要素密集度的假设也使得两条直线必然存在交点(点1)。这一交点代表了均衡时各要素在不同部门的分配情况,同时也间接地表示了两个部门的产量。例如,在点 1 处,O_CL_C 的劳动力用于生产电脑。

现在我们考虑如下情况:这个国家的资本存量由于某种原因增加了。在图 3-25 中,这体现为将图形整体拉高相应的幅度(由 O_C^1 变至 O_C^2)。这时,资源的分配以及两个部门的产量会如何变化呢?

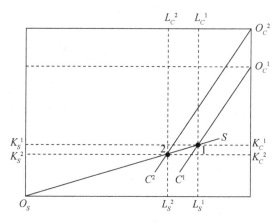

图 3-25 罗伯金斯基定理图示

资本供给的增加扩展了经济体的生产可能性曲线,但是在电脑部门只是按照一定比例地增加,其结果就是,在衣服相对价格不变的情况下,衣服的生产量有所下降。

我们以 O_C^2 为起点做一条与 $O_C^1C^1$ 平行的直线。这时均衡点由点 1 变到点 2。注意,我们之所以可以将 $O_C^2C^2$ 画为与 $O_C^1C^1$ 平行,是假设资源禀赋的变化不会导致商品价格的变化。如果商品价格变化了,商品价格就会影响到要素价格(斯托尔珀-萨缪尔森定理),从而影响到商品的要素密集度。我们在这里排除这种情况。

由图 3-25 容易看出,当资本存量增加后,用于生产电脑的劳动力和资本数量都增加了,而用于生产衣服的劳动力和资本数量都减少了。这样,电脑的产量上升,衣服的产量下降。

将以上例子的结论一般化,我们可以得到罗伯金斯基定理的基本内容:在保持产品价格不变的情况下,某一要素禀赋的增加会导致密集使用此要素的产品产量增加,另一产品产量减少。

罗伯金斯基定理除了可以用埃奇沃斯盒状图表示,还可以用生产可能性曲线表示(见图3-26)。假设经济初始的生产可能性曲线为 TT^1,以相对价格为斜率做生产可能性曲线的切线得到均衡点 1。现在假设经济中的资本存量增加,这会导致生产可能性曲线的外移。注意,由于电脑为资本密集型产品,因此资本的增加会使生产可能性曲线向电脑的方向外移更多,移至 TT^2。保持相对价格不变的情况下,均衡点由点 1 移至点 2。可以看出,资本的增加导致电脑的产量上升,衣服的产量下降,这再次验证了罗伯金斯基定理。

图 3-27 是另一种理解罗伯金斯基定理的方法。如图所示,该国经济的要素禀赋为 (L, K),两个产品由于要素密集度的要求不同,分别表现为 (a_{1L}, a_{1K}) 和 (a_{2L}, a_{2K}) 两个向

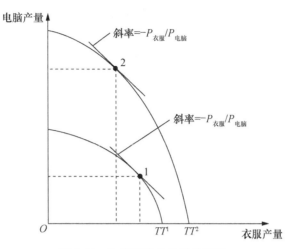

图 3-26 生产可能性曲线的变化

量,对应的产量分别为 y_1、y_2,这样两个产品消耗的要素之和即向量 $y_1(a_{1L},a_{1K})$ 与 $y_2(a_{2L},a_{2K})$ 之和正好达到了平行四边形的右上顶点 (L,K)。现在该国劳动力增加,资源禀赋变为 (L',K),为了达到新的资源禀赋,必须对两个产品的产量做出调整。在几何上,在不改变向量 (a_{1L},a_{1K}) 和 (a_{2L},a_{2K}) 的情况下,改变 y_1、y_2,使调整过的产出 $y_1'(a_{1L},a_{1K})$ 和 $y_2'(a_{2L},a_{2K})$ 之和正好达到 (L',K)。图中 $y_1'(a_{1L},a_{1K})$、$y_2'(a_{2L},a_{2K})$ 即为调整后的产业资源分配,它们之和为 (L',K)。可见,与原来相比,劳动力密集型的产业 1 产出上升了,资本密集型的产业 2 产出下降了,这正是罗伯金斯基定理的内容。

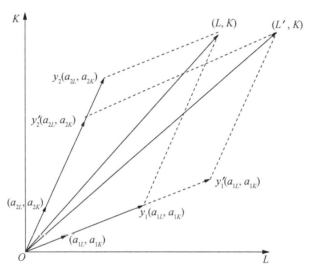

图 3-27 贸易甜筒与一国要素禀赋的关系

罗伯金斯基定理不仅仅是一个理论上的推测,在现实中也可以找到它对应的例子,其中最著名的是"荷兰病"。20 世纪 60 年代,已是制成品出口主要国家的荷兰发现了大量天然气,荷兰政府大力发展天然气业,出口剧增,国际收支出现顺差,经济显现繁荣景象。可是,蓬勃发展的天然气业严重打击了荷兰的农业和其他工业部门,削弱了出口行业的国际竞争力,到20世纪70年代,荷兰出现了通货膨胀上升、制成品出口下降、收入增长率降低、失业率增加等问题。"荷兰病"是罗伯金斯基定理在现实中的真实写照。

回顾一下,赫克歇尔-俄林模型的主要内容如图3-28所示:外国的生产可能性曲线如粗线所示,在没有国际贸易的情况下,外国效用水平不可能达到C^*点所标示的高点(因两条曲线相离)。在有国际贸易的情况下,产出为B^*,消费为C^*。本国情况类似,如图3-29所示。

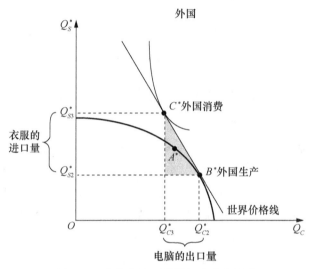

图 3-28 开放经济下外国的生产和消费

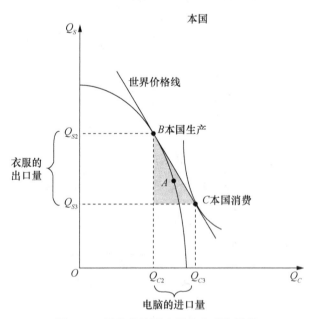

图 3-29 开放经济下本国的生产和消费

图 3-28 和图 3-29 中的两个三角形面积相等,而且两国都实现了贸易平衡(即进口额等于出口额)。

第五节　要素价格均等化定理

在没有国际贸易的情况下,国家间的要素价格会出现差异。那么,贸易会对国家间的要素价格差距产生怎样的影响呢?对于这个问题,赫克歇尔-俄林模型有一个惊人的结论:国际商品贸易会使国家间的要素价格完全相等。赫克歇尔-俄林模型预测产品的相对价格在不同国家之间会出现均等化,即贸易增加了对用相对丰富的禀赋生产的产品的需求;而产品的相对价格与要素价格有直接联系,这相当于提高了对该要素的需求,从而要素价格会在开放经济情况下出现均等化。

要素价格均等化定理:贸易会使贸易双方的要素价格完全相等。

数学上的证明基于以下思路:第一,两国的要素价格是由两国的产品价格决定的,而在自由贸易状态下,两国的产品价格相等,均等于世界价格;第二,由于假设两国技术相等,成本函数的形式也必然一样,因此,在市场完全竞争条件下,产品价格会等于成本;第三,由于我们排除了要素密集度逆转,两种产品的等成本线只有一个交点,这就可以证明两国的要素价格必须相等。

要素价格均等化定理最惊人的地方在于,它说明在有国际贸易的情况下,一国的要素价格与一国的资源禀赋没有任何关系。直觉上看,在封闭经济中,在一国的要素供给增加而要素需求有限的情况下,要素价格自然会下降。但是在开放经济中,过剩的要素禀赋可以被国外需求所吸收,导致出口增加,对密集要素的需求增加,因此原有的要素价格得以维持,从而贸易会使贸易双方的要素价格完全相等。

如图 3-30 所示,横轴代表一国的要素禀赋水平,纵轴代表该国工资水平。当该国劳动力要素禀赋水平位于 AB 段时(即前文描述的"贸易甜筒"段),该国同时生产两种产品,根据要素价格均等化定理,本国工资与外国工资相等。换言之,本国工资与要素禀赋水平无关。但在 AB 段以外,劳动力增加导致劳动边际生产率下降,从而导致工资下降。

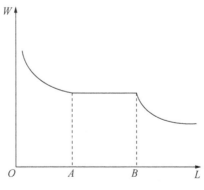

图 3-30　要素价格均等化定理

尽管要素价格均等化定理预测国际贸易会使各个国家的要素价格完全相等,但是在现实中,国家间的要素价格明显是不同的,如何解释这种理论和现实的差异呢?事实上,我们要注意到,赫克歇尔-俄林模型的假设与真实世界中的情况有所不同。具体体现在如下几点:

第一，国与国的技术是不同的。若以生产率来衡量技术，我们会发现不同国家生产率有较大差异。

第二，现实中存在多种产品，而不是仅有两种产品。

第三，现实中存在贸易摩擦（关税与非关税壁垒），使国内价格不等于世界价格。

第四，部门之间的要素流动是不完全的。

既然如此，要素价格不能跨国相等也就可以理解了。当然，如果真实世界的情况与赫克歇尔-俄林模型的假设一致的话，那么要素价格均等化定理就会呈现出来。

◁ 阅读材料 ▷

美国经济学泰斗——保罗·萨缪尔森

美国经济学泰斗保罗·萨缪尔森（Paul Samuelson）于 2009 年 12 月 13 日与世长辞，享年 94 岁。萨缪尔森为世界经济做出了巨大的贡献，他是第一位获得诺贝尔经济学奖的美国经济学家，他的经典著作《经济学》（*Economics*）被翻译成 40 多种语言，是全世界最畅销的经济学教材之一，影响了整整一代人。而且，他的《经济学》将西方经济学理论第一次系统地带进中国，使这种思考方式和视野在中国落地生根。萨缪尔森在经济学领域中可以说是无处不在，被称为"经济学界的最后一个通才"。

萨缪尔森 1915 年 5 月 15 日出生于一个经济学世家，1935 年毕业于美国芝加哥大学，随后获得哈佛大学硕士学位和博士学位，自 1940 年以来一直任职于麻省理工学院，从事经济学的研究和教学工作。萨缪尔森第一次把数学引入经济学，使经济学不再只是"文字的经济学"。他把数学工具运用于静态均衡和动态过程的分析，以物理学和数学论证推理方式研究经济学，为数理经济学的现代化做出了贡献。他的博士学位论文《经济理论操作的重要性》获哈佛大学威尔斯奖，以此为基础形成的《经济分析基础》（*Foundations of Economic Analysis*）为萨缪尔森赢得了诺贝尔经济学奖。当时评奖委员会说："在提升经济学理论的科学分析水平上，他（萨缪尔森）的贡献要超过当代其他任何一位经济学家，他事实上以简单语言重写了经济学理论的相当部分。"他与罗伯特·索洛（Robert Solow）和罗伯特·多尔夫曼（Robert Dorfman）合著了《线性规划与经济分析》（*Linear Programming and Economic Analysis*）一书，为经济学界新诞生的经济计量学做出了巨大贡献。

萨缪尔森的另一项重要成就是帮助在经济困境中上台的肯尼迪政府制定了著名的"肯尼迪减税方案"。他在资本主义世界普遍的经济危机的历史背景下，从当时社会上亟待解决的难题——投资与就业问题入手，来研究凯恩斯理论中的"投资乘数论"及"就业乘数论"。最终，他说服肯尼迪政府实行了减税政策，而减税增加了消费支出，扩大了总需求，并增加了经济的生产和就业，从而促成了一个经济高增长的时期。

在国际贸易理论方面，萨缪尔森用数学方式演绎了赫克歇尔-俄林模型，提出了两个重要的定理:斯托尔珀-萨缪尔森定理和要素价格均等化定理。斯托尔珀-萨缪尔森定理认为:长期来看,所有的要素都是可以转移的,一种产品相对价格的提高会使生产该产品密集使用要素的真实回报上升,其他要素的真实回报下降,因此,在赫克歇尔-俄林模型中,丰富要素的所有者在贸易中获利,稀缺要素的所有者因贸易受损。要素价格均等化定理认为:贸易使产品相对价格的趋同,必然导致不同国家间生产要素相对价格和绝对价格均等化。这一定理潜在地认为,在没有要素跨国流动的条件下,仅通过商品的自由贸易也能实现世界范围内生产和资源的有效配置。

萨缪尔森一生的理论研究范围横跨经济学、统计学和数学多个领域,他对政治经济学、部门经济学和技术经济学都有独到的见解,在一般均衡理论、福利分析及国际贸易理论等领域有重大成就,他的一生对经济学及经济发展所带来的贡献是难以估量的。

"快乐＝物质/欲望",这是萨缪尔森提出的快乐方程式。他说:物质消费越大,欲望越小,快乐越大。希望会对我们有所启发。

(专栏作者:苗广艳　北京大学医学院2008级本科生)

第六节　赫克歇尔 俄林模型的实证

一、贸易与收入不平等的关系

过去40年,一些发展中国家(如中国、韩国、墨西哥等)向发达国家出口了大量的玩具、衣服、鞋帽等劳动力密集型产品,根据赫克歇尔-俄林模型的推测,贸易会使一国丰富要素所有者受益。也就是说,在发达国家中,资本家收入上升,资本家与工人的收入差距会拉大;而在发展中国家,资本家与工人的工资差距会缩小。那么现实是否如此呢?

在现实中通常很难观察到资本家的收入,所以,经济学家通常是用白领工人的收入来代替资本家的收入。换言之,经济学家通常是用白领工人和蓝领工人收入的差距来说明一国收入分配情况的。

图3-31是美国1958—2002年白领工人对蓝领工人的相对工资。可以看到,在20世纪80年代以前,白领工人的相对工资基本保持平稳,略有下降。但是在80年代之后,白领工人的相对工资开始有较快的上升。这说明白领工人与蓝领工人的收入差距拉大了。另外,在中国的例子中白领工人相对于蓝领工人的收入上升了。如果用中国城乡收入差距来近似描述白领工人、蓝领工人的收入差距,可以发现这一比率从1980年的2倍上升到2011年的3.5倍。[①] 中国的现象与赫克歇尔-俄林定理的预测明显不符。怎样解释这一现象呢?

赫克歇尔-俄林定理的假设不成立的原因有:首先,产品价格的变化并不明显;其次,在美国,贸易品的比重本身比较小;再次,在模型中,所有产品都被假设为可贸易,这一点与现实明显不符;最后,收入分配并不完全通过贸易来实现。比如,技术变化、消费者偏好的变化、要素禀赋的变化都会影响要素的相对价格,其中技术在决定要素价格中起到了重要作用。

---

① 资料来源:国家统计局,《中国统计年鉴2011》,2011年。

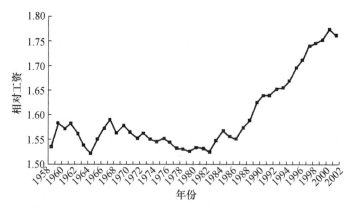

图 3-31　美国白领工人—蓝领工人相对工资（1958—2002）

资料来源：Feenstra(2004)。

二、赫克歇尔-俄林模型的实证证据

（一）里昂惕夫悖论[①]

图 3-32 展示了 2010 年六种生产要素在中国、英国、德国、印度、日本、美国以及世界其

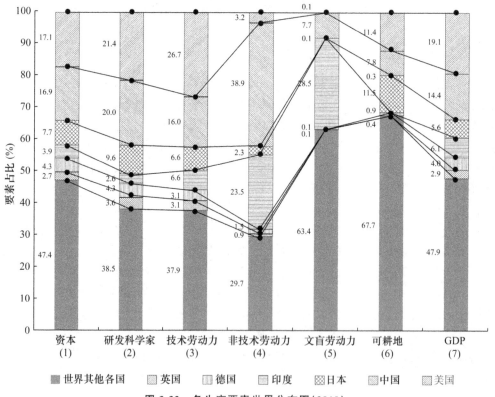

图 3-32　各生产要素世界分布图（2010）

资料来源：World Bank，PWT(Penn World Trade)8.0。

[①] Leontief, W. W., 1953, "Domestic Production and Foreign Trade: The American Capital Position Re-Examined", *Proceedings of the American Philosophical Society*, September, 97.

他各国的分布情况。例如,美国拥有世界17.1%的资本,中国拥有世界16.9%的资本,美国的GDP占全世界GDP的19.1%,中国的GDP占全世界GDP的14.4%。当一个国家的要素禀赋占比大于其生产总值的占比时,这个国家就是该种要素充裕的国家。

赫克歇尔-俄林模型的一个核心定理是赫克歇尔-俄林定理:资本充裕的国家会出口资本密集型产品,劳动力充裕的国家会出口劳动力密集型产品。这个定理引发了大量的实证研究。最著名的是里昂惕夫在20世纪60年代的发现。里昂惕夫分析了美国20世纪40年代末的数据,发现美国的出口相对于其进口更倾向于劳动力密集。这明显与赫克歇尔-俄林模型不符,因此被称作"里昂惕夫悖论"。

里昂惕夫是第一个用数据检验赫克歇尔-俄林模型的经济学家。他采用了1947年美国的数据——美国经济各个行业的"投入产出账目",以及美国的进出口贸易额来进行检验。利用这两类数据,里昂惕夫计算出美国对外贸易中每100万美元进出口额所需要的劳动力和资本数量,如表3-1所示。

表3-1 里昂惕夫检验(1947)

	出口	进口
资本(美元)	2 550 780	3 091 339
劳动力(人年)	182.313	170.004
资本/劳动力(美元/人)	13 991	18 184

注:每一列均表示每生产价值100万美元进出口产品所需要的资本或者劳动力,以1947年美国数据为基础。

里昂惕夫衡量了美国每生产价值100万美元出口产品所需要的资本和劳动力,这一计算既需要考虑直接生产出口产品时所投入的资本和劳动力,也需要考虑间接生产(生产最终出口产品所需要的中间产品)时所投入的资本和劳动力。

从表3-1中可知,生产价值100万美元出口产品需要投入2 550 780美元的资本,这看起来似乎高得不可思议。实际上这里的资本是以资本存量(Capital Stock)来衡量的,因此这些资本的年折旧量才是实际上真正被消耗的资本。结合劳动力的投入,即生产价值100万美元出口产品需要投入182.313人年,我们可以发现生产出口产品的劳动力,人均占有13 991美元的资本(包括直接生产和间接生产)。

从进口的角度来计算,我们会发现一个严重的问题:1953年的里昂惕夫不可能知道国外的技术水平,那么如何衡量生产进口品时所需要的劳动力和资本?事实上,直到最近,研究人员才开始在检验赫克歇尔-俄林模型时使用国外技术的相关数据,这一点我们会在接下来的章节中进一步阐释。里昂惕夫采用了检验者惯用的手法:简单地采用美国技术水平去计算生产进口产品所需要的劳动力和资本。这会导致检验失效吗?恰恰相反,因为赫克歇尔-俄林模型的假设之一就是国家间技术水平相同,因此,如果这一原假设成立,那么使用美国的技术水平计算生产进口产品所需要的劳动力和资本是有效的;如果我们发现原假设被拒绝,那么解释原因之一便是技术水平相同的假设是错误的。

模型的假设之一就是国家间技术水平相同,因此,在无法得知国外技术水平的情况下，里昂惕夫使用美国的技术水平衡量进口产品生产所需要的劳动力和资本（包括直接生产和间接生产），得到表 3-1 第二栏的数据：生产价值 100 万美元进口产品需要投入 3 091 339 美元的资本，生产价值 100 万美元进口产品需要投入 170.004 人年，生产进口产品的劳动力人均占有 18 184 美元的资本。非常引人注目的是，美国进口产品的资本-劳动力比率高于出口产品。美国在 1956 年时属于资本丰富型国家，那么里昂惕夫的检验结果是与赫克歇尔-俄林理论相悖的，因此这一发现被称为"里昂惕夫悖论"（Leontief's Paradox）。

迄今为止，已经有很多研究试图解释这种实证与理论之间的悖论，结论主要有：第一，美国和国外的技术是不相同的；第二，里昂惕夫只考虑了劳动力和资本，忽视了其他要素；第三，劳动力不是同质的，是根据技术不同进行分层的，而美国的出口品是技术劳动力密集型产品；第四，1947 年的数据不具有代表性，因为此时正值第二次世界大战结束之际；第五，当时的美国并不是赫克歇尔-俄林模型中假设的自由贸易。

这些解释都是对里昂惕夫检验非常有力的批评，之后很多研究在重新做检验时接受了这些批评并加以修正，比如对技术劳动力和非技术劳动力进行区别、采用其他年份的数据等。Deardorff（1984）对这类研究做了很好的总结，得到的一般结论是，即使进行修正，这一悖论依然会在一些案例中出现。

之后，Bowen et al.（1987）用 27 个国家的数据进行了与里昂惕夫类似的检验，得到了与里昂惕夫类似的结果，证实了里昂惕夫悖论在世界范围内的存在。

（二）利摩尔 1980 年的实证研究[①]

爱德华·利摩尔（Edward Leamer）认为赫克歇尔-俄林模型是正确的，但是以资本/劳动力这一比率的比较，即以进口产品的人均占有资本量高于出口产品的人均占有资本量这一点来说明该国是劳动力丰富型是错误的。只有当劳动力的纯出口量和资本的纯出口量一正一负时，这才是正确的。但是在里昂惕夫的数据中，这两者都是正的。利摩尔认为，在这种情况下，应该通过比较净出口产品和消费品中的人均资本占有量来检验。

利摩尔对里昂惕夫所用的数据进行了重新检验，通过比较美国出口品中的劳动力人均资本占有量和消费品中的劳动力人均资本占有量，得出美国是资本丰富型国家的结论。

利摩尔进行检验的理论基础是 Vanek（1968）发展的要素组成版本的赫克歇尔-俄林模型，简单表述即资本丰富型国家的出口产品中的劳动力人均资本占有量大于其消费品中的劳动力人均资本占有量。[②]

通过对理论推演得出的结论是，只要满足以下的条件，一国即为资本密集型国家[③]：资本密集型产品净出口量为正，劳动力密集型产品净进口量为正；净出口产品中的劳动力人均资本占有量大于其消费品中的劳动力人均资本占有量。

利摩尔对 1947 年的美国数据，即里昂惕夫所用的数据进行检验，结果如表 3-2 所示，

[①] Leamer, E. E., 1980, "The Leontief Paradox, Reconsidered", *Journal of Political Economy*, 88(3), 495-503.

[②] Feenstra, R. C., 2004, *Advanced International Trade Theory and Evidence*, Princeton University Press, 2-12.

[③] Leamer, E. E., 1980, "The Leontief Paradox, Reconsidered", *Journal of Political Economy*, 88(3), 495-503.

美国净出口产品的劳动力人均资本占有量大于其消费品的劳动力人均资本占有量。因此美国是资本丰富型国家,这符合赫克歇尔-俄林模型的预测。所以,赫克歇尔-俄林模型并没有错。

表 3-2 利摩尔检验

	生产	净出口	消费
资本(百万美元)	328 519	23 450	305 069
劳动力(百万人年)	47.237	1.99	45.28
资本/劳动力(美元/人)	6 955	11 784	6 737

资料来源:Leamer, E. E., 1980, "The Leontief Paradox, Reconsidered", *Journal of Political Economy*, 88(3), 495—503。

注:每一列均表示每价值 100 万美元的产品或消费品所需要消耗的资本或者劳动力,前两行来自利摩尔 1980 年论文,第三行为编者根据文章内容所加。

(三) 鲍德温的实证研究

罗伯特·鲍德温(Robert Baldwin)不再是通过比较美国进出口产品中的资本-劳动力比率,而是将每个行业的调整后的净出口额[①]对其生产单位产品所需的劳动力(并根据不同的行业对工人进行区分)和资本进行回归,得到系数,从而检验赫克歇尔-俄林模型。

鲍德温在 1971 年用 1958 年美国 60 个行业的劳动力、资本和投入产出系数对赫克歇尔-俄林模型进行检验,其贸易数据选用的是 1962 年的美国模式。鲍德温通过多元回归得到的系数估计量发现(如表 3-3 所示),科学家、工匠、领班以及农民占总工人比例越高的行业,会有越高的出口量。美国是一个高技术劳动力和资本都密集的国家,所以拥有更高比例的科学家或者农民的行业能有更高的出口量,这是符合赫克歇尔-俄林模型预期的,而拥有更高比例的工匠和领班的行业有更高的出口量,这可能是合乎情理的。但是令人吃惊的是,资本-劳动力比率越高的行业,倾向于出口越少的产品。这显然与赫克歇尔-俄林模型预期下作为资本丰富型国家的美国应有的贸易模式相悖。因此,鲍德温的检验结果似乎是与里昂惕夫悖论相吻合的。

表 3-3 美国 1962 年进出口中的要素含量

	进口	出口
每 100 万美元中的资本(美元)	2 132 000	1 876 000
每 100 万美元中的劳动力(人年)	119	131
资本-劳动力比率	17 916	14 321
平均每个劳动工人的受教育年数	9.9	10.1
劳动力中工程师与科学家占比	0.0189	0.0255

资料来源:Baldwin, R. E., 1971, "Determinants of the Commodity Structure of U. S. Trade", *American Economic Review*, 61, 126—145。

---

① 调整后的净出口额是指每 100 万美元的总出口额中的行业出口额除以每 100 万美元的总进口额中的行业进口额。

对于这样的检验结果,鲍德温认为,仅仅用赫克歇尔-俄林模型去检验美国是不合适的,因为赫克歇尔-俄林模型的前提与美国的情况不符合,比如资本的自由流动、劳动力供给的同质性、贸易政策、技术同等性等。

特别地,鲍德温从逻辑上着重解释了拥有更高比例的科学家或者农民的行业能有更高的出口量这一现象,认为高技术工人给了美国出口的比较优势:一方面,丰富的技术工人使得美国在出口需要这类工人的产品时具有比较优势,这是通过提供直接的生产要素带来的影响;另一方面,技术工人在研发上有优势,间接地给了美国在技术上的优势。因此事实上,美国间接出口的劳动力包括专业技术劳动力、工匠和领班,这恰好是美国较为丰富的;而美国间接进口的是半技术或者非技术劳动力(不包括农民),这些恰好是美国缺乏的。①

最终,鲍德温提出了对于改进贸易理论、增强贸易理论有解释力的建议:第一,必须要抛弃以简单的单一要素的贸易理论去支撑多要素贸易模型,特别地,劳动力必须根据不同的技术水平进行划分,同时人力资本中的相对差别也需要被考虑,其他要素比如自然资源条件、科技差异、交通费用、贸易政策,也需要被明确地包括在模型中;第二,模型要考虑到要素的流动性障碍。

(四)利摩尔 1984 年的又一实证研究

利摩尔在 1984 年对赫克歇尔-俄林模型重新进行了检验,这一次实证检验采用 60 个国家在两个年份——1958 年和 1975 年的数据。贸易数据根据国际贸易标准分类(Standard International Trade Classification,SITC)进行分类。利摩尔将这些商品分为 10 类:2 种初级产品(石油、原材料),4 种农产品(森林产品、热带农作物产品、动物产品、谷物产品),4 种制造产品(劳动力密集制造品、资本密集制造品、机械和化学品)。他还考虑存在第 11 种产品,即非贸易品。相对应地,有 11 种生产要素:资本,3 类工人(以技术区分),4 类资本(以气候区分)和 3 类自然资源。② 利摩尔的检验开始引入禀赋,但是不涉及技术水平。

尽管利摩尔强调,用 1975 年各类贸易品的净出口量对国家生产要素禀赋做回归,不能过分看重回归得到的系数的数值,但是相关性的符号是很有意思的,尤其是当估计量显著区别于零的时候。值得注意的是,将相关性解读为罗伯金斯基效应时,资本禀赋的增加会导致所有制造品的出口量的增加,同样的非专业性或者低教育水平的工人的增多也会带来同样的出口增加。同时,大部分资本、专业或者技术工人的增加会带来制造品净出口的减少。对这种现象的解释是,资本增加会更有利于农业而非制造业,而专业或者技术工人的增加会更有利于服务业而非制造业。③

利摩尔的检验虽然对于罗伯金斯基效应提供了检验和解释,但是对于检验赫克歇尔-俄林理论的作用是非常有限的。因为在对不同国家的检验中,其相关系数是可正可负的,

---

① Baldwin, R. E., 1971, "Determinants of the Commodity Structure of U. S. Trade", *American Economic Review*, March, 61, 143.

② Feenstra, R. C., 2004, *Advanced International: Trade Theory and Evidence*, Princeton University Press, 2-12.

③ Ibid., 2-22.

这不能作为检验的标准,而若使用唯一的指标——拟合优度 R^2 ,其检验效果过弱。

(五)鲍恩等学者的实证研究[1]

哈利·鲍恩(Harry Bowen)、爱德华·利摩尔(Edward Leamer)和利奥·斯维考斯卡斯(Leo Sveikauskas)用 27 个国家 12 种生产要素的数据进行检验,采用的是美国 1967 年的科技水平,然后直接将贸易要素和国家资源禀赋相比较。检验分为两步:第一步,看贸易是否反映了要素丰富程度。鲍恩等采用的是与里昂惕夫相似的检验方法,结果并不支持赫克歇尔-俄林模型。第二步,考虑消费者偏好、技术差异和调整测量误差(Measure Error)之后再进行检验,结果依然无法支持赫克歇尔-俄林模型。

此外,鲍恩等人对于里昂惕夫所提出的赫克歇尔-俄林的一些推论,做了相关的符号检验(Sign Test)和秩检验(Rank Test),发现符号检验中有 61% 的案例满足原理论,秩检验中有 49% 的案例满足原理论,这和抛硬币的结果出现的概率很像。[2] 数据并未支持赫克歇尔-俄林模型,同样也无法支持考虑了消费者偏好、技术差异和测量误差的赫克歇尔-俄林模型。

同时,鲍恩等人指出,虽然赫克歇尔-俄林模型在实证检验中表现很差,而找到一个统计上更好的假说非常容易,但是这样的假说在经济意义上却难以运用和解释(比如计算所得的生产投入为负数)。

(六)特雷夫莱的实证研究

鲍恩、利摩尔和斯维考斯卡斯检验得出的否定结论被丹尼尔·特雷夫莱(Daniel Trefler)证实。特雷夫莱在 1995 年用 33 个国家和 9 种生产要素进行检验,并且利用美国的技术水平去衡量,其符号检验的成功率仅仅为 50%,秩检验的成功率仅仅为 60%。实证检验上的失败似乎在说明赫克歇尔-俄林模型的一些前提假设是完全错误的。

因此,特雷夫莱对数据进行了一些诊断性检验,以决定赫克歇尔-俄林模型的哪个假设最有可能导致其对美国贸易情况缺乏解释力。最后他总结得出,技术跨国相等是最差的假设。因此,特雷夫莱对赫克歇尔-俄林模型进行了扩展,允许不同国家之间技术不同。这也是由里昂惕夫最初提出的,对于"悖论"的一个解释——要素增大国家间技术差别,意味着禀赋必须调整以反映国际生产率差别。

在模型中体现技术水平的国家间差异,有两种办法:将不同国家的要素生产率纳入模型,或者将生产 1 单位产品所要求的要素的矩阵差别纳入模型。[3] 1993 年,特雷夫莱采用了第一种方法。1995 年,特雷夫莱采用了第二种办法。

Trefler(1993)[4]将不同国家的要素生产率纳入模型,并允许所有要素在每个国家的生产率都不同。唯一的例外是美国,因为他采用美国作为基准国家,将其要素生产率规范化

---

[1] Bowen, H. P., Leamer, E. E. and Sveikauskas, L., 1987, "Multicountry, Multifactor Tests of the Factor Abundance Theory", *American Economic Review*, 77(5), 791-809.

[2] Feenstra, R. C., 2004, *Advanced International Trade: Theory and Evidence*, Princeton University Press, 3-24.

[3] Ibid., 2-26.

[4] Trefler, D., 1993, "International Factor Price Differences: Leontief Was Right!", *Journal of Political Economy*, 101, 138-160.

为 1 单位。

但是在这样的情况下对赫克歇尔-俄林等式进行改写,得到的新等式是无法得到检验的,因为劳动生产率系数的选择使其成为恒等式。因此,特雷夫莱采取了两种新方法来检验赫克歇尔-俄林模型对现实的反映是否准确:第一,检验劳动生产率系数是否为正数;第二,用这些系数去比较其他经济数据,从而评价劳动生产率系数是否合理。这两种方法使得在各国中将劳动生产率系数与工资相比较具有意义。如果从有效禀赋的角度来看,要素价格跨国相等,那么劳动生产率系数会和国家的要素价格非常接近。

特雷夫莱还发现一国劳动生产率与工资高度相关,估计的劳动生产率与实际工资的相关系数是 0.9。① 一般认为工资的跨国差别应该反映了工人的劳动生产率,因此这一密切的相关性支持了特雷夫莱对于赫克歇尔-俄林模型的扩展。

特雷夫莱得出结论,认为要素价格相等的假说和赫克歇尔-俄林理论,与可以观察到的要素价格和要素服务的国际贸易是存在广泛分歧的。通过将国家间技术水平不同这一要素纳入模型,对其进行调整,可以极大地增加模型的解释力。

Trefler(1995)② 采用了第二种办法,使得要素需求矩阵在各国不同,而同时假定要素禀赋在各个效率单位中相同。在该研究中,他选择了限制要素需求矩阵差别的范围,从而与赫克歇尔-俄林等式并非完全匹配,通过选择矩阵的系数来最小化赫克歇尔-俄林等式的残差平方和。

从计算的结果来看,劳动生产率的系数与国家的人均 GDP(相对于美国)有密切的关系,相关系数为 0.89。③ 这一结果强有力地支持了人均 GDP 的国家间差别主要由技术导致的这一假定。

在 1993 年和 1995 年的两篇文章中,特雷夫莱采用了两种办法将国家间技术不同这一因素纳入考虑。在 1993 年的文章中,跨国要素的差别是完全的,有很多的自由参数,因此赫克歇尔-俄林等式是完全匹配的。

在原始的不考虑劳动生产率系数的时候,要素内容的方差与相比较国家禀赋的比率,只有 0.032,这被 Trefler(1995)称为消失的贸易(Missing Trade):贸易的要素内容与相应的禀赋相比,非常之少。而在完全考虑所有生产效率差异的时候,我们会得到赫克歇尔-俄林等式完全契合的结论。因此,这两种极端情况之间,我们考虑统一的劳动生产率差异,并最小化残差平方和,得到的拟合优度 R^2 为 0.486。换言之,当考虑了国家间统一的劳动生产率差异之后,接近一半的"消失的贸易"被解释了。在重新进行符号检验,即比较等式左边和右边的符号时,会得到在 62% 的案例中是正确的符号,而之前没有考虑劳动生产率差异时,这一比例是 50%。

此外,特雷夫莱考虑了赫克歇尔-俄林框架内的其他调整,包括要素生产效率的有限差别集合(允许区别富国和穷国)、非同质性偏好、消费的本土偏好。他认为这些要素对于进一步解释"消失的贸易"的作用是非常有限的,因此更偏向于最初只能解释统一的生产效率差异的模型。

---

① Feenstra,R.C.,2004,*Advanced International Trade:Theory and Evidence*,Princeton University Press,2-28.
② Trefler,D.,1995,"The Case of Missing Trade and Other Mysteries",*American Economic Review*,85,1029-1046.
③ Feenstra,R.C.,2004,*Advanced International Trade:Theory and Evidence*,Princeton University Press,2-31.

≪阅读材料≫

加拿大国际贸易学第一人——丹尼尔·特雷夫莱

丹尼尔·特雷夫莱是加拿大多伦多大学罗特曼管理学院的 J. Douglas and Ruth 研究主席,他也是加拿大高级研究院的资深研究员。

特雷夫莱教授是世界闻名的经济学家,专注于贸易研究,他在贸易基础理论研究中做出了开创性的贡献。他的研究指导人们在贸易协定设计和签署过程中,提高生产率,促进创新,带动投资,并最小化对工人和弱势群体利益的损害。

近年来,他对加拿大外交事务建言献策,例如加拿大对外直接投资的相关政策,加拿大-欧盟贸易协定的相关文件等。

特雷夫莱教授的贡献受到了社会的广泛认可,他获得了 2016 年克拉姆奖(该奖被认为是加拿大的诺贝尔经济学奖)、2016 年加拿大银行学术研究奖等多个重要奖项。

(七) 戴维斯和温斯坦的实证研究[①]

之前所有的检验,虽然使用了三个类型的数据,但都是依赖美国的技术水平和要素需求矩阵去研究。这是数据的局限性造成的,因为其他国家的技术水平和生产单位产品的要素需求都是最近才可获得。因此唐纳德·戴维斯(Donald Davis)和戴维·温斯坦(David Weinstein)利用最新的信息,构建了各国不同的要素需求矩阵,做了相关研究。

戴维斯和温斯坦主要采用 1995 年 10 个 OECD 国家的贸易数据。这 10 个 OECD 国家分别为澳大利亚、加拿大、丹麦、法国、德国、意大利、日本、荷兰、英国和美国。[②]

在估计各国技术矩阵的差别时,戴维斯和温斯坦都非常谨慎,并没有直接使用实际的数据,因为这很可能导致构建的贸易要素内容与国家相对禀赋是完全相同的,这是 1993 年特雷夫莱所做过的,他允许赫克歇尔-俄林等式中所有的生产率参数都完全匹配,而这会导致赫克歇尔-俄林等式成为恒等式。

但是,戴维斯和温斯坦考虑了技术差异从而打破了价格异质性假定,并且考虑了非贸易品的存在和贸易成本之后的模型,与 10 个 OECD 国家的数据和世界其他国家的集合的数据是稳定一致的。[③]

戴维斯和温斯坦的文章为全球经济描绘了一幅简单而统一的图景。第一,技术差异

[①] Davis, D. R. and Weinstein, D. E., 2001, "An Account of Global Factor Trade", *American Economic Review*, 91(5), 1423-1453.

[②] Ibid., 1445.

[③] Ibid., 1423-1453.

是非常重要的,即使是在富裕的 OECD 国家之间;OECD 的富裕国家都不能认为是一个效率调整后的要素价格均等集合的组成部分。要素价格均等化的失败促使了可贸易品的专业化和不可贸易品的要素替代。前者意味着之前的研究忽视了贸易的实际要素内容,而后者说明它们过度强调国家间不同要素丰富程度的差别,尤其是对于贸易而言可及的要素丰富程度差异事实上并不如预期的那么大。第二,在具有摩擦的完全专业化贸易中,摩擦会大量减少贸易。

总之,在里昂惕夫之后,许多经济学家对里昂惕夫之谜做了种种解释,主要集中在以下几个方面:

第一,不同国家的技术不同。

第二,没有剔除资源密集型产品。由于资源密集型产品往往是资本密集型的,两要素的模型会错误得出资源丰富国家出口资本密集型产品的结论,从而导致里昂惕夫之谜的发生。

第三,各国人力资本不同。美国的劳动力与中国的劳动力人力资本并不相同。如果在模型中引入人力资本,就会发现美国出口的的确是广义上的资本密集型产品。

第四,贸易并非是自由贸易,现实中存在各种贸易壁垒与贸易摩擦。

第五,对资本的衡量有问题。比如,早期研究中一些学者用美国的资本存量来检验里昂惕夫悖论。然而事实上模型中的资本是流量而非存量。由于数据限制,早期的实证检验无法用资本流量来做,因此可能产生偏误。

之后的一些检验将发达国家与发展中国家分开来看。总的来说,赫克歇尔-俄林理论在解释南北贸易方面表现比较好,而在解释发达国家与发达国家的贸易方面表现并不好。

本章概要

1. 李嘉图模型基于两国的技术不同;赫克歇尔-俄林模型基于两国的资源禀赋不同。

2. 赫克歇尔-俄林定理:一国会出口密集使用其相对丰富资源的产品,进口密集使用其相对稀缺资源的产品。

3. 斯托尔珀-萨缪尔森定理:当要素可以在不同部门间流动时,一种产品相对价格的上升会使得生产该产品所密集使用的要素的所有者获益,使得生产该产品不被密集使用的要素的所有者受损。

4. 当经济由封闭走向开放时,一国的相对丰富要素所有者受益,相对稀缺要素所有者受损。

5. 罗伯金斯基定理:在保持产品价格不变的情况下,某一要素禀赋的增加会导致密集使用此要素的产品产量增加,另一产品产量减少。

6. 贸易会使贸易双方的要素价格完全相等。

习题

1. 假设世界由米国和面国组成，它们相互贸易；只有水稻和小麦两个部门；没有贸易成本；厂商都面临完全竞争的市场。下式中的数字代表生产单位产品（小麦和水稻）所需要的各种投入品的数量，C 即单位成本：

$$C_{水稻} = 60w + 40r$$
$$C_{小麦} = 75w + 25r$$

(1) 如果水稻和小麦的市场价格为 100，工资率 w 和地租率 r 各为多少？生产每 1 单位的水稻和小麦的地租成本各是多少？

(2) 现在，小麦的价格上升至 120，新的 w 和 r 值是多少（长期均衡水平）？

(3) 相对于各种商品的实际工资（劳动者收入对该商品的购买力）会如何变化？

(4) 将你对(3)的答案与斯托尔珀-萨缪尔森定理相联系。

(5) 仍假设水稻和小麦的市场价格为 100，面国现有 3 300 单位劳动力，1 700 单位资本，此时水稻和小麦的产量分别是多少？

(6) 由于鼓励生育，面国劳动力现在增加到了 4 050 单位，资本规模不变，市场价格不变，水稻和小麦的产量分别是多少？如果人口继续增加，又会怎么样？

(7) 将你对(6)的答案与罗伯金斯基定理相联系，作图说明人口增加带来的变化。

(8) 米国只有 1 500 单位劳动力，但有 1 600 单位资本，某甲据此表示由于劳动力-资本比率偏低，米国工资会比面国高，你有何评论？

2. 有人说，世界上最贫穷的国家不能出口任何商品，因为它们没有丰富的要素，无论是资本、土地还是劳动力在该国都很稀少，请对这种说法进行评论。

 参考文献

[1] Bowen, H., Leamer, E. and Sveikauskas, L., 1987, "Multicountry, Multifactor Tests of the Factor Abundance Theory", *American Economic Review*, 77(5), 791–809.

[2] Deardorff, A., 1984, "Testing Trade Theories and Predicting Trade Flow", in *Hand of International Economics*, Vol. 1, North Holland, 467–517.

[3] Feenstra, R. C., 2004, *Advanced International Trade: Theory and Evidence*, Princeton University Press.

[4] Vanek, J., 1968, *The Factor Proportions Theory: The N-Factor Case*, Kyklos, 749–754.

第四章

特定要素模型

【重点难点】

- 在特定要素模型下罗伯金斯基定理是否成立。
- 特定要素模型下劳动力市场的均衡条件。

【学习目标】

- 理解特定要素模型与赫克歇尔-俄林模型的联系与区别。
- 掌握斯托尔珀-萨缪尔森定理、罗伯金斯基定理、要素价格均等化定理及赫克歇尔-俄林定理等在特定要素模型下是否成立。
- 掌握特定要素模型下劳动力市场的均衡条件。

【素养目标】

特定要素模型是国际贸易理论的经典模型。学生要结合党的二十大提出的新发展理念和新发展格局,认识国际贸易新形势;要了解国际贸易对不同国家、不同部门、不同要素所有者的影响,分析贸易对收入分配的影响和作用,评估贸易对特定要素所有者的直接影响和间接影响;要深入理解国际经济关系,分析不同国家的要素禀赋和产业结构,理解国际贸易模式和全球经济互动。

[引导案例]

在每年情人节时,中国对玫瑰花的需求量都很大。然而,在寒冷的季节里种植玫瑰花并不容易,需要温室设施以及更多的劳动力和资本投入。而这些资源也可以用来生产其他产品,比如智能手机。与此同时,东南亚国家在同一时期生产玫瑰花的成本相对较低。但由于技术和资本的限制,他们生产智能手机的成本却很高。假设在中国,用于生产100支玫瑰花的资源可以生产出10部智能手机;而在东南亚国家,同样的资源可以生产100支玫瑰花或者2部智能手机。通过简单的计算可以看出,如果两个国家或地区都专注于生产各自具有高效率的产品,即中国生产智能手机,东南亚国家生产玫瑰花,那么双方都可以通过贸易获得利益。

第一节 模型内容

一、模型设定

特定要素模型是一个 $2\times2\times3$ 模型,两个国家与两种产品的假设与赫克歇尔-俄林模型完全一样。不同的是,现在有三种要素:劳动力、资本以及土地。其中,生产产品 1(食品,F)使用劳动力和土地,而生产产品 2(电脑,C)使用劳动力和资本。

下面我们要学习的是特定要素模型。特定要素模型是指某种要素特定用于某种生产的模型。我们来比较一下赫克歇尔-俄林模型和特定要素模型。在赫克歇尔-俄林模型中产品种类等于要素种类。在特定要素模型中,产品种类仍然是两种,但要素种类是三种,市场结构仍然是完全竞争。两种产品的生产函数分别为 $y_F=f(T, L_F)$;$y_C=f(K, L_C)$,其中 K 表示资本,T 表示土地,L 表示劳动力。劳动力可以在两个产业间自由流动。其实特定要素模型就是赫克歇尔-俄林模型的短期版本。我们关注的是斯托尔珀-萨缪尔森定理、罗伯金斯基定理、要素价格均等化定理及赫克歇尔-俄林定理等在特定要素模型下是否成立。

特定要素模型下生产两种产品:食品和电脑。食品的生产需要土地和劳动力,电脑的生产需要资本和劳动力。图 4-1 画出了食品和电脑的生产函数以及生产可能性曲线。Ⅰ象限是两种产品的生产可能性曲线,Ⅱ象限和Ⅳ象限是生产第Ⅰ象限对应坐标轴的产品产量处的要素投入,Ⅲ象限是要素投入的预算线。

由于劳动力可以在两个部门间自由流动,图 4-1 中第Ⅲ象限中的直线刻画了这一性质。图中 G 点表示 OH 数量的劳动力流入到食品部门,在食品的生产曲线上的 J 点实现了生产。同理,有 OI 数量的劳动力流入到电脑部门,在电脑的生产曲线上的 K 点实现了生产;这样就形成了生产可能性曲线上的 N 点。

考虑有一部分劳动力从食品产业转移到电脑产业,即从生产可能性曲线上的 N 点转移到 N' 点。更多劳动力进入电脑产业,使得电脑产业的劳动生产率下降,而食品产业的劳动生产率上升,生产电脑的相对成本上升。根据 $W=P_F\mathrm{MPL}_F$、$W=P_C\mathrm{MPL}_C$ 以及生产函数是递增和凹的,我们可以知道,L_F 下降会导致 MPL_F 上升;给定产出不变,T 上升会导致 L_F 下降,从而导致 MPL_F 上升。

由于通常我们假设生产函数的二阶混合偏导大于零,因此一种要素投入量的增加会

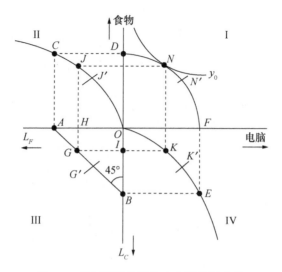

图 4-1 特定要素模型的生产可能性曲线

使得另一种要素的边际产量增加。根据 $R=P_C\text{MPK}$,一方面电脑的价格 P_C 上升了;另一方面,MPK 也上升了,R 上升的比例要大于 20%,因此资本的所有者会获益。而对于土地而言,根据地租 $r=P_F\text{MPT}$,一方面,食品的价格 P_F 没有改变;另一方面,由于食品行业劳动力的减少,土地的边际回报产出(MPT)会下降,地租会下降,因此土地的所有者会受损。

二、均衡

劳动力在两个部门间自由流动,因此均衡时,两个部门的工资必定相等。由于工资等于劳动力的边际产值,我们得到以下劳动力市场的均衡条件:

$$W = P_C\text{MPL}_C = P_F\text{MPL}_F \tag{4-1}$$

其中,W 为工资,P_C、P_F 分别为两种产品的价格,MPL_C 与 MPL_F 分别为两种产品的劳动力边际产出,我们可用图 4-2 来表示劳动力市场均衡。

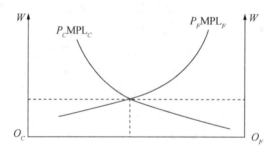

图 4-2 两个部门的劳动力需求曲线

图 4-2 表示,在均衡时,有的劳动力在电脑部门工作,而有的劳动力在食品部门工作。

第二节 修改版的斯托尔珀-萨缪尔森定理

我们感兴趣的是赫克歇尔-俄林模型的四大定理在特定要素模型中是否仍然成立。从劳动力市场均衡式——式(4-1)中容易看出,一国的工资会受到一国资本和土地要素存量大小的影响,因此要素价格均等化定理不成立。

那么,斯托尔珀-萨缪尔森定理成立吗?假设电脑在世界市场上的价格提高了20%,相对应的产出点从 N 移动到了 N'。而食品的价格保持不变,那么电脑的劳动力边际产值($VMPL_C$)就会上移20%。如果电脑产业中的劳动力数量保持不变,即两个产业中的劳动力不能自由流动,那么电脑产业中的劳动力工资会上涨20%,即从图4-3中的 E 点移到 D 点。但是由于劳动力是可以在两个部门中自由移动的,因此两个部门的 MPL 都会改变。所以,均衡会由 E 点转移到 B 点。用于生产电脑的劳动力由 O_CG 增加到 O_CG'。

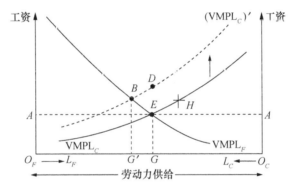

图 4-3　两个部门劳动力需求曲线的变动

在赫克歇尔-俄林模型中,产品价格的上升会使密集使用要素的真实回报上升,另一要素的真实回报下降。在特定要素模型中,产品价格变化会导致谁受益、谁受损呢?从图4-3来看,名义工资上升,但上升的幅度并未达到产品价格的上升幅度(20%)。如果用 W/P_C 衡量劳动力的真实回报,则劳动力真实回报下降;如果用 W/P_F 来衡量劳动力的真实回报,则劳动力真实回报上升(因为 P_F 并未发生改变)。

再来看土地的回报。土地回报 $r=P_F MPT_F$。在新的均衡点,由于生产食品的劳动力数量减少,因此用来生产1单位食品所需的土地数量上升。根据边际产量递减规律,MPT_F 会下降,又由于 P_F 不变,因此土地回报 r 下降。这样从真实回报来看,无论是用 $\frac{r}{P_F}$ 还是用 $\frac{r}{P_C}$ 衡量,土地的真实回报都下降。

资本的回报也可以用同样的方法分析。资本的回报 $R=P_C MPK_C$,这里,P_C 上升了20%,而用于生产电脑的劳动力增加了,那么用来生产1单位电脑所需的资本数量会下降,也使 MPK_C 上升。因此 R 上升的幅度会大于20%。这样一来,资本的真实回报必定上升,资本所有者受益。

小结一下,如果用 $\hat{Z}$ 来代表一个变量的百分比变化的话,我们就有 $\hat{r}<0<\hat{Z}<\hat{P}_C<\hat{R}$。

也就是说，我们同样可以看到相似的斯托尔珀-萨缪尔森定理。但这里的放大效应或者说琼斯不等式的形式有较大的不同。共有要素（劳动力）回报百分比的变化并不比产品价格百分比的变化大，相反变小了。从这个意义上来说，斯托尔珀-萨缪尔森定理依然成立，只不过形式做了一些修改。

第三节　修改版的罗伯金斯基定理

以上我们讨论的是商品价格变化对要素价格变化的影响，在赫克歇尔-俄林模型中相对应的是斯托尔珀-萨缪尔森定理。我们还可以在特定要素模型中讨论要素禀赋变化对产出的影响，以对应赫克歇尔-俄林模型中的罗伯金斯基定理。

首先我们来看特定要素变化的情况。如图4-4所示，假设土地存量增加了，生产1单位食品所需的劳动力数量下降，这会导致 MPL_F 的上升，由于食品价格不变，土地存量的增加会导致 $VMPL_F$ 曲线向上移动。因此，工资会上升，在均衡时，用于生产食品的劳动力数量也会增加。

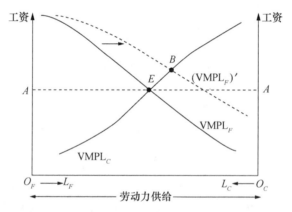

图4-4　两个部门劳动力需求曲线的变动

现在，由于生产食品的劳动力数量增加，土地数量也增加，因此食品产量一定会增加。另外，生产电脑的劳动力数量减少，而资本数量不变，因此电脑产量减少。

由以上分析可以看出，当特定要素禀赋增加时，使用此特定要素的部门产量增加，而另一部门产量减少。这正是罗伯金斯基定理的内容。所以我们得出结论：罗伯金斯基定理在特定要素模型中仍然成立。

再来看共有要素变化的情况。假设劳动力存量增加，这在图4-5上体现为横轴向外拉伸，即从 O_C 拉伸到 O'_C。可以明显看出，生产食品的劳动力数量增加，给定土地不变，经济体将会生产更多食品。问题是，用于生产电脑的劳动力数量会不会也增加呢？

答案是肯定的。这是因为由于工人总体规模的扩大，工资会下降（由 W_1 下降到 W_2），注意： $W = P_C MPL_C$，由于电脑的价格并没变化，要使等式成立，则 MPL_C 一定要下降，这就可以反推出会有更多的工人流入电脑部门。所以，电脑产量也会上升。

这就是说，食品和电脑的产量都会增加。因此，共有要素禀赋的增加会导致两种产品产量都增加，罗伯金斯基定理并不适用。出现这种现象的原因在于，劳动力供给的增

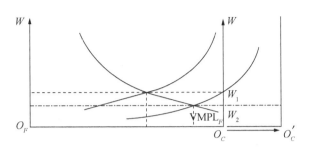

图 4-5　要素禀赋变动引起劳动力需求曲线右移

加使得均衡工资下降,这导致两个部门都会使用更多的劳动力,因此两个部门的产量均上升。

小结一下:在特定要素模型中,罗伯金斯基定理对于特定要素仍然成立,但对于共用要素不成立。

至此,我们可以得出以下结论:

第一,如果土地或资本存量增加,那么工资会上升,从而减少两种特定要素的回报。

第二,如果劳动力供给增加,那么工资会下降,从而增加两种特定要素的回报。

第三,如果要素禀赋发生了变化(例如产生国际移民),但国际市场上的产品价格没有发生变化,那么特定要素(土地、资本)的价值会与共用要素(劳动力)的价值反向变化。从而地主或资本家倾向于欢迎国际移民,而工会的态度则相反。

第四,如果世界市场上的产品价格比率变动,那么对各种特定要素的回报影响较大,但对工资影响较小。

第五,产品价格的变化会引起要素价格的变化,产品价格的变化对特定要素价格有放大效应,但对共用要素放大效应不成立。

本章概要

1. 特定要素模型中包含两个国家、两种产品、三种要素,特定要素模型是赫克歇尔-俄林模型的短期版本。
2. 在特定要素模型中,斯托尔珀-萨缪尔森定理依然成立。
3. 在特定要素模型中,要素价格均等化定理不成立。
4. 在特定要素模型中,罗伯金斯基定理对于特定要素仍然成立,但对于共有要素不成立。

习题

1. 考虑一个特定要素模型,三种要素:劳动力、资本以及土地。其中,生产商品 1(食品)使用劳动力以及土地,而生产商品 2(衣服)使用劳动力以及资本。技术规模报酬不变,市场完全竞争。劳动力可以跨部门流动,假设市场已经达到了均衡。

(1) 考虑一个食品生产的技术冲击,使得土地投入不变的情况下,劳动力的边际产出提高,这对均衡有何影响?请作图说明。

(2) 考虑一个食品生产的技术冲击,使得劳动力的边际产出不变,土地的边际产出提高了,这对均衡有何影响?

(3) 与修改版的罗伯金斯基定理相比,特定要素的变化(无论是存量还是边际产出)是否会导致市场均衡变化?共有要素的变化呢?你如何解释这种不同?

2. 下图表示了澳大利亚在贸易前与贸易后的经济。其中有两个产业:夹克(j)与机械(m)。W_0表示贸易前的工资,W_1表示贸易后的工资。

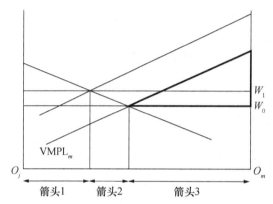

(1) 在贸易前,有多少工人被雇用来生产夹克?(　　)

A. 箭头1　　　　　　　　　　B. 箭头1和箭头2

C. 箭头1和箭头3　　　　　　 D. 箭头3

(2) 当开放贸易后,澳大利亚会出口哪种产品?(　　)

A. 夹克　　　　　　　　　　　B. 机械

C. 两者都出口　　　　　　　　D. 两者都不出口

(3) 粗体三角形的面积代表什么?(　　)

A. 贸易前,夹克产业的利润　　　B. 贸易前,夹克产业的工资回报

C. 贸易前,机械产业的利润　　　D. 贸易前,机械产业的工资回报

3. 在特定要素模型中,假设农产品(A)价格下跌而制造品(M)价格不变,即

$$\frac{\Delta P_A}{P} < 0, \quad \frac{\Delta P_M}{P} = 0$$

请升序排列下列各项:

$$\frac{\Delta R_T}{R_T}, \quad \frac{\Delta R_K}{R_K}, \quad \frac{\Delta P_A}{P_A}, \quad \frac{\Delta P_M}{P_M}, \quad \frac{\Delta W}{W}$$

其中,R_T为土地租金,R_K为资本租金,P_A为农产品价格,P_M为制造品价格,W为工人工资,土地是农产品部门的特定要素,资本是制造品部门的特定要素,劳动力为共有要素。请结合图形以及文字说明你排序的理由。

参考文献

[1] Jones, R. W., 1971, "A Three-Factor Model in Theory, Trade, and History" // J. N. Bhagwati, Ed., *Trade, Balance of Payments, and Growth*, North-Holland, Amsterdam, 3-21.

[2] Mayer, W., 1974, "Short-run and Long-run Equilibrium for a Small Open Economy", *Journal of Political Economy*, 82(5), 955-967.

[3] Mussa, M., 1974, "Tariffs and the Distribution of Income: The Importance of Factor Specificity, Substitutability, and Intensity in the Short and Long Run", *Journal of Political Economy*, 82(6), 1191-1203.

[4] Neary, J. P., 1978, "Short-run Capital Specificity and the Pure Theory of International Trade", *The Economic Journal*, 88(351), 488-510.

第五章

规模报酬递增模型

【重点难点】

- 对产品多样化的偏好。
- 开放贸易后,本国消费产品种类与生产产品种类的变化。
- 异质企业贸易模型。

【学习目标】

- 理解产业内贸易指数。
- 理解对产品多样化的偏好。
- 掌握封闭经济下垄断竞争市场结构。
- 掌握克鲁格曼模型中开放贸易对国民福利的影响。
- 理解异质企业贸易模型。
- 了解企业异质性相关的实证研究。

【素养目标】

通过引进规模报酬递增的贸易模型,帮助学生理解产业内贸易以及产品多样化等重要现象,深刻领会党的二十大报告关于"深度参与全球产业分工和合作"等重要指示的理论依据和现实意义,进一步提高对"推动建设开放型世界经济,更好惠及各国人民"等战略方针的认识。

[引导案例]

进行经济研究之前要先观察现象,当已有的理论不能解释现象的时候,就是理论创新的开始,克鲁格曼模型就是这样。根据比较优势理论,一国会进口(或出口)其不具有(或其具有)比较优势的产品,但并非同时进口和出口。第二次世界大战后发达国家间的产业内贸易形式逐渐取代了南北产业间贸易形式,而发达国家间的要素禀赋、技术水平并没有大的差别,这就很难用我们之前学习的国际贸易模型来解释。克鲁格曼模型的创新之处在于它打破了之前贸易模型中对完全竞争市场结构的假设,使用了垄断竞争的模型。这个模型很好地解释了发达国家之间的产业内贸易。

第一节 产品多样化与产业内贸易

下面我们学习规模报酬递增模型,首先我们比较一下我们学过的几个模型的区别。李嘉图模型强调的是技术的不同产生国际贸易;赫克歇尔-俄林模型强调要素禀赋的不同产生国际贸易;特定要素模型强调了要素禀赋的不同和某种要素只能特定用于生产某产品的性质产生国际贸易。这些模型全部假定市场结构是完全竞争的,但这并不是一个贴近事实的假设:一方面,大量国际贸易是由跨国公司完成的,而这些公司间的竞争格局以垄断竞争为主;另一方面,政府对贸易的干预倾向丁使得本国企业在市场中占有一些优势。所以,完全竞争的市场结构只能是一个理想的情况,在现实世界中并不存在。

一、产业内贸易指数

要理解规模报酬递增贸易模型,首先要明确它所描述的是一种行业内贸易现象,而并非先前新古典贸易模型用来解释的行业间贸易。那么,国际经济学上到底如何衡量行业内贸易的大小呢?通常,我们会采用如下的行业内贸易指标(IIT)来衡量:

$$\text{IIT} = 1 - (|X - M|)/(X + M) \tag{5-1}$$

其中,X 表示一个行业的出口,M 表示一个行业的进口,对于一个行业而言,如果只有行业间的贸易,要么 $X=0$,要么 $M=0$,那么该指数就为 0;如果只有行业内贸易,最极端的情况就是行业内进口等于出口,$X=M$,那么该指数就为 1,所以,IIT 可以在 0 到 1 之间变动。

表 5-1 列出了西方各主要工业国家行业内贸易的平均水平。由表可见各国的行业内贸易指数随时间的推移而不断上升。

表 5-1 西方各主要工业国家行业内贸易水平(1964—1985)

	1964	1967	1973	1979	1985
加拿大	37	49	57	56	68
美国	48	52	48	52	72
日本	23	22	24	21	24
比利时	62	66	69	73	74
荷兰	65	66	63	65	67
德国	44	51	60	60	65

(续表)

	1964	1967	1973	1979	1985
法国	64	67	70	70	72
印度	49	45	54	48	55
英国	46	55	71	80	76
澳大利亚	18	17	29	22	25
平均指数	46	49	55	55	60

那么，一国究竟在哪些行业会有较高的行业内贸易，在哪些行业会有较低的行业内贸易呢？以美国为例，我们观察到以下几个典型的经验事实：

第一，有些简单产品，如属于其比较优势的玉米，和属于其比较劣势的原油，其行业内贸易量较低。

第二，有些复杂产品，如光学成像设备，属于美国有比较优势的产品，其行业内贸易量较高。

第三，有些简单产品，如纺织品和化工产品，美国既没有明显的比较优势也没有明显的比较劣势，行业内贸易量仍较高。

有趣的是，余淼杰（2013）发现，中国的行业内贸易与美国的上述三个特征很相似，这说明了行业内贸易与国家的要素禀赋结构并没有太大关系。根据国际标准工业行业分类，世界贸易中大约25%是行业内贸易，当然一些行业会比另一些行业存在更多的行业内贸易。这些行业一般需要相对较多的熟练劳动力、技术等。

二、产品多样化与产业内贸易

那么，在理论上，我们想知道，为什么会存在产业内贸易。对产品多样化的偏好（love of variety）可以很好地解释产业内贸易这种现象。图5-1很好地说明了这一点。

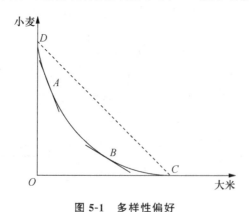

图5-1 多样性偏好

假设经济体中仍有两类产品：食品和电脑。不过，与以前相比，不只有一种食品种类。这里考虑两种：大米和小麦。消费者可以消费一种（或两种）食品来得到满足。注意代表性消费者的无差异曲线与以前不同。如图5-1所示，现在无差异曲线可以与横轴（大米）和纵轴（小麦）相交。在图5-1中，CD线是价格预算线。我们知道，给定预算约束，消费者会最大化其效用。换言之,消费者也可以在给定的效用水平上最小化支出。

现在,假定在封闭经济中,消费者只能消费小麦,但在开放贸易后,消费者可以进口大米(即接触到更多的产品品种)。假如大米价格上涨,那么预算线会由 CD 线变为 DE 线(见图 5-2)。如果是在封闭经济下,则消费者只能花 DE 的价格来保持原来的效用水平。但是,如果大米也可供选择,消费者就可以花更少的钱(与 DE 平行的 F 线)来达到相同的效用水平。从这个角度来讲,由于产品的多样化,消费者的福利得以上升。这就是产品多样化的好处。

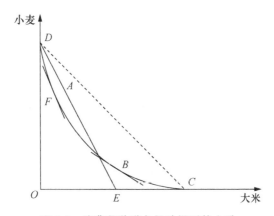

图 5-2 消费品种增多导致福利的上升

细心的读者马上会问,我们是否可以找到这样一个函数形式来允许无差异曲线与坐标轴相交呢?答案是肯定的。通常,经济学家们会用常替代弹性(CES)效用函数来刻画这种现象。再者,请注意,在图 5-2 中,消费者的无差异曲线是凸向原点的,这种效用函数保证了以上事实的发生。如果消费者效用函数是完全替代的或完全互补的(见图 5-3),则情况会有所不同:

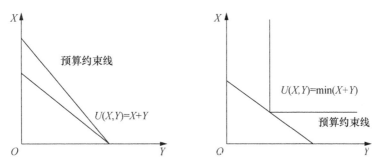

图 5-3 完全替代和完全互补时的无差异曲线

当消费者效用函数是完全替代的时,消费者无差异曲线是一条直线。在给定的预算约束下,要么有无数个解(无差异曲线与预算约束线平行),要么只有角点解(无差异曲线与预算约束线不平行)。

当消费者效用函数是完全互补的时,消费者无差异曲线是与 X、Y 轴平行的折线,在给定的预算约束下,解都相同。

规模报酬递增分为两种形式:外部规模报酬递增和内部规模报酬递增。前者比较简单,是从整个行业的角度来解释,产业内企业数量的增加会造成外部经济,使得企业的成本下降。后者则是从单个企业的角度解释,企业规模扩大使得平均成本下降,这主要是因为随着企业规模的扩大,一些如研发、设计、管理等费用导致的固定成本被摊薄了。通常认为,当企业规模较小时,容易出现规模报酬递增的现象。当企业膨胀到一定程度时,则表现为规模报酬不变,即投入翻倍,产出也翻倍。如果企业规模太大了,内部协调成本会较大,则又会表现为规模报酬递减(见图5-4)。

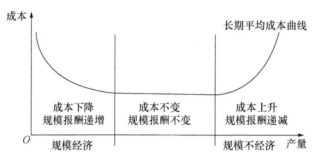

图 5-4　企业长期平均成本与规模经济

第二节　克鲁格曼规模报酬递增模型

现在,我们开始学习克鲁格曼的规模报酬递增模型。克鲁格曼观察到发达国家之间存在大量的国际贸易,但它们之间的贸易很难用传统的贸易理论去解释。第一,这些国家技术虽然有差异,但差异不大,所以很难用李嘉图模型来解释日益增长的发达国家之间的贸易。第二,因为发达国家都是资本丰富型国家,所以赫克歇尔-俄林模型也不适用。因此,克鲁格曼认为:发达国家之间产生的贸易,是由于它们生产不同的、具有一定可替代性的差异化产品。通过国际贸易,市场得以扩大,厂商愿意多生产来降低固定成本,从而享受规模经济的好处。

当然,作为一个完整的贸易模型,它必须能回答以下问题:第一,贸易能否促进国民福利的上升?第二,开放贸易之后,消费者每种产品消费得更多还是更少?第三,开放贸易之后,可供消费者选择的品种是增加了还是减少了?第四,开放贸易之后,企业都能存活吗,还是存在达尔文所描述的"优胜劣汰"的现象(即较强的企业存活下来并做大做强,而较弱的企业被淘汰出局)?

克鲁格曼用一个十分简单的模型成功回答了以上所有问题。也正是因为这个开拓性的贡献,他在2008年获得了诺贝尔经济学奖。

一、垄断竞争和规模报酬递增

克鲁格曼考虑这样一种生产函数:假设 L_i 是生产产品 i 的劳动力投入,$L_i = a + by_i$,其中 a 是固定劳动力投入,b 是边际劳动力投入,y_i 是产品 i 的产出。这样,厂商的成本函数为:

$$\text{TC}_i = \text{WL}_i = Wa + Wby_i \tag{5-2}$$

由此可知,对该厂商而言,平均成本为:

$$\text{AC}_i = \text{WL}_i/y_i = Wa/y_i + Wb \tag{5-3}$$

边际成本为:

$$\text{MC}_i = Wb \tag{5-4}$$

在图 5-5 中,这表示为平均成本会高于边际成本曲线。随着产量的增加,分摊到每一产量上的固定成本会变小。这样,平均成本会无限接近于边际成本曲线。另外,克鲁格曼假定所有企业都是对称的,也就是同质的。所以,在下面的讨论中,我们略去下标 i。

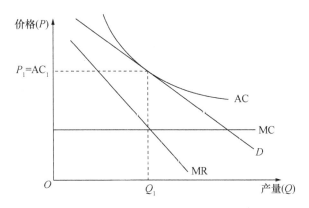

图 5-5 平均成本与边际成本比较

克鲁格曼进一步用垄断竞争的市场结构来刻画内部规模经济递增。垄断竞争的市场结构意味着两个均衡条件:第一,边际收益等于边际成本(MR=MC);第二,厂商可自由进入和退出市场,长期利润为零,即价格等于平均成本($P=\text{AC}$)。具体地,如图 5-5 所示,边际收益等于边际成本的条件决定了最优产量;而通过需求曲线,在最优产量所对应的价格水平下,产品价格也会刚好等于平均成本。

二、封闭经济下的均衡

给定上述模型的设定,在封闭经济下,均衡到底如何呢?这时克鲁格曼别出心裁地用 MR=MC 和 $P=\text{AC}$ 两个均衡条件来考察消费者所面临的真实工资与消费量的关系。

首先,我们来考察边际收益等于边际成本(MR=MC)这一均衡条件。注意,在垄断竞争中,价格并不是一个常数,而是产量的一个减函数: $P=P(y)$。那么,有总收益 $\text{TR} = P(y) \cdot y$,所以,边际收益为:

$$\text{MR} = d(P(y))/dy \cdot y + P(y) = P(dP/dy \cdot y/P + 1) = P(1 - 1/e) \tag{5-5}$$

其中,e 是需求的价格弹性,表示为 $e = -(dy/dP) \cdot (P/y)$。

由 MC=MR 可以得到,$P(1-1/e)=bW$,其中 e 是需求弹性,这里做了一个假设,即需求弹性是消费的减函数。这可以从一个线性需求函数中看出。这样我们可以得到,人均消费越高,P/W 就越高,于是我们就得到了图 5-6 中的 MR=MC 曲线。

自然,一个问题就来了,"需求弹性是人均消费量的减函数"这个假设合理吗?我们现

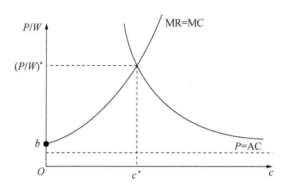

图 5-6 垄断竞争模型下真实工资的决定

在用图 5-7 来检验一下。如图 5-7 所示，D 点的需求弹性是：$e = \dfrac{EF}{DE} \cdot \dfrac{DE}{OE} = \dfrac{EF}{OE} = \dfrac{DF}{AD}$。其中，第一个等号依据的是需求弹性的定义，第三个等号依据的是相似三角形的性质。这样，如果人均消费上升，那么 D 点就会沿着直线下行，这样 D 点的需求弹性就会越来越小，这就证明了需求弹性是人均消费量的减函数。

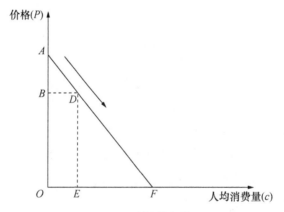

图 5-7 线性的需求曲线

其次，运用均衡的第二个式子 $P=AC$，可得 $P/W = a/y + b = a/Lc + b$，其中第二个等号运用了市场出清的均衡条件：$y = Lc$。因此，我们看到随着人均消费量（c）上升，真实工资上升（即 P/W 下降），如图 5-6 中的 $P=AC$ 曲线所示，两个曲线的交点决定了均衡时的消费量和价格。

最后，我们再来讨论均衡时的产品品种数目。注意到，产品品种的数量需满足：

$$L = \sum_{i=1}^{N} L_i = \sum_{i=1}^{N}(a+by_i) = N(a+by) = N(a+bLc) \tag{5-6}$$

式（5-6）第一个等号表明总劳动力供给等于总劳动力需求，第二个等号是运用生产的投入函数，第三个等号是假设各个企业都是对称的，第四个等号则再次采用了市场出清的条件。这样，我们可解得经济体中产品的品种数目：

$$N = \frac{1}{\frac{a}{L} + bc} \tag{5-7}$$

可见,最优的产品多样性与经济体规模、固定劳动力投入成本、边际劳动力投入成本、人均消费量等有着密切关系。

三、开放贸易后的福利变化

现在考虑这样一种情况。假设有两个规模相近的国家,如果开放并允许贸易,会有什么影响呢?第一,贸易能否促进国民福利的上升?第二,开放贸易之后,消费者每种产品消费得更多还是更少?第三,开放贸易之后,可供消费者选择的品种是上升了还是下降了?第四,开放贸易之后,企业都能存活吗,还是存在达尔文所描述的"优胜劣汰"的现象(即较强的企业存活下来并做大做强,而较弱的企业被淘汰出局)?

在赫克歇尔-俄林模型中,两个完全相同的国家之间不会存在贸易,但现在假设两个国家生产差异性产品,那么它们之间就会存在贸易。结果会怎样呢?如果允许国际贸易,则对任意一个国家来说,产品可销售的市场都变大了。换言之,L 增加了,对该产品需求的人数增加。由于 L 只出现在 $P=AC$ 这条线上(如图 5-8 所示),$P=AC$ 曲线会向下移动,而由于 $MR=MC$ 曲线并不是市场规模 L 的函数,因此该曲线不会移动。这样,对每种产品的人均消费会下降,即 c 减少,P/W 也相应减少,从而贸易导致每个品种的人均消费下降了,真实工资上升了。通过这些分析,我们可以得到如下结论:贸易会使得每种产品的消费量减少,进而消费价格弹性增加,从而均衡价格降低,真实工资上升。因而,消费者会从中得益。

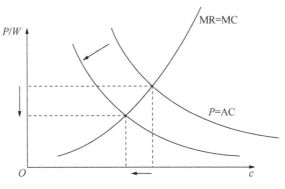

图 5-8 零利润曲线的移动

进一步地,注意每种产品的产量是上升的,这是由于 P/W 的降低可以理解为工资不变,但产品价格相对下降(如图 5-9 所示)。而产品价格的降低又会使企业产量沿着平均成本曲线向右移动。因此,如果一种产品在开放贸易后还继续生产的话,该产品的生产数量就会上升。这就是克鲁格曼所说的"规模效应"。

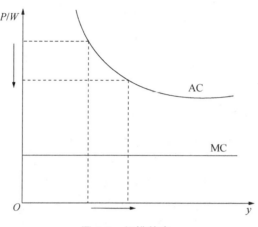

图 5-9 规模效应

细心的读者马上会问:如果我们把 P/W 的降低理解为工资相对上升,但产品价格相对不变,我们是不是就不能使用图 5-9 进行说明呢?是的,如果是这种情况,那么企业的平均成本曲线就不会固定不变,而是会向右移动,类似的分析之后,我们也可以得出相同的结论。

那么,为什么每种产品的产量增加了,却推出了每种产品的人均消费下降的结果呢?这是因为贸易开始以后,总的消费人口变为国内人口和国外人口之和,故即使在人均消费下降的情况下,总的需求仍然会变大,这就解释了上面的矛盾。

最后,产品的种类数量是怎么变化的呢?如果用 L 表示劳动力总量;下角标 p 表示生产,下角标 c 表示消费,下角标 0 表示贸易前,下角标 1 表示贸易后;上角标 $*$ 表示外国,不加角标表示本国。首先我们可以发现[①]:

1. 本国在贸易后生产的产品种类下降:$\Delta N_p = N_{p1} - N_{p0} = \dfrac{L_p}{a+by_1} - \dfrac{L_p}{a+by_0}$

在贸易前后,本国的劳动力没有变化,但是,每个生产商生产产品的数量上升,即 $y_1 > y_0$,则 $N_{p1} < N_{p0}$,也就是说生产产品种类下降。

2. 两国总共生产的产品种类在贸易后下降

显然,由上述可知,外国在贸易后产品种类下降,则总产品种类下降,即 $N_1 + N_1^* < N_0 + N_0^*$。而这就是克鲁格曼所说的"选择效应"——部分企业被淘汰出局。事实上,由于 $L = N \cdot (a+by)$,因此每个国家的劳动力供给必须等于其国内需求。但是贸易之后,每个企业的产出增加了,y 上升,为保持等式成立,N 必须下降。这样,每个国家的产品多样性下降了,但市场中的产品多样性(本国与外国的多样性之和)与原来的单个市场相比上升了,因此消费者福利提高了,每个国家生产产品的种类数量会降低。国家间的贸易会导致一些厂商被淘汰,另一些厂商会扩大产量,发挥规模经济。从图 5-10 中可以看出,贸易开放之后,厂商的规模变大了(规模效应),但厂商的数目减少了(选择效应)。

---

① 感谢北京大学中国经济研究中心苏昕同学提供这部分的推导。

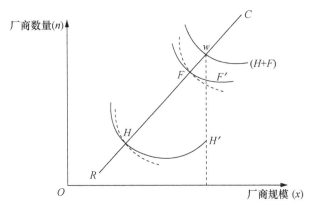

图 5-10 规模效应与选择效应

3. 一国的消费者在贸易之后消费的产品种类上升

$$\Delta N_c = N_{c1} - N_{c0} = \frac{L_p + L_p^*}{a + by_1} - \frac{L_p}{a + by_0} = \frac{L_p + L_p^*}{a + bc_1(L_p + L_p^*)} - \frac{L_p}{a + bc_0 L_p}$$

$$= \frac{1}{\frac{a}{L_p + L_p^*} + bc_1} - \frac{1}{\frac{a}{L_p} + bc_0}$$

由于在贸易之后,$c_1 < c_0$,而 $L_p + L_p^*$ 显然大于 L_p,因此 $N_{c1} > N_{c0}$,那么一国的消费者在贸易之后消费种类增多。

四、小结

克鲁格曼模型的主要发现可概括为,一国开放之后,贸易使得:第一,消费者福利上升;第二,消费者消费了更多的商品种类,但对于每种商品而言,人均消费量变少了;第三,对于每个国家的消费者来说,可供消费的产品总量变多了;第四,在世界市场上,总的产品种类变少了,公司的总数目变少了,但每个公司的产量变大了。

事实上,克鲁格曼模型成功地拓宽了我们对国际贸易的理解。根据李嘉图模型或者赫克歇尔-俄林模型,每个国家会专业化生产某种产品,贸易会发生在各个产业之间。如图 5-11 所示,在赫克歇尔-俄林模型中,资本要素充足的美国会专业化生产资本密集的机电,并出口到中国;而劳动力要素充足的中国则会专业化生产劳动力密集的食品,并出口到美国。

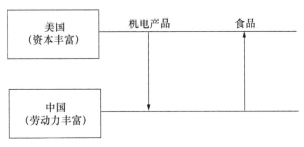

图 5-11 产业间贸易图示

如果用垄断竞争模型来描述全球机电产业,由于产品的差异化,每个国家会生产不同种类的机电产品。由于存在规模效应,中国会出口一部分机电产品,美国也会出口一部分机电产品,这种机电产业内部的贸易就是产业内贸易。如果美国资本要素充足,那么仍然在机电产业具有比较优势。它出口的机电产品会多于进口的机电产品。假设食品行业的贸易由比较优势决定,那么如图5-12所示,机电行业存在产业内贸易,食品行业则仅存在产业间贸易。

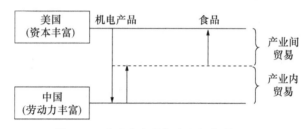

图5-12 产业内贸易与产业间贸易图示

产业间贸易反映了比较优势,产业内贸易反映了规模效应和消费者可选择种类的增加。垄断竞争模型并不能预测什么工厂开在什么国家,但是拥有生产这些差异化产品优势的国家,出口该类产品的数量会大于进口该类产品的数量。产业内贸易的重要性取决于各个国家之间的相似性,如果国家之间的要素禀赋类似,那么更可能存在产业内贸易;如果国家之间的要素禀赋差异比较大,那么更可能存在产业间贸易。与描述产业间贸易的赫克歇尔-俄林模型不同的是,产业内贸易没有类似的收入分配的分析。

◀阅读材料▶

克鲁格曼的神话

天才的经济学家、文笔优雅的《纽约时报》(The New York Times)专栏作家和畅销书作者、犀利苛刻的共和党批评者、令人不安的危机预言者,瑞典皇家科学院将2008年诺贝尔经济学奖授予了这样一位兼具如上多重身份的美国经济学家——保罗·克鲁格曼。

周二晚上打开电脑,我看到了保罗·克鲁格曼获得诺贝尔经济学奖的消息。这让我想起数年前在美国加利福尼亚州戴维斯大学与导师芬斯特拉教授的一段对话。当时我对他说:"加拿大的特雷夫莱教授最近写书评,说您是当今国际贸易研究实证领域的第一人!"没想到导师反问:"那理论领域谁是第一?""克鲁格曼!"我如实应答。他略一沉吟,点了点头。

为什么是克鲁格曼?

芬斯特拉教授认同我的看法,并非是因为克鲁格曼曾在麻省理工指导过他的博士论文。可以这么说,在整个国际贸易理论研究的两百多年历史中,或许只有三人在学术上可以排在克鲁格曼前面:两百多年

前的英国经济学大师李嘉图、近百年前的瑞典经济学家赫克歇尔和俄林。

如瑞典皇家科学院所言,今年的授奖是为了表彰克鲁格曼对贸易模式和地理经济学的开拓性贡献。什么是贸易模式?简单来说,就是谁和谁做贸易及贸易什么。在纷繁复杂的各国贸易中,究竟有没有共同的规律?两百多年前,李嘉图提出了比较优势理论,认为一国应出口那些相对成本较低的商品,由此,自由贸易使各国都获利。这一理论简单易懂,解释了真实世界中的现实情况,从此,比较优势理论成了经济学最重要的一块基石。

李嘉图模型好是好,却无法回答一个问题:中美进行贸易,就国家总体而言,自然两国都能获利,但在贸易中,美国的工人是获利还是受损?美国的资本家是获利还是受损?赫克歇尔和俄林回答了这个问题。他们认为国与国之所以进行贸易是因为各国的资源不同。相对而言,美国资本丰厚但劳动力资源稀少,中国资本稀缺但劳动力资源丰富,对两国都有利的贸易模式应该是中国出口劳动力密集的纺织品到美国,而从美国进口资本密集的汽车,在这宗贸易中美国工人受损而资本所有者受益。

赫克歇尔-俄林模型清楚地解释了20世纪初的国际贸易模式,这使得俄林于1977年获得诺贝尔经济学奖(这也是国际贸易研究的第一个诺贝尔奖)。

但是,新的挑战又出现了。在20世纪的最后40年中,不仅穷国与富国之间的贸易量增加,富国与富国之间的贸易量也大幅上升。同时,国际贸易不仅发生在不同行业之间,更重要的是同一产业内也存在大量的国际贸易。举例来说,中国在20世纪80年代初期机电产品出口很少,基本都是从发达国家进口精密仪器而出口农产品。但进入新千年后,中国在机电产品行业中同时存在大量的进口和出口。然而根据赫克歇尔-俄林模型,中国只能出口纺织品这类劳动力密集型产品,根本不能出口精密机床等资本密集型产品,同一产业内的贸易更是不可想象。简言之,现有理论已无法完全解释新的现实。

后续的工作由克鲁格曼在1978年完成,那时他25岁。

在那一年发表的经典论文《规模报酬递增、垄断竞争和国际贸易》中,他用十分简单的、大学一年级学生都能看懂的数学模型论证了资源禀赋相似的两国(如美国和加拿大)也可以进行国际贸易,且贸易可以发生在同一行业。

原因很简单:如果扩大生产规模可以降低企业成本,那么加美之间的贸易就如同美国本国扩大生产规模一样。加美之所以发生贸易是因为两国生产规模上的区别,而不一定是由于两国存在技术或资源的区别——用经济学术语说,就是行业的规模报酬递增现象导致了国际贸易。规模报酬递增并不是一个新发现,在1930年就有经济学家指出过,克鲁格曼的贡献在于他别出心裁地把它用于解释贸易现象。

有一个关于这篇文章的故事。1978年夏天,克鲁格曼作为耶鲁大学的一名助理教授,应邀参加美国国民经济研究局(NBER)举办的学术研究会。这是一个由学术水准很高的学院派教授组成的松散学术组织,能到这里宣读论文是一个难得的机会。克鲁格曼开始发言时,谁也没在意这位小伙子,人们都在私底下交谈。但渐渐地,他的内容让在座的学者们停止了交谈,屏息倾听,最终大厅里鸦雀无声。克鲁格曼一举成名。尔后,他回忆说:"那是我生命中最美好的时刻!"

克鲁格曼是谁？

在著名的通俗小册子《期望失落的年代》(*The Age of Diminished Expectation*)中，克鲁格曼指出经济学者大凡可以分成三类：第一类是主要运用希腊字母进行数学推导和计量处理的经济学家，可谓学院派经济学家；第二类是主要处理如通货膨胀升降和货币增减等现实问题的经济学家，不妨称为现实派经济学家；第三类则专门出书卖给因误机被困在机场而闲极无聊的旅客，姑且称为机场经济学者。

严格来说，第三类不能算为经济学家。而对于一名经济学家来说，受分工和知识结构的限制，第一类和第二类一般已难以兼于一身，因此要有所取舍，但克鲁格曼就是一个杰出的例外。

每年的诺贝尔经济学奖得主都是各自专业领域里的顶尖高手，他们在行内得到广泛的承认不足为奇。克鲁格曼在国际贸易学界和整个经济学界都是声名赫赫——在美国，如果你是一名经济系研究生，却不知道克鲁格曼，那绝对是一个笑话。不平常的是，在美国的工业界、大众乃至国际社会中，他也是声名显著。

克鲁格曼在圈外的声名来自他对许多问题的独到见解，更得益于他的优美文笔。他是当今经济学家中文章写得漂亮的少数人之一。在他获得克拉克奖时，评审委员会在赞赏其学术成就之余，居然不忘点评他的文笔——"可以媲美日本的俳句、狄更斯的诗歌和马蒂斯的油画"。

经济学家被要求按严谨的学术范式写作，优雅的文字一般并不能增添其学术声誉。克鲁格曼在大学期间虽主修经济，却酷爱历史，正是那时候大量"不务正业"的阅读和写作造就了他笔下文字不一般的感觉，这也是他后来被《纽约时报》请去写专栏的重要原因。

从2000年起，他在《纽约时报》上每周发表两篇专栏评论，成为美国最重要的政治专栏作家，是少有的几位能分析美国当代政治关键事务的人物之一。2007年，他开设了自己的博客，用来刊登那些不能包含在专栏中的图表。

大多数美国普通公众通过《纽约时报》知道了克鲁格曼，但美国的政界人士却早在20年前就领教过克鲁格曼本人的风采了。1982年，克鲁格曼任职于里根政府的经济顾问委员会，并于次年主笔总统经济报告，当时他30岁。此外，他还是国际清算银行30人专家组的成员。1992年，克鲁格曼深入浅出的电视演说对克林顿首次总统竞选起到了极大的帮助。10年之后，克鲁格曼以《大破解：我们迷失在新世纪》(*The Great Unraveling：Losing Our Way in the New Century*)为题，结集出版了他的专栏文章，严厉批判小布什政府的经济与外交政策。

2007年，克鲁格曼出版了《一个自由主义者的良知》(*The Conscience of A Liberal*)一书。在书中，他描绘了美国20世纪财富与收入差距的历史变化。美国的收入差距在20世纪中叶曾大幅降低，但在20世纪最后的20年间又急剧上升，最终超过了"镀金时代"——20世纪20年代的水平。一般认为20世纪后期收入差距的扩大很大程度上是因为技术与贸易的发展，但克鲁格曼指出：无论是在20世纪中叶收入差距的减少上，还是在20世纪晚期收入差距的扩大上，政府政策都扮演了极为重要的角色。他在书中谴责布什政府施行了扩大贫富差距的政策，建议施行"新新政"(new New Deal)（"新政"是指20世纪30年代罗斯福总统的一系列经济政策，基本精神是在不触动资本主义私有制的前提下，以国家机器干预社会再生产)。这种"新新政"强调发展社会与医疗事业,削减国防开支。否则,巨额财政赤字在长期必然会导致重大的经济危机。

如果认为把美国时下的金融危机视为经济危机有点危言耸听,不妨听听克鲁格曼的一个故事。

1994年他在著名的《外交事务》(*Foreign Affairs*)杂志上发表《亚洲奇迹的神话》(*The Myth of Asia's Miracle*)一文,批评亚洲模式重数量扩张、轻技术创新。所谓的"亚洲奇迹"是"建立在浮沙之上,迟早幻灭"——仅靠扩大投入而不进行技术创新的做法容易形成泡沫经济,在高速发展时期潜伏深刻的危机,这些亚洲国家迟早要进行大规模的调整,并走上提高要素生产率的道路。他指出:对一国发展而言,"生产率不是一切,但在长期上讲,却几乎是一切!"

1996年,克鲁格曼在《流行的国际主义》(*Pop Internationlism*)一书中大胆预言亚洲将出现金融危机。一年之后,预言成为现实,克鲁格曼的名字为全球所瞩目,该书在两年内重印了八次,总印数达120万册。

早到还是迟到的诺奖?

克鲁格曼于38岁时获得克拉克奖(专门授予年龄在40岁以下、最具有杰出学术成就的青年经济学家)。今年他55岁,相对于其他诺贝尔经济学奖得主而言,他实在是太年轻了(俄林获奖时已78岁,次年便于书桌前辞世)。

不过对克鲁格曼来说,今年得奖也许不算迟到,但绝对不能说是早到。1991年获得克拉克奖时,他就被认为很有希望获得诺贝尔经济学奖。虽然呼声甚高,但因为其为人一向直言不讳、过于刚直,在政界、学界都树敌甚众,虽不至于"木秀于林,风必摧之",但确实也失去了许多机会。1992年他助克林顿登上总统宝座,但克林顿并没有"投桃报李",却另请他人担任经济顾问,据说很大的原因在于他天马行空的个性。

如果认为克鲁格曼得奖的原因仅仅是对国际贸易理论的发展及成功地预测了亚洲金融危机,那就太小看克鲁格曼了。事实上,他在包括经济地理学、汇率目标区域理论、国际金融"永恒的三角"等问题上都有开创性的研究。

更可贵的是,克鲁格曼打破了经济学界国际贸易与国际金融研究分割、老死不相往来的传统局面,对汇率和贸易进行了综合的研究。

克鲁格曼善于通过构建简单的模型来阐释重要的经济问题。他往往能比别人早数月乃至数年观察到某种经济现象,然后构建简单的模型,提出自己对问题的独到见解。当其他经济学家对他的模型进行各种复杂的细致化或变形后,往往会惊讶地发现他原有模型的基本结论仍然成立。简单的模型竟反映了现象的本质,也许这就是克鲁格曼的神话。

55岁,对于经济学家而言,仅仅是初入中年,人们有理由期待更多的神话产生。

(本文原载于《南方周末》,2008年10月16日)

第三节 企业异质性和国际贸易的实证研究

在这一节中,我们会介绍目前国际贸易学界对克鲁格曼模型在实证研究方向的拓展。

这部分内容对本科生不做要求,仅供学有余力的同学作为进一步学习的参考。

传统国际贸易理论主要研究的是产业间贸易,没有对单独企业的研究。在新古典贸易理论中,大多数研究都假定了规模报酬不变的条件,一般均衡模型只限定了企业所在产业部门的规模,企业的规模则是模糊的。新贸易理论主要研究的是规模报酬递增和不完全竞争条件下的产业内贸易,虽然克鲁格曼的规模经济模型对企业的规模做出了限定,但为简化起见,他选用的是典型企业,也不考虑企业间差异。进入 21 世纪之后,微观企业生产面数据和海关贸易产品面数据的可得性有了大幅提升。例如,在哥伦比亚、印度尼西亚、印度、美国、法国等国家均有能够获得上述两大微观数据的数据库,因此对国际贸易理论和实证研究提出了新的要求。经济学家们开始把视野从产业层面转向企业微观层面,由此国际贸易研究在全球范围内进入了一个新时代。具体而言,新新贸易理论将研究重点放在异质企业上,通过考虑企业层面的异质性来解释更多新的企业层面的贸易现象和投资现象。新新贸易理论有两个分支,一是以马克·梅利兹(Marc Melitz)为代表的学者提出的异质企业贸易模型,另一个是以波尔·安特拉斯(Pol Antràs)为代表的学者提出的企业内生边界模型。异质企业贸易模型主要解释了为什么有的企业会从事出口贸易而有的企业不从事出口贸易;企业内生边界模型主要解释了是什么因素决定企业选择公司内贸易、市场交易或者外包形式进行资源配置。二者同时都研究了什么因素决定了企业是选择以出口方式还是以直接投资方式进入海外市场。

一、异质企业国际贸易雏形

Melitz(2003)开创性地将企业异质性引入克鲁格曼的产业内贸易模型中,来解释国际贸易中企业的差异和出口决策行为。他以垄断竞争行业为背景,建立了一个异质企业的动态行业模型,并扩展了克鲁格曼的贸易模型,同时引入企业生产率差异。模型假定:① 存在两个对称的国家,各国均有一个生产部门,一种生产要素——劳动力 L;② 市场是垄断竞争并存在冰山贸易成本(任何运输的产品在运输途中都会有部分被损耗掉);③ 存在不变的边际成本和三种固定成本,即开发新产品需要支出的成本(支出之后要转化为沉没成本)和两种进入市场的固定成本。假定潜在的企业通过支付固定进入成本(沉没成本)可以进入某个行业,每个企业的生产率水平在进入市场以后由外生的分布函数给定,且保持不变。同时,所有企业都面对一个外生不变的行业退出概率。在垄断竞争条件下,所有企业在该产业内生产差异化产品。模型根据边际成本或者生产率的差异,将企业分为出口型企业(Export Firms)、国内型企业(Domestic Firms)和非生产型企业(Non-producers)三种类型。出口型企业边际成本最低(生产率最高),同时在国内外销售;国内型企业边际成本次之,只能在国内市场上销售;非生产型企业边际成本最高,最后会被驱逐出市场。贸易自由化通过选择效应和再分配效应会使整个产业的总生产率水平提高,选择效应包括国内市场选择效应和出口市场选择效应。国内市场选择效应是指边际成本最高的企业通过竞争被驱逐出市场,而出口市场选择效应是指边际成本最低的企业进入出口市场。再分配效应主要关注异质企业条件下的贸易自由化带来的市场份额和利润在不同企业之间的分配。通过选择效应和再分配效应,整个行业的生产率得到提升。

在异质企业贸易模型中,削弱世界贸易壁垒对于行业均衡有着重要影响。市场扩张增加了现有出口型企业的回报。此外,由于利润的驱动,最高生产率的非出口型企业成为出口型企业,加上已有出口型企业的扩张,导致产业内劳动力需求量增加。劳动力需求量增加引起要素价格上涨,处于边际停产点的低生产率企业退出出口市场,进而劳动力要素和产出流入生产率较高的企业,提高了出口市场的行业平均生产率。

Melitz(2003)的模型将异质企业和行业生产率联系起来,通过微观经济结构解释宏观层面上出口活动在经济增长过程中的作用。第一,存在自然选择的效应,出口活动增加了预期利润,吸引更多企业进入,提高了现有企业生产率的临界值,将生产率最低的企业驱逐出行业,提高了行业平均生产率水平。第二,存在资源配置的效应,出口活动促使生产率较高的企业扩大规模,生产率较低的企业收缩规模,资源从低生产率企业流向高生产率企业,这个效应同样提高了行业平均生产率。

最近的一些研究从国家间非对称的角度对 Melitz(2003)的模型进行了扩展。Melitz and Ottaviano(2008)检验了贸易自由化引起的国家间竞争均衡结果非对称的情况。他们发现由于大国内部的竞争更残酷,因此企业产量和平均生产率更高;同时,因为新进入企业失败的可能性更大,所以存活下来的企业更少。贸易自由化促进了两个国家的竞争,从而提高了总生产率,但是大国从中得到的效应要远多于小国获得的效应。

Falvey et al.(2005)检验了国家之间技术生产率非对称的情况,他们得到一个新结论:产品间的替代程度越高,其所在行业的自我选择效应越强。因此,企业停业概率可能与产业内贸易水平负相关。他们还发现一国平均生产率越高,其出口型企业越容易在出口市场上存活。但若对生产率更高的国家出口,则出口型企业存活概率变小。该结论强调了贸易结构的重要性。国家之间的贸易方式由贸易国市场规模和生产率差距决定。对于给定的生产率差距,随着市场的萎缩,国内差异产品产量减少。而对于给定的市场规模,随着生产率差距的扩大,国内差异产品产量将增加。贸易成本下降会提高企业为维持存活所需的最低生产率,从而提高企业自我选择的临界值,这个效应在生产率较高的国家中十分明显。

Bernard et al.(2007)采用了将异质企业与不完全竞争、规模经济条件以及国家间要素禀赋非对称条件相结合的方法,其模型预测了由企业引起的跨行业的资源重新配置。Bernard et al.(2007)的模型解释了企业从某萧条行业退出后其产品的转换问题。虽然他们以封闭经济为分析背景,但是生产率水平依然十分重要。产品转换取决于与差异产品产量和生产率异质性有关的沉没成本,较高生产率的企业内生选择市场沉没成本更高的产品。虽然这篇文献没有分析国际竞争对企业选择过程的重要影响,但是仍然可以想象贸易开放度扩大产生的影响,企业在自己具有比较优势的产业内改变产出组合,从而避免了在不具有比较优势的产业内的竞争。

二、深度边际与广度边际

实证国际贸易研究最成功的主题莫过于重力方程了,它将国家间的总双边贸易额与其经济总量及贸易成本之间的差异联系起来。在企业生产率达到帕累托分布的假设下,Melitz(2003)的模型得出解释总双边贸易流动的重力方程。这一重力方程最具特色的地方在于考虑到贸易流动的因素,认为关于贸易可变成本的弹性不取决于企业多样性间的替代弹性,而取决于生产率帕累托分布的状态变量。

由于每个国家的出口企业数目有所不同,贸易摩擦对贸易流量的影响可以从深度边际(Intensive Margins)和广度边际(Extensive Margins)两个角度来解释。深度边际是指每个出口型企业的贸易额,广度边际是指所有出口型企业的数量。在Melitz(2003)的模型中,贸易可变成本的上升对深度边际有两个方面的相反的效果。一方面,高的贸易可变成本降低了出口型企业的出口额,这缩减了企业的总出口量;另一方面,可变成本的增加意味着一些以前接近出口生产率门槛的企业不能产生足够的利润来支付固定的出口成本,从而不得不退出出口市场,由于退出市场企业的出口额最低,因此这一企业结构的变化会提高企业出口额的平均值。在采用帕累托分布的这个特例中,实际上这两个方面的影响相互抵消,导致深度边际不受贸易可变成本的影响。因此,贸易可变成本通过深度边际影响双边贸易,深度边际相对于贸易可变成本的弹性由生产率帕累托分布中的状态变量决定。

Melitz(2003)的模型的重要意义在于提出了出口型企业数目的广度边际应该随出口市场规模系统性地波动。Eaton et al. (2011)运用法国企业和目标市场的出口数据,证实了这一结论并发现了一系列实证规律。首先,法国的出口额随着市场规模的增大而增加,其对数近似服从直线关系;其次,企业出口参与模式显示了不完美等级制度的存在,出口到低迷市场的企业在有可能转向繁荣市场的情况下也不会改变其销售行为;再次,出口额分布在不同规模和不同参与程度的市场间极其相似——尽管这些分布的上尾近似帕累托分布,但其小量出口时出现的下尾也会偏离帕累托分布;最后,出口到不受欢迎的国外市场及更多国外市场的企业的平均销售额更高。

为解释这些实证规律,Eaton et al. (2011)用生产率帕累托分布函数改进了Melitz(2003)的模型。为得出在小量出口时出现的下尾出口额对帕累托分布的偏离,Arkolakis(2010)对企业的营销成本做了解释,即进入一个出口市场的固定成本随企业在所服务的市场中对消费者比例的选择而内生地变化。为在市场中加入非完美等级制度,假定进入出口市场的固定成本对每个企业和目标市场来说都受特殊冲击的影响。为解释进入给定出口市场的企业的出口额的特殊变化,假定每个企业和目标市场的需求也受特殊冲击的影响。尽管企业是否决定进入出口市场取决于市场进入条件和需求冲击,但是给定生产率的企业会因低进入冲击而进入市场,并因低需求冲击而在市场中保持低销售额。

模型的特性取决于五个关键变量:① 包含替代弹性和帕累托状态变量的综合参数;② 营销成本凸性;③ 需求冲击的方差;④ 进入冲击的方差;⑤ 需求冲击和进入冲击之间的相关系数。Eaton et al. (2011)基于法国企业和目标市场出口额的数据用模拟的方法估计这些参数,他们精确地估计了这五个参数并用带此参数的模型很好地解释了观察数据。对于参数估计值,企业生产率解释了参与约一半的出口市场的企业间的变动,但是对进入市场的出口变动的解释力有限。给定参数估计值,模型便可用于检验一些反事实的出现。

三、外商直接投资

引入异质企业的垄断竞争模型可以拓展到与对外直接投资相结合。Helpman et al. (2004)拓展了Melitz(2003)的模型,考虑了建立海外分公司的决策,即企业是以出口还是以外商直接投资（FDI）的形式实现国际化。先前的研究发现，当外国市场规模增加并且出口成本上升时，与出口相比，FDI 就变得更为有利；而当海外投资设厂的成本持续上升时，FDI 就会变得相对不利，这就是出口与 FDI 的接近-集中的替代关系。Helpman et al. (2004) 表明企业究竟是选择出口还是选择 FDI 是由企业根据其生产率预先决定的。从实证检验看，采用离差的方法提高模型的预测能力，有助于更好地理解企业的全球化战略以及出口成本的变化，或 FDI 成本的变化是如何影响各国各个产业内生产模式的。引入企业异质性特征后，可以将同一产业内不同企业区分开来，确定哪些企业从事出口而哪些企业成为跨国公司。新的异质企业分析假设国内市场和国际市场的固定成本不同，企业生产率水平也存在差异。出口的沉没成本除了市场调研、建立分销网络、做广告的成本外，还包括运输成本。FDI 的固定成本则是在国内建立分厂的两倍。FDI 的固定成本大于出口的成本，虽然 FDI 没有运输成本，但是固定成本要高得多。企业生产率差异使得企业可以进行自我选择。只有生产率最高的企业才会成为跨国公司，生产率处于中等水平的企业出口，而生产率较低的企业只在国内市场销售。

那么，这些理论上的预测在真实世界中能否得到支持呢？田巍和余淼杰（2017）发现，对中国制造业企业而言，的确存在这样的现象：低生产率的企业只服务于国内市场，而高生产率的企业不只是在国内市场上进行销售，还可以出口或"走出去"（即对外直接投资）。有意思的是，制造业企业通常会在海外市场设立分销贸易子公司，以了解当地市场。由于这类经营活动也属于对外直接投资，所以我们可以看到一国的出口和对外直接投资会有同向增加的可能。另外，Chen et al. (2019) 也发现：在我国的制造业企业中，相对于国有企业而言，民营企业更有可能对外直接投资。目前，在海外的投资中，民营企业的数目大于国有企业的数目，尽管国有企业与民营企业的投资总规模大致相当。

四、公司内部交易

传统贸易理论对企业的边界几乎是不涉及的，现有的企业理论仅限于部分分析并且忽视了公司内贸易的国际维度。以安特拉斯为代表的学者提出企业内生边界模型，将产业组织理论和契约理论的概念融入贸易模型，在企业的全球化生产这一研究领域做出了重大理论突破。

Antràs(2005) 提出了一个关于企业边界的不完全契约产权模型来研究公司内贸易。在其所建的跨国公司产权模型中，国与国之间的要素价格不存在差别，均衡时会出现跨国公司，其公司内贸易与目前国际贸易的现状相吻合。Antràs(2005) 的模型界定了跨国公司的边界和生产的国际定位，并能够预测企业内贸易的类型。该模型强调资本密集度和剩余索取权的配置在企业国际化过程决策中的作用，并据此对公司内贸易类型进行了验证。

在企业内生边界模型中，最终产品的制造商控制着总部服务，中间品的供货企业控制着中间品的生产质量和数量，不同产业部门的生产率水平差异和不同产业部门的技术和组织形式差异对国际贸易、FDI 和企业的组织选择产生影响。模型中，假设有两个国家（南方国家和北方国家），最终产品的生产企业位于北方国家，企业根据生产率水平差异分为四种类型：在北方国家生产中间投入品的企业（不从事投入品的国际贸易），在南方国家生产中间投入品的企业（从事 FDI 和公司内贸易），在北方国家进行外包的企业（不从事投入品的国际贸易),在南方国家进行外包的企业(以市场交易方式进口投入品)。生产率最低的企业在北方国家外包而生产率最高的企业通过 FDI 形式在南方国家内包。上述四种企业组织形式的普遍程度取决于南方国家和北方国家的工资差距、中间投入品的贸易成本、同一产业内部生产率水平的差异程度、议价能力的分布、所有权优势的大小(在两个国家会有不同)和总部服务的密集程度等。相对而言,在生产率水平差异较大而总部密集度较低的产业中,更多的最终产品制造商依赖于进口中间投入品;在生产率水平差异较大而总部密集度较高的产业中,更多的最终产品制造商一体化。生产率差异较大的产业中制造商主要依赖进口投入品,在总部密集度高的产业中制造商一体化现象更为普遍。一个产业部门的总部密集度越高,就越不会进口中间投入品。模型也可以解释南北差距不断加大和中间投入品贸易成本不断降低的影响,从而解释现有的国际贸易和国际投资。

此外,Antràs and Helpman(2004)认为不同企业的生产率水平会使企业选择不同的所有权结构和供应商位置,契约制度对企业组织形式的选择起着重要的作用。被不同供应商提供的中间投入品的相对重要程度是企业决定自己制造还是购买(一体化或外包)的关键因素,企业要想通过一体化来实现自己的利润最大化就需要为最终产品企业密集地提供充分的中间投入品。更有趣的是不同中间投入品的契约度在一体化抉择中扮演着重要的角色。被最终产品企业提供的中间投入品的契约度改善有助于外包,而被供应商提供的中间投入品的改善有助于一体化。

五、加工贸易与中国出口生产率之谜

Melitz(2003)预测,低生产率的企业只能在国内市场上销售,较高生产率的企业可以在国内市场销售并出口。这一结论不仅在理论上而且在他国的实证研究上得到了证实。在理论方面,出口企业的高生产率已经成为新贸易理论模型中几个经典模型的主要特征(Melitz,2003;Bernard et al.,2003;Melitz and Ottaviano,2008);在实证方面,出口企业的高生产率在许多国家的研究中得到了普遍支持,并催生了一大批文献研究出口企业生产率高的原因(Bernard and Jensen,1999)。但是,有趣的是,这一重要结论在世界贸易大国——中国——受到了挑战。一些关于中国出口企业表现的研究发现中国的出口企业的生产率可能比非出口企业低。Lu et al.(2010)发现在外资企业中,出口企业的生产率低于非出口企业。此外,Lu(2011)发现在劳动力密集型行业中,出口企业的劳动生产率低于非出口企业,而在资本密集型行业中出口企业的劳动生产率仍比非出口企业高。一个自然的问题就是:为什么中国如此特殊?是什么导致了中国出口企业的生产率之谜?

余淼杰(2013)发现,之前研究中这些令人费解的现象完全是由中国大量加工贸易企业导致的。众所周知,加工贸易在中国的对外贸易中有着举足轻重的地位,占到了中国贸易总额的近 50% 并创造了中国全部的贸易顺差。之前的研究由于数据原因,并不能很好地区分加工贸易企业与一般贸易企业。事实上,加工贸易企业与一般贸易企业存在着明显的不同,有效区分这两类企业对于理解中国出口企业生产率之谜至关重要。

首先,加工贸易企业的生产率显著低于一般贸易企业与非出口企业,比非出口企业低 4%—29%。其次,将加工贸易企业从样本中分离开后,其他出口企业的生产率高于非出口企业,满足标准的异质企业贸易模型。而之前研究中所发现的异常现象完全可以被加

工贸易企业的低生产率所解释。剔除加工贸易企业的影响就能使我们回到出口企业生产率更高的传统结论当中。因此,将一般贸易企业和加工贸易企业混为一谈会使研究者错误地认为中国所有出口企业的生产率更低,而事实上一般贸易企业的生产率仍高于非出口企业。最后,余淼杰(2013)指出加工贸易企业在其他方面的表现与一般贸易企业有着巨大的区别。与一般贸易企业及非出口企业相比,加工贸易企业利润率较低、支付的工资较低、资本-劳动力比较低,并且进行的研发较少。此外,在实证研究中还发现加工贸易主要集中于外资企业和劳动力密集型产业中。

加工贸易占出口的半壁江山是中国特有的出口模式,这也使得许多研究得出中国与其他外贸型国家不同的结论。例如,在减免进口中间品和最终品关税对企业生产率影响的讨论中,通常发现,减免进口中间品关税对企业生产率的影响要大于减免最终品关税(Amiti and Konings,2007;Goldberg et al.,2010;Topalova and Khandelwal,2011)。Amiti and Konings(2007)采用印度尼西亚的数据,发现企业从中间品关税降低所获得的生产率提升是从最终品关税降低所获得的生产率提升的两倍。同时,Topalova and Khandelwal(2011)使用印度的数据,发现某些行业中间品关税下降带来的生产率提升甚至能够达到最终品关税下降带来的生产率提升的10倍。余淼杰(2016)运用中国的数据发现,在21世纪,对于参与国际贸易的大型中国企业,最终品关税减免比中间品关税减免更能提高企业生产率。最终品(中间品)关税下降10%会使生产率提高9.3%(5.2%)。两类关税减免对生产率的正向促进作用会随着企业加工贸易进口份额的增大而减小。该结论主要是由于中国加工贸易企业相比非加工贸易企业在进口中间品方面的关税优惠:占据中国进口总额半壁江山的加工贸易进口享受零关税。进口中间品关税的进一步下降对完全从事加工贸易的企业无影响,但仍会影响到既从事加工贸易又从事一般贸易的企业。随着企业加工贸易份额的上升,中间品关税下降对生产率提升的作用降低。类似地,随着企业加工贸易份额的上升,其内销产品份额随之下降,最终品关税下降带来的竞争的促进效应随之减弱。

因此,余淼杰(2013,2016)的结论不仅说明加工贸易企业与一般贸易企业的表现有着根本性的区别,还说明如果不考虑这种区别会使研究者对出口企业生产率水平的认识及其他相关研究的结果出现偏差。因此,在研究中国、越南、墨西哥等加工贸易比较盛行的国家的企业行为时,将一般贸易出口企业和加工贸易出口企业区分开来是非常重要的。

 本章概要

1. 克鲁格曼规模报酬递增模型的主要结论:第一,本国在贸易后生产的产品种类下降;第二,两国总共生产的产品种类在贸易后下降;第三,一国的消费者在贸易后消费的产品种类上升。

2. 异质企业贸易模型主要解释为什么有的企业会从事出口贸易而有的企业不从事出口贸易。

习题

1. 给定市场结构为垄断竞争。企业使用劳动力生产产品（y），使用的技术为：$l=4+2y$。工资假设为 1。需求的价格弹性为常数：$\varepsilon=2$。所有的企业都为对称的。每个本国和外国的企业都生产一种差异化的产品。本国人口为 10，外国人口为 40。记 c 为人均消费量，产品种类数目为 N 且该数是内生决定的。

   (1) 在没有贸易的情况下画出垄断竞争市场出清时的曲线[纵轴是相对于工资的价格（p/w），横轴是人均消费量（c）]。

   (2) 写出企业边际成本（MC）和平均成本（AC）的表达式，并用图形表示。

   (3) 写出垄断竞争下企业的两个均衡条件。

   (4) 用 $p/w(w=1)$ 以及 c 两个变量进一步表示上面两个均衡条件。

   (5) 在图中画出并标注出以上两个均衡条件。

   (6) 计算均衡的真实工资和人均消费量。

2. 为什么生产率较高的企业出口，而生产率相对较低的企业只在国内销售？

3. 假设某汽车企业的固定成本（FC）为 50 亿美元，可变成本（VC）为每辆车 17 000 美元。当更多企业进入市场时，市场价格会下降，价格的具体表达式为：$P=17\,000+(150/n)$，其中 n 代表市场上企业的数量。假设美国（US）和欧洲（EU）最初的市场规模（L）分别为 3 亿和 16/3 亿消费者。假定每位消费者只购买一辆汽车。

   (1) 由于假设厂商是同质的，故每个厂商平均分配市场份额。美国市场和欧洲市场中每个厂商的产量（Q）分别是多少（请表示为 n 的函数）？平均成本函数（AC）分别是什么（请表示为 n 的函数）？请列出垄断竞争厂商长期零利润的条件。

   (2) 分别计算美国和欧洲汽车市场没有贸易时的均衡企业数量、均衡市场价格。

   (3) 现假设美国和欧洲之间进行自由贸易。请计算此时国际市场上的均衡企业数量、均衡市场价格。

   (4) 美国市场上汽车的价格在贸易前后为何不同？造成这种不同的本质原因是什么？自由贸易改善了消费者福利吗？从哪些方面体现的？两个经济体改善的幅度有何区别？

参考文献

[1] Amiti, M. and Konings, J., 2007, "Trade Liberalization, Intermediate Inputs, and Productivity: Evidence from Indonesia", *American Economic Review*, 97(5), 1611-1638.

[2] Antràs, P., 2005, "Incomplete Contracts and the Product Cycle", *American Economic Review*, 95(4), 1054-1073.

[3] Antràs, P. and Helpman, E., 2004, "Global Sourcing", *Journal of Political Economy*, 112(3), 552-580.

[4] Arkolakis, C., 2010, "Market Penetration Costs and the New Consumers Margin in International Trade", *Journal of Political Economy*, 118(6), 1151-1199.

[5] Bernard, A. B., Eaton, J., Jensen, J. B. and Kortum, S. S., 2003, "Plants

and Productivity in International Trade", *American Economic Review*, 93(4), 1268-1290.

[6] Bernard, A. B., Redding, S. and Schott, P., 2007, "Comparative Advantage and Heterogenous Firms", *Review of Economic Studies*, 74(1), 31-66.

[7] Bernard, A. B. and Jensen, J. B., 1999, "Exceptional Exporter Performance: Cause, Effect, or both?", *Journal of International Economics*, 47(1), 1-25.

[8] Chen, C., Tian, W. and Yu, M. J., 2019, "Outward FDI and Domestic Input Distortions: Evidence from Chinese Firms", *The Economic Journal*, 129(624), 3025-3057.

[9] Eaton, J., Kortum, S. and Kramarz, F., 2011, "An Anatomy of International Trade: Evidence from French Firms", *Econometrica*, 79(5), 1453-1498.

[10] Falvey, R., Greenaway, D. and Yu, Z. 2005, "Intra-Industry Trade between Asymmetic Counties with Heterogenous Firms", The University of Nottingham, Research Paper.

[11] Goldberg, P., Khandelwal, A., Davcnik, N. and Topalova, P., 2010, "Imported Intermediate Inputs and Domestic Product Growth: Evidence from India", *Quarterly Journal of Economics*, 125(4), 1727-1767.

[12] Helpman, E., Melitz, M. and Yeaple, S., 2004, "Export vs. FDI", *American Economic Review*, 94(1), 300-316.

[13] Lu, D., 2011, "Exceptional Exporter Performance: Evidence from Chinese Manufacturing Firms", Working Paper, University of Chicago.

[14] Lu, J., Lu, Y. and Tao, Z., 2010, "Exporting Behaviour of Foreign Affiliates: Theory and Evidence", *Journal of International Economics*, 81(2), 197-205.

[15] Melitz, M., 2003, "The Impact of Trade on Intra-Industry Reallocation and Aggregate Industry Productivity", *Econometrica*, 12(4), 143-205.

[16] Melitz, M. and Ottaviano, G., 2008, "Market Size, Trade, and Productivity", *Review of Economic Studies*, 75(1), 295-316.

[17] Topalova, P. and Khandelwal, A., 2011, "Trade Liberalization and Firm Productivity: The Case of India", *Review of Economics and Statistics*, 93(3), 995-1009.

[18] Yu, M. J., 2015, "Processing Trade, Tariff Reductions, and Firm Productivity: Evidence from Chinese Firms", *Economic Journal*, 125(585), 943 988.

[19] 田巍、余淼杰, 2017, "汇率变化、贸易服务, 与中国企业对外直接投资", 《世界经济》, 第11期, 第23-46页。

[20] 余淼杰, 2013, 《加工贸易与中国企业生产率》, 北京大学出版社。

[21] 余淼杰, 2016, 《贸易开放与中国经济发展》, 北京大学出版社。

第六章

国际要素流动模型

【重点难点】

- 单部门国际资本流动模型。
- 外包模型。

【学习目标】

- 理解跨国劳动力的流动。
- 理解外商直接投资的概念和跨国公司理论。
- 理解单部门国际资本流动模型。
- 掌握外包模型。

【素养目标】

本章通过介绍跨国要素流动、外商直接投资、跨国公司理论和外包模型,引导学生深入理解党的二十大做出的"以国内大循环吸引全球资源要素,增强国内国际两个市场两种资源联动效应"等战略部署的重要性,充分认识到吸引全球资源要素对促进国内国际双循环的关键意义和显著作用。

[引导案例]

20世纪80年代,日本经济如日中天,每年大量汽车出口到美国,造成日本巨大的经常贸易顺差和美国的经常贸易逆差。因此,美国汽车工人协会游说美国国会,准备对日本汽车进口进行贸易制裁。为免于制裁,日本政府主动承诺,每年出口到美国的汽车不超过一个限额。但事实上这一事件没有影响到日本对美国的汽车出口,因为日本汽车公司开始在美国大量建厂进行直接投资,替代了正常国际贸易,规避了政府的限制。许多跨国公司为了逃避关税而在不同国家投资办厂,这种现象被形象地称为"关税跨越"(tariff-jumping),本章将介绍解释这种现象的国际资本流动模型。

第一节 国际移民模型

至此,我们已学习解释贸易模式的四大理论模型:李嘉图模型、赫克歇尔-俄林模型、特定要素模型和克鲁格曼模型。四大模型虽然假设各不相同,但有一个假定是一致的,即全部或部分要素可以跨部门流动,但不可以跨国流动。现在我们准备放松这一假定,允许要素跨国流动。这里一个核心的问题是:当允许要素跨国流动后,世界总福利能否上升?

要素间的国际流动通常包括劳动力和资本的流动。在全球一体化的今天,大部分生产要素的跨国流动已完全可能。当然,有些要素(如土地)是不太可能跨国流动的,但资本和劳动力则相对比较容易。

图6-1给出了一个经典的生产函数。一种产品的生产需要两种要素:资本和劳动力。当固定资本投入不变时,随着劳动力投入的增加,产出也会增加,但增加的速度随着劳动力的增加而减少。

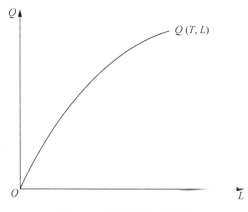

图6-1 经济体的生产函数

生产函数$Q(\bar{T}, L)$体现出当把土地的投入量固定在$\bar{T}$时,产出如何随着劳动力数量L的变化而改变。劳动力投入越多,产出越多,然而,劳动力的边际产出随着劳动力数量的增多而减少。

图6-2则更有意思。假设考虑一个只生产一种产品的经济,图6-2的纵轴为真实工资,横轴为劳动力。我们可以看到,MPL下的阴影部分就是劳动力生产出来的产量,而在

产品价格标准化为1的前提假设下,在真实工资以下的阴影部分是付给工人的工资,在真实工资以上,MPL以下的部分是付给另一个要素(资本)的租金。

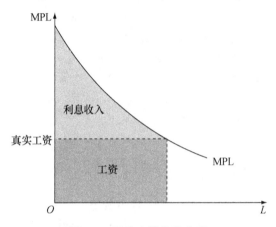

图 6-2　劳动力的边际产出

随着劳动力投入量的增加,劳动力的边际产出会减少,边际产出线以下部分表示的是总产出,给定劳动量,边际产出线决定实际工资,因此支付给劳动力的总工资即为图中的长方形(等于真实工资乘以投入的劳动力数量),剩余部分即为支付给资本的利息收入。

假定本国是一个劳动力丰富的国家,那么本国劳动边际生产率就会很低;相对而言,劳动力不太丰富的国家,劳动力的边际产出较高,故工资支付较高。这样,国内的工人就有动机移民到国外去,于是就产生了移民,这种劳动力的转移一直会持续到两个国家间的工资相等。但事实上结果是怎样的呢?我们来看看图6-3。

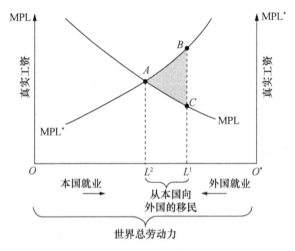

图 6-3　世界真实工资的决定

在图6-3中,横轴代表两国的总人口,纵轴是真实工资,曲线为两国所生产产品的劳动力的边际产出。图6-3说明了移民对两个国家整体福利的影响。起初,两个国家的劳动力分配是在L^1处,即有OL^1的人口在本国,而O^*L^1的人口在外国。这样,国外的工资就要高于国内的工资,B 点高于 C 点。如果允许国际移民,劳动力的分配会出现在 L^2 即 A 点处,这样会增加世界的总产出,为什么呢?当国内的劳动力移动到国外时,对于外国而言,其产出增加等于阴影部分加上虚线部分,即 ABL^1L^2,而本国产出的减少等于虚线部分,即 ACL^1L^2,这样整个产出的增加就为阴影部分的面积。因此,移民会增加世界的产出水平。

表 6-1 给出了一些国际资本流动的实证证据。可以看到,开始工资低的国家工资增加的幅度会很大;相反,起初工资高的国家工资增幅就不是很大,这说明两个国家的工资有收敛的趋势,这可能是因为高工资国家更吸引移民,而低工资国家倾向于往外移民,从而高工资国家工资增加比低工资国家慢。

表 6-1 移民移入国和移出国的工资对比

	实际工资,1870 年 (美国=100)	实际工资的增长率, 1870—1913 年
移民移入国		
阿根廷	53	51
澳大利亚	110	1
加拿大	86	121
美国	100	47
移民移出国		
爱尔兰	43	84
意大利	23	112
挪威	24	193
瑞典	24	250

资料来源:转引自 Krugman and Obstfeld(2006)。

与赫克歇尔-俄林模型预测的一样,工资在国际移民模型中会实现跨国相等。之所以如此,是因为赫克歇尔-俄林模型中,产品的跨国流动可以间接地理解为要素的跨国流动。因为每种产品都必须使用一定的要素投入去生产。

当然,在现实中,工资肯定是不会相等的。因为国际移民模型中的很多假设在现实中并没有被满足。第一,模型假设所有国家产出相同的产品,这显然是与现实不符;第二,模型假设所有国家有相同的技术,这也不可能在现实中发生,而技术不同会导致生产率和工资率的不同;第三,模型假设各国间没有任何壁垒,事实上,世界各国对移民都有严格的限制。因此,现实中不同国家仍有工资回报上的差距。我们需要引入其他模型来解释这个问题。

第二节 国际资本流动模型

相对于劳动力的国际流动,资本的国际流动比较容易,管制也比较少。本节分三个部分介绍国际资本流动模型:第一部分介绍外商直接投资的概念,第二部分讨论跨国公司理论,第三部分介绍一个有关国际投资的简单模型。

一、外商直接投资

外商直接投资(Foreign Direct Investment,FDI)是指一国投资者在另一国直接控制一个公司或者创办子公司。从表 6-2 可以看出,无论是流入还是流出,FDI 都主要发生在发达经济体。虽然近几年经济表现优异的四个发展中经济体都经历了 FDI 的快速增长,但是从总量上来看,这些发展中经济体的 FDI 仍然远低于发达经济体的水平。

表 6-2 1990 年、2000 年、2008 年和 2018 年全世界不同地区 FDI 存量　　单位:十亿美元

地区或国家	(a) 内向 FDI				(b) 外向 FDI			
	1990	2000	2008	2018	1990	2000	2008	2018
全世界	2 197	7 490	15 397	32 272	2 254	7 461	16 028	30 975
发达经济体	1 686	5 758	10 943	20 790	2 114	6 699	13 596	23 049
美国	540	2 783	2 486	7 465	732	2 694	3 102	6 475
日本	10	50	203	214	201	278	680	1 665
英国	204	439	911	1 890	229	940	1 631	1 697
法国	104	184	563	825	120	366	934	1 508
德国	227	471	789	939	309	484	1 190	1 645
发展中经济体	509	1 669	4 064	10 679	139	742	2 216	7 524
中国	21	193	378	1 628	4	28	184	1 939
印度	2	16	125	386	0.1	2	63	166
巴西	37	122	261	684	41	52	131	229
俄罗斯	—	30	213	407	—	19	197	344

资料来源:UNCTAD,"World Investment Report 2019:Special Economic Zones",United Nations,2019,Annex Table 2。

我们下面简要地比较全球最大的两个经济体——中美两国外商直接投资的发展。图 6-4 表明,在整个 20 世纪 70 年代,美国的 FDI 始终处于低水平的缓慢增长阶段,到了 70 年代末期,FDI 规模开始逐步增加。80 年代以后,FDI 的波动幅度逐年变大。在世纪之交,部分是因为互联网的影响,美国 FDI 占 GDP 的比重一度达到历史最高点(即 3% 以上),但之后又迅速回落。随着互联网泡沫的破灭,目前美国 FDI 只占其 GDP 的 1% 左右。

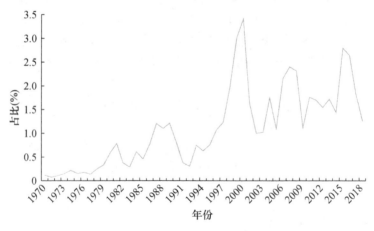

图 6-4 美国历年 FDI 占 GDP 的比例(1970—2018)

相应地,改革开放之后,中国大力引进外资。如图6-5、图6-6所示,中国合同利用外资额在1993年一度超过1 000亿美元,占GDP的25%左右;实际利用外资额占GDP的6%左右。但是随后的五年,受亚洲金融危机和其他因素的影响,合同利用外资额不断下降,直到2000年,重新步入快速上升的轨道。相比合同利用外资额,实际利用外资额的变化情况相对平缓,总体呈现稳步上升的趋势。

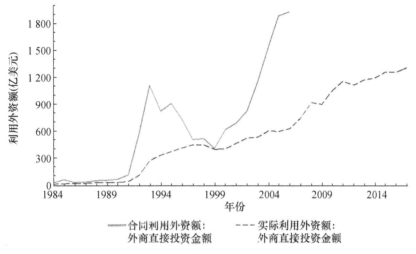

图6-5 改革开放后中国FDI逐年变化情况

图6-6刻画出中国FDI占GDP的比重。可以发现,合同利用外资占比在2000年之后大致在6%的水平上稳健增长,同时实际利用外资占比回落到3%以下。事实上,FDI占GDP的比重不一定完全说明了FDI的利用情况,实际利用外资占比在2000年后稳步下降,部分原因是GDP的快速增长。

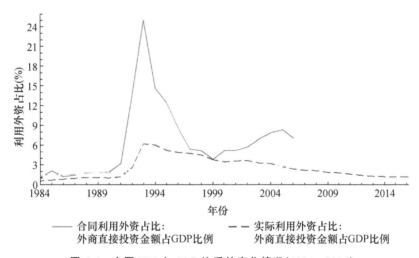

图6-6 中国FDI占GDP比重的变化情况(1984—2014)

商务部、国家统计局和国家外汇管理局联合发布的《2018年度中国对外直接投资统计公报》显示,中国2018年对外直接投资流量和存量稳居全球前三,占比皆创新高。2018

年,在全球对外直接投资流出总额同比减少29%且连续3年下滑的大环境下,中国对外直接投资流量达到1 430.4亿美元,同比下降9.6%,流量占全球比重达到14.1%,较上年提升3个百分点,成为第二大对外投资国。2018年年末,中国对外直接投资存量达1.98万亿美元,存量全球占比达6.4%,较上年提升0.5个百分点,全球排名升至第三位。从双向投资情况看,2018年中国对外直接投资与吸引外资基本持平。截至2018年年底,中国超2.7万家境内投资者在全球188个国家(地区)设立对外直接投资企业4.3万家,其中在"一带一路"沿线国家(地区)设立境外企业超过1万家。中国对外直接投资地域分布高度集中,存量前20位的国家(地区)占总额的91.7%。

二、跨国公司理论

如果一个外国公司在本国的子公司内控股超过10%,我们就把这类企业叫作跨国公司(Multinational Corporation)。对跨国公司而言,10%的股权已经足够对商业活动进行直接控制。同时,跨国公司的母公司与子公司之间有时会发生国际借贷。如表6-3所示,跨国公司(无论是本国还是外国所有)在国际商品贸易中都扮演着非常重要的角色,大量的商品贸易都在跨国公司内部或者跨国公司之间完成。

表6-3　1994年、1999年、2004年美国通过(非银行)跨国公司的商品进出口额　单位:十亿美元

项目	1994	1999	2004
跨国公司商品总出口额	344.5	441.6	428.8
美国母公司对外国子公司	138.3	168.9	165.0
美国母公司对其他外国公司	185.1	238.7	234.5
其他美国公司对外国子公司	23.3	34.0	29.3
跨国公司商品总进口额	256.8	391.0	503.0
外国子公司对美国母公司	114.9	167.0	209.1
其他外国公司对美国母公司	122.6	194.0	249.4
外国子公司对其他美国公司	20.8	30.1	44.5
美国商品总出口额	512.6	695.8	818.8
跨国公司出口额所占比例(%)	67.2	62.5	52.4
美国商品总进口额	663.3	1 024.6	1 469.7
跨国公司进口额所占比例(%)	38.7	37.9	34.2

资料来源:Mataloni, R. J. and Yorgason, D. R. ,2006,"Operations of U. S. Multinational Companies (Preliminary Results from the 2004 Benchmark Survey)", U. S. Department of Commerce, Bureau of Economic Analysis。

随着跨国公司在国际贸易中的地位越来越重要,我们需要考虑:为什么会存在跨国公司?为什么FDI这种投资模式被广泛采用?所有权-地理位置-内部化框架(简称"OLI框架")较完整地回答了这些问题。一国对外投资可能是出于以下三个因素的考虑:

1. 资产所有权控制和纵向一体化

跨国公司的形式有利于公司对其国际资产进行控制,从而实现纵向一体化。纵向一体化(Vertical Integration)是对生产过程各个阶段进行的整合。在生产过程中,各个企业

之间往往有投入产出关系,即一个企业的投入品往往是另一个企业的产出品。在完成了纵向一体化的企业中,这种投入产出关系被置于一个企业内部,相比多个企业参与生产,这种一体化的生产组织方式有可能更有效率。例如,农场和面粉加工厂实现纵向一体化后,单个企业生产面粉的效率有可能高于农场先生产小麦再销往面粉厂加工成面粉的效率。因此,纵向一体化的高效率是跨国公司对不同国家、不同生产环节的企业实现资产控制的原因。

2. 生产地点选择

为什么一种产品需要在不同的国家生产,而不是在一国生产后直接出口到其他国家?地理位置通常是公司决策中首先考虑的因素。垂直型跨国公司是指在一国设置公司总部而在其他国家进行生产的跨国公司,这种组织结构主要是基于要素价格的考虑。垂直型跨国公司往往寻找要素价格比较低的国家设厂生产,从而降低成本。水平型跨国公司则是指在本国设立总部,同时在本国与外国完成整个生产过程的跨国公司。Markusen(1984)和Markusen and Maskus(2003)指出关税也是促使跨国公司在多个国家内批量生产与销售的原因之一,不同的关税率往往与跨国公司的生产销售决策密切相关。因此,在跨国公司的选址与生产决策中,各个国家的贸易政策是一个重要的参考指标。

3. 内部化决策

为什么一种在不同国家生产的产品要隶属于一家企业运作,而非多家企业?企业的内部化决策主要基于技术转让的考虑。相比不同企业之间的市场交易,技术转让和知识共享往往更容易在一个企业内部实现。一方面,专利发明等知识产权不再需要对其他企业出售,大大削减了技术转让的成本;另一方面,企业生产与管理中的某些知识往往无法通过市场交易,这时内部化决策可以使这一部分技术与知识实现转让与共享。Rauch and Trindade(2003)指出,不同国家联合出资的企业可以促进知识共享。除了技术因素,在不完全合约下的运输成本也会促使企业考虑内部化决策(Grossman and Helpman, 2002)。

总之,利用OLI框架,我们可以从三个方面考虑企业的决策问题:资产所有权控制和纵向一体化、生产地点选择以及内部化决策。

最后,我们可以从资本流动的角度考虑跨国公司理论。最简单的模型是单部门的资本流动模型,我们将在本节的第三部分详细讨论。稍做拓展,Mundell(1957)在两国两部门赫克歇尔-俄林模型的框架下考虑国际资本流动,结论是即使非常低的关税率也会影响国际资本流动。因此,许多跨国公司为了逃避关税而在不同国家投资办厂,这种现象被形象地称为"关税跨越",它不仅广泛存在于推行进口替代战略的国家,而且在高收入国家也经常发生。

三、单部门国际资本流动模型

我们现在来考虑国际资本流动如何促进国民福利。模型有以下假定:经济中只有一个生产部门,生产函数是$Y=f(L,K)$,即只有劳动力和资本两种要素投入;资本的边际产出为正且边际产出递减,即资本利率$R=f_K(L,K)$,$f_{KK}<0$。在没有国际资本流动时,资本的均衡租金为R_0,国内资本存量为K_0;存在国际资本流动时,资本的均衡租金为R_1。从图6-7可以看出,外国资本的收益为R_1K^*,即图中的B部分面积。而由国际资本流入引致的GDP增加量为$(A+B)$(表示A部分和B部分的面积之和,下同)。因此国内总体福利的增加量为

图中 A 部分的面积。虽然 B 部分面积被外国资本赚走,但本国福利上升了。

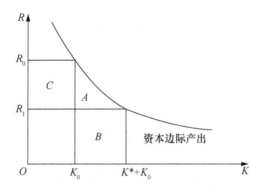

图 6-7　国际资本流动的单部门模型

国际资本流入后,总产出增加了($A+B$),国内劳动力报酬增加了($A+C$),国内资本所有者要素收入下降了 C,外国资本收益为 B,因此国内的总体福利上升了 A。

现在,我们来考察这部分福利增加的来源。首先考虑国内劳动力总体福利的变化情况,假设国内劳动力数量为 L,在封闭条件下的均衡工资为 W_0,国际资本流入后均衡工资为 W_1,从而有以下产出与要素收入之间的等式:

$$Y_0 = W_0 L + R_0 K_0 ; \quad Y_1 = W_1 L + R_1 (K_0 + K^*) \tag{6-1}$$

Y 的变化体现在图 6-7 上为面积($A+B$):

$$\begin{aligned} A + B &= (W_1 - W_0) L + (R_1 - R_0) K_0 + R_1 K^* \\ &= (W_1 - W_0) L - C + B \end{aligned} \tag{6-2}$$

可以得出:$(W_1 - W_0) L = A + C$ \hfill (6-3)

由上面的推导可知,国内的资本所有者收益下降,下降量为 C 部分的面积。国内劳动力总体福利增加,增加量为 A 部分和 C 部分的面积之和。由于国际资本流入,国内资本的边际产出下降,但是国内劳动力的边际产出随着资本量的增加而上升,且上升幅度大于资本收益下降的幅度,最终使国民总体福利得到改善。

第三节　外　包　模　型

我们观察到,发达国家内部和发展中国家内部的收入差距越来越大。如图 6-8 所示,以美国为例,白领工人与蓝领工人的工资差距由 1958 年的 1.54 倍增加到 1996 年的超过 1.7 倍。同时,中国城乡居民收入差距也由 1980 年的 2 倍增加到 2019 年的 2.7 倍。那么,什么原因可以解释这一现象呢?

第一种可能的原因是国际移民。如表 6-4 所示,在 20 世纪 80 年代到 90 年代,高中毕业的移民占本土工人的比例最高。换言之,低教育水平的工人数量增长得更快。所以,更多蓝领工人的移入,会进一步导致蓝领工人收入下降,扩大收入差距。

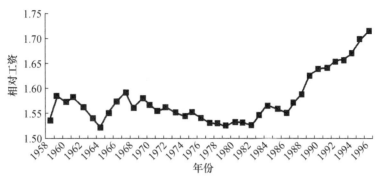

图 6-8 美国制造业白领工人与蓝领工人的相对工资(1958—1996)

表 6-4 移民占美国本土工人的比重(1980—1990)

学历	移民占本土工人比重		变化
	1980	1990	1980—1990
高中辍学	12.2	26.2	14.0
高中	4.4	6.1	1.7
大学专科	5.8	6.9	1.1
大学本科	7.5	9.7	2.2

资料来源:Borjas,G., Freeman,R. and Katz,L.,1996,"Searching for the Effect of Immigration on the Labor Market", *American Economic Review*,83(2),246-251。

但是,移民因素并不能完全解释美国收入差距的扩大。因为,在 20 世纪 80 年代,美国高教育水平的移民数量也在增加,这样一来,白领工人工资应该也会下降。但事实上,高教育水平工人和低教育水平工人的工资差距仍然在不断扩大。

如果移民因素不是最主要原因,那么会不会是由密集使用白领工人生产的产品和密集使用蓝领工人生产的产品价格差距的变化造成的呢？因为根据斯托尔珀-萨缪尔森定理,如果密集使用白领工人生产的产品和密集使用蓝领工人生产的产品价格差距变小,那么,蓝领工人的工资和白领工人的工资差距也会变小。这正是我们观察到的美国 20 世纪 70 年代的事实。如图 6-8 所示,在 20 世纪 70 年代美国蓝领工人的工资和白领工人的工资差距逐渐变小。因此,70 年代被称为"斯托尔珀-萨缪尔森年代"。但是,产品价格差异的变化并不能解释 80 年代的事实:在整个 80 年代,密集使用白领工人生产的产品和密集使用蓝领工人生产的产品价格差距依然在缩小,但美国蓝领工人的工资和白领工人的工资差距在 80 年代不断扩大。可见,产品价格差异的变化并不能解释 80 年代以来美国的工资差异。

那么,究竟什么原因可以解释美国蓝领工人和白领工资差距的变化呢？我们首先应明确到底应该是从需求面来解释,还是应该从供给面来解释。如果说是某种因素导致供给曲线的变动,比如说右移,那么,如图 6-9 所示,我们应看到工资差距的减小,以及白领工人和蓝领工人雇用量差距的扩大。但如前所述,这个现象只能解释 70 年代的美国,并不能解释 80 年代的美国现实。同理,如果说是供给曲线的左移,这会导致白领工人和蓝领工人工资差距的上升,白领工人和蓝领工人雇用量差距的缩小。这虽然符合美国 80 年代工资差距变大的事实,但不符合 80 年代白领工人和蓝领工人雇用量差距也扩大的事实,所以,从供给角度来考虑工资差距并不理想。

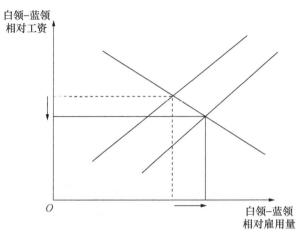

图 6-9　供给曲线移动导致相对工资变化

那么，就只剩下从需求的角度来考虑了。是什么因素导致需求曲线的右移？通常认为是技术进步。技术进步导致对白领工人需求的扩大。这一点在经济学界早有定论。但这里，我们想知道国际贸易是否也是导致蓝领工人和白领工人工资差距扩大的一个因素。

不过，首先要问的问题是，到底是行业间的工资差距大，还是行业内的工资差距大？如果是前者，那么，我们就应从标准的赫克歇尔-俄林模型入手去考虑；而如果是后者，则应考虑采用新的模型来解决这个问题。表 6-5 表明，美国工资差距在 20 世纪七八十年代行业内的变动是大于行业间的变动的。所以，这就说明传统的赫克歇尔-俄林模型也许对解释工资差异不太有效。

表 6-5　美国行业内与行业间就业和工资的差距

年份	就业差距			工资差距		
	行业间	行业内	合计	行业间	行业内	合计
1973—1979	0.12	0.20	0.32	0.12	0.21	0.38
1979—1987	0.18	0.36	0.55	0.31	0.41	0.72

资料来源：Berman et al.(1994)，转引自 Feenstra(2004)。

注：数字表示年间的变化。行业间的数字表示 4 位代码行业之间的变化，行业内数字表示本行业内的变化。所有计算都基于年。

为此，罗伯特·芬斯特拉(Robert Feenstra)和戈登·汉森(Gordon Hanson)创造性地提出一个关于"垂直分工"的外包模型。什么叫外包呢？如图 6-10 所示，假设一个公司要采购中间品，它既可以在国内购买，也可以在国际上购买。如果在国内的公司内部购买，则为国内内销；如果在国内的公司间购买，则为国内外包。而如果进行跨国采购，则又分为两种，即国际内销和国际外包。芬斯特拉和汉森发现：当允许资本自由流动时，发达国家会把一部分的产品外包给发展中国家生产。而这部分外包出去的产品对发达国家而言是劳动力相对密集型的产品，对发展中国家而言则是资本相对密集型的产品，这样就会造成发达国家与发展中国家相对工资差距的扩大。而这与现实数据的变化方向完全一致！

这种发展中国家(地区)与发达国家(地区)之间外包分工模式的例子比比皆是。如图

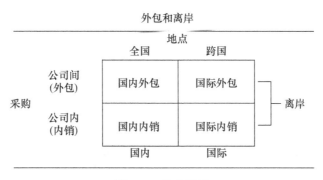

图 6-10 外包选择

6-11 和图 6-12 所示,iPad 的每一零件均在不同国家和地区生产。比如,iPad 的触摸屏是在中国大陆、中国台湾、印度等地生产。

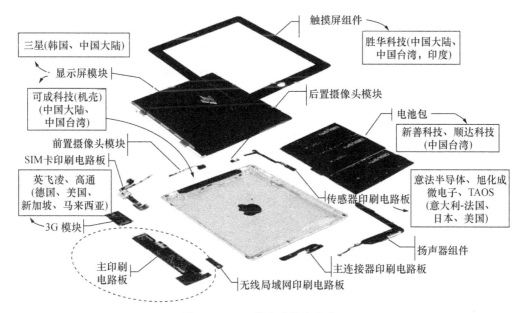

图 6-11 iPad 的全球化生产分工

资料来源:Antràs,P.,"Contract Enforcement,Trade and FDI",2014 年北京全球价值链培训和研究研讨会。

如图 6-12 所示,通过考察 iPad 各零件中最重要的无线局域网印刷电路板(WLAN PCB),也可以发现这样一个现实:电路板的研发中心基本上都设立在发达经济体,而生产和装配都设立在发展中经济体。之所以如此,是因为发展中经济体(特别是中国大陆、印度尼西亚、越南、孟加拉国等)大规模地从事"加工贸易"。这些发展中经济体从其他经济体进口原材料和中间品,并在本经济体生产、装配最终品,然后再出口到全球其他经济体去。事实上,加工贸易对这些发展中经济体的经济发展起着至关重要的作用。有兴趣的读者可以参考阅读余淼杰(2013)。

此外,外包不仅发生在发达经济体和发展中经济体之间,其在发达经济体之间的作用

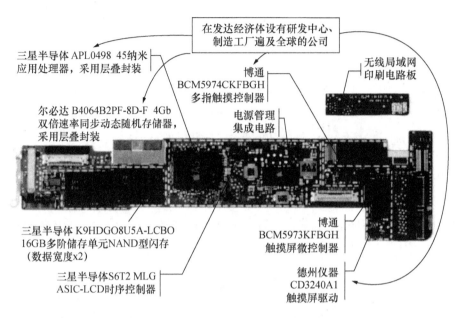

图 6-12　iPad 无线局域网印刷电路板（WLAN PCB）的全球化生产分工

资料来源：Antràs, P., "Contract Enforcement, Trade and FDI", 2014 年北京全球价值链培训和研究研讨会。

也日益重要。如图 6-13 所示，波音 787 客机各部分的制造是在不同发达经济体完成的。

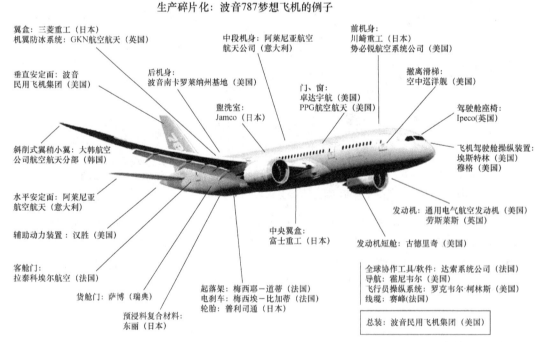

图 6-13　波音 787 客机的全球化生产分工

资料来源：Antràs, P., "Contract Enforcement, Trade and FDI", 2014 年北京全球价值链培训和研究研讨会。

◁ 阅读材料 ▷

罗伯特·芬斯特拉

罗伯特·芬斯特拉是美国加利福尼亚大学戴维斯分校的经济学教授、国际数据中心主任，C. Bryan Cameron 国际经济学杰出讲席教授，美国国民经济研究局国际贸易与投资研究部主任。他是世界公认的国际贸易领域实证研究的最权威的经济学家，被誉为"国际外包理论之父"。他曾长期担任经济学顶级学术期刊 American Economic Review、Journal of International Economics 的主编、副主编；2006 年获德国 Kiel Institute 授予的表彰国际经济研究卓越贡献的 Bernhard Harms 奖；2008 年应邀做了国际经济学研究方面全世界最高级别的"俄林讲座"；2010 年应邀到北京大学做经济学"严复讲座"。他的著作 Advanced International Trade 成为包括哈佛大学、普林斯顿大学在内的全球一流大学的研究生不可替代的通用教材。他和艾伦·泰勒（Alan Taylor）教授的国际经济学本科教材 International Economics 也风靡全球。此外，他长期关注中国贸易问题，为中国的国际贸易教育事业做出了巨大贡献。他所指导的中国学生现已分别在北京大学、清华大学、上海财经大学、香港中文大学等多所高校工作。

芬斯特拉和汉森的模型假设有无限种连续的产品（Z），并把 Z 定义在 0 到 1 之间。越接近 0 的产品，代表着越是蓝领劳动力密集型的产品（如衣服），这些产品对蓝领工人的需求比较大；相反，越是接近 1 的产品，代表着越是白领劳动力密集型的产品（如飞机）。这些产品一部分在国内生产，而另外一部分在国外生产，至于哪些在国内生产哪些在国外生产则是内生决定的。现在假定美国是资本丰富型、白领工人相对密集的国家；相应地，中国是资本稀缺型、蓝领工人相对密集的国家。如果用 Q/W 代表美国工人（白领工人/蓝领工人）的相对工资，r 代表美国利率，于是有：$Q/W<(Q/W)^*$，$r<r^*$（星号代表中国）。这样，首先就可以得出一条美国劳动力的相对需求曲线（见图 6-14）。同时，在任何一个给定的时点，劳动力相对供给曲线是一条垂直不变的线，这就决定了均衡的相对工资。

那么，美国和中国分别生产哪些产品是如何决定的呢？芬斯特拉和汉森设定了一个柯布-道格拉斯中间品的生产函数：生产一种中间品需要资本、白领工人和蓝领工人。为了体现垂直分工，这些中间品都用来生产最终产品。这样，他们就得出美国和中国各自的成本曲线。

由于美国熟练工人较多，生产接近 1 的白领劳动力密集型产品，美国成本会相对较低；中国熟练工人较少，生产接近 0 的蓝领劳动力密集型产品，中国成本会相对较低，中国的成本曲线的斜率比美国要大（如图 6-15 所示）。成本曲线向上倾斜，两个成本曲线决定了唯一的分配点 Z^*。这样，中国生产 0 到 Z^* 种产品，美国则生产 Z^* 到 1 种产品。

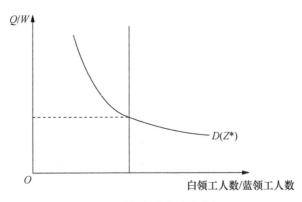

图 6-14　美国的劳动力市场

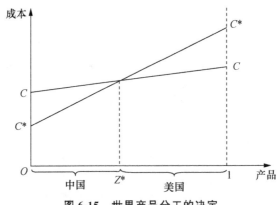

图 6-15　世界产品分工的决定

在开放贸易条件下,允许资本跨国自由移动。这样,由于中国利率较高,资本会从美国流向中国,那么对美国而言,资本的成本会增加;对于中国而言,资本的成本会下降。于是美国成本曲线向上移动,中国的成本曲线向下移动,得到图 6-16。

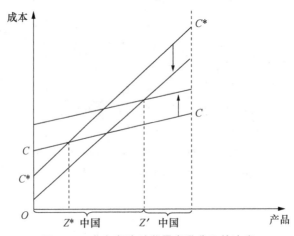

图 6-16　成本变动对世界产品分工的决定

这样,我们就得到新的均衡点 Z',相对于原来的均衡点 Z^*,有一部分原来由美国生产的产品现在由中国来生产。换言之,这部分产品就是美国"外包"出去的产品。相应地,中国承接了更多的白领劳动力密集型产业,或者说,美国放弃了一些对美国来讲是蓝领劳动力密集型的产业。于是,美国白领工人(与原均衡的国内水平相比)的需求就相应地增加了。如图 6-17 所示,$D(Z^*)$ 线移动到 $D(Z')$ 线,美国白领工人相对工资上升。同时,中国对白领工人(与原均衡的水平相比)的需求也增加了,于是,中国白领工人的工资也会相应上升。劳斯特拉和汉森用这个简单而优美的模型有力地解释了,贸易,尤其是外包造成了以美国为代表的发达国家和以中国为代表的发展中国家的白领工人与蓝领工人的工资差距同时增大。

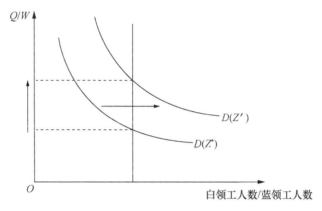

图 6-17 中国的劳动力市场

有必要指出,外包事实上是全球经济一体化的代名词。全球经济一体化包含了两个现象:一个是贸易一体化;另一个是生产地区化。有时,经济学家又把这种现象称为垂直化生产或分块化生产。这可以用图 6-18 表示:在 0 到 C 段,国家 1 的成本在三个国家中最低,所以产品由国家 1 生产。同理,在 C 到 D 段,产品由国家 2 生产;D 之后,产品由国家 3 生产。可以看到,随着产出的增加,平均成本是在下降的。这也体现了全球经济一体化的特征。

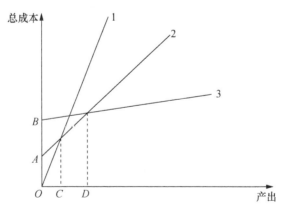

图 6-18 全球分块化生产图示

≪阅读材料≫

戈登·汉森

戈登·汉森是哈佛大学肯尼迪政府学院教授、加利福尼亚大学圣地亚哥校区经济系、国际关系及太平洋研究学院经济学教授,新兴及太平洋经济体研究中心主任,全球国际贸易学界的著名领军人物之一。

他是美国国家经济研究局(NBER)的资深研究员,美国外交关系委员会(Council on Foreign Relations)的成员,曾担任顶级学术刊物 *Review of Economics and Statistics* 主编、发展经济学旗舰期刊 *Journal of Development Economics* 主编。他目前担任国际一流学术期刊 *Journal of Economic Literature* 的主编。他于 1992 年获得麻省理工学院经济学博士学位;在 2001 年加入加州大学圣地亚哥分校之前,曾在得克萨斯大学(1992—1998)以及密歇根大学(1998—2001)任教;2011 年,汉森教授荣获加州大学圣地亚哥校区"校长社科及人文杰出研究奖"。

汉森教授的研究领域包括国际贸易、跨国移民以及跨国直接投资。他曾在 *American Economic Review*、*Quarterly Journal of Economics*、*Journal of Political Economy* 等顶级学术刊物上发表论文数十篇;主持过数十项研究项目,其研究成果被社会科学领域研究者以及主要媒体广泛引用。他目前的研究主要包括技术工人的跨国移民、边境执法、非法移民、中国出口对美国劳动力市场的影响以及比较优势的决定因素。在早期的研究中,他考察了移民与跨国外包对美国经济的影响、美国与墨西哥的经济一体化、跨国公司全球扩张的动因及其影响,以及国际贸易与经济活动选址的关系。他的近作是 *Regulating Low Skilled Immigration in the United States*(American Enterprise Institute,2010)。他最近关于中国出口对美国各地区就业、工资的影响的研究在国际学术界产生了巨大的反响。

党的二十大报告明确指出,"依托我国超大规模市场优势,以国内大循环吸引全球资源要素,增强国内国际两个市场两种资源联动效应,提升贸易投资合作质量和水平"。随着经济全球化不断演进,人口和资源要素的流动逐步跨越国界。国内经济循环与国际经济循环是相互促进、不可分割的整体,只有在更大范围内促进生产要素畅通循环,才能不断拓展经济活动的深度和广度。通过国内大循环吸引全球资源要素,并通过国际循环提升国内大循环的效率和水平,以此更好地利用国内国际两个市场两种资源,加速我国产业转型升级,培育国际竞争新优势,实现更加强劲和可持续的发展。党的二十大报告还强调"合理缩减外资准入负面清单,依法保护外商投资权益,营造市场化、法治化、国际化一流营商环境",为外商投资提供更加广阔的发展空间,全面优化营商环境,推动更大范围、更宽领域、更深层次的对外开放,以高水平开放促进经济的高质量发展。

本章概要

1. 国际劳动力流动模型预测劳动力将向具有更高劳动生产率及更高工资的国家迁移。移民迁入国的真实工资将因劳动力增加而下降,移民迁出国的真实工资将因劳动力减少而上升。

2. 由于各国不生产相同的产品,且各国存在生产技术的差异和移民政策的障碍,因此真实工资在不同国家远未趋同。

3. 跨国公司采取外商直接投资的原因:(1) 选址在外国可能成本较低;(2) 通过内部化可以使技术转移更有效率;(3) 垂直一体化可以提高生产效率。

习题

1. 芬斯特拉—汉森的外包模型可以解释以下哪种趋势(时期均为20世纪)?(　　)
A. 美国70年代技术工人和非技术工人的相对工资
B. 美国70年代技术工人和非技术工人的相对就业量
C. 美国80年代技术工人和非技术工人的相对工资
D. 美国80年代技术工人和非技术工人的相对就业量

2. 我们学习了单部门国际资本流动模型,资本流入会使得资本流入国的福利增加,在下图中,哪一部分表示了增加的福利?(　　)
A. A　　　　B. B　　　　C. C　　　　D. A+B

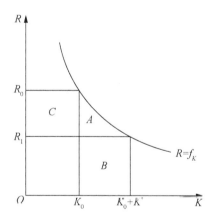

参考文献

[1] Feestra, R. C., 2004, *Advanced International Trade*, Princeton University Press.

[2] Feenstra, R. C. and Hanson, G., 1999, "The Impact of Outsourcing and High-

Technology Capital on Wages: Estimates for the U. S. , 1979—1990", *Quarterly Journal of Economics* ,114 ,907-940.

[3] Grossman, G. and Helpman, E. , 2002, "Integration versus Outsourcing in Industry Equilibrium", *Quarterly Journal of Economics* ,117(1) ,85-120.

[4] Krugman, P. R. and Obstfeld, M. , 2006, *International Economics: Theory and Policy*, Addison-Wesley.

[5] Markusen, J. R. , 1984, "Multinationals, Multi-Plant Economies, and the Gains From Trade", *Journal of International Economics* ,16(3-4), 205-226.

[6] Markusen, J. R. and Maskus, K. E. , 2003, "Discriminating among Alternative Theories of the Multinational Enterprise", *Review of International Economics*, 10(4), 694-707.

[7] Mundell, R. A. , 1957, "International Trade and Factor Mobility", *American Economic Review* ,47(3), 321-335.

[8] Rauch, J. E. and Trindade, V. , 2003, "Information, International Substitutability, and Globalization", *American Economic Review* ,93(3) ,775-791.

[9] 余淼杰,2013,《加工贸易与中国企业生产率》,北京大学出版社。

第七章

关税政策

【重点难点】
- 征收关税的福利分析。
- 最优关税水平。

【学习目标】
- 理解关税的基本概念。
- 理解征收关税对贸易条件的影响。
- 理解关税的梅茨勒悖论和有效保护率。
- 掌握大国和小国征收关税对其福利的影响。

【素养目标】

本章通过介绍关税的相关知识点,帮助学生了解关税对贸易条件的影响机制,使学生充分理解习近平新时代中国特色社会主义思想中"推动建设开放型世界经济""反对单边主义和保护主义"的现实意义。

[引导案例]

2002年3月,美国布什政府引用201条款对进口各国钢材加收8%～30%的关税。美国裁定的表面理由是美国钢铁行业遭受了冲击;而实质理由则是为了讨好利益集团(比如俄亥俄州等选票大州),因为当时是布什政府为选举做准备的关键时期。受美国高关税影响较大的欧盟、中国、日本和韩国,在美国实行高关税政策之后向WTO提出了上诉。2003年7月,WTO判定美国加收关税的行为为非法;同年12月,美国撤销加收关税政策。

美国撤销高关税看似是遵循WTO的裁定,但真实原因还在于,当时欧盟威胁美国进行贸易战——欧盟准备对美国20亿美元的出口征收高关税。为了使自身利益免遭损失,美国借着WTO给的台阶将此争端化解。

我们从这一章开始学习国际贸易的政策,包括它的工具以及对福利的影响。首先我们介绍贸易保护政策中最主要也是最经典的政策——关税。

第一节　关税的基本概念

一、关税的种类

根据对关税征税方式的不同,关税大体上可分为从量税和从价税两种。从量税指的是对每单位进口产品固定收费,而从价税是按照进口产品价值的一定比例收税。

表7-1列出了从价税和从量税的例子。如表7-1所示,第一列给出各种产品的税则号码。这是国际上通行的统一编码(Harmonized System)八位码,它以每两位为一单位,不断逐渐细化。以伏特加酒为例,22表示未加糖、其他甜物质及未加味的水;2208表示未改性乙醇,按容量计酒精浓度在80%以下;220860表示伏特加酒,最后两位表示伏特加酒具体的分类。如果出口国在2005年还不是WTO的成员,那么,中国将按普通税率对该商品课税180%(因为中国在2001年已是WTO成员);相反,如果该国是WTO的成员,那么中国将按最惠国税率对该商品课以37.5%的进口关税;如果该国与中国签订了类似自由贸易区的协议,那么中国将对该商品以协定税率课以33%的进口关税。

表7-1　从价税、从量税与复合税(2005)

税则号码	中文货品名称	最惠国税率	普通税率	协定税率
从价税(%)				
22086000	伏特加酒	37.5	180	33
03061200	大鳌虾	20	70	15
30049054	清凉油	3	30	2
33019010	提取的油树脂	21	80	20
59031020	人造革	16	70	15
85068020	锂离子电池	12	40	10
90181210	B型超声波诊断仪	9	35	8.5

(续表)

税则号码	中文货品名称	最惠国税率	普通税率	协定税率
从量税				
05040021	冷冻的鸡肫	1.7元/千克	7.7元/千克	
22030000	麦芽酿造的啤酒	3元/升	7.5元/升	2.3元/升
37013029	照相制版用未曝光的硬片及软片	9元/平方米	70元/平方米	
37024221	印刷电路板制造用宽光致抗蚀干膜	9元/平方米	110元/平方米	
37025300	幻灯片用未曝光的彩色摄影胶卷	170元/平方米	433元/平方米	
37029420	未曝光的窄长黑白胶卷	15元/平方米	210元/平方米	
37029520	未曝光的中宽黑白电影胶卷	15元/平方米	210元/平方米	
复合税				
85211020	放像机	每台完税价格低于或等于2 000美元：执行单一从价税，税率为36%；每台完税价格高于2 000美元：每台征收从量税，税额5 480元，加上3%的从价税	每台完税价格低于或等于2 000美元：执行单一从价税，税率为130%；每台完税价格高于2 000美元：每台征收从量税，税额20 600元，加上6%的从价税	每台完税价格低于或等于2 000美元：执行单一从价税，税率为30%；每台完税价格高于2 000美元：每台征收从量税，税额3 320元，加上3%的从价税

表7-1中第二类是从量税，比如冷冻的鸡肫是按1.7元/千克的量课税（最惠国），表中第三类给出了一个复合税的例子。复合税就是从价税和从量税的综合。以放像机为例，若每台放像机完税价格低于或等于2 000美元，则执行单一从价税，最惠国税率为36%；若每台放像机完税价格高于2 000美元，则每台征收从量税，税额为5 480元，另外加上3%的从价税。

按照中国海关的规定，对于与中国内地签订了含有关税优惠条款的区域性贸易协定的国家和地区的进口货物，适用协定税率。具体的内容请见表7-2。

表7-2 中国内地适用协定税率（2020年）

序号	中文简称	英文代码	国家（组）及地区名称	包括国家和地区名称
1	亚太	AP	亚太贸易协定国家	大韩民国、斯里兰卡民主社会主义共和国、孟加拉人民共和国、印度共和国、老挝人民民主共和国

(续表)

序号	中文简称	英文代码	国家(组)及地区名称	包括国家和地区名称
2	东盟	AS	东盟协定国家	文莱达鲁萨兰国、柬埔寨王国、印度尼西亚共和国、老挝人民民主共和国、马来西亚、缅甸联邦共和国、菲律宾共和国、新加坡共和国、泰王国和越南社会主义共和国
3	新加坡	SG	新加坡共和国	新加坡共和国
4	巴	PK	巴基斯坦伊斯兰共和国	巴基斯坦伊斯兰共和国
5	智利	CL	智利共和国	智利共和国
6	新西兰	NZ	新西兰	新西兰
7	秘鲁	PE	秘鲁共和国	秘鲁共和国
8	哥	CR	哥斯达黎加共和国	哥斯达黎加共和国
9	瑞士	CH	瑞士联邦	瑞士联邦
10	冰岛	IS	冰岛共和国	冰岛共和国
11	韩国	KR	大韩民国	大韩民国
12	澳	AU	澳大利亚	澳大利亚
13	格鲁吉亚	GE	格鲁吉亚共和国	格鲁吉亚
14	香港	HK	中国香港特别行政区	中国香港特别行政区
15	澳门	MO	中国澳门特别行政区	中国澳门特别行政区
16	台湾	TW	中国台湾地区	中国台湾地区

资料来源：国务院关税税则委员会，《中华人民共和国进出口税则》，2020年。

同时，根据中国内地与有关国家政府间的换文协议，对原产于老挝、孟加拉国、柬埔寨、缅甸、埃塞俄比亚、安哥拉、贝宁、布隆迪、赤道几内亚、多哥、厄立特里亚、刚果民主共和国、吉布提、几内亚、几内亚比绍、科摩罗联盟、莱索托、利比里亚、卢旺达、马达加斯加、马里、马拉维、毛里塔尼亚、莫桑比克、尼日尔、塞拉利昂、塞内加尔、苏丹、南苏丹、索马里联邦、坦桑尼亚、乌干达、赞比亚、乍得、中非、阿富汗、尼泊尔、东帝汶、瓦努阿图、也门、冈比亚、圣多美和普林西比、布基纳法索的部分进口货物，实施特惠税率。具体情况请见表7-3。

此外，现实生活中还有一类重要的关税叫行邮税，即对通过国际邮寄或旅客旅途自带的进口产品征税。比如，在2010年，中国海关就对部分电子产品如iPad征收行邮税。不过，对行邮税的征税力度不应大于该商品通过正常交通方式进口的关税水平。

表 7-3 我国适用特惠税率(2020 年)

序号	中文简称	英文代码	国家(组)及地区名称	包括国家或地区
17	亚太	AP	亚太贸易协定的2个国家	孟加拉人民共和国、老挝人民民主共和国
18	受惠国	LD	埃塞俄比亚联邦民主共和国等42个最不发达国家	埃塞俄比亚联邦民主共和国、布隆迪共和国、赤道几内亚共和国、刚果民主共和国、吉布提共和国、几内亚共和国、几内亚比绍共和国、莱索托王国、马达加斯加共和国、马拉维共和国、马里共和国、莫桑比克共和国、南苏丹共和国、塞拉利昂共和国、塞内加尔共和国、苏丹共和国、索马里联邦共和国、坦桑尼亚联合共和国、乌干达共和国、乍得共和国、中非共和国、阿富汗伊斯兰共和国、也门共和国、瓦努阿图共和国、安哥拉共和国、多哥共和国、科摩罗联盟、利比里亚共和国、尼日尔共和国、赞比亚共和国、尼泊尔联邦民主共和国、毛里塔尼亚伊斯兰共和国、卢旺达共和国、贝宁共和国、厄立特里亚国、东帝汶民主共和国、柬埔寨王国、缅甸联邦共和国、孟加拉人民共和国、冈比亚共和国、圣多美和普林西比民主共和国、布基纳法索
19	受惠国1	LD1	埃塞俄比亚联邦民主共和国等41个最不发达国家	埃塞俄比亚联邦民主共和国、布隆迪共和国、赤道几内亚共和国、刚果民主共和国、吉布提共和国、几内亚共和国、几内亚比绍共和国、莱索托王国、马达加斯加共和国、马拉维共和国、马里共和国、莫桑比克共和国、南苏丹共和国、塞拉利昂共和国、塞内加尔共和国、苏丹共和国、索马里联邦共和国、坦桑尼亚联合共和国、乌干达共和国、乍得共和国、中非共和国、阿富汗伊斯兰共和国、也门共和国、瓦努阿图共和国、安哥拉共和国、多哥共和国、科摩罗联盟、利比里亚共和国、尼日尔共和国、赞比亚共和国、尼泊尔联邦民主共和国、毛里塔尼亚伊斯兰共和国、卢旺达共和国、贝宁共和国、厄立特里亚国、东帝汶民主共和国、柬埔寨王国、缅甸联邦共和国、冈比亚共和国、圣多美和普林西比民主共和国、布基纳法索
20	受惠国2	LD2	埃塞俄比亚联邦民主共和国等38个最不发达国家	埃塞俄比亚联邦民主共和国、布隆迪共和国、赤道几内亚共和国、刚果民主共和国、吉布提共和国、几内亚共和国、几内亚比绍共和国、莱索托王国、马达加斯加共和国、马拉维共和国、马里共和国、莫桑比克共和国、南苏丹共和国、塞拉利昂共和国、塞内加尔共和国、苏丹共和国、索马里联邦共和国、坦桑尼亚联合共和国、乌干达共和国、乍得共和国、中非共和国、阿富汗伊斯兰共和国、也门共和国、瓦努阿图共和国、安哥拉共和国、多哥共和国、科摩罗联盟、利比里亚共和国、尼日尔共和国、赞比亚共和国、尼泊尔联邦民主共和国、毛里塔尼亚伊斯兰共和国、卢旺达共和国、柬埔寨王国、厄立特里亚国、冈比亚共和国、圣多美和普林西比民主共和国、布基纳法索
21	柬埔寨	KH	柬埔寨王国	柬埔寨王国
22	缅甸	MM	缅甸联邦	缅甸联邦
23	老挝	LA	老挝人民民主共和国	老挝人民民主共和国

资料来源:国务院关税税则委员会,《中华人民共和国进出口税则(2020)》,2020 年。

《专栏 7-1》

对 iPad 应怎么征税？

对 iPhone、iPad 等入关征收 20% 的行邮税并不合理，理应取消

【背景】近日海关规定，对 iPad 类产品以 5 000 元人民币为税基征收 20% 的行邮税。简单地说，若居民从国外带回或邮寄一件价值 3 000 元人民币的 iPad，入关时得缴纳 1 000 元人民币的进口关税。这引起了公众的广泛关注和争议。此前商务部已就此向海关总署发送了一份咨询函。

据了解，商务部咨询信包括如下内容："手机（如 iPhone）、电子书（如 Kindle）和平板电脑（如 iPad）应归入哪一类产品？完税价格和税率各是多少？""目前携带计算机类产品出关如何申报？""计算机类产品按 5 000 元人民币征税是否过高？是否需要进行调整？"，等等。

商务部相关人士近日也对媒体表示，缴税是每个公民的义务，打击走私是海关应尽的职责。但是，对个人自用物品入关征税，应当适当宽松，不能有惩罚性。不过，迄今为止，商务部上述咨询函还未得到任何回复。

对 iPad 等数码类产品征收行邮税，究竟是否合理？这又会对中国计算机类产品的进出口产生怎样的影响？

北京大学中国经济研究中心余淼杰认为，"对手机数码类电子产品入关，征收 20% 的行邮税并不合理，理应取消"。

首先，征收行邮税有损中国国民福利。余淼杰指出，假定中国居民对数码产品的进口需求难以影响其在世界上的价格，那么，征收进口关税会有三种不同效应：一是直接带来了海关的关税收入；二是有利于国内生产同类产品的厂商，如"联想""魅族"等，它们增加了"生产者剩余"；三是提高了消费者购买的国内价格，使"消费者剩余"减少。上述三种效应对中国国民福利的影响有正有负，加总一起，仍是负效应。但他同时也指出："事实上中国是手机数码类产品的消费大国，可能有力地影响世界价格。在这种情形下征收行邮税，其造成的国民福利损失依然存在。"这是因为，大国征收关税的贸易政策在一定程度上是"以邻为壑"，容易遭受贸易报复。

其次，对手机数码类产品入关征收行邮税是否符合 WTO 规则？余淼杰认为，根据 WTO《信息技术协定》，IT 类产品要逐渐将关税降至零，而中国早在 2005 年就对计算机类产品实行零关税。但是，行邮税却有所不同。目前的所谓行邮税，事实上是把增值税与关税合并计算，国外也有约定俗成的先例。但正如商务部人士在接受媒体采访时所指出的，以增值税 17% 的适用税率计算，20% 的行邮税还是太高了。

最后，就算对 iPad 征收行邮税合情合理，余淼杰认为对中国整体而言，仍然有些得不偿失。"试想，为避免漏收，海关得额外增加多少人力物力？就算海关机构觉得征税责无旁贷，那么公民入关时为此排队的时间也大大增加，这也会造成福利损失。"

他提醒说，目前 G20 峰会正在召开。中国领导人多次强调应杜绝形形色色的贸易保护主义。如果中国因征收行邮税而授人以柄，成为别国贸易报复的借口，可谓"捡了芝麻丢了西瓜"，得不偿失。

（本文原载于财新网，2010 年 11 月 14 日，节选自余淼杰《'贸'似如此》）

二、征收关税对贸易条件的影响

我们首先要研究一下一国对进口产品征收关税会如何影响该国进口产品的相对国际价格。

在此之前,有必要介绍"大国"和"小国"这两个概念。在国际经济学中,一国的大小并不是以面积或人口来衡量的,而是看在某个市场上该国产品的生产和消费能否直接影响世界价格。如果可以的话,就是大国;否则为小国。比如,加拿大虽然是一个地理上的大国,但在许多产品上并不能影响世界价格,因而是一个小国。虽然日本的地理面积很小,但日本是当今世界第三大经济体,在许多国际商品市场上都能影响价格,所以日本是个大国。当然,中国目前在许多国际商品市场上也是大国。因为中国买哪种商品,该商品的世界价格(因为需求显著增加)就会上升;相反,中国卖哪种商品,该商品的世界价格(因为供给显著增加)就会下降。

假定本国是一个大国,生产两种产品:小麦和汽车。本国进口汽车,出口小麦。如果对进口汽车征税,则国内汽车价格提高,本国生产商看到价格上升,就会增加同类汽车的生产。由于本国是一个大国,汽车生产的增加会显著增加世界汽车的生产。同时,一国资源是有限的,由于更多的要素禀赋流向了本国汽车部门,用来生产小麦的要素禀赋就会下降,所以本国小麦的生产会下降。同样,由于本国是一个大国,小麦生产的减少会显著减少世界小麦的生产。这样,小麦的相对世界供给就会减少,导致小麦的相对供给曲线(RS曲线)左移。如图7-1所示,本国对进口产品汽车征收关税,出口产品小麦的相对供给曲线由RS左移至RS′,小麦的相对需求曲线由RD右移至RD′,因而小麦的相对价格将上升。

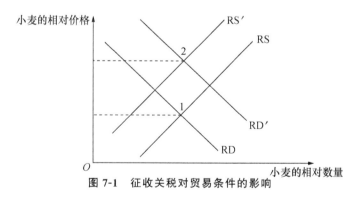

图 7-1 征收关税对贸易条件的影响

同理,由于对汽车征收关税后,汽车的国内价格上升。由于消费者可以通过对两种商品进行互相替代来达到以前的效用,那么,本国就会增加对小麦的消费,而减少对汽车的消费。又由于本国是一个大国,因此对这两种商品需求量的变化也会对世界需求量产生显著的影响。所以,小麦的相对世界需求就会增加,导致小麦的相对需求曲线(RD曲线)右移。这样,在均衡时,小麦的相对均衡价格就会上升。

现在我们来介绍一个重要的概念:贸易条件。

贸易条件是指一国出口产品和进口产品的相对世界价格。

在这个定义中,有两点需要注意。第一,贸易条件是指出口产品和进口产品的相对价格,而不是相反。所以,如果出口产品的相对世界价格上升,即为贸易条件改善;反之,则为恶化。第二,贸易条件是指世界价格,而不是指国内价格。这点在我们讨论贸易政策时非常重要,由于实施了关税和其他非关税壁垒,一国的国内价格与国际价格是不相等的。

那么,在上例中,大国对进口产品汽车征收关税后,国际小麦的相对均衡价格上升。注意小麦是本国的出口产品,这就意味着本国的贸易条件改善。所以,我们得出结论:

大国征收进口关税可以改善其贸易条件。

那么,小国征收进口关税时,能不能改善其贸易条件呢?答案是不能。在上例中,如果本国是一个小国的话,那么它对汽车征收关税虽然会增加国内厂商对汽车的生产,但不会对世界汽车的供给造成显著的影响。同理,小国对汽车消费的减少对世界总汽车消费的影响也无足轻重。因此,小麦的相对供给曲线和相对需求曲线并不会有显著的变化。所以,小国征收进口关税无法影响世界价格,因而不会改变其贸易条件。

三、关税的局部均衡分析:产业内的供给、需求和贸易

现在,我们以本国是一个大国为例,考察征收关税后该商品市场需求和供给的变化。在图 7-2 中,左图是本国汽车市场的供求情况。S 为本国的供给曲线,D 为需求曲线。可见,当汽车价格为 P_0 时,本国该商品实现均衡,没有进口需求。而如果市场价格降为 P_2,其缺口部分便需要进口来弥补,具体为 D_2-S_2。这样,我们就可得到右边的进口需求曲线(MD 曲线)。当产品价格由 P_2 上升至 P_1 时,本国消费者的需求下降,本国生产者的供给上升,因而进口需求下降为 D_1-S_1。

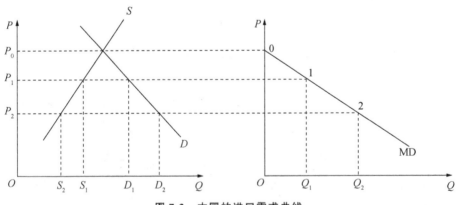

图 7-2 本国的进口需求曲线

相应地,外国会出口汽车。如图 7-3 所示,S^* 为外国的供给曲线,D^* 为外国的需求曲线。可见,当汽车价格为 P_0 时,外国该商品实现均衡,没有出口供给。而如果市场价格升为 P_2,其缺口部分便需要出口来弥补,具体为 Q_2。这样,我们就可得到右边的出口供给曲线。当产品价格由 P_1 上升至 P_2 时,外国生产者的供给上升,外国消费者的需求下降,因而出口供给上升为 Q_2。这样,我们就得到出口供给曲线(XS 曲线),而进口需求曲线和出口供给曲线的交点则为自由贸易时的均衡点。如图 7-4 所示,本国的进口需求曲线 MD 与

外国的出口供给曲线 XS 交于 1 点,此时世界均衡价格为 P_w,世界均衡贸易量为 Q_w。

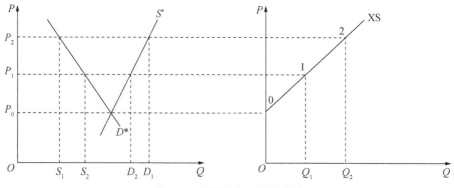

图 7-3 外国的出口供给曲线

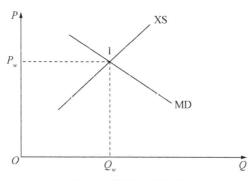

图 7-4 世界市场均衡

事实上,关税像一种交通成本,让贸易者不愿意把一种产品运输到另一个国家,除非国内国外的价格差大于关税。如图 7-5 所示,假设政府对进口征收关税 t,本国的价格从 P_w 变为 P_2,价格的上升会促使本国生产者更多地生产;而外国的价格从 P_w 变为 P_3,价格的下降将促使外国的生产者更少地生产,这样,本国生产者生产得更多而外国生产者生产得更少,进口量将从 Q_w 下降为 Q_t。也就是说,关税使本国的价格上升,而使外国的价格下降,同时进口减少。此处我们可以看到,本国汽车价格的变化幅度小于 t,这是因为外国汽车的出口价格也相应下降了,两者之和等于 t。

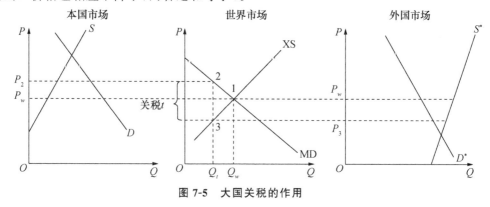

图 7-5 大国关税的作用

应该注意的是,如果本国是一个小国,小国的需求变化量相对于世界的总供给非常小,无法改变世界的价格,从而外国的出口供给曲线是一条水平的直线。这样,如果小国征收进口关税,那么只会造成其进口价格的上升,上升幅度等于 t。如图 7-6 所示,当本国是一个小国时,增加关税不能改变世界价格,因而本国价格由 P_w 上升至 P_w+t,进口需求量由 D_1-S_1 下降至 D_2-S_2。值得强调的是,对小国而言,因为它完全无力影响世界价格,所以它面临的汽车出口供给曲线是一条水平线。换言之,小国面临的出口供给曲线是完全弹性的。

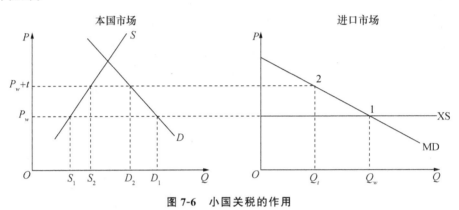

图 7-6 小国关税的作用

最后,注意如果是小国经济,那么征收关税之后,所有的关税额度(比如图 7-6 中的 t)是传递到进口国居民身上的,这时,我们就说关税的传递(pass-through)作用是 100%。而对大国经济而言,征收关税之后只有一部分关税会传递给本国消费者,如图 7-5 所示,关税为 t,但是传递到进口国消费者头上的只有一部分,在这种情况下,我们就说关税的传递率为 $(P_2-P_w)/t$。

◆专栏 7-2◆

扩大进口有利于民生福祉

——《人民日报》访北京大学国家发展研究院余淼杰教授

"党的十九大提出推动形成全面开放新格局,当前增加进口是扩大开放的重要措施。"北京大学国家发展研究院余淼杰教授认为,经济全球化是不可逆转的大趋势,我国主动扩大进口,有助于推动经济高质量发展。

"扩大进口有利于满足我国中等收入群体比例上升后消费结构、消费需求不断升级的趋势。"余淼杰说,受 2008 年全球金融危机影响,过去 10 年,我国面对的外需相对疲软。2017 年最终消费支出占 GDP 的比重已达 53.6%,对 GDP 增长贡献率达 58.8%。可见,消费已成为拉动经济增长的主要动力。2017 年我国人均 GDP 已超过 8 800 美元。同时,我国中等收入群体不断扩大,已有两成居民跻身中等收入群体,城市居民的比重更高。

"先富起来的部分老百姓对消费品的品质和品类都提出了更高要求。从欧盟、日本、美国等发达经济体进口的部分消费品,种类更全、质量精良、产品差异性大,更能满足我国新兴崛起且不断扩大的中等收入群体的需求。"余淼杰说。

"扩大进口有利于提高居民生活水平。"余淼杰认为,更多进口消费品进入国内市场后,在需求端,消费者有了更多的选择机会;在供给端,进口消费品入境后会产生"鲇鱼效应",国内消费品企业面临更激烈的竞争时,将通过适当降低相关消费品价格来创造生存和发展的有利条件,这会增加人民群众生活的获得感。

"扩大进口有利于提升企业绩效,提高企业全要素生产率。"余淼杰介绍,我国进口产品除了最终消费品之外,还包括中间品和资本品。一方面,企业可以从进口的资本品中吸取先进的生产技术等他山之石,边干边学,比学赶超,从跟跑、并跑走向领跑;另一方面,从发达经济体进口的中间品技术含量相对较高,如果企业在生产中能与国内中间品相结合,可以产生"1+1>2"的效应。

"扩大进口有利于民生福祉。我们不仅是扩大农产品和工业品的进口,还要扩大服务贸易进口。比如,在出国留学和境外就医等领域,可以鼓励进口更多的中介服务。"余淼杰说。数据显示,改革开放以来,我国出国留学人员中超八成选择回国发展,成为各行各业的骨干力量。另外,鼓励国内居民到国外看病就诊与老百姓的健康息息相关,扩大这类进口可以使国内老百姓享受到更好的医疗服务。

余淼杰认为,全面开放还包括金融服务业的进一步开放,比如放宽外资银行准入,降低外资银行股比限制,进一步鼓励外资银行、外资保险、外资咨询机构投资国内市场。"开放金融服务业有利于国内居民包括中等收入群体,同时,对于我国金融业也会有明显的促进和激发作用。"

(本文原载于《人民日报》,2018年5月20日)

第二节 关税的梅茨勒悖论和有效保护率

这一节我们进一步介绍关税的知识,具体介绍关税的梅茨勒悖论和有效保护率。

一、关税的梅茨勒悖论

在上面的讨论中,我们已经看到不管是小国还是大国,征收关税之后本国的进口产品国内价格都会上升。但应该指出的是,对小国经济来讲这个结论总是成立的;但对大国经济来讲,这是在没有出现梅茨勒(Metzler)悖论的情况才会有的结果。所谓梅茨勒悖论,是指大国征收关税后,大国的贸易条件大幅度改善,而进口产品的世界价格大幅度下降,这样一种考虑了进口关税之后,本国的进口产品价格不升反降的奇怪现象。由于是由梅茨勒第一次指出,因此,我们把它称为"梅茨勒悖论"。

现在我们来考虑这样两个现象。一个是正常的没有出现梅茨勒悖论时的情况;另一个则是出现梅茨勒悖论时的情况。

如图7-7所示,假设本国进口产品c,进口关税率是20%,初始状态下两种产品的世界相对价格是$\left(\frac{P_w}{P_c}\right)^{w_0}=\frac{3}{5}$,其中$w_0$表示世界初始价格。如果本国是小国经济,那么,征税后两种产品的国内相对价格是 $\left(\frac{P_w}{P_c}\right)^{D_S} = \frac{3}{6}$，其中上标 D_S 代表小国的国内价格。如果本国是大国经济，由于征税之后，本国的贸易条件会改善（假设改善力度不太大）。假定改善后的世界相对价格是 $\left(\frac{P_w}{P_c}\right)^{w_N} = \frac{3.1}{5}$，其中上标 w_N 代表新的世界价格。那么，由于对进口产品征收 20% 的关税，征税后两种产品的国内相对价格是 $\left(\frac{P_w}{P_c}\right)^{D_{LN}} = \frac{3.1}{6}$，其中上标 D_{LN} 代表大国国内新的价格。再比较一下初始的世界相对价格，可以发现征税后进口产品的国内相对价格会上升（因为 $\frac{3.1}{6}$ 小于 $\frac{3}{5}$），这就是我们通常讨论的情况，即没有出现梅茨勒悖论时的情况。

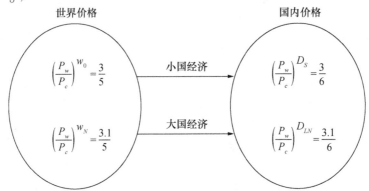

图 7-7 贸易条件稍微改善情况下大国的国内价格

但如果征收了进口关税后，该大国的贸易条件大幅改善，如图 7-8 所示，改善后的世界相对价格是 $\left(\frac{P_w}{P_c}\right)^{w_N} = \frac{4}{5}$，那么，征税后两种产品的国内相对价格是 $\left(\frac{P_w}{P_c}\right)^{D_{LN}} = \frac{2}{3}$。再比较一下初始的世界相对价格，可以发现征税后进口产品的国内相对价格并没有上升，反而下降（因为 $\frac{4}{6}$ 大于 $\frac{3}{5}$）。这就是所谓的梅茨勒悖论。

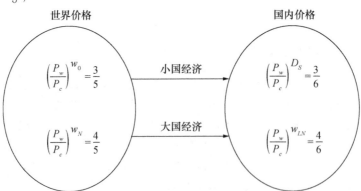

图 7-8 贸易条件大幅改善情况下大国的国内价格

当然，梅茨勒悖论仅是一种理论上的可能性，通常我们不考虑这种情况。[1]

---

[1] 这方面相关的实证研究也较少，有兴趣进一步学习的同学可参阅：余淼杰，2007，"我们能真正排除梅茨勒悖论吗？"，《经济学》（季刊），第 2 期，第 621—646 页。

二、名义保护率和有效保护率

到此为止,我们考察的都是只考虑进口产品是最终品的情况,即名义保护率。但事实上,全球一体化分工是一个越来越重要的现象,如果考虑对一行业中间投入品的保护,那么关税对该进口行业的保护程度会很不一样。这就要求我们用新的指标来衡量保护水平,这里我们介绍一个新的指标——有效保护率(Effective Protection Rate,EPR)。

与普通关税名义保护率不同,有效保护率不仅考虑关税对产成品的影响,还考虑其对中间投入品的影响。有效保护率可用产业增加值的变化率表示。有效保护率可能大于也可能小于关税率,也可能为负。具体的计算公式如式(7-1)所示:

$$\text{ERT}_j = \frac{V_j^N - V_j^0}{V_j^0} \tag{7-1}$$

其中,ERT_j 表示对某一行业 j 的保护水平,V_j^0 是没有征收关税时的附加值,而 V_j^N 是征收了关税后的附加值。现举例说明:若汽车的世界价格为 10 000 美元,成本为 8 000 美元,一国对进口汽车征收 25% 的关税。此时,本国汽车厂商可以在本国市场上将价格定为 12 500 美元。在没有关税时,汽车生产的增加值为 10 000 − 8 000 = 2 000(美元);在征收关税后,汽车生产的增加值为 12 500 − 8 000 = 4 500(美元)。有效保护率即本国汽车厂商获得增加值的变化:(4 500 − 2 000)/2 000 = 125%。

如图 7-9 所示,假设每辆汽车的投入成本是 8 000 美元,整车价格为 10 000 美元,如果一国对汽车征收 50% 的关税,对中间投入品征收 20% 的关税。汽车生产成本变为 8 000×(1+20%) = 9 600(美元),国内汽车价格则变为 10 000×(1+50%) = 15 000(美元),汽车的增加值变为 15 000 − 9 600 = 5 400(美元);这样,对汽车的有效保护率为(5 400 − 2 000)/2 000 = 170%。

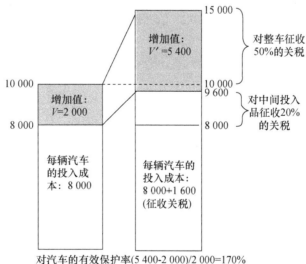

图 7-9 有效保护率分析

注:单位为美元。

这就是说,当对最终品征收的关税率大于对中间投入品征收的关税率时,有效保护率会大于最终产品的关税率。

要注意的是,当对最终品征收的关税率小于对中间投入品征收的关税率时,有效保护率则为负值。比如,在上例中,如果最终品征税 50%,而中间投入品征税 75%,则中间投入品加征关税后的价格为 14 000 元,同样计算方法可得有效保护率为(1 000 − 2 000)/2 000 = −50%。

当然,在现实生活中,一个最终品会用到许多中间投入品,这样,上式就过于简单,不足以有效地衡量一个行业的实际保护水平。这时,我们通常采用式(7-2)来计算:

$$e_j = \frac{t_j - \sum t_{ij} a_{ij}}{1 - \sum a_{ij}}, \tag{7-2}$$

其中,t_j 是最终品的关税,t_{ij} 是第 i 种中间投入品的关税,a_{ij} 是第 i 种中间投入品价值占最终品价值的比例。

第三节 征收进口关税的福利分析:理论部分

一、小国进口关税

现在我们来分析小国征收关税后对该国福利的影响。在此之前,我们要介绍两个概念。第一个是**生产者剩余**,它衡量的是生产者愿意销售的产品价格和真实销售价格之间的差额。如果生产者愿意销售的产品价格小于真实销售价格,那么我们就说生产者有生产者剩余,否则为生产者亏损。真实销售价格可以直接地被我们观察到,但又如何知道生产者愿意销售的产品价格呢?事实上,该产品的供给曲线就代表着生产者在每一个报价下愿意销售的产品数量。所以,生产者剩余就是供给曲线和价格线之间的区域。在图 7-10 中,生产者剩余就是图中三角形 BCD 的面积。

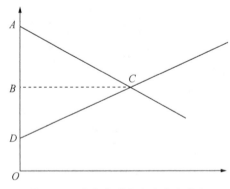

图 7-10 消费者剩余和生产者剩余

第二个是**消费者剩余**,它衡量的是消费者愿意接受的产品价格和真实销售价格之间的差额。如果消费者愿意接受的产品价格大于真实销售价格,那么我们就说消费者有消费者剩余,否则为消费者亏损。那我们又如何知道消费者愿意接受的产品价格呢?事实上,该产品的需求曲线就代表着消费者在每一个报价下愿意消费的产品数量。所以,消费者剩余就是需求曲线和价格线之间的区域。在图7-10中,消费者剩余就是图中三角形 ABC 的面积。

如图7-11左图所示,小国对进口产品征收关税 t,本国国内进口产品价格会由 P_w 直接上升到 P_w+t。由于进口产品的价格上升,消费者剩余减少,具体的减少额度为梯形面积($a+b+c+d$)。同理,进口产品的价格上升,生产者剩余增加,具体的增加额度为梯形面积 a。同时,由于征收了进口关税,政府收入会增加,增加的幅度为长方形面积 c。那么,总的社会福利会如何变化呢?这可以通过把消费者剩余、生产者剩余和关税收入的变化加总而得到。加总可见,小国征收关税后总的社会福利是减少的,具体减少了($b+d$)的面积,这在国际贸易学上通常被称为征收关税的"无谓损失"(Deadweight Loss)。由于三角形 b 表示的是征收了关税之后生产者多生产的部分,通常我们把它称为"生产者扭曲三角"。同理,三角形 d 表示的是征收了关税之后消费者少消费的部分,通常我们把它称为"消费者扭曲三角"。

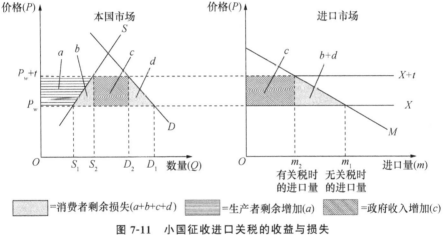

图 7-11 小国征收进口关税的收益与损失

图7-11右图表示的是对该产品征收关税之后进口市场的变化。如前所述,由于本国是小国经济,因此它面临的出口供给曲线是一条平行于横轴的直线。征收了进口关税后,出口供给曲线由 X 上升到 $X+t$,进口量也相应地从 m_1 下降到 m_2。因此,右图中 c 的面积和左图 c 的面积相等,即为政府关税收入。同理,大三角形的面积($b+d$)是左边两个三角形 b 和 d 的和,代表着征收关税之后福利的损失。

图7-12为小国征收关税情况的另一种表示。TT' 为该国的生产可能性曲线,y_0 为最初的无差异曲线,本国在 A 点生产,在 G 点消费。征收关税后国内相对价格下降,预算曲线1变得更平缓,变为预算线2,此时,生产者在 B 点生产。消费预算线因关税收入的增加由位置2上升到位置3。此时,消费点在 J 点。新的贸易三角是 BJL,比原来的贸易三角 AGK 要小。同时,y_1 为现在的无差异曲线;可见,征收关税之后该国福利下降了。

值得强调的是,预算线4同预算线1平行。要证明这一点,需注意:由于我们假设贸易平衡,有 $PM+X=0$,其中 P 是进口产品与出口产品的相对价格;征收关税后新的预算平衡线是 $(P+t)M^*+X^*=tM^*$,其中 M^* 代表新的进口量,X^* 代表新的出口量。简单变化后,仍有 $PM^*+X^*=0$,征收关税前后国内的价格组合不发生变化,故预算线4与预算线1

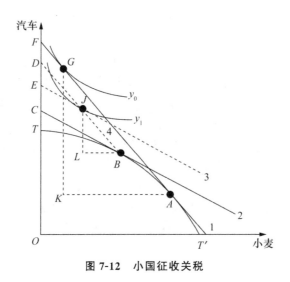

图 7-12 小国征收关税

平行,即新的消费点在原价格下仍然消费得起。换言之,征收关税之后新的进口量在原来的世界水平下也可以承受得起。

二、大国征收关税的福利影响

那么,大国征收关税结果又将如何呢?与小国不同的是,大国征收关税可以改善贸易条件,即表现为进口产品的相对世界价格下降。如图 7-13 左图所示,P_w 为自由贸易价格。征收进口关税后,进口市场的供给价格上升,每一个进口价格都会增加,如图 7-13 右图所示,出口供给曲线由 X 上升到 $X+t$,进口量也相应地从 m_1 下降到 m_2。此时,国内进口产品的价位为 P_2,国内生产 S_2 消费 D_2,而世界该产品的价位则为 P_3。国内该产品价格上升了;而世界该产品的价格则下降了,世界产品价格的下降就是贸易条件的改善。

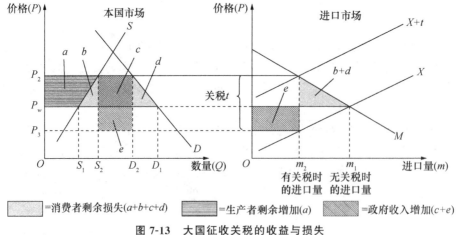

图 7-13 大国征收关税的收益与损失

大国征收关税的福利变化情况如下:消费者剩余减少了梯形 ($a+b+c+d$),生产者剩余增加了三角形 a;此时,与小国不同的是政府收入为 ($c+e$),其中 e 是贸易条件改善带来的收入。这样,总福利的变化为$[e-(b+d)]$,该值可正可负。如果贸易改善的值大于福利损失的值(即$e>b+d$),则大国征收关税可改善该国福利。

要注意的是,贸易条件改善部分(e)的获得是在损害他国利益的基础上得到的。在现实生活中,这种以邻为壑的贸易政策很容易引起外国政府的报复,因此,大国征收关税可改善一国福利的结论是在假定他国不实行贸易报复的前提下才能得到的。

◀ 专栏 7-3 ▶

备战促和,沉着应对中美贸易摩擦

2018年3月23日,美国特朗普总统签署备忘录,根据2017年发起的"特殊301调查"初步结果,认定中国在美国知识产权和商业秘密方面存在盗窃行为,拟对中国税额约600亿美元的货物征收高达25%的进口关税。美国贸易代表办公室在两周内将落地具体征收关税方案。7小时后,中国商务部马上出台具体应对措施,对约30亿美元的美国进口农产品加征15%或25%的高关税,至此,中美贸易摩擦升级。

特朗普为何步步紧逼?

中美贸易摩擦近一年来逐步升级,早在2017年年初,特朗普一上台马上威胁要把中方定义为汇率操纵国,征收高达45%左右的关税。接着,2017年七八月份,特朗普又指责中国存在盗窃美方知识产权的行为,开始启动对中国的"301调查"。到了2018年年初,美国再次升级贸易摩擦。美国准备对其主要进口国的进口钢铁品征收高达20%的关税。同时,又似乎网开一面,指出有些国家可以通过谈判取得关税豁免。可以预期的是,北美自贸区的加拿大和墨西哥可以豁免,欧盟最终也能顺利过关,但唯独中国不太可能豁免。最近靴子落地,根据所谓的"301调查"结果,美国准备对中国600亿美元的产品课税。中美贸易摩擦步步升级,终于擦枪走火了。

特朗普团队之所以这么做,表面的原因自然是中美贸易逆差、中美贸易失衡。以中国口径计算,中美贸易逆差保守的数据在2017年高达2760亿美元,占了美国贸易逆差的2/3。对此,美国断定,之所以有大量双边贸易逆差,主要是因为中国长期实行出口退税等补贴政策、知识产权盗窃,甚至中国可能对美国市场有低价倾销行为。

因此,美国希望通过对中国进出口征收高关税来减少贸易逆差。尽管中美钢铁行业贸易额相对比较低,只有17亿美元,占不到中美贸易总额的一个百分点,但美国贸易摩擦首指钢铁产业,主要是因为美国的钢铁工会力量很强,经常组成特殊利益集团游说两党,影响到总统及两院的选举结果。

不过,这次"301调查"结果比坊间预计的结果更差。因为在20世纪90年代美国对华的三次"301调查"都是"雷声大雨点小",所以市场上预计这次调查也会无疾而终。但特朗普不是克林顿,不仅开出天价筹码,涉税金额达600亿美元,而且箭指中国核心产业——高铁装备、新一代电子通信业、新能源汽车等。其实,美国认定中方在这些领域存在知识产权保护过弱或者剽窃美方技术,是"欲加之罪何患无辞"。美国高铁产业并不是世界领先,中国何来剽窃?相反,众所周知,许多高铁装备技术都是中方自主研发的。

所以,特朗普通过"特殊301调查"来挑起贸易争端,可以说是"项庄舞剑,意在沛公"。此次贸易摩擦所指的行业都是中国新型工业化建设的核心产业,或是代表着中国国家高端制造业发展的方向,已经超越了贸易争端。所以这次的贸易摩擦升级表面上是因为双边贸易失衡,但实质上是美方希望通过贸易壁垒打压中国未来发展的高端制造业产业。

美国总统在此前的国情咨文中已经写得很明白,"中国是美国发展的战略竞争对手"。卧榻之旁,岂容他人酣睡?作为一个竞争意识很强的商业高手,特朗普当然懂得"不战而屈人之兵"为上上策。所以,如果中方对美方不断扩大的贸易摩擦不作为的话,恐怕是"树欲静而风不止"。

中方只能"备战促和"

为回答这个问题,不妨回溯下过去一年中美的贸易博弈。当特朗普2017年威胁要把中国定义为汇率操纵国时,中国的确做出了很大的让步,并尽最大诚意,力求平息贸易争端。在特朗普"百日计划"出台后,中国在5月份推出了一系列措施,在10个领域增加从美进口数量。事实上,如果美国不对华实行高科技产品出口限制的话,中国愿意从美方进口更多商品。

但事与愿违,8月份美国开启对中国的"301调查"。中国对此并没有启动大规模的双反措施。接着,11月份特朗普访华,为了争取贸易合作双赢,中国更是开出2500亿美元的进口大单,这完全可以弥补美方一年的中美贸易赤字。特朗普走的时候很开心,高赞中国的合作支持。这一趟,特朗普是赢了"面子",也得了"里子"。但时隔不久,一开年就杀个"回马枪",重启钢铁高关税。

应该深刻地认识到,中美两国双边贸易失衡,并非是两国贸易政策所导致的结果,而是两国要素禀赋比较优势的自然结果,也是两国深度融入全球经济一体化的必然结果。

相对于美国而言,中国是劳动力丰富型国家,纺织鞋帽等劳动力密集型产品的成本优势非常明显,所以中方在这些劳动力密集型产品上有比较优势。至于电子、机械、交通运输产品等中国最大的出口产品,其实大多是加工贸易,毕竟加工贸易目前还占中国出口额的1/3,许多核心零部件都是从美国、欧盟、日本和韩国进口的。

这就会有两个含义:第一,中国虽有巨额贸易顺差,但不等于中国有巨额贸易利差。比如中国iPod出口离岸价为209美元,但各中间品进口已达200美元,所以只得利差9美元,中国挣的其实只是装配、加工的钱。

第二,如果中国的中间投入品大部分是从美国进口,特朗普对中国最终品课税,其实受损大头还是美国企业。北京大学余淼杰教授与上海财经大学余智教授、美国乔治敦大学Ludema教授和Mayda教授的一个合作研究已为此提供了大量的实证研究证据。目前美国学术界和部分企业界有识之士也对特朗普政府非常不满。在日前的一次学术研讨会上,诺贝尔经济学奖得主迈克尔·斯彭斯(Michael Spence)甚至鼓励中国对美国征收更高的关税,以牙还牙。

以目前情形来看,中国已经无路可退。如果一味绥靖纵容,美国肯定会变本加厉,不断提高筹码,到时,中国制造业将面临更大挑战,实体经济发展会更难,"和气生财"只是一厢情愿。所以,如今之策,只有备战促和,以小战换大和。

当然,并不是说中国目前对美国30亿美元进口产品征收高关税,特朗普就会停手进行贸易谈判。在国际经贸博弈中,知己知彼是最起码的要求,但同时对方也会"知己知彼"。聪明人不会假设自己比对方更聪明,在这个具有完美信息的博弈中,如果美国继续步步升级贸易摩擦,美国能赢吗?中国该怎么办?

那么,如果特朗普继续升级贸易摩擦,两周后做实"301罚单",同时,对中国出口到美国最重要的机械、电子设备、交通运输产品征收高关税的话,那么贸易摩擦将全面来临。对此,中国该何去何从?

中方应对贸易摩擦的三种对策

回过头来讨论若贸易摩擦进一步升级,中国的可能对策和影响。

中国的第一个对策是:只挨打不还手,继续打太极,口诛笔伐而实不至。如果中国采取这个对策,中国失去占目前出口总额13%的美国出口市场,那么中国的出口将受到很大影响,会有大批制造业企业倒闭减产,工人下岗失业,总体福利恶化,在62个主要贸易国中福利变化排名居中。

中国的第二个对策是:来而不往非礼也,中国以牙还牙,对美国主要出口产品征收高达45%的关税;同时,不采取其他贸易策略政策,中国依然保持巨额贸易顺差。如果中国采取这个对策,短期内中国的经济损失会较大。一方面,因为无法向美国出口商品,中国就业会受到影响。另一方面,因为没有美国的进口产品,国内上游生产品价格会上涨,所以国内生产者价格指数或者消费品价格指数会上涨,老百姓真实收入下降。在62个主要贸易国中福利变化排名居后。所以如果贸易摩擦进一步升级,我们应该对短期阵痛有充分的心理准备。但如果能"以战止战"的话,则短期的贸易摩擦阵痛可以换来长期的自由贸易所得。

中国的第三个对策是:中国以牙还牙,对美国主要出口产品征收高关税;同时,中国扩大从其他国家特别是欧盟、东盟以及"一带一路"沿线国家的进口。欧盟和东盟目前是中国的最大和第三大贸易伙伴,中国与"一带一路"沿线68个国家和地区的贸易额占了中国外贸总额的1/4。如果中国能从这些国家增加进口,则可以有效降低上游生产品和下游消费品的国内价格,有效地提升老百姓的真实工资。这样,中国基本上不会受到中美贸易摩擦的影响,总体经济福利变化不大。

所以,从短期看,中美产生贸易摩擦,中国肯定会有阵痛。但从长期看,如果中国只挨打不还手,中国会输了"面子",也输了"里子",是为下策;如果中国实行贸易报复,以牙还牙,则可以"以战止战",是为中策;如果中国实行贸易报复,同时增加从欧盟和东盟国家的进口,则中国基本不受中美贸易摩擦的影响,是为上策。

有利、有理、有节应对中美贸易摩擦

摸清中美贸易摩擦进一步升级的可能影响后,如何应对目前的中美贸易摩擦呢?

首先要做好预判:特朗普下一步会怎么办?有一种可能是,600亿美元的罚单是在试探中国的反应。如果中国听之任之,两周后先坐实600亿美元涉税罚单,之后贸易摩擦会步步升级。如果这样,中国的最优策略是做出强硬反应,并以官方渠道公布。这样,可以给美国传递信号:如果继续制造贸易摩擦,中国一定反制,并不给自己任何退让的可能或空间。这其中多少有点类似"巨鹿之战"中的破釜沉舟,置之死地而后生。若中国的反应强硬,利益优先的特朗普多半会知难而退,两周后找个台阶下,大家握手言和,和气

生财。

当然,特朗普也可能继续硬对硬。如果这样,中国要做好贸易摩擦全面升级的准备。那么,目前的最佳做法是积极备战,以战促和,可以争取贸易谈判,但不要把希望寄托在WTO争端机制上。毕竟,空谈误国。

那么,如何做到"备战促和"呢?余淼杰认为,要做到"有利、有理、有节"三点。

什么是"有利"?就是要打痛"敌人",但不要一下子打中其要害。这次对美国30亿美元进口产品征税就是很好一例。先不"打"大豆、飞机,因为这样会"伤筋动骨",美国肯定会全面反击,这不是我们的初衷,毕竟,中美合作共赢是我们追求的终极目标。对农产品课以高税,会动了美国农会联合会的"蛋糕"。美国农业虽然只占其GDP极小的一块,但美国农会联合会非常团结,经常组成利益集团游说两党,这样,特朗普"后院起火",麻烦不小。"有理"自然是必须证据确凿。"有节"则应该是"打打停停"。对特朗普,要观其言,察其行。边"打"边和,不妨以"打"促和。

总之,今天的中美贸易是你中有我,我中有你,两国贸易利得如同意大利面,剪不断理还乱。中国只有抛掉幻想,积极备战,不惜以小战换大和。全球化的趋势不可能因特朗普一人而有根本性的改变。只有坚持自由贸易,努力促进全球化才能利己利人。

(本文原载于《人民日报》(海外版),2018 年 3 月 26 日)

三、最优关税水平

现在我们来探讨一国的最优关税水平。在此我们区分国家是小国和大国两种情况进行分析。先考虑一国是小国。由前文的分析可知,小国如果征收关税,势必会造成该国福利损失。所以,**对小国而言,最优的关税就是不征收关税**,即小国的最优关税为 **0**。

那么,对大国而言呢?由于大国征收关税,对国民的福利影响可正可负。要计算该国的最优关税,就要找出这样的一点,使多增加一单位关税所改善的贸易条件正好等于其所造成的贸易损失。这样,该国就没有激励偏离该点。

如果标记关税率为 η,则最优关税应满足如下条件:

$$\left|\frac{\Delta e}{\Delta \eta}\right| = \left|\frac{\Delta(b+d)}{\Delta \eta}\right| \tag{7-3}$$

在现有关税水平对福利变化影响等于 0 时,本国福利最大。如图 7-14 所示,初始,该大国征收从价关税率 η,征收后国内价格为 P_0,而世界价格为 P_0^*;这样,该国征收关税的福利损失是三角形 cef,而贸易条件改善部分是长方形 $P_w P_0^* he$。

现在,如果该国稍微多征收一点关税,则福利损失三角变为 adf,由此可见新增的贸易损失是梯形 $adec$。同理,该国稍微多征收一点关税所得到的贸易条件改善则是 $P_w P_1^* id$。换言之,新增的贸易条件改善部分是长方形 $P_0^* P_1^* ig$,而损失的贸易条件部分则是长方形 $dehg$。所以,最优关税就是找出这样一个关税的变化使得长方形 $P_0^* P_1^* ig$ 等于梯形 $achg$。

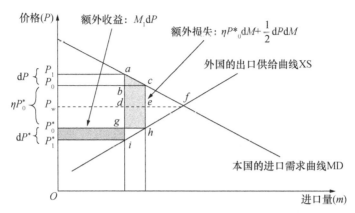

图 7-14 略微提高关税率引起的额外收益及损失

在数学上,这可以表达为

$$M_1 \mathrm{d}P_1^* = \eta P_0^* \mathrm{d}M + \frac{1}{2}\mathrm{d}P\mathrm{d}M \tag{7-4}$$

忽略小三角形的面积,注意 $M_1 \mathrm{d}P^* = \eta P_0^* \mathrm{d}M$,所以有:

$$\eta - \frac{M_1}{P_0^*}\frac{\mathrm{d}P^*}{\mathrm{d}M} = 1/\varepsilon_x \tag{7-5}$$

即最优关税等于出口供给弹性的倒数。因此我们有如下结论:

大国的最优关税率 η 为出口供给曲线弹性的倒数。

注意,这一结论很好地统一表达了小国的最优关税水平。这是因为,如前所述,小国所面临的出口供给曲线是一条平行于横轴的直线,因而出口供给弹性为无穷大。而无穷大的倒数会趋向于零,所以,小国的最优关税就是零关税。

第四节 征收进口关税的福利分析:实证部分

本节主要从实证角度分析大国征收进口关税造成的福利变化。

特朗普自上任伊始,就不断扩大中美贸易摩擦。起初,美国欲将中国定义为汇率操纵国;2017年7月,对中国进行知识产权保护的"特殊301调查";2018年年初,对主要贸易国欧盟、中国、加拿大的进口钢铁征收25%的高关税、进口铝征收10%的高关税;2018年3月,对约600亿美元的中国十大产业贸易品征收高关税。

对此,Guo et al. (2018)以美国新任总统特朗普威胁对中国进口产品征收高额关税为政策背景,基于 Eaton and Kortum(2002)的多部门-多国家-产业联系的一般均衡模型,分析了关税对国民福利的影响。该文章发现一旦美国对中国或世界其他主要工业化国家征收45%的关税(或者美国进口产品的贸易成本上升45%),就会对全球贸易造成灾难性影响。就社会福利(实际工资)而言,中国只会受到有限的负面影响,美国则是贸易摩擦的最大输家,其社会福利损失是巨大的。此外,一些小型开放经济体可能会从中略微获益,而另一些与美国有区域贸易合作的国家则会因受到美国的牵连和贸易摩擦前经常项目赤字而遭受福利损失。因此,对美国而言,发动贸易摩擦弊大于利。实行自由贸易主义对美国经济乃至全球经济都是最佳的选择。

以下为贸易摩擦不同情形的推理。

一、美国实施全面"关门主义"

我们首先考虑美国单方面对全世界国家征收 45% 的关税的情况。表 7-4 显示中美两国贸易和产出的相对变化。由于高额的关税，所有可贸易部门的产出都明显下降，如第（2）列所示。特别地，美国不再进口石油产品；美国是最重要的石油生产国之一，生产了全球 21% 的原油。同时，石油的进口产出比只有 12%。其他下降明显的行业是造纸业、采矿业、林业和电子产品。

表 7-4 中美两国贸易和产出相对变化 单位：%

行业	美国产值（1）	美国进口（2）	中国产值（3）	中国出口额（4）	美国从中国进口额（5）	中国从美国进口额（6）
农业	8.961	−93.659	0.636	−5.700	−94.381	−29.299
采矿业	55.284	−97.579	−0.740	−3.926	−98.021	−46.530
食品	3.862	−54.872	0.969	−8.539	−55.750	−9.003
纺织业	103.840	−80.940	−6.783	−20.581	−81.480	−34.823
林业	18.581	−96.860	−1.349	−27.260	−97.218	−38.388
造纸业	4.457	−99.421	−1.351	−23.614	−99.552	−46.177
石油	−0.338	−100.000	0.495	−0.765	−100.000	−97.316
化工	16.802	−53.117	−2.657	−8.497	−52.972	−16.859
塑料	15.623	−28.306	−3.633	−8.932	−29.018	−11.808
矿石	18.226	−43.301	0.510	−8.411	−44.285	−9.934
基础金属	43.027	−39.496	−1.648	−5.177	−41.457	−23.511
金属制品	21.244	−84.559	−3.712	−17.665	−85.213	−36.159
机械	5.898	−24.915	−0.330	−5.139	−25.260	−9.495
计算机行业	80.677	−85.029	−15.524	−26.001	−85.198	−35.452
电子产品	70.271	−95.664	−3.325	−21.038	−96.002	−55.748
汽车	12.853	−25.635	0.559	−6.394	−25.925	−16.343
其他交通工具	6.054	−1.365	0.743	−0.462	−1.492	−1.373
其他	11.429	−64.384	−4.335	−15.688	−65.264	−17.786

资料来源：Guo,M., Lu, L., Sheng,L. and Yu,M.J., 2018,"The Day after Tomorrow：Evaluating the Burden of Trump's Trade War",*Asian Economic Papers*，17(1),101-120。

如果美国坚持孤立的贸易政策，国内所有行业的产量是否会相应上升？表 7-4 第（1）列给出了肯定的答案：扩张最大的行业是纺织业，体量几乎扩大了 1 倍；其次是计算机行业，产量扩大 80%；电子产品产量扩大 70%。计算机行业和电子产品的快速扩张容易理解，因为美国在这些行业具有明显的比较优势；纺织业的大幅扩张只是由于美国当前的产量很小。

美国的全球孤立政策看起来对中国的产出并无显著影响,如表 7-4 第(3)列所示。尽管美国是中国最大的贸易伙伴(约占中国贸易总量的 13%),中国仍然能依靠庞大的国内市场和世界市场维持"全球工厂"的地位。毫无疑问,中国对美国出口会大幅下降,受到冲击最严重的五个行业分别是石油、采矿业、造纸业、林业、电子产品。作为全球供应链的重要特征,中国从美国进口大量的中间品,并在加工后将最终品重新销往美国。事实上,美国减少的中国进口量,同样会导致中国从美国中间品进口的减少,见 Ludema et al. (2018)。表 7-4 第(6)列报告了这一结果,中国受到冲击最大的三个行业分别是石油、电子产品、采矿业。

如果特朗普对全世界征收高额关税,谁会受益、谁会受损?表 7-5 列出了前十大获益国家和受损国家。为了不失一般性,我们用真实工资来表示福利变化,见 Caliendo et al. (2015)。很明显,美国是全球孤立政策最大的受损国,真实工资相比于自由贸易时下降近 2%。加拿大和墨西哥与美国在同一个贸易集团内,因此也成为美国贸易摩擦的最大受损国之一。相比之下,小型开放经济体(如卢森堡、新加坡)和石油丰富国家(如文莱、挪威、荷兰、沙特阿拉伯)从美国贸易摩擦中获益。表 7-5 体现的最基本的信息就是,无论如何,美国都不会从贸易摩擦中获益,这与李嘉图定理一致,自由贸易是最好的选择。

表 7-5 前十大获益国家和受损国家

排名	获益国家	w_n/P_n(%)	排名	受损国家	w_n/P_n(%)
1	卢森堡	1.642	53	印度	−0.607
2	新加坡	1.454	54	以色列	−0.615
3	文莱	0.961	55	希腊	−0.742
4	冰岛	0.634	56	越南	−0.747
5	爱尔兰	0.622	57	土耳其	−0.810
6	挪威	0.593	58	柬埔寨	−0.918
7	瑞士	0.539	59	哥斯达黎加	−1.221
8	荷兰	0.502	60	加拿大	−1.335
9	马来西亚	0.449	61	墨西哥	−1.429
10	沙特阿拉伯	0.402	62	美国	−1.739
33	中国	−0.158			

注:w_n/P_n 是 n 国的真实工资变化。

二、中美对抗

我们接下来分析中美对抗对产出、贸易和福利的影响。美国实施全面"关门主义"的情况和中美对抗的情况有四个相同点。如表 7-6 所示,第一,由于美国对中国产品征收高额关税,美国产值、进口、从中国进口都与美国实施全面"关门主义"的情况相似。在计算机行业、纺织业、电子产品这三个行业,美国产值会扩张。第二,美国大多数行业的进口会降低,石油、纺织业、林业、计算机行业进口量下降最多。第三,中国产值和出口的变化程度与美国实施全面"关门主义"的情况类似,纺织业和计算机行业产值和出口显著降低。第四,小国的情况也和美国实施全面"关门主义"的情况类似,会从贸易摩擦中获益。

表 7-6 中美两国贸易、产出变化量　　　　　　　　　单位:%

行业	美国产值	美国进口	中国产值	中国出口	美国从中国进口	中国从美国进口
农业	−1.138	−10.648	2.454	−4.778	−97.019	−96.039
采矿业	14.053	−4.753	1.926	−0.265	−99.383	−99.188
食品	−4.182	−11.022	2.275	−9.148	−64.931	−60.051
纺织业	23.805	−29.454	−6.291	−22.019	−93.964	−94.776
林业	3.750	−30.035	0.377	−25.455	−98.713	−98.399
造纸业	3.117	−22.252	2.296	−25.697	−99.820	−99.722
石油	16.514	−50.337	2.318	2.233	−100.000	−100.000
化工	−0.300	−8.853	−0.673	−9.058	−69.663	−67.532
塑料	4.022	−8.812	−2.464	−10.976	−44.509	−46.297
矿石	5.432	−15.288	1.686	−8.862	−57.653	−57.154
基础金属	4.716	1.680	−0.127	−2.517	−69.381	−69.745
金属制品	6.476	−25.512	−2.352	−17.738	−92.593	−91.961
机械	−4.516	−15.526	0.556	−8.249	−46.112	−39.959
计算机行业	27.494	−28.328	−14.261	−26.486	−94.544	−95.482
电子产品	19.870	−19.862	−1.948	−19.838	−99.067	−99.065
汽车	−1.269	−3.813	1.417	−11.101	−50.358	−48.160
其他交通工具	3.048	2.962	1.603	−0.365	−10.153	−11.098
其他	−0.600	−26.706	−4.133	−19.367	−78.663	−75.745

资料来源:Guo,M.,Lu,L.,Sheng,L. and Yu,M.J., 2018,"The Day after Tomorrow:Evaluating the Burden of Trump's Trade War",*Asian Economic Papers*,17(1),101-120。

表 7-7 汇报了一些国家的福利变化。美国实施全面"关门主义"的情况和中美对抗的情况的区别在于中美双边贸易和真实工资(福利)的变化。与美国从中国的单边进口下降不同,中美对抗的情况下双边进口量都会大幅下滑,因为两国相互施加的惩罚性关税阻碍了贸易。更重要的是,在这种情况下,中国会有小幅度的福利提升,而美国福利受损;在美国实施全面"关门主义"的情况下,两国的社会福利都会有不同程度的下降。这一结果可能是由于美国失去了中国市场。此时,美国的总出口(和总收入)降低,而在美国实施全面"关门主义"的情况下美国对中国的出口量上升。总之,贸易摩擦对中美两国双边贸易有极大影响,但是对两国贸易总额的影响有限,对产出的影响则更小(除了个别行业影响较大)。

表 7-7 一些国家的福利变化

排名	国家	w_n/P_n(%)	排名	国家	w_n/P_n(%)
1	新加坡	2.633	53	法国	−0.352
2	卢森堡	2.168	54	哥斯达黎加	−0.374
3	爱尔兰	2.040	55	柬埔寨	−0.403
4	文莱	1.927	56	罗马尼亚	−0.511
5	马来西亚	1.467	57	突尼斯	−0.572
6	冰岛	1.419	58	印度	−0.648
7	瑞士	1.194	59	葡萄牙	−0.666
8	挪威	1.175	60	美国	−0.753
9	沙特阿拉伯	1.132	61	希腊	−1.000
10	荷兰	1.073	62	土耳其	−1.121
37	中国	0.080			

注:w_n/P_n 是 n 国的真实工资变化。

三、全球对抗

最后,我们考虑一个极端的情况,即美国对世界各国采取惩罚性高关税,而世界各国对美国也采取相同的报复性关税,其他国家内部则保持原有关税水平。这种情况对应的现实情况就是美国退出 WTO。我们的校准结果显示,这种情况对美国经济造成的情况最为严重。

表 7-8 报告了根据行业产出、进口、中美双边进口的变化校准的结果。与前两种情况的显著区别在于,美国的农产品产出会显著下降近 9%。在中美对抗的情况下,即便中国对美国农产品征收惩罚性高关税,美国仍然会对其他没有征收高关税的国家出口大量农产品。因此,中国的报复性关税对美国的农产品产出影响有限。尽管如此,在当前全球对美国征收高关税的情况下,美国的农产品产出会受到重大影响。

表 7-8 全球对抗下中美两国贸易、产出变化量   单位:%

行业	美国产值	美国进口	中国产值	中国出口	美国从中国进口	中国从美国进口
农业	−8.808	−96.014	2.801	−3.736	−96.482	−96.440
采矿业	43.820	−98.647	0.610	−4.015	−98.926	−99.381
食品	−3.997	−60.858	2.033	−7.703	−61.681	−61.311
纺织业	86.249	−86.305	−5.473	−20.128	−86.677	−95.518
林业	7.180	−98.116	0.666	−25.953	−98.332	−98.634
造纸业	−6.937	−99.711	2.408	−21.848	−99.782	−99.765
石油	−4.335	−100.000	1.439	−4.966	−100.000	−100.000
化工	−3.832	−62.134	0.445	−4.999	−61.959	−69.730
塑料	4.957	−37.436	−1.512	−8.608	−37.505	−48.267

(续表)

行业	美国产值	美国进口	中国产值	中国出口	美国从中国进口	中国从美国进口
矿石	8.019	−51.127	2.098	−8.110	−51.965	−58.930
基础金属	20.374	−53.221	0.515	−2.770	−54.207	−74.188
金属制品	5.473	−89.370	−1.421	−15.027	−89.551	−93.715
机械	−10.131	−34.063	1.645	−3.462	−33.881	−43.256
计算机行业	52.604	−90.162	−11.894	−23.153	−90.075	−95.949
电子产品	50.141	−97.673	−1.172	−17.399	−97.656	−99.400
汽车	3.085	−35.058	2.297	−4.373	−32.395	−54.691
其他交通工具	−1.901	−9.315	2.464	1.564	−9.069	−12.042
其他	−9.185	−70.792	−1.742	−12.012	−71.249	−77.538

资料来源：Guo, M., Lu, L., Sheng, L. and Yu, M. J., 2018, "The Day after Tomorrow: Evaluating the Burden of Trump's Trade War", *Asian Economic Papers*, 17(1), 101-120。

全球对抗对美国进出口的影响远甚于前两种情况。表 7-8 最后一列显示，中国从美国进口的 18 个贸易部门中，9 个部门进口量减少 90% 以上。如果美国的国际贸易显著减少，那么美国的国内生产一定会扩张，特别是以往依赖进口的行业。比如，美国纺织业产出会增加 86.249%，从而弥补国内需求与供给之间的巨大缺口。

表 7-9 描述了一些国家的福利变化。很明显在这种情况下，美国的福利损失最严重，真实工资下降 2.246%。加拿大和墨西哥会受到连带的重大影响，因为美国是它们的最重要贸易伙伴。相反，中国在这种情况下受到的福利影响几乎可以忽略。并且，由于美国需求降低导致全球商品价格下跌，一些小型开放经济体甚至可以从中获益。

表 7-9 校准后一些国家的福利变化

排名	国家	$w_n/P_n(\%)$	排名	国家	$w_n/P_n(\%)$
1	新加坡	1.298	53	希腊	−0.789
2	卢森堡	1.243	54	土耳其	−0.901
3	荷兰	0.550	55	越南	−0.927
4	挪威	0.544	56	哥伦比亚	−0.954
5	爱尔兰	0.411	57	以色列	−1.008
6	捷克	0.356	58	柬埔寨	−1.241
7	瑞士	0.338	59	美国	−2.246
8	俄罗斯	0.322	60	哥斯达黎加	−2.427
9	丹麦	0.310	61	加拿大	−2.766
10	冰岛	0.262	62	墨西哥	−2.786
22	中国	−0.033			

注：w_n/P_n 是 n 国的真实工资变化。

第七章 关税政策

本章概要

1. 关税主要分为从价税和从量税两种。
2. 贸易条件是指一国出口产品和进口产品的相对世界价格。
3. 大国征收进口关税可以改善其贸易条件,而小国征收进口关税则不会改善其贸易条件。
4. 梅茨勒悖论是指大国征收关税后,大国的贸易条件大幅改善,而进口产品的世界价格大幅下降。
5. 与普通关税名义保护率不同,有效保护率不仅考虑了关税对最终品的影响,还考虑了对中间投入品的影响。
6. 小国的最优关税率为零,大国的最优关税率 η 为出口供给曲线弹性的倒数。

习题

1. (1) 若汽车的世界价格为 8 000 美元,成本为 6 000 美元,一国对进口汽车征收 25% 的关税。此时的有效保护率是多少?

(2) 现假设每辆汽车的投入成本是 8 000 美元,中间投入品需要进口,世界价格为 10 000 美元,如果一国对汽车征收 50% 的关税,对中间投入品征收 20% 的关税。此时的有效保护率是多少?

2. A 国是一个小国,无法影响世界价格。它以 10 美元的价格从世界进口食物,需求曲线为: $D = 400 - 10P$,供给曲线为 $S = 50 + 5P$。现在考虑征收 5% 的进口关税。

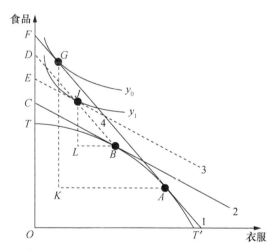

(1) 征收关税后的国内价格与进口量是多少?

(2) 画图并计算消费者与生产者的福利变化,以及关税对该国所造成的无谓损失。

(3) A 国也出口衣物。在上图中,直线 1 是自由贸易下的相对价格,直线 2 是征收关税后的相对价格。请解释直线 3 的经济含义,并试说明:直线 4 表明新的进口-出口约束点

(点 J 与点 B)在原来的价格下仍支付得起(假设贸易平衡)。

参考文献

[1] Caliendo, L., Dvorkin, M. A. and Parro, F., 2015, "Trade and Labor Market Dynamics", Yale University Working Paper.

[2] Eaton, J. and Kortum, S., 2002, "Technology, Geography, and Trade", *Econometrica*, 70(5), 1741–1780.

[3] Guo, M., Lu, L., Sheng, L. and Yu, M. J., 2018, "The Day after Tomorrow: Evaluating the Burden of Trump's Trade War", *Asian Economic Papers*, 17(1), 101–120.

[4] Ludema, R., Mayda, A. M., Yu, M. J. and Yu, Z., 2018, "Endogenous Trade Policy in a Global Value Chain: Evidence from Chinese Micro-level Processing Trade", mimeo, Peking University.

第八章

非关税壁垒

【重点难点】

- 理解在不完全竞争下进口配额对福利的影响。

【学习目标】

- 理解出口补贴对福利的影响。
- 理解在不同的市场结构下——完全竞争和不完全竞争下进口配额对福利的影响。
- 理解进口配额的特殊形式——自愿出口限制。
- 了解其他贸易政策。

【素养目标】

本章通过介绍出口补贴、进口配额等知识点，帮助学生进一步了解贸易政策，使学生深刻理解党的二十大报告中"加快构建以国内大循环为主体、国内国际双循环相互促进的新发展格局"的现实意义。

[引导案例]

1980年上半年,从紧的货币政策使美国的经济紧缩,利率上升,美元升值,出口恶化,经济萧条。1980年7月,美国汽车工人向美国国际贸易委员会提出基于"201条款"的申请。然而美国国际贸易委员会认为汽车行业不景气主要是汽车行业自身的问题,而不是因为汽车进口的增加,所以驳回了他们的申请。之后,随着美日两国贸易摩擦的升级,日本政府决定妥协。1981年5月1日,日本同意在将汽车出口给美国时实行自愿出口限制。1981年的汽车出口限制是183万辆,1984年为202万辆,1985年为251万辆,这个政策一直持续到1987年。日本的汽车自愿出口限制有效地限制了汽车的出口。之后,日本汽车企业到美国直接投资,建立工厂,所以日本汽车企业真正的出口一直低于自愿出口限制的规定。因此,这项政策到1994年就停止了。据芬斯特拉教授估计,这个阶段美国的福利损失大概是每辆车1 034美元。这种自愿出口限制是进口配额的一种特殊形式,本章我们就为大家介绍国际贸易中的非关税壁垒。现实生活中的非关税壁垒种类很多,这里我们主要探讨出口补贴、进口配额等几种。

第一节 出口补贴

出口补贴分为从量补贴与从价补贴。从量补贴指的是对每单位出口产品给予固定的补贴额度,而从价补贴是按照出口产品价值的一定比例进行补贴。

如图8-1所示,现假设有两种商品:小麦和汽车。本国出口小麦进口汽车,现在本国对小麦进行出口补贴。由于本国对小麦实行出口补贴,小麦的国内相对价格会上升,因此本国生产者的出口受到鼓励,会更多地生产。而由于本国是大国,因此小麦的相对供给曲线(RS)会向右移动。

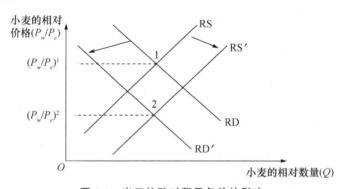

图8-1 出口补贴对贸易条件的影响

同时,注意到小麦的相对价格会上升。这是由于如果国内小麦的价格不变的话,那么厂商就不会供应给国内市场。国内的消费者要买到和以前一样多的小麦,就不得不出一个更高的价格。那么,由于国内小麦价格上升,消费者将会减少小麦的消费。而由于本国是一个大国,这样,小麦的相对需求曲线(RD)就会向左移动。结果,小麦的相对价格由$(P_w/P_c)^1$下降至$(P_w/P_c)^2$,小麦的相对均衡价格就会从点1降到点2,即本国的贸易条件恶化。

当然,如果该国是小国的话,那么小麦的生产和消费都对世界市场没有太大的影响,因此,小国的出口补贴对贸易条件没有影响。

那么,一国实行出口补贴,会如何影响到它的福利呢?我们分大国和小国来对此进行分析。先分析小国的情况。如图 8-2 左图所示,现假定小国实行从量出口补贴 s,那么其价格会从 P_w 上升到 P_w+s,这样,由于该产品国内价格上升,国内对该产品的需求从 D_1 减少到 D_2,消费者剩余减少了 $(a+b)$ 部分;同时,国内对该产品供给从 S_1 增加到 S_2,生产者剩余增加了 $(a+b+c)$。由于实施出口补贴,政府为此需付出的支出是 $(b+c+d)$。把这几项加总在一起,实施出口补贴会使国民福利下降 $(b+d)$,其中,三角形 b 代表消费者损失,而三角形 d 代表生产者损失。

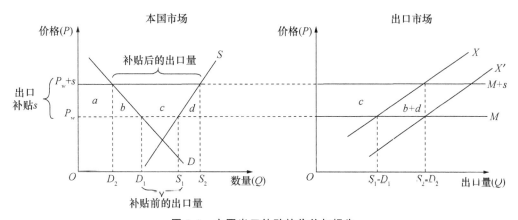

图 8-2 小国出口补贴的收益与损失

图 8-2 右图给出了出口市场的出口供给曲线和进口需求曲线。由于本国是小国,无力影响世界价格,因此它面临的进口需求曲线是一条平行于横轴的线。

而如果本国是个大国,那么实行出口补贴会使得情况变得更坏,该国的福利损失会更大。如图 8-3 左图所示,如果该大国实行从量出口补贴 s,那么其价格会从 P_w 上升到 P_1,而出口补贴会令该国贸易条件变坏,即出口产品的世界相对价格下降到 P_2。这样,消费者剩余减少 $(a+b)$;生产者剩余会增加 $(a+b+c)$;政府的出口补贴为 $(b+c+d+e)$;总福利会减少 $(b+d+e)$。可见,对于大国,其福利损失远大于小国。

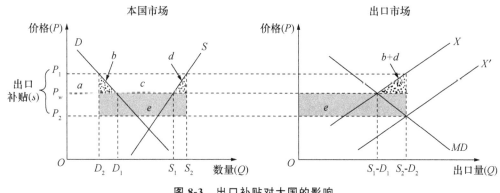

图 8-3 出口补贴对大国的影响

图 8-3 右图给出了出口市场的出口供给曲线和进口需求曲线。由于本国是大国,可以

影响世界价格,因此它面临的进口需求曲线是一条向下方倾斜的直线。图中 e 部分代表了实施出口补贴后贸易条件恶化的面积。

至此,我们发现,**无论对大国还是对小国,出口补贴都会降低其福利**。既然出口补贴不利于国民福利,那为何还要进行大规模的出口补贴?主要原因是政治的需要——特殊利益集团(在这里是农会)会游说政府采取有利于它们的贸易政策。对农业出口补贴最多的是欧盟、瑞士、美国、挪威,分别占世界补贴的 90%、5%、2% 和 1%。在 21 世纪初,欧盟对农产品的出口补贴造成其直接的财政损失达 500 亿美元。

如图 8-4 所示,给定世界价格 P_w,如果不进行出口补贴,欧盟事实上得从其他国家进口农产品。但通过出口补贴,欧盟将农产品保持在一个高于均衡价格的水平 P_s,从而刺激了农产品的过量生产,反而可以将其出口。但为此欧盟各国政府不得不支付大量的财政补贴。

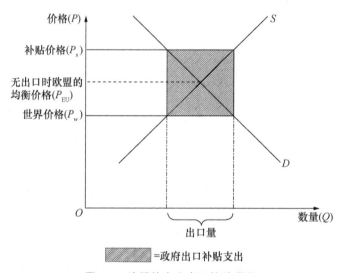

图 8-4 欧盟的农业出口补贴项目

欧盟的出口补贴使农产品价格不仅高于世界价格,更高于无进口时欧盟市场的均衡价格,从而保证农产品的过量生产。

第二节 进口配额

进口配额是对进口产品数量的限制,一般都是通过对本国需要进口产品的厂商进行限制,有时候是通过对外国出口方的控制。进口关税是规定价格的变化,进而引起进口数量的变化;进口配额恰恰相反,它是通过对进口量的控制,使得国内存在过度需求,从而导致进口产品价格的上升。我们分不同的市场结构——完全竞争和不完全竞争两种情况讨论进口配额对福利的影响。然后我们再讨论进口配额的另一种特殊形式——自愿出口限制。

一、完全竞争条件下的进口配额

现考虑一个小国经济,如图8-5所示,对进口钢铁征收50%的从价关税使得其价格从2 000上升到3 000,钢铁的进口数量由120减少到80;若规定进口配额为80个单位,则总需求曲线会左移80个单位,我们可得到国内钢铁的新的需求曲线 D_d,此时国内钢铁价格也恰好为3 000。可见,在完全竞争条件下,进口关税和进口配额的效用是一样的。

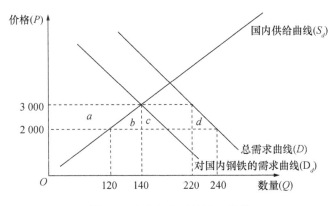

图8-5 完全竞争下的进口配额

在进口配额情况下,消费者剩余减少$(a+b+c+d)$,生产者剩余增加a。与征收关税不同的是,政府如果实施进口配额,则政府得不到关税收入,而是存在一个相对的配额租金c。把这三部分加在一起,该效果实施配额后福利损失为$(b+d)$。因此在完全竞争条件下,进口关税和进口配额对消费者和生产者及社会总的效用是一样的。不同之处在于政府是否可得到关税收入。

值得一提的是,如果把进口的权利给进口企业,则进口企业可以获得全部配额租金。当然,也存在着其他的分配方案。比如,政府还可以直接通过管辖的国有进口企业分成。此外,政府可以把进口许可证向各企业公开拍卖,在这种情况下,再假设拍卖规则是高价全得的话,那么政府事实上还能获得所有的配额租金(因为出最高价的企业会出价使得价格等于全部的配额租金)。如果是自愿出口限制的话,则出口国政府或出口企业会获得所有的配额租金。

进口配额在现实世界中运用很广。最著名的例子莫过于美国对其白糖实施进口配额政策。在21世纪初,如果不实行进口配额,美国白糖的进口价格是每吨157.6美元,但由于实行了进口配额,其国内白糖的进口价格达到每吨417.4美元,有效地保护了美国国内的白糖生产商。

图8-6描述了小国征收进口关税和实施进口配额的情况。对于一个小国而言,它所面临的出口供给曲线是一条平行于横轴的线,如果该国直接征收进口关税,那么,相当于出口供给曲线上升到$X+t$的水平,结果在均衡时进口会下降到m_1。而实施进口配额也能达到异曲同工的作用。如8-6右图所示,先确定进口配额量为m_1,即出口供给曲线是垂直的$\overline{X}$线。这样,在均衡时国内的进口产品价格就上升到了P_1。

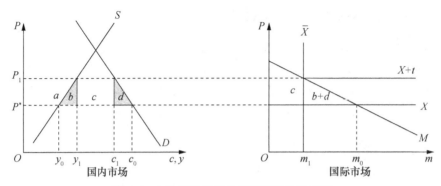

图 8-6 小国征收进口关税和实施进口配额

大国的情况也类似。如图 8-7 所示,在自由贸易下,国际市场上的进口需求曲线和出口供给曲线确定了市场的均衡价格是 P_0。假定大国征收进口关税 t 导致进口量下降到 m_1,进口产品价格下降到 P^*,实现贸易条件改善,改善面积为 e。观察到此变化,该国通过实施进口配额 $\bar{X}$ 以达到相同效果。这样,消费者剩余减少 $(a+b+c+d)$,生产者剩余增加 a,配额租为 $(c+e)$,e 为贸易条件改善的所得,社会净福利变化为 $e-(b+d)$。

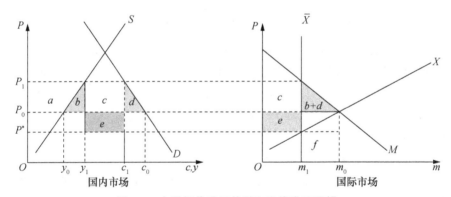

图 8-7 大国征收进口关税和实施进口配额

二、不完全竞争条件下的进口配额

在不完全竞争条件下,进口配额会比进口关税更加恶化消费者的福利。我们现在以垄断市场为例来说明这一点。

现假设一国是小国,对进口产品征收从价税,完税后价格如图 8-8 所示,由于本国市场是垄断市场,本国垄断生产者的销售价格高于自由贸易价格。再假设垄断价格也高于关税完税后的价格。这样,如果实行进口关税,本国的垄断者丧失了垄断的力量,会如图 8-8 所示,生产 Q_t,进口 M_2,福利损失是 $(b+d)$。但如果是进口配额,情况就不一样了,哪怕该国实施进口配额使得 $Q=M_2$,本国的总需求减去进口配额量就是对本国产品的剩余需求,这在图 8-8 中表现为需求曲线由 D 向 D_d 移动。换言之,剩余需求 D_d 曲线就只能由本国垄断者来提供了。因此,本国垄断者可以对这部分需求实行垄断定价。所以,本国的垄断者会把价格定在 P_q,它明显大于 P_w+t。这就说明:进口配额会比进口关税更加恶化消费者的福利。此时,本国垄断者的产量是 Q_q,小于 Q_t,但大于 Q_f。

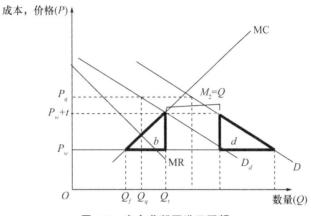

图 8-8　完全垄断下进口配额

此外,进口配额与进口关税对经济影响的不同还体现在另一个方面:由于进口配额限制了出口国出口的数量,出口厂商为了获得高利润,往往需要出口相对高质量的产品(从而单价也较高)。所以,相对于进口关税,进口配额往往能提高进口国进口产品的质量。

三、自愿出口限制

自愿出口限制(Voluntary Export Restraints,VER)广义上来讲是进口配额的一种,只是进口配额租金给了出口国政府。这些限制一般是进口国因要保护本国幼稚产业而提出的,基于这种压力,出口国实行自愿出口限制。20 世纪 80 年代美国和日本的贸易摩擦就是一个很好的例子。

通称的美国"201 条款"是指美国《1974 年贸易法》的第 201—204 节,现收在美国法典第 2251—2254 节,这 4 节总的题目是"因进口竞争导致的损害救济"(Relief from Injury Caused by Import Competition)。该条款授权美国总统在来自其他国家的进口产品数量过多以致给国内产业造成严重损害威胁时,可以采取适当的救济措施。

◁ 阅读材料 ▷

中美轮胎特保案

案值 17 亿美元的中美"轮胎特保案"是奥巴马政府对中国发起的首例特保调查,也被视为奥巴马时代中美贸易摩擦第一案。

"轮胎特保案"始于 2009 年 4 月 20 日。当时,美国钢铁工人协会向美国国际贸易委员会提出申请,以中国对美国轮胎出口扰乱美国市场为由,要求对从中国进口的轮胎实行进口配额限制的特保措施。6 月 18 日,美国国际贸易委员会对中国乘用车及轻卡车轮胎特保案做出肯定性损害裁决,并在 6 月 29 日公布了"轮胎特保案"的救济措施建议,即在现行进口关税(3.4%—4.0%)的基础上,对中国输美乘用车与轻型卡车轮胎加征三年的从价特别关税,税率为第一年55%、第二年45%、第三年35%。

这一建议遭到了中国商务部、中国轮胎生产企业与美国多家行业协会的强烈反对。中国商务部表示,美国"轮胎特保案"是贸易保护主义行为。中国轮胎生产企业则对美方的指责不满,认为中国输美轮胎主要在美国的低端零售市场销售,而美国国产轮胎主要为美国高端汽车制造商配套,彼此并不构成直接竞争,而这正是因为美国轮胎制造商采取了产品升级战略,主动放弃了利润较少的低端轮胎市场。同时,以美国零售业领导者协会为代表的多家美国行业协会纷纷上书反对轮胎特保调查,指出一旦限制中国轮胎进口,将使得轮胎价格上涨并进一步影响消费者的更换决定,从而将严重损害美国轮胎分销、零售从业者和消费者的利益。

相比之下,美国轮胎制造商对"轮胎特保案"的态度就颇为矛盾。一方面,在中国输美轮胎中,有相当一部分是美国制造商在华工厂生产或在华贴牌生产,因此,"轮胎特保案"会损害美国制造商的利益。另一方面,由于当时轮胎工人正在进行劳资谈判,工会与制造商的关系比较紧张,美国制造商面临巨大的压力,故而选择三缄其口。

2009年8月3日,中国橡胶工业协会组成产业代表团赴美进行游说工作,进一步宣传中方的立场,向美国政府施压。其后美方召集涉案各方,在华盛顿举行了听证会。最终,奥巴马政府在2009年9月11日对"轮胎特保案"做出裁决:对中国进口的轻型卡车、小轿车轮胎实施三年的惩罚性关税,税率为第一年35%、第二年30%、第三年25%。

中方对这一裁决深表遗憾。9月13日,中国商务部依照中国法律和WTO规则,对原产于美国的部分进口汽车产品和肉鸡产品启动反倾销和反补贴立案审查程序。9月14日,中方就美方轮胎特保措施正式启动WTO争端解决程序。

2010年12月,WTO裁定美方此举符合WTO规则,其后中方在2011年6月再次上诉。然而,2011年9月5日,WTO上诉机构在日内瓦发布关于中美轮胎贸易纠纷案的裁决结果,判定美国维持轮胎特保措施。至此,"轮胎特保案"的WTO裁决以中方的败诉告终。

"轮胎特保案"对中国轮胎相关行业的发展产生明显的负面影响。它造成了中国直接经济损失大约达到10亿美元,同时造成了中国国内10万工人失业,且轮胎行业失去了北美轮胎市场。此外,它还造成了许多负面的间接影响。美国的贸易保护会给其他国家的效仿创造契机,严重影响中国的轮胎出口,给轮胎行业带来较大的冲击。例如,2009年5月18日,印度对我国采取轮胎特保调查;2009年6月18日,巴西开始对中国的客运、货运子午线轮胎进行"反倾销税"调查;此外,法国在太阳能电池板上对中国进行"反倾销税"调查,阿根廷又对我国的汽车轮胎进行"反倾销税"调查。美国的始作俑者很可能会让贸易保护像"多米诺骨牌"一样,在各大主要贸易国间展开,使中国的轮胎行业不仅丧失北美市场,还可能止步于南美洲,甚至在亚洲其他国家的市场也会相继萎缩。

第三节 其他贸易政策

除上述贸易政策工具外,现实生活中各国政府还会采取其他各式各样的非关税壁垒。主要包括出口信贷(Export Credit)、政府采购(Government Procurement)以及其他出入境管制制度(Bureaucratic Regulations)。下面主要介绍出口信贷和政府采购。

一、出口信贷

(一) 概念

2008年金融危机使得经济学家们开始重新思考,出口商的信贷约束是否会对世界贸易产生影响。出口信贷是指贷款国为支持和扩大本国商品出口而对本国的出口商、外国的进口商或其银行提供的利率较低的中长期贷款。根据放贷对象的不同,出口信贷可以分为卖方信贷(Supplier Credit)和买方信贷(Buyer Credit)。卖方信贷是指由出口国银行向出口商提供信贷,方便出口商以延期付款或赊销等方式向外国进口商出售设备。买方信贷是指由出口国银行直接向进口商或进口国银行提供贷款,使进口商可以用此款支付货款。为什么出口商会与国内销售商面临不同的信贷约束? Amiti and Weinstein(2009)认为有两个理由:第一,出口商在生产和得到实际货款之间的间隔更长;第二,制度环境和其他因素,比如跨国交易的货款支付难度更大,因此出口商面临更高的风险。

(二) 运作方式

出口信贷作为一国官方出口信用机构提供的出口信用,其运作方式一般有两种:一种是直接型,即由出口信用机构直接向国内出口商或国外进口商(或其银行)提供资金支持;另一种是间接型,即通过向国内商业银行提供担保,由其向国内出口商或国外进口商(或其银行)提供资金贷款,而出口信用机构提供的只是一种国家信用,从而达到"以小搏大"的目的。

(三) 与其他政策的比较

出口信贷与出口补贴以及出口退税相比较而言有一些不同,如表8-1所示。

表8-1 各项鼓励出口政策比较

	运作机构	适用范围
出口补贴	财政部门直接对某一行业/企业补贴	特定行业或者企业,范围较为狭窄
出口退税	税务部门直接办理	范围较广,涉及各行各业
出口信贷	出口信贷机构/进出口银行	针对性较强,主要面向机电产品、成套设备、高新技术产品等

(四) 中国出口信贷业务现状

中国出口信贷业务始于1980年。在1994年中国进出口银行成立以前,这项业务主要由中国银行办理。1994年,中国对金融体制和外贸体制进行了重大改革,举措之一就是成立中国进出口银行。三十余年来,中国出口信贷业务取得了很大的成就,支持了中国出口经济的快速增长,如图8-9至图8-11所示。

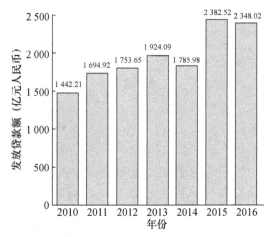

图8-9　中国出口卖方信贷实际发放贷款额(2010—2016)

资料来源:中国进出口银行2014年、2015年、2016年度报告。

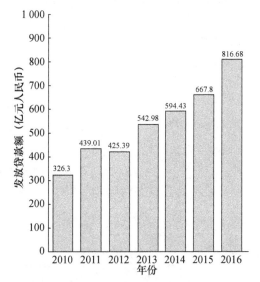

图8-10　中国出口买方信贷实际发放贷款额(2010—2016)

资料来源:中国进出口银行2014年、2015年、2016年度报告。

(五) 研究现状

目前国际上有以下三篇关于出口信贷影响出口的代表性研究。第一篇是Amiti and Weinstein(2009)。他们认为贸易融资在20世纪90年代的日本金融危机中扮演着十分重要的角色,对90年代日本出口的下降有着1/3的解释力。第二篇是Chor and Manova (2010)。他们研究了全球金融危机是如何通过信贷影响贸易额的,发现银行间利率越高、信贷约束越紧的国家对美国出口越少,这一影响在需要大量外部融资的部门和有限贸易信用的部门尤为明显。第三篇是Feenstra et al.(2014)。他们研究了在银行无法观测企

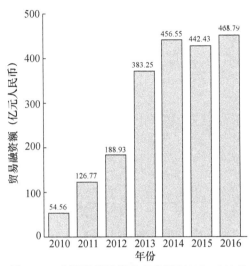

图 8-11 中国贸易融资业务发展(2010—2016)

资料来源：中国进出口银行 2014 年、2015 年、2016 年度报告。

业生产率时出口企业信贷约束的存在，发现出口运输时间越长，出口信贷相对国内企业约束越大，出口商的风险也会影响出口信贷。另外，他们用来自中国企业层面的数据实证分析并支持了他们理论分析的结果，发现金融危机使得出口商面临更紧的信贷约束。

二、政府采购

政府采购是指规定政府或者政府控制的公司必须从国内生产者处购买产品，即使国内生产者相对于国外生产者价格更高或者质量更差。如果政府采购的数量小于本国生产者在自由贸易下生产的数量，那么政府采购行为不会扰乱生产和进口，只不过相当于政府采购挤出了本国消费者的购买。但如果采购数量高于本国生产者在自由贸易下生产的数量，则会提高该商品本国的价格，增加生产者剩余，而政府需要付出更多代价来补救，这将导致效率损失，进口也随之下降。

如图 8-12 所示，如果不存在政府采购，则国内价格为 P_1，政府在国内购买 S_1，进口为 D_1-S_1。如果存在政府采购，而且政府采购的量大于自由经济下的产量，那么政府购买 G，且政府的采购均由国内厂商提供，此时国内价格变为 P_2。这样政府为此必须付出 $(a+b)$，生产者剩余增加 a，福利损失为 b，而进口量相应地从 M_1 下降到 M_2。

最后，我们再来看看中国近年来削减非关税壁垒的努力。

中国近年来出台的非关税措施主要集中在保障食品安全、人类与动物健康、产品质量与安全、环境保护等方面，约占实施非关税措施总量的 90%。

中国积极遵循 ISO、IEC 等国际标准，制定相应的国家标准。在非关税措施的 1 448 项强制性标准中，有 555 项（约 38%）直接采用 ISO、IEC 和其他国际组织制定的标准。近年来，中国加大力度，以国际通行做法精简国家标准，在标准化进程中积极寻求国际合作。随着新的《中华人民共和国标准化法》的颁布，中国通过减少相关领域的限制，为促进贸易、经济和社会发展提供了更大的可能性。

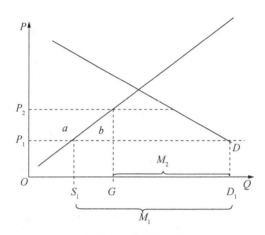

图 8-12 政府采购

目前,经原国家质量监督检验检疫总局确认的非关税措施有 2 071 项,其中,只有 646 项措施单方面适用于世界各国,其余的 1 425 项措施(约 69%)以双边或多边方式适用于某些国家或地区,并且在这 1 425 项措施中有 896 项(约 63%)在 2010 年以后实际实施。这表明,多年来中国与各国的非关税措施设定关系正逐渐从单边关系(即从对所有国家采取同样的措施)转为双边关系,中国对其他国家的非关税壁垒处于不断削减的进程中。表 8-2 列示了中国前六大非关税措施发布机构发布的非关税措施情况。

表 8-2 中国前六大非关税措施发布机构

序号	发布机构	非关税措施的数量	占比(%)
1	国家标准化管理委员会	3 565	48.69
2	原国家质量监督检验检疫总局	2 071	28.28
3	商务部	342	4.67
4	原农业部	341	4.66
5	海关总署	274	3.74
6	原国家食品药品监督管理总局	222	3.03

至此,我们来小结一下各项主要的关税政策和非关税壁垒政策工具对国民福利的影响,如表 8-3 所示。

表 8-3 主要贸易政策工具对国民福利的影响

政策工具	进口关税	进口配额	出口补贴	自愿出口限制
消费者剩余	减少	减少	减少	减少
生产者剩余	增加	增加	增加	增加
政府收入	增加	不变	减少	不变
福利变化	小国下降;大国不定	小国下降;大国不定	下降	下降

本章概要

1. 相较于小国,出口补贴对大国的福利损失更大。
2. 在完全竞争条件下,进口关税和进口配额对消费者和生产者及社会总的效用是一样的,不同之处在于政府是否可得到关税收入。
3. 在不完全竞争条件下,进口配额会比进口关税更加恶化消费者福利。
4. 除上述贸易政策工具外,现实生活中各国政府还会采取其他各式各样的非关税壁垒,主要包括出口信贷、政府采购以及其他出入境管制政策。

 **习题**

1. 既然进口关税可以保护本国工业,为什么政府有时候还要采用进口配额这种方式?同样,既然进口配额也可以达到和政府采购一样的效果,为什么政府有时候还要采用政府采购来保护本国工业?

2. 假设本国是一个出口小麦的小国,世界价格为 100 美元/吨。现在假设本国政府决定补贴国内小麦生产者 40 美元/吨。国内小麦的需求曲线为 $D=-0.25P+45$,国内小麦的供给曲线为 $S=0.25P+15$。

(1) 请计算自由贸易及有出口补贴下小麦出口的数量。

(2) 请计算出口补贴对于消费者剩余、生产者剩余以及政府收入的影响,并计算出口补贴对国内总福利的影响。

参考文献

[1] Amiti, M. and Weinstein, D., 2009, "Exports and Financial Shocks", NBER Working Paper, No. 15556.

[2] Chor, D. and Manova, K., 2010, "Off the Cliff and Back? Credit Conditions and International Trade during the Global Financial Crisis", NBER Working Paper, No. 16174.

[3] Feenstra, R. C., Li, Z. and Yu, M. J., 2014, "Exports and Credit Constraints under Incomplete Information: Theory and Evidence from China", *Review of Economics and Statistics*, 96(4), 729-744.

第九章

贸易的政治经济学分析

【重点难点】

- 掌握中间选民理论、集体选择理论和政治捐献模型的各项内容。
- 能够用三个模型解释现实中的现象。

【学习目标】

- 了解支持和反对自由贸易和公平贸易的理由。
- 掌握中间选民理论、集体选择理论和政治捐献模型的基本内容,能用其解释现实经济问题。

【素养目标】

本章通过介绍中间选民理论、集体选择理论和政治捐献模型的基本内容,帮助学生理解自由贸易与公平贸易的权衡,并能运用这些理论来分析现实经济问题。同时,促使学生正确认识党的二十大报告中提出的"中国坚持经济全球化的正确方向,推动贸易和投资自由化便利化,推动双边、区域和多边合作,促进国际宏观经济政策的协调,共同营造有利于发展的国际环境",理解中国在国际贸易中寻求公平并保护国家利益的重要性。

第九章 贸易的政治经济学分析

[引导案例]

温州市打火机行业面临技术壁垒

2001年10月2日,温州打火机协会副会长收到了贸易合作伙伴、欧洲打火机进口商协会会长的一份电函,被告知欧盟正在拟定进口打火机的儿童安全装置(Child Resistant, CR)法规草案。这是欧盟对1994年美国CR法规的"克隆"。其核心内容是,规定进口价格在2欧元以下的打火机,必须加装一个5周岁以下儿童难以开启的装置即安全锁,否则不准进入欧盟市场。由此,素有"打火机王国"之称的温州市打火机行业即将遭受一场灭顶之灾。温州市打火机事件是一起利用国际贸易技术壁垒保护本国产业的典型案例,也是中国加入WTO后,在国际贸易领域第一次遭遇WTO成员方的技术壁垒。直到今天,贸易壁垒仍在阻碍着世界贸易的发展。

从第八章中我们已经了解到,小国的最优关税是零关税。但在现实生活中,我们也注意到,小国也会存在正的关税水平。所以,如何解释现实与理论上的差距?国际贸易经济学家提出了三种理论,分别是中间选民理论、集体选择理论和政治捐献模型。本章将逐一介绍这三种理论。在此之前,我们先讨论一下现实生活中支持自由贸易和反对自由贸易的各自论据。

第一节 自由贸易和公平贸易

自由贸易和公平贸易历来是政治与经济领域争议颇多的命题,我们分别从自由贸易支持方和反对方的角度给出一些理由。

自由贸易的支持者往往从资源配置的效率、规模经济、竞争和创新及政治四个角度为自由贸易辩护。

支持自由贸易的第一个理由是自由贸易有助于有效地配置资源。自由贸易论者认为,在政府不通过贸易政策扭曲市场价格的条件下,生产者和消费者配置资源的效率最优。这实质上是典型的市场自由主义者的观点,价格作为市场供求的最有效的调节机制,政府干预得越少,价格机制运行得越有效,从而国民福利越大。

之前的国际贸易福利分析已经指出,小国的整体福利在自由贸易水平下达到最优。图9-1显示的是关税对小国的福利影响:一方面,关税导致进口量下降,消费者面临的产品价格上升,会引起消费扭曲的福利损失;另一方面,被关税扭曲的市场价格导致国内企业过度生产,引起生产扭曲的福利损失。从一国整体来看,任何水平的关税(对于出口补贴来说,分析是类似的)都将引起国民福利下降,因此,自由贸易是小国的最佳选择。

但是,由于全球大部分地区的关税率已经较低,各地区从当前的关税水平转向自由贸易的潜在收益有限。按照Cline(2004)的估计(见表9-1),如果转向自由贸易,大部分地区从自由贸易得到的收益都在GDP的1%以下,即使是收益估计最大的中美洲及加勒比海地区,其收益也没有超过GDP的5%。同时对比表9-2,我们不难看出,各地关税收入占政府总收入的比重并不大,发达地区的关税收入份额又低于发展中地区,这也在一定程度上说明了各地区当前削减关税的空间已经十分有限。

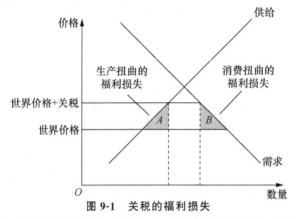

图 9-1 关税的福利损失

注:对小国而言,关税引起国内市场价格扭曲,会导致国民福利损失,损失量为 A 和 B 的面积之和。

表 9-1 全球自由贸易下各经济体收益估计

国家或地区	自由贸易收益占 GDP 的百分比(%)
澳大利亚和新西兰	2.41
美国	0.57
日本	0.85
欧盟	0.61
中国内地	0.62
新加坡、中国香港和中国台湾	1.55
中东和北非	3.00
东欧	0.82
印度	0.63
中美洲及加勒比海地区	4.03
全世界	0.93

资料来源:Cline, W., 2004, "Trade Policy and Global Poverty", Center for Global Development and the Institute for International Economics, Washington, D.C., 180。

表 9-2 各地关税收入占政府总收入的百分比

国家或地区	年份	关税收入占政府收入的百分比(%)
莱索托	2006	39.71
马尔代夫	2007	15.07
斯威士兰	2003	13.72
越南	2003	3.51
阿根廷	2004	2.87
伊朗	2004	2.35
乌克兰	2007	1.57
泰国	2007	1.08

(续表)

国家或地区	年份	关税收入占政府收入的百分比(%)
新西兰	2007	1.03
澳大利亚	2007	0.52
美国	2007	0.21
日本	2006	0.19
中国香港	2006	0.08
希腊	2007	0.02
新加坡	2007	0.01
法国	2007	0.01
奥地利	2007	0.00
德国	2007	0.00

资料来源：IMF, *Government Statistics Yearbook*, 2008。

如表 9-3 所示，一些国家在特定时期内的贸易保护成本仍然非常高（比如 20 世纪 60 年代的巴西、20 世纪 70 年代的土耳其与菲律宾），对这些国家而言，转向自由贸易有可观的潜在收益。表 9-2 中列出的高关税收入份额国家或地区（即贸易保护严重的国家），如莱索托、马尔代夫等，有可能正处于贸易保护成本很高的历史时期，它们转向自由贸易的潜在收益可能会大大高于高度开放的发达资本主义国家。

表 9-3 贸易保护的估计成本占国民收入的百分比

国家	年份	贸易保护成本占国民收入的百分比(%)
巴西	1966	9.50
土耳其	1978	5.40
菲律宾	1978	5.40
美国	1983	0.26

资料来源：巴西数据来自 Balassa, B., 1971, *The Structure of Protection in Developing Countries*, The Johns Hopkins Press；土耳其和菲律宾数据来自 World Bank, 1987, *The World Development Report*；美国数据来自 Tar, D. G. and Morkre, M. E., 1984, *Aggregate Costs to the United States of Tariffs and Quotas on Imports*, Federal Trade Commission；引自 Krugman and Obstfeld (2006)。

支持自由贸易的第二个理由是自由贸易有助于实现规模经济。根据 Krugman(1979) 的不完全竞争条件下的贸易模型，国际贸易能够更好地利用垄断竞争厂商的规模经济，从而提高资源配置的效率。比如，中国江浙地区随着对外贸易而蓬勃兴起的小商品市场中，一些有远见的小商品企业在对外贸易中逐步建立自身的品牌，从而赢得一定的行业内垄断地位，进而扩大生产规模，发挥小商品生产的规模经济效应。

温州市打火机生产企业的发展就是一个很典型的例子。随着国际贸易市场的放开，一些致力于自身品牌开发的打火机企业脱颖而出，逐步占据一定的市场份额，使得传统的沿海民营企业步入规模化、品牌化的时代。在自由贸易条件下，企业的市场空间从相对狭小的国内市场拓展到了海外市场，参与国际贸易的企业的生产规模得以扩张，规模经济的效率优势得以发挥，同时国内消费者享受到的消费品种类增加，这从另一个方面增进了消费者的福利水平。

支持自由贸易的第三个理由是自由贸易有助于实现竞争与创新。一旦开启自由贸易之门,国内企业将在国际市场上面临更为激烈的竞争。一方面,市场竞争不可避免地会淘汰一部分产能效率低下、经营管理落后的国内企业;另一方面,挑战即机遇,竞争促创新。我们常常强调要建立国内企业的创新激励机制,实质上,自由贸易就直接为企业创新提供了强大的助力。幼稚产业保护论者从国家干预、补贴和扶持的角度谈国内落后产业的发展和壮大,对企业本身来说是一种被动的发展;自由贸易论者则支持开放和竞争,逼迫国内企业寻找主动创新的机遇。从激励的角度来说,后者的创新动力更强,更容易激发企业在国际竞争中的活力。

支持自由贸易的第四个理由是自由贸易有助于减少贸易政策被特殊利益集团捕获的概率。自由贸易在民主国家被视为最可行的贸易政策。任何对自由贸易有所偏离的政策往往会被特殊利益集团所左右,进而导致国民福利的损失。我们将在本章的后半部分详细讨论贸易政策与政治因素。

相应地,自由贸易的反对者经常从贸易条件改善和国内市场失灵两个角度为贸易保护和干预主义立论。与自由贸易的支持者相比,他们更强调所谓的"公平贸易"。

自由贸易反对者认为,实行关税政策有利于帮助一国实现贸易条件的改善。对一个大国而言,进口关税和进口配额会使世界市场上进口产品的相对价格下降,从而改善一国的贸易条件,当这种贸易条件改善的收益大于由干预政策导致的生产者和消费者的福利损失时,大国的总体福利将增加。事实上,小额关税的确可以提高大国的福利水平,但是随着关税水平的上升,价格扭曲引致的生产者过度生产和消费者福利损失将超过贸易条件改善的收益,一国的福利水平将下降。如图9-2所示,随着关税率的提高,一国的真实收入一开始上升,在最优关税率处达到最大,随后真实收入随着关税率的提高而下降,直到禁止性关税率使进口贸易彻底终止。此外,一国实施这种"以邻为壑"的贸易保护政策,很容易引起别国的贸易报复。

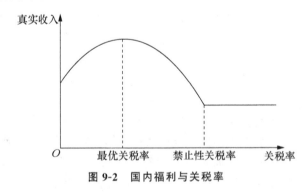

图9-2 国内福利与关税率

如图9-2所示,当一国关税增加到一定水平,其他国家发现该国的高关税已经使任何商品或服务的进口变得无利可图时,该国将不能再进口任何其他国家的产品。这个使进口额恰好为零的关税率称为禁止性关税率。关税率在禁止性关税率的水平上进一步增加,一国的福利水平将不再受到影响,因为一国的进口市场已经由于高关税彻底关闭。同时,根据自由贸易反对者的观点,存在一个最优关税率,在这个关税率水平下,一国的福利水平达到最大,即贸易条件改善的收益在扣除市场价格扭曲的福利损失后达到最高值。

这个最优关税率正是贸易保护主义者倡导干预的依据所在。

在自由贸易反对者的呼声中,出口课税也是一项重要的政策工具。出口课税可以视为负的出口补贴,即一国政府对出口品征税。对大国而言,出口课税将提高一国出口产品在世界市场上的相对价格,从而改善一国的贸易条件,当贸易条件改善的收益大于出口课税引致的价格扭曲的福利损失时,大国的总体福利水平将上升。类似地,存在一个禁止性出口税率,在这个税率下,一国的出口额将恰好为零,出口市场彻底关闭,即使进一步提高出口税率也不会引起福利的进一步变化。同时,存在一个最优出口税率,一国的福利水平将在该出口税率下达到最大。

事实上,对于像美国这样的大国,进口关税和出口课税确实可以改善全国的总体福利水平,但是需要注意,这种福利改善是以其他国家的福利损失为代价的。因此,在现实中,我们需要考虑其他国家制定相应的贸易保护政策予以报复的可能性。一旦其他国家制定相应的贸易干预措施,我们之前对单方面贸易政策引起贸易条件改善的结论就不一定成立。如果多国参与制定报复性贸易干预措施,很有可能使全球的贸易状况发生普遍恶化,这也是贸易保护主义常常被经济学家诟病的原因之一。

自由贸易反对者认为,实行关税政策有利于克服国内市场失灵。我们之前的消费者和生产者福利分析都建立在国内市场有效的基础上,但是自由贸易反对者认为,国内市场,尤其是发展中国家的国内市场,存在不同程度的市场失灵状况。自由贸易,作为一种纯粹的市场调节手段,无法纠正国内市场失灵引起的问题,因此贸易干预论者认为政府介入国际贸易市场是必要且有效率的。自由贸易反对者指出,国内市场失灵引起的价格扭曲和效率损失可以通过国际贸易中的干预手段得到一定程度的纠正。但是,这一观点显然没有从对症下药的角度考虑国内市场失灵,国际贸易的干预措施只是次优的矫正手段,而最直接的解决方法是对失灵的国内市场出台政策措施。

我们可以将国内市场失灵大致划分为四种类型:

第一,持续的高失业率。如果是正常的经济周期导致的短暂的高失业率,一般而言未必是市场失灵的表现,但是如果经济中的失业率长期被铆定在一个高位,政策当局就需要考虑国内市场失灵的问题了。在这种情形下,适度发展劳动力密集型产业、优化国内产业结构都是除贸易干预政策以外可以考虑的措施。

第二,持续的高资本闲置率。大量的资本闲置意味着经济中出现了资源配置问题。大量的资本无法被市场经济活动所消化,一个途径确实如贸易干预论者所倡导的,就是通过贸易政策推动出口导向型企业的发展。另外,提高国内资本的使用效率、推动新兴产业吸收国内剩余资本也是可行的方案。

第三,正外部性引起的社会福利损失。由于单个企业生产中的正外部性常常无法得到适当的补贴,这一部分社会收益并没有纳入单个企业产量决策的考虑,较低的产量引起社会福利受损。

第四,负外部性引起的环境破坏。污染这一负外部性在缺乏政府监管的情况下,会使排污企业过度生产,导致环境破坏。

近年来,随着我国外贸需求的持续疲软和经济增速的持续放缓,经济发展过程中积累的结构性问题逐渐凸显,一些行业陆续面临产能过剩的风险。图 9-3 列示了除化工和船舶行业外的六大行业在2008—2014年的产能利用率变化。2008—2014年,钢铁、水泥等六大行业的产能利用率呈现显著的下降趋势(余淼杰和崔晓敏,2016)。

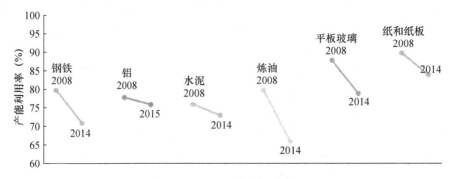

图9-3 中国六大行业的产能利用率

资料来源:中国欧盟商会,"中国的产能过剩:如何阻碍党的改革进程",2016年。

除了行业异质性,中国的产能过剩问题还体现出明显的地域性特点。表9-4列举了2013年中国每一个产能过剩行业中生产额最高的十个城市。可以发现,2013年中国钢铁生产总额前十位的城市分别为唐山、天津、苏州、邯郸、武汉、无锡、常州、上海、本溪、安阳,这十个城市都富有或邻近铁矿资源。电解铝、炼油、船舶、纸和纸板等行业也表现出类似的特点。伴随着产能过剩和设备利用率下降,一些行业出现了恶性竞争的现象,严重威胁了中国经济的健康持续发展,这一问题带来的负外部性需要政府出台相应的政策加以化解(余淼杰等,2018)。

表9-4 2013年中国八大产能过剩行业中的前十大城市

行业	钢铁	电解铝	水泥	化工	炼油	平板玻璃	船舶	纸和纸板
1	唐山	烟台	长春	东营	东营	苏州	泰州	东莞
2	天津	聊城	唐山	上海	上海	邢台	舟山	苏州
3	苏州	佛山	黄石	苏州	宁波	东莞	南通	济宁
4	邯郸	郑州	重庆	淄博	大连	重庆	扬州	杭州
5	武汉	肇庆	临沂	杭州	淄博	成都	威海	泉州
6	无锡	通辽	石家庄	绍兴	天津	江门	无锡	潍坊
7	常州	重庆	淄博	潍坊	盘锦	漳州	上海	上海
8	上海	长沙	郑州	广州	茂名	福州	重庆	佛山
9	本溪	滨州	新乡	徐州	南京	中山	烟台	嘉兴
10	安阳	许昌	徐州	南通	大庆	宜昌	大连	淄博

资料来源:余淼杰等(2018)。

我们现在详细讨论外部性引起的市场失灵。经济学家引入边际社会收益的概念来表示企业产量增加对社会福利的边际影响。如图9-4所示,企业在生产决策中无法考虑到边际社会收益,这时就会产生市场失灵。如果把消费者、生产者和社会的三方福利全部纳入考虑,政府就需要制定进口关税或者进口配额,提高国内企业的产量,这时社会边际福利增加C,而价格扭曲引起的福利下降为A和B,只要前者大于后者,干预措施就能够提高社会总体福利。因此,对自由贸易的适度干预有可能在国内市场失灵的国家增进福利水平。

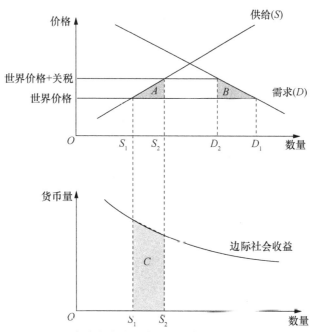

图 9-4 未被考虑的社会收益引起的国内市场失灵

需要指出的是,贸易干预论者的市场失灵观点受到许多批评。这些批评认为,针对国内市场失灵的最优政策是直接针对国内市场的政策,而非贸易干预措施。譬如在高失业率的劳动力市场,政府可以补贴劳动力密集型产业直接解决失业问题,而这种类似产业政策的补贴措施不会像关税一样引起消费者剩余的下降。

同时,贸易干预论者还面临实际政策制定的难题:第一,真实世界中的市场失灵程度很难确定,如果政策制定的出发点和事实依据都是含混不清的,就很难制定出有效的治理市场失灵的政策。第二,即使把握了市场失灵的具体情况,政府在决策过程中仍然会受到利益集团及强有力的政治集团的干扰和操纵。因此,如果不对贸易政策进行成本-收益分析,则其可能引起未预计到的不合意结果,甚至事与愿违。

第二节 中间选民模型

中间选民模型认为,国际贸易政策会依照中间选民的偏好来制定。中间选民模型的精确表述需要用到较多的数学工具,本节将只用简单的图表和描述给出中间选民模型的核心思想。

所谓中间选民,是指按照某种指标将选民对政策的偏好程度从小到大排序时偏好程度位于中位数的选民。在我们的模型中,这个指标就是一国的关税政策。

但是,我们遇到的第一个问题就是选民的偏好是否能够按照某种指标排序,因此我们需要考虑政策的维数。在实际生活中,有很多单维的政策问题。譬如,某市对于非中心城区廉租房租金率的设定,租金率就是一个一维的政策变量,我们可以将人们对此的偏好关系按照租金率排序。当我们讨论酒后驾车肇事者羁押时间的长短时,羁押时间也是一个一维的政策变量,同样可以按人们的偏好排序。具体到国际贸易领域,某一地区特定行业的出口退税率可以视为一维的政策变量,可以按照人们偏好的出口退税率的高低进行排序,并找到中间选民。

然而,许多政策的讨论都涉及多个维度。一个例子就是公共卫生政策的制定(Grossman and Helpman,2001)。在中国,公共卫生政策不仅包括公费医疗体系建设这样的宏观议题,也包括乡村卫生所设立、新生儿疫苗注射甚至可报销药品名单这样的看似琐碎又与公众健康息息相关的微观议题。对整个公共卫生政策而言,具体的政策方案组合有很多种,而选民对政策的每个侧面都有不同的偏好,从而引出多维政策问题。如图9-5所示,我们考虑一个二维的政策问题,假设某国对进口关税政策进行投票,该关税政策涉及信息产业和纺织工业两个行业,选民对两个行业进口关税组合的偏好可以用一个平面上的点来代表,如果不对中间选民增加一定的限制,我们很难确定在图中的五个选民里谁是中间选民。有些时候,人们采用每个维度上的中位数选举人的偏好作为多维政策问题的中间选民偏好,但是,Grossman and Helpman(2001)指出,这种方式确定的中间选民政策偏好有可能无法赢得大多数选民的支持,政党的政策选择将对中间选民偏好有所偏离。

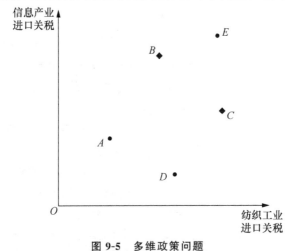

图 9-5　多维政策问题

在二维政策问题中,如果不对二维向量的排序做出规定,我们就无法确定中间选民的位置。

为了便于模型的表述,我们在以下讨论中只考虑一维政策问题,假定选民偏好可以排序,并且存在中间选民。① 在以上假定下,参加选举的政党为了赢得最大多数的选票,会尽可能地为迎合中间选民的偏好来制定政策,这就是中间选民模型②。

需要指出的是,中间选民模型的成立还依赖两个假定:第一,所有选民都参加投票。

---

①　实际上,我们还需要假定选民的偏好具有单峰性。但是对于单峰偏好的讨论显然超出了本书的范围,有兴趣的读者可参考余淼杰于2009年出版的《国际贸易的政治经济学分析》。

②　中间选民模型可以在我们之前讨论的两部门两要素的赫克歇尔-俄林框架下具体给出,详细的数学表述可以参见余淼杰于2009年出版的《国际贸易的政治经济学分析》。

如果一部分具有极端偏好的选民意识到即使投票也无法最终获得自己支持的政策,从而放弃投票,那么实际投票过程中的中间选民就发生了变化,如果政党没有预期到这一变化,其政策将偏离实际的中间选民偏好,从而改变选举结果。第二,所有选民都采取诚实投票,即把选票投给自己最偏好的政策。如果选民预计到中间选民模型的结果,他们就可以通过选择并非自己最偏好的政策来影响投票结果,如果这种影响可以使最终结果对自身的福利水平高于诚实投票下的中间选民模型预测的结果,那么这种"不诚实"的投票方式就被称为策略性投票。策略性投票会使中间选民模型失效,并使模型更为复杂,因此我们剔除了这一可能。

◈阅读材料◈

诚实投票与策略性投票

我们把选举中选民选择自己所偏爱的选举对象的投票行为称为诚实投票,即选民的选择真实地反映了选民的最优偏好。但是在一些情况下,选民会根据他人的选择来决定自己的投票行为,这被称为策略性投票。策略性投票一般不反映选民的最优偏好,选民有可能选择次优的投票对象来最大化自己的期望效用。我们现在用一个三人博弈的简单模型来解释策略性投票的逻辑。

假设有三种贸易政策组合A、B和C,贸易政策的决策委员会由三个人组成,参与人甲是委员会主席,乙和丙是普通委员。定义一个收益向量$(U_甲, U_乙, U_丙)$,分别表示甲、乙、丙三人的收益。如果最终贸易政策组合A通过,收益向量为(3,2,1);如果B通过,收益向量为(1,3,2);如果C通过,收益向量为(2,1,3)。投票规则为多数原则,如果选票相同,则由委员会主席甲决定贸易政策的最终方案。显然,在选票相同时,甲会选择A方案最大化自己的利益。于是,我们有如图9-6所示的三个博弈支付矩阵。

由博弈支付矩阵可以看出,对甲而言,选A的收益总是大于等于选B或者C的收益;对乙而言,选B的收益总是大于等于选A或者C的收益;对丙而言,选B或者C的收益总是大于等于选A的收益。考虑一种可能的均衡①情况(A, B, B),即甲会选择A,乙会选择B,丙不会选择A,此时丙在甲、乙选择确定时比较B与C的收益,丙会选择B,所以这个选举的纳什均衡为(A, B, B),甲、乙、丙的收益为(1,3,2)。② 我们可以发现,按照规定的收益向量,丙的最优选择是C。但是如果丙选择C,就会出现各方都"诚实投票"的局面,各方案票数相同,最终由委员会主席甲决定选举结果,从而A会当选,丙的收益最低。由于预计到了这个结果,丙就会通过选择次优的B获得2个单位的收益。因此,策略性投票帮助丙提高了自身福利。

---

① 该博弈中可能存在多个纳什均衡,如(A, B, B),(A, A, C),(C, B, C)。
② 按照博弈论的术语,我们首先找出了每个参与人的弱占优战略,然后按照重复剔除劣战略的过程,找到了最终的均衡解。

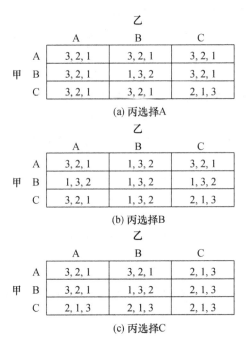

图 9-6 三人委员会中的策略性投票

注：三人博弈的结果是(A，B，B)，丙不选择自己最偏好的对象，从而防止出现得票数相同的结果，即甲会选择 A，从而乙只能得到 1 单位收益。通过规避最优选择，乙反而提高了自身福利。

有趣的是，委员会主席甲最终反而获得了最小的收益，这是因为我们设定的投票规则促成了普通委员乙和丙的合谋，策略性投票对看似有利的投票方产生了最终不合意的结果。

我们现在从制定关税政策的角度考虑中间选民模型。有以下假设：第一，选举人对于关税的意愿按照期望关税率的高低排序；第二，有两个相互竞争的政治集团；第三，每个政治集团的目标都是获得大部分的选票；第四，选民会选择政策目标离他们意愿最近的政治集团。从图 9-7 可知，如果选民可以按照关税率的偏好从高到低排序，那么中间选民偏好就是政党的政策目标。这是因为如果某一政党选择偏离中间选民偏好的关税水平 t_M，比如选择低于中间选民偏好的关税率 t_1，另一个政党就可以选择一个介于 t_1 和 t_M 之间的关税率，从而赢得大部分选民的支持。因此按照中间选民模型，不同的政策制定者都会选择中间选民偏好的关税水平。

根据之前的讨论，政策当局的贸易政策会有利于大部分选民的利益而同时只使一小部分选民利益受损。在关税制定中，任何水平的关税都只能对少部分特殊利益集团有利而使大部分人受损，因此中间选民模型预测的关税水平为零关税。但是，这一预测与我们观测到的现实大相径庭，所以我们需要进一步考虑集体行动的问题。

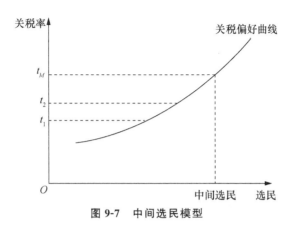

图 9-7 中间选民模型

第三节 集体选择理论

任何集体需要采取集体行动来实现某一共同目标或者公共利益,对其中的个体都存在"搭便车"的激励(Olson,1965),这就是政治学中常常提及的集体行动问题。随着集体的扩大,个人采取行动的成本往往高于最终的收益,在每个人都选择"搭便车"的情况下,集体利益最终无法实现;相反,对于一个相对较小的集体,如果采取行动后每个个体的收益大于采取行动的成本,集体中的每个个体都会为集体利益做出贡献,最终规避了集体行动中"搭便车"的问题。

为了更直观地理解集体行动问题,我们考虑一个简单的博弈模型,如图 9-8 所示。

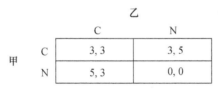

图 9-8 两人集团内部的博弈

其中,C 代表"采取行动",N 代表"不采取行动",矩阵中的二维支付向量依次为甲、乙两人的收益。

假设有两个参与人——甲和乙,有一项关税政策正在政治协商过程中,如果甲和乙至少有一个人采取行动阻止关税政策的通过,那么每个人获益 5 个单位,同时采取行动的一方要付出成本 n 个单位,n 是指获益方的集体人数,在两人博弈的条件下,$n=2$。随着集体人数的扩大,为了本方集体利益进行游说的成本就有可能上升,因此将采取行动的成本设定为人数的增函数是合理的。如果两人都不采取行动阻止方案通过,那么他们的收益为 0。于是,我们就可以得到如图 9-8 所示的博弈支付矩阵。

不难看出,在两人博弈中(C,N)和(N,C)都是纯策略纳什均衡,即一旦一方预期到另一方会为集体利益采取行动,本方就会采取卸责的"搭便车"行为。我们现在将集团人数增加为三人,假设新的参与人丙面临与之前同样的规则,那么有如图 9-9 所示的博弈支付矩阵。矩阵的三维支付向量依次为甲、乙、丙三人的收益。

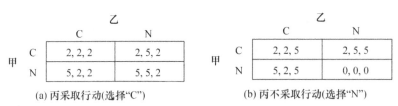

图 9-9 三人集团内部的博弈

同样考虑纯策略纳什均衡①,我们发现(N,N,C)、(N,C,N)与(C,N,N)是三个纳什均衡,即只要有一方采取了行动,集体中其他人的最优策略就是"搭便车",因此随着集体人数的扩大,人们选择"搭便车"的激励也越来越大。同时,当 $n>5$ 时,任何采取行动的一方的收益都小于成本,因此所有人都会选择放弃行动,总体福利为零。这提示我们,一旦集体人数扩大到一定程度,集体中的个人提供集体物品(比如本例中的关税政策游说)的净收益就会越来越小,最终导致所有集体成员放弃行动。一个可能的解决办法是将个人在集体行动中的成本分摊到所有成员身上,如在上面的博弈模型中,每个个体采取行动,那么所有成员同时付出 1 单位的成本,但是这种成本分摊的方案会引起集体中组织成本的增加,可能在另一个方面造成福利损失。

跳出博弈模型的框架,我们考虑一个集体行动问题的例子。假设某国要通过政治过程对一项化工行业出口退税政策进行决策,现在有两个利益集团:A 集体是一个由化工行业工会和企业组成的小集体,人数为 1 000 人;B 集体是由该国普通居民组成的大集体,人数为 10 万人。如果出口退税政策得到通过,则该国的化工产品国际竞争力会增强,化工企业会扩大生产,职工工资会有所提高。假定对 A 集体而言,退税政策通过的福利增益的货币额为 100 万元。同时,由于化工行业快速发展,国内居民面临更为严重的污染问题,而化工行业出口退税造成的价格扭曲对消费者和生产者的总体福利也会产生影响,假定对 B 集体而言,阻止出口退税政策通过可以避免 500 万元的福利损失(换算成货币额)。那么对 A 集体的单个个体而言,分摊的福利影响为 1 000 元,而 B 集体中每人的福利影响为 50 元,从而 A 集体的成员更有激励进行政治游说和议院活动来争取出口退税政策的顺利通过。从这个例子中可以看出,虽然从社会福利而言,出口退税政策明显是一项不合意的政策,并且从支持率的角度,出口退税政策的反对者也明显占据上风,但是由于大集体中每个成员的实际福利影响较小,采取行动的收益远不足以弥补成本,看似具有优势的大集体面临着更为严重的集体行动问题,这也就是 Olson(1965)所指出的,集体越大,其成员为集体提供的公共品②数量就会越远离集体合意的最优水平。

根据上面的讨论,我们就可以解答第二节中的部分问题:为什么中间选民模型中推测的零关税情形与实际情况大相径庭?基于集体选择理论,现在有两类选民,一类是数量巨大的倾向于自由贸易零关税的选民,对单个偏好自由贸易的选民而言,支持零关税获得的收益远远小于与特殊利益集团进行政治角力付出的成本,因此,尽管零关税对全社会福利增益巨大,但是单个选民很难组成集团支持零关税政策;另一类选民是少量的特殊利益集

---

① 在混合策略纳什均衡下,如果考虑采取行动的成本不变,我们可以证明集体中每个个体选择"采取行动"的概率会随着集体人数的增加而趋近于零。

② 在本例中,我们不妨把阻止退税政策的政治捐款视为大集体中的公共品,由于充足的政治捐款可以支持游说活动以阻止退税政策的通过,政治捐款实际上具有正的外部性。

团,他们支持制定关税,实行贸易干预,由于他们人数较少,实行自由贸易对他们每个个体的成本巨大,而关税政策一旦制定,每个个体就获益丰厚,从而这一类选民更容易组成强有力的政治势力,推动关税政策以及其他贸易干预措施的出台。

第四节　政治捐献模型

在政党通过政治宣传和选情调查不断调整自己的政策目标以迎合中间选民偏好的同时,他们还要筹措资金来支持竞选活动。这部分资金通常来源于特殊利益集团。根据第三节所讨论的,特殊利益集团往往不存在集体行动问题,从而更愿意通过政治捐款来推动有特殊利益诉求的政策。政治捐献模型刻画了政党在选举中面临的选民福利与政治捐款的权衡取舍问题(Grossman and Helpman,1994)。政治捐献模型在数学上的具体表达较为复杂,本节中我们将分析特殊利益集团与政党两个行为主体面临的激励问题,从而给出政治捐献模型的现实意义。

对于特殊利益集团,我们可以把它理解为具有相似利益诉求和政治立场的组织或者机构。在美国,大量的非营利组织都具有特殊利益集团的特征,这些非营利组织涉及面非常广泛,在行业贸易集团这一类,就有成百上千的协会和机构,几乎涵盖所有行业,比如电影和电视联盟(Alliance of Motion Picture and Television Producers)、铝业协会(The Aluminum Association)、美国动物医院协会(American Animal Hospital Association)、美国独立音乐协会(American Association of Independent Music)、美国饮料协会(American Beverage Association)、美国冰冻食品协会(American Frozen Food Institute)、美国铁路协会(Association of American Railroads)、游戏制造商协会(Game Manufacturers Association)等[①]。这些行业贸易集团的规模相差悬殊,利益诉求也大相径庭,但它们都是以经济利益为主导的特殊利益集团。在经济利益的刺激下,大部分的特殊利益集团致力于旨在推动其经济福利的政治活动。

事实上,大部分的特殊利益集团都投身于影响政策当局的政治活动,希望通过游说和宣传将本集团的政策主张及背后的利益诉求体现于政府的公共政策中。表 9-5 是一项对特殊利益集团的调查结果,显示几乎所有的特殊利益集团都会投身于影响立法者的政治活动。除此以外,特殊利益集团也时常参与到教育大众的活动中,试图通过公开化的宣传提高影响力并传播其政治理念和政策主张;在集团内部,高层领导人有时会是教育集团的一般成员。在较少的情况下,特殊利益集团会采取抗议、游行示威等较为激烈的宣传方式。

表 9-5　对美国华盛顿地区 175 家特殊利益集团代理组织的调查结果

政治活动类型	参与该类型活动的组织比例(%)
参加议会或者代理人听证会	99
在办公室会见立法者	98
与立法者有非正式的联系(比如一起吃午餐等)	95
向政策当局提供研究结果和技术信息	92

资料来源:Schlozman,K. L. and Tierney,J. T.,1986,*Organized Interests and American Democracy*,Harper and Row,转引自 Grossman and Helpman(2001)。

---

① 参见 http://en.wikipedia.org/wiki/List_of_industry_trade_groups_in_the_United_States,访问时间为 2020 年 4 月 1 日。

除了游说立法者、教育大众等信息传递渠道,特殊利益集团经常采取政治捐款的"银圆攻势"来影响政策当局。相比信息传递所需要付出的时间成本,特殊利益集团为竞选活动提供资金支持显得更为直接,利益诉求的动机十分直白,但是特殊利益集团的政治捐款到底要购买什么呢?Grossman and Helpman(2001)将政治捐款的交易对象归纳为三个方面:

第一,购买与立法者的接触机会。立法者的时间是稀缺的,政治捐款可以视为占用立法者时间的价格,对特殊利益集团而言,政治捐款是向立法者传递信息的准入门槛。

第二,购买可信度。对特殊利益集团而言,大量的政治捐款会被立法者视为某种意义上的"承诺",增加了其政策主张的可信度,并发出了其拥有强烈利益诉求的信号。

第三,购买影响力。人们很容易将购买影响力与"贿选"联系起来,事实上政治捐款对选举活动和政策制定的影响可以渗透到方方面面,而对于利益集团的回报也十分微妙,所以在实证研究中我们很难跟踪到政治捐款对于利益集团的最终福利影响。

由上可知,特殊利益集团在政治活动中经常通过游说与政治捐款来对政策当局施加影响,虽然影响传递的机制有很多种,但是从我们的分析中可以看出,特殊利益集团总在尝试向立法者传递信息并提供一定的资金保障,同时特殊利益集团预期最终政策变化的潜在收益要大于政治活动成本,这样它们才有动力参与政治活动。

我们现在转向考虑政党的行为。政治捐献模型假设,政党的目标函数有两个方面:选民福利与政治捐款。一方面,增进选民福利有利于提高政党的支持率,增进政党的政治影响力,政党执政期间的选民满意度往往是下届选举各党派竞选走向的风向标,为政党长期执掌政坛提供基础;另一方面,更多的政治捐款为政党活动提供财力支持,尤其在选举期间,大量的宣传活动都需要资金,如果没有足够的曝光率和知名度,一个政党很难在选举中脱颖而出。在特殊利益集团权衡如何分配政治捐款时,政党也在积极寻找有力的资金支持,在《联邦选举竞选法》(Federal Election Campaign Act)许可的前提下,政治捐款供需两方的交易就可以展开。在实证研究中,要确认这种交易对具体政策的影响并不容易,任何一项在特殊领域针对某一利益集团的政策,都不仅是政策当局与该利益集团博弈的结果,其他利益集团及选民也会参与到该政策制定的"讨价还价"过程中。

◁ 阅读材料 ▷

贸易政策会影响竞选结果吗?

2006年,美国第110届众议员选举中,一向被认为推崇贸易保护主义的民主党赢得了多数席位。接下来,美国国会针对美中巨额的贸易逆差提出两个方面的要求:一是极力要求人民币进一步升值,二是威胁将对进入美国市场的中国产品增收27.5%的关税,并取消中国永久最惠国待遇。这就引出了一个有趣的问题:一党的贸易保护倾向会影响选举结果吗?

许多研究已经认识到政治捐款和游说组织会影响到贸易政策的制定,然而贸易政策倾向对选举结果的影响却较少在实证研究中涉及。余淼杰(2009)使用了美国众议院选举代表在1982—2000年间的数据，对这一影响进行了估计。在控制了相关政策变量与内生性后发现，民主党的贸易立场对其众议院选举结果有重要影响。

首先，高贸易保护水平对经济和选举结果影响复杂。高贸易保护显然会使一部分选民受损而使另一部分选民受益，在高贸易保护中受损的选民会反对该贸易立场，做出的反应就是投票支持其竞争对手；相反，在这一贸易保护主义立场中受益的选民则会提供政治捐款表示支持。理论模型预测，一方面，民主党可以用产业和工会捐赠的竞选资金来获取更多的选票；另一方面，如果民主党提出过高的进口关税纲领，它就会失去一些支持者。

其次，实证研究的结果支持了理论预测：在较高（保护水平/贸易关税）的贸易政策纲领下，民主党的选票份额既有因政治捐款增加而提高的部分，又有因原有选民基础减少而降低的部分。在较高贸易关税对其选票份额的净影响估计中发现，较高的贸易政策纲领无法帮助民主党在众议院选举中赢得更多的席位，尽管这确实能够帮助他们从产业和工会组织获得更多的选举资金。

最后，贸易立场对选举结果的影响有着深远的政策含义。选举中的"金钱万能说"是不成立的，尽管宣布较高的贸易政策纲领可以帮助民主党人获得更多的资金，但是民主党仍然需要在竞选资金与其原有的选民基础之间进行权衡。最优的政策纲领需要兼顾这两个方面的得与失，但是平均来看，民主党选择的贸易政策纲领对他们的选举没有帮助。因此，在其他条件相同的情况下，更为谨慎的贸易保护立场可能会更有助于民主党将来的众议院选举。

以上分析中，我们假定政府已不再是一个"仁慈的社会计划者"，在一个没有政治过程的理想社会中，我们加入了特殊利益集团。虽然政府仍然会站在全社会的角度考虑社会总体福利，对进出口行业的关税与补贴政策做福利经济学分析，但是社会福利最大化（或者说选民福利最大化）仅仅是政府政策目标的一个方面。政党可以设立一系列的政治捐款计划供特殊利益集团选择，而各行业特殊利益集团的政治角力将推动贸易政策的最终走向。[①] 政府会最终在选民福利与政治捐款之间做出权衡，通过偏离中间选民模型预测的贸易政策，牺牲一些选民的利益以迎合特殊利益集团的政策要求，从而赢得相应的政治捐款。

对这部分内容有兴趣的读者可进一步阅读余淼杰于2009年出版的《国际贸易的政治经济学分析》的第五章"美国政党的贸易纲领与国会竞选"。

鉴于目前中美经贸博弈仍在继续，我们也分享下当前美国参议院各委员会主席对自由贸易的不同态度，供有兴趣的读者参考（如表9-6所示）。总体来看，不论是核心议员还是各相关委员会成员，共和党的参议员均普遍支持对外贸易，而民主党则较为矛盾，但总体倾向于反对贸易自由化。更详细的分析可以参考余淼杰等（2018）的《美国议员对华贸易态度的现状与展望》。

---

① Grossman and Helpman（1994）认为，在民主国家，竞选与党派获取经费的方式刺激着立法者向特殊利益集团兜售自己的政策影响力，因此贸易政策的结构在很大程度上取决于利益集团寻求政治支持的博弈结果。

表 9-6 美国参议院各委员会主席对自由贸易态度

姓名	党派	所在州	职位	支持自由贸易	反对自由贸易	中立态度	评分(%)
Alexander, Lamar	共和党	田纳西州	Chairman (Health, Education, Labor, and Pensions)	1. 支持对秘鲁的自由贸易协定(2007年) 2. 支持对阿曼的自由贸易协定(2006年) 3. 支持对中美洲的自由贸易协定(2005年) 4. 支持对新加坡的自由贸易协定(2003年) 5. 支持对智利的自由贸易协定(2003年) 6. 支持给予中国正常贸易关系地位(1999年)	支持对缅甸实行贸易限制以促进其民主化(2007年)	1. 为公平贸易而奋斗，而不是为了自由贸易而奋斗(2006年) 2. 坚持在与他国贸易过程中，要充分考虑劳动和环境标准，并使之成为贸易条约的一部分(2006年)	71
Burr, Richard	共和党	北卡罗来纳州	Chairman (Select Committee on Intelligence)	1. 支持对秘鲁的自由贸易协定(2007年) 2. 支持对中美洲的自由贸易协定(2005年) 3. 支持对澳大利亚的自由贸易协定(2004年) 4. 支持对新加坡的自由贸易协定(2003年) 5. 支持对智利的自由贸易协定(2003年) 6. 反对美国退出 WTO(2000年) 7. 支持更新总统贸易权威"快速通道"(1997年)	共 8 次投票反对与中国的自由贸易协定(截至2004年)	未对与阿曼的自由贸易协定进行投票(2006年)	55
Cochran, Thad	民主党	密西西比州	Chairman (Appropriations)	1. 坚持要求日本开放对美牛肉进口(2010年) 2. 支持对秘鲁的自由贸易协定(2007年) 3. 支持对阿曼的自由贸易协定(2006年) 4. 支持对新加坡的自由贸易协定(2003年) 5. 支持对智利的自由贸易协定(2003年) 6. 支持对安第斯国家的自由贸易协定(2002年) 7. 支持给予中国永久正常贸易关系地位(2000年) 8. 支持扩大与第三世界国家的"快速通道"(2000年) 9. 支持更新总统贸易权威"快速通道"(1997年) 10. 支持对日本实施贸易制裁，迫使日本开放汽车零件市场(1995年)	1. 支持对缅甸实行贸易限制以促进其民主化(2007年) 2. 反对给予越南正常贸易关系地位(2001年) 3. 反对从国家安全出口条例中移除普通商品(2001年)		63

第九章 贸易的政治经济学分析

（续表）

姓名	党派	所在州	职位	支持自由贸易	反对自由贸易	中立态度	评分(%)
Collins, Susan M.	共和党	缅因州	Chairwoman (Special Committee on Aging)	1. 支持对秘鲁的自由贸易协定(2007年) 2. 支持对新加坡的自由贸易协定(2003年) 3. 支持对智利的自由贸易协定(2003年) 4. 支持对安第斯国家的自由贸易协定(2002年) 5. 支持给予越南正常贸易关系地位(2001年) 6. 支持从国家安全出口条例中移除普通商品(2001年) 7. 支持给予中国永久正常贸易关系地位(2000年) 8. 支持更新总统贸易权威"快速通道"(1997年)	1. 反对与阿曼的自由贸易协定(2006年) 2. 反对中美洲的自由贸易协定(2005年) 3. 反对扩大与第三世界国家的贸易(2000年)	认为某些自由贸易协定创造了新的工作岗位,但另一些自由贸易协定却增加了关税,伤害了当地农林业的发展(2008年)	63
Corker, Bob	共和党	田纳西州	Chairman (Foreign Relations)	支持对秘鲁的自由贸易协定(2007年)	支持食糖配额和进口关税以稳定食糖价格(2013年)		73
Crapo, Mike	共和党	爱达荷州	Chairman (Banking, Housing, and Urban Affairs)	1. 坚持要求日本开放对美牛肉进口(2010年) 2. 支持对秘鲁的自由贸易协定(2007年) 3. 支持对阿曼的自由贸易协定(2006年) 4. 支持对安第斯国家的自由贸易协定(2002年) 5. 支持给予越南正常贸易关系地位(2001年) 6. 支持从国家安全出口条例中移除普通商品(2001年) 7. 支持给予中国永久正常贸易关系地位(2000年) 8. 支持扩大与第三世界国家的贸易(2000年)	1. 反对与中美洲的自由贸易协定(2005年) 2. 反对与新加坡的自由贸易协定(2003年) 3. 反对与智利的自由贸易协定(2003年) 4. 限制加拿大小麦,促进贸易公平(1993年)		63

(续表)

姓名	党派	所在州	职位	支持自由贸易	反对自由贸易	中立态度	评分(%)
Enzi, Michael B	共和党	怀俄明州	Chairman (Budget)	1. 坚持要求日本开放对美牛肉进口(2010年) 2. 支持对秘鲁的自由贸易协定(2007年) 3. 支持对阿曼的自由贸易协定(2006年) 4. 支持对新加坡的自由贸易协定(2003年) 5. 支持对智利的自由贸易协定(2003年) 6. 支持对安第斯国家的自由贸易协定(2002年) 7. 支持给予越南正常贸易关系地位(2001年) 8. 支持从国家安全出口条例中移除普通商品(2001年) 9. 支持给予中国永久正常贸易关系地位(2000年)	1. 禁止阿根廷肉类进口、防止口蹄疫(2008年) 2. 反对与中美洲的自由贸易协定(2005年) 3. 反对更新总统贸易权威"快速通道"(1997年)		71
Grassley, Chuck	共和党	艾奥瓦州	Chairman (Judiciary)	1. 支持对秘鲁的自由贸易协定(2007年) 2. 支持对阿曼的自由贸易协定(2006年) 3. 支持对中美洲的自由贸易协定(2005年) 4. 支持对新加坡的自由贸易协定(2003年) 5. 支持对智利的自由贸易协定(2003年) 6. 支持对安第斯国家的自由贸易协定(2002年) 7. 支持给予越南正常贸易关系地位(2001年) 8. 支持从国家安全出口条例中移除普通商品(2001年) 9. 支持给予中国永久正常贸易关系地位(2000年) 10. 支持扩大与第三世界国家的贸易(2000年)			83
Hoeven, John	共和党	北达科他州	Chairman (Indian Affairs)	支持与中国台湾地区签订贸易协定,以出口小麦(2009年)	所在州未完全履行中美洲自由贸易协定(2005年)		56

第九章 贸易的政治经济学分析

（续表）

姓名	党派	所在州	职位	支持自由贸易	反对自由贸易	中立态度	评分(%)
Isakson, Johnny	共和党	佐治亚州	Chairman (Select Committee on Ethics)	1. 要求通过TPP谈判减少加拿大对美国肉类商品的限制，并支持TPP其余11个国家与美国在肉类商品上进行更多的自由贸易(2016年) 2. 坚持要求日本开放对美牛肉进口(2010年) 3. 支持对秘鲁的自由贸易协定(2007年) 4. 支持对阿曼的自由贸易协定(2006年) 5. 支持对中美洲的自由贸易协定(2005年) 6. 支持对新加坡的自由贸易协定(2003年) 7. 支持对智利的自由贸易协定(2003年) 8. 支持对安第斯国家的自由贸易协定(2002年) 9. 反对美国退出WTO(2000年)	支持对缅甸实行贸易限制以促进其民主化(2007年)		73
Johnson, Ron	共和党	威斯康星州	Chairman (Homeland Security and Governmental Affairs)	1. 支持贸易调整援助计划(TAA)(2015年) 2. 支持贸易促进权(TPA)(2015年) 3. 反对贸易保护主义，认为保护主义不能创造新就业(2010年)	支持食糖配额和进口关税以稳定食糖价格(2013年)		71
McCain, John	共和党	亚利桑那州	Chairman (Armed Services)	1. 支持哥伦比亚的自由贸易协定(2008年) 2. 认为美国无须畏惧全球化竞争(2008年) 3. 认为全球化是降低贸易壁垒的机遇(2008年) 4. 认为补贴是错误行为，并反对补贴(2007年) 5. 反对贸易保护主义，认为每次美国保护主义盛行时，事后美国都付出了巨大代价(2007年) 6. 支持《北美自由贸易协定》(NAFTA)、《关税和贸易总协定》(GATT)、世界贸易组织(WTO)，并认为贸易协定不需要包含环境保护条款(2004年) 7. 支持对墨西哥卡车进口开放边境(2002年) 8. 反对跨国企业子公司境外销售的税务减免优惠政策(2000年) 9. 支持中国加入WTO(1999年)			95

(续表)

姓名	党派	所在州	职位	支持自由贸易	反对自由贸易	中立态度	评分(%)
Murkowski, Lisa	共和党	阿拉斯加州	Chairman (Energy and Natural Resources)	1. 支持对秘鲁的自由贸易协定(2007年) 2. 支持对阿曼的自由贸易协定(2006年) 3. 支持对中美洲的自由贸易协定(2005年) 4. 支持对新加坡的自由贸易协定(2003年) 5. 支持对智利的自由贸易协定(2003年)	支持对缅甸实行贸易限制以促进其民主化(2007年)		74
Risch, James E.	共和党	爱达荷州	Chairman (Small Business and Entrepreneurship)	1. 坚持要求日本开放对美牛肉进口(2010年) 2. 支持政府建立贸易促进机构以推进自由贸易协定谈判;当问及是否会反对NAFTA再次谈判时回答"否"(2008年)			65
Roberts, Pat	共和党	堪萨斯州	Chairman (Agriculture, Nutrition, and Forestry)	1. 支持堪萨斯扩大国外市场出口(2008年) 2. 支持对秘鲁的自由贸易协定(2007年) 3. 支持对阿曼的自由贸易协定(2006年) 4. 支持对中美洲的自由贸易协定(2005年) 5. 支持对新加坡的自由贸易协定(2003年) 6. 支持对智利的自由贸易协定(2003年) 7. 支持对安第斯国家的自由贸易协定(2002年) 8. 支持给予越南正常贸易关系地位(2001年) 9. 支持从国家安全出口条例中移除普通商品(2001年) 10. 支持扩大与第三世界国家的贸易(2000年) 11. 支持给予中国永久正常贸易关系地位(2000年) 12. 支持更新总统贸易权威"快速通道"(1997年)			83

第九章 贸易的政治经济学分析

(续表)

姓名	党派	所在州	职位	支持自由贸易	反对自由贸易	中立态度	评分(%)
Shelby, Richard C.	共和党	亚拉巴马州	Chiarman (Rules and Administration)	1. 支持对秘鲁的自由贸易协定(2007年) 2. 支持对新加坡的自由贸易协定(2003年) 3. 支持对智利的自由贸易协定(2003年) 4. 支持给予越南正常贸易关系地位(2001年) 5. 支持从国家安全出口条例中移除普通商品(2001年) 6. 支持扩大与第三世界国家的贸易(2000年) 7. 支持给予中国永久正常贸易关系地位(2000年)	1. 反对不公平的进口和倾销(2008年) 2. 反对与阿曼的自由贸易协定(2006年) 3. 反对与中美洲的自由贸易协定(2005年) 4. 反对与安第斯国家的自由贸易协定(2002年) 5. 反对更新总统贸易权威"快速通道"(1997年)		55

资料来源:余淼杰,祝辉煌,高恺琳,徐竹西,2018,"美国议员对华贸易态度的现状与展望",《长安大学学报》,第20卷第6期,第12-26页。

注:评分栏中的分数是根据该议员的投票记录判断其支持自由贸易的倾向,共同标准为:0~19,完全反对贸易;20~39,反对贸易;40~59,支持贸易持中立态度;60~79,支持贸易;80~99,完全支持贸易;有明显反对与中国贸易的事件,可按反对程度相应扣5~20分。括号中的年份表明该事件发生的时间。

本章概要

1. 支持自由贸易的观点主要有：
（1）在没有干预和价格扭曲的条件下，消费者和生产者可以更有效地配置资源。
（2）自由贸易有利于凸显规模经济的效益。
（3）自由贸易鼓励竞争，从而促进创新。
（4）自由贸易有利于避免贸易政策受到特殊利益集团的控制。

2. 反对自由贸易的观点主要有：
（1）对大国而言，存在最优关税率，在该税率下，贸易条件的改善能提高国民福利。
（2）在国内市场失灵的国家，如果没有直接的政策手段来解决市场失灵，贸易干预可以作为次优的手段。

3. 中间选民模型认为政策当局会尽可能迎合中间选民的偏好以赢得更多的选票。在国际贸易中，该模型预测政策当局最有可能推动零关税的自由贸易政策。

4. 集体选择理论认为，由于存在集体行动的问题，特殊利益集团更有可能通过政治手段推动对该集团有利的贸易政策。

5. 政治捐献模型假定政策当局面临选民福利和政治捐款两个目标，因此利益集团间的政治角力决定着贸易政策的方向。

习题

1. 分别列举支持贸易自由化和贸易保护主义的理由，并简要说明其中的逻辑。你是否赞同这些理由？

2. 中间选民模型、集体选择理论、政治捐献模型能否解释温州市打火机行业的案例？如果能，请试着解释。

3. 现实中还有哪些可以用中间选民模型、集体选择理论、政治捐献模型来解释的案例？请联系现实贸易活动试着分析。

参考文献

[1] Cline, W., 2004, *Trade Policy and Global Poverty*, Center for Global Development and the Institute for International Economics.

[2] Grossman, G. E. and Helpman, E., 1994, "Protection for Sale", *American Economic Review*, 84(4), 833-850.

[3] Grossman, G. E. and Helpman, E., 2001, *Special Interest Politics*, MIT Press.

[4] Krugman, P. R., 1979, "Increasing Returns, Monopolistic Competition, and International Trade", *Journal of International Economics*, 9(4), 469-479.

[5] Krugman, P. R. and Obstfeld, M., 2006, *International Economics: Theory and Policy*, Addison-Wesley.

［6］Olson, M., 1965, *The Logic of Collective Action: Public Goods and the Theory of Groups*, Harvard University Press.

［7］余淼杰,2009,《国际贸易的政治经济学分析》,北京大学出版社。

［8］余淼杰、崔晓敏,2016,"中国的产能过剩及其衡量方法",《学术月刊》,第48卷第12期,第52-62页。

［9］余淼杰、金洋、张睿,2018,"我国工业企业产能利用率的衡量与生产率估算",《经济研究》,第5期,第56-71页。

［10］余淼杰、祝辉煌、高恺琳、徐竹西,2018,"美国议员对华贸易态度的现状与展望",《长安大学学报》,第20卷第6期,第12-26页。

第十章

GATT 与 WTO

【重点难点】

- 对 WTO 的基本框架和准入程序能够有深刻的理解。
- 用 WTO 的基本原则解释国家之间的贸易摩擦案例。

【学习目标】

- 了解 GATT 与 WTO 的演变,了解 WTO 的组织框架和准入程序。
- 了解九轮多边贸易谈判的基本内容和谈判焦点。
- 理解并掌握 WTO 的基本原则。
- 了解中国加入 WTO 的过程和影响。

【素养目标】

本章通过介绍 GATT 与 WTO 的相关内容,帮助学生了解 WTO 的基本原则及中国加入 WTO 的过程,使学生充分理解"坚定维护以世界贸易组织为核心的多边贸易体制权威性和有效性,积极推动恢复世界贸易组织争端解决机制正常运转"的深刻内涵。

[引导案例]

中国将诉请 WTO 解决光伏等中美贸易争端

2012 年 11 月 20 日,WTO 称,中国将诉请 WTO 就最近的中美商业争端做出裁决,希望 WTO 判定美国对中国一系列商品征收惩罚性关税属于非法行为。中国将请求 WTO 在 2012 年 11 月 30 日的会议上建立一个由三人组成的争议处理小组。若中国在此案及后续申诉中获胜,美国可能不得不取消对 31 种中国商品征收的反倾销和反补贴税。受这些关税影响的中国商品包括光伏电池、各类钢材、越野轮胎、铝制品和风力发电塔架等。中国的申诉对象是美国总统奥巴马于 2012 年 3 月签署的 112-99 号公共法案,涉及从 2006 年 11 月 20 日到 2012 年 3 月美国对中国涉嫌补贴产品采取的措施。中国在 WTO 申诉文件中称,这部法案违反相关原则,因其将中国涉嫌补贴的商品最早追溯到 2006 年。那么,WTO 内部的组织结构和准入程序是怎样的呢? WTO 的基本原则又有哪些? 只有真正理解了这些问题,我们才能够在国际贸易摩擦中充分利用 WTO 规则保护自己的权益。

第一节 GATT 与 WTO 的演变

一、GATT 和 WTO 的发起

20 世纪二三十年代,由于第一次世界大战的灾难性影响,各国政府都设置了非常高的贸易壁垒。如图 10-1 所示,1930 年美国颁布《斯穆特-霍利关税法案》,将美国的平均关税率从 38% 调至 52%。随后的几个月,美国的主要贸易伙伴也报复性地迅速提高关税率,世界贸易陷入低谷。在这一时期,各国政府都处于这样一种矛盾中:一方面,在理论上,它们都认识到合作的贸易政策能够带来潜在的收益;另一方面,在实践中,它们缺乏必要的相互信任。正是这样的矛盾导致各国政府对建立在相互信任基础上的自由贸易犹豫不决。谁来打破坚冰? 答案是美国国务卿科德尔·赫尔(Cordell Hull)。

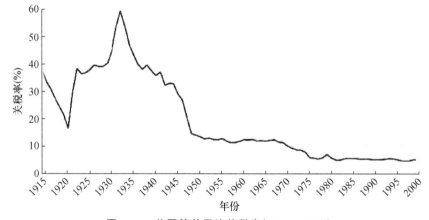

图 10-1 美国简单平均关税率(1915—2000)

资料来源:Krugman, P. and Obstfeld, M., 2005, *International Economics: Theory and Policy* (Seventh Edition), Pearson Press.

在两次世界大战期间,赫尔率先迈出了通向自由贸易的重要一步,他重视双边贸易政策协调,促成了1934年美国《互惠贸易协定法》(Reciprocal Trade Agreements Act)的出台。这是美国贸易政策第一次将互惠原则和非歧视原则结合到一起。到20世纪40年代为止,美国在《互惠贸易协定法》框架下达成了多项双边贸易协定,使美国经济进入了一个相当成功的发展阶段。正是由于《互惠贸易协定法》的成功,美国开始寻求在双边贸易基础上的多边贸易机构。1946年,在美国的推动下,超过50个国家进行协商成立了国际贸易组织(ITO),希望以此来推进贸易自由化,并开始对20世纪30年代以来合法化的贸易保护措施进行修改。然而,ITO并没有正式成立,签署的协议也只是一纸空文。1947年11月30日,23个国家签署了《关税和贸易总协定》(General Agreement on Tariffs and Trade,GATT),它的原则直接来源于ITO。1948年6月30日,这种关税合作通过《临时适用议定书》(Protocal of Provisitonal Application)开始生效。23个国家因此被正式称为缔约国,它们是澳大利亚、比利时、巴西、缅甸、加拿大、斯里兰卡、智利、中国、古巴、捷克斯洛伐克、法国、印度、黎巴嫩、卢森堡、荷兰、新西兰、挪威、巴基斯坦、津巴布韦、叙利亚、南非、英国和美国。① 尽管这23个国家通常被称作缔约国,但是其中一些却因行政程序而无法签署1948年的《临时适用议定书》。因此,根据记录,一些缔约国是在之后才真正加入GATT的。

从1947年成立到20世纪80年代初,GATT一共进行了七轮多边贸易谈判,前几轮谈判的主要焦点是货物贸易的关税减让。在第八轮乌拉圭回合谈判开始之前,世界九个主要工业国家市场上工业制成品的加权平均关税率从GATT成立之初的40%降到6%左右,可以说是成绩斐然。但是,贸易领域的很多问题在GATT中依然没有得到很好的解决,如农产品和纺织品的贸易自由化、知识产权的保护问题等。而且,GATT只是一个临时性的决议,没有任何可对其机构行为和程序进行管制的组织存在。因此,第八轮乌拉圭回合谈判被寄予厚望,人们希望能够成立一个国际性的官方组织。

最终,在1995年1月1日,继第八轮乌拉圭回合谈判和《马拉喀什宣言》之后,成立了世界贸易组织(World Trade Organization,WTO)——一个拥有明确国际性章程的成熟的国际性组织。

WTO与GATT的区别主要有以下几个方面:第一,WTO是永久的机构,其承诺详尽且永久,并受到国际法的约束;第二,除了商品贸易(这与GATT相同),WTO还涵盖与服务贸易[这是《服务贸易总协定》(GATS)包括的内容]和知识产权贸易[这是《与贸易有关的知识产权协定》(简称《知识产权协定》,TRIPS)所包括的内容]相关的内容;第三,WTO提供解决成员方之间贸易争端的机制。

二、WTO的准入程序

WTO的成员资格对所有主权国家或者能够对其贸易政策自治的关税区开放,只要它们遵从申请方与成员方之间达成的协议(参见《WTO协议》第7款)。在过去的半个世纪

---

① 关于GATT成立的详细历史过程,请参见http://www.wto.org/English/thewto_e/whatis_e/tif_e/fact4_e.htm,访问时间为2020年4月1日。

里,GATT/WTO 的成员数量显著上升。如图 10-2 所示,截至 1994 年年底,GATT 的成员数量已扩展到 126 个国家和地区。从 1995 年到 2005 年,WTO 的成员数量扩展到 149 个国家和地区;截至 2019 年年底,WTO 共有 164 个成员。作为最后一个之前还未加入的世界大国,俄罗斯于 2011 年 12 月加入了 WTO。

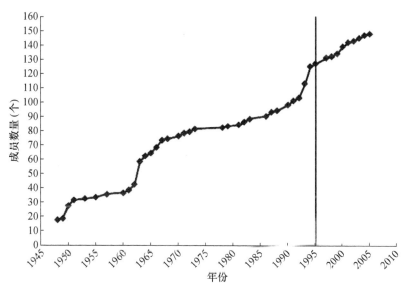

图 10-2 GATT/WTO 成员数量(1945—2010)

注:垂线表示 1995 年 WTO 成立。

根据已有的 GATT 文件①,其准入程序看起来与 WTO 几乎相同。GATT 在 1947 年的准入程序在很大程度上已经被 WTO 继续执行,只是把自由贸易的进程拓展到了服务业和知识产权保护。图 10-3 总结了加入 GATT/WTO 所需的步骤。首先申请方提交申请以表达自己加入该组织的愿望。然后,GATT/WTO 会成立一个工作组,理论上所有的 GATT/WTO 成员都可以加入工作组,但实际上通常只有那些资源充足并且与申请方加入有利益关系的成员才会参与到工作组中。例如,中国内地加入 WTO 的工作组是由 63 个成员组成的。②

在 GATT 的初期,申请方必须与所有成员谈判。也就是说,工作组是由所有 GATT

---

① GATT《基本文件资料选编》(BISD)中的两份文件包含了加入程序的细节:BISD I/104—119("关税谈判程序——多奎关税会议所采取的程序")和 BISD II/148—157("关税谈判与加入")。另外,在 GATT 1964 年 12 月 16 日的文件 C/49 中,GATT 执行秘书处说明了加入程序;第 33 条规定一国政府"在本国政府与缔约集团达成一致的条件下"可以加入 GATT。当加入申请被缔约集团受理,或理事会安排工作组检查申请方的相关商业政策时,按照第 33 条的规定,工作组可以推荐授予该国临时加入的资格作为完全加入的过渡阶段。

② 工作组的 63 个成员包括:阿根廷、中国香港、尼加拉瓜、澳大利亚、匈牙利、挪威、孟加拉国、冰岛、巴基斯坦、玻利维亚、印度、巴拿马、巴西、印度尼西亚、秘鲁、保加利亚、伊朗、菲律宾、加拿大、牙买加、波兰、智利、日本、罗马尼亚、哥伦比亚、韩国、新加坡、哥斯达黎加、科威特、斯洛伐克共和国、克罗地亚、吉尔吉斯斯坦、斯洛文尼亚、古巴、拉脱维亚、南非、捷克共和国、立陶宛、斯里兰卡、多米尼加共和国、中国澳门、瑞士、厄瓜多尔、马来西亚、泰国、埃及、毛里求斯、突尼斯、萨尔瓦多、墨西哥、土耳其、欧盟组织及其成员、蒙古、美国、摩洛哥、乌拉圭、危地马拉、缅甸、委内瑞拉、洪都拉斯、新西兰、津巴布韦、巴拉圭。工作组的主席由瑞士的 H. E. Pierre Louis Girard 担任。详见 WTO 2001 年 6 月 7 日的文件"WT/ACC/CHN/2/Rev.11"和 2001 年 6 月 22 日的文件"WT/ACC/CHN/2/Rev.11/Corr.11"。

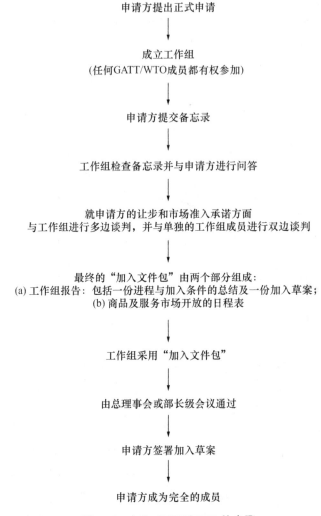

图 10-3　加入 GATT/WTO 的步骤

资料来源：以上总结是基于 WTO 网站上的相关描述，转引自余淼杰，2009，《国际贸易的政治经济学分析》，北京大学出版社。

成员构成的。例如，1952 年 7 月日本申请加入时，GATT 没有成立工作组，而是由执行秘书处通过电报通知各缔约方日本政府申请的事宜，并且要求它们在 1952 年 8 月 19 日前对是否反对日本加入谈判，以及如果举行谈判它们是否会参加做出回复（参见 GATT 1952 年 9 月 30 日的文件 L/29）。

工作组成立之后，申请方需提交一份涵盖其贸易和法律体制等各方面的备忘录。[①] 工作组会检查申请方已有的贸易和法律制度，并进一步向申请方澄清备忘录的细节。

检查备忘录之后，工作组就会启动多边谈判来决定申请方加入的前提和条件。同时，申请方政府会与工作组成员进行双边谈判来探讨其商品和服务贸易市场准入的让步和承

[①] WTO 文件"WT/ACC/1"概括了需要检查的主要项目。

诺。双边和多边谈判会经过许多回合才能完成,谈判结果会进一步巩固并汇编成一份文件,成为"加入文件包"的一部分。"加入文件包"会随着谈判的深入进一步完善。

当所有谈判完成并且所有工作组成员都满意之后,申请方会准备一份最终的"加入文件包"并在工作组最后一次会议上采用。"加入文件包"的内容包括:一份总结了加入条件和进程的工作组报告,一份《加入草案》,还有申请方与 WTO 成员达成的商品和服务市场准入逐步实现的日程表。然后,这些文件会递交给总理事会或部长级会议来表决,只有 2/3 的成员投票支持才能通过。

一旦被总理事会或部长级会议通过,申请方就可以选择签署《加入草案》来表示申请方得到其国会的批准而接受已通过的"加入文件包"。通常从签署《加入草案》到国会批准可以有三个月的时间。当申请方政府通知 WTO 秘书处已完成批准程序 30 天时,申请方就会成为 WTO 成员。

并不是所有的国家和地区都必须通过上述加入程序。一些国家和地区没有经过谈判就加入了 GATT,因为它们是 GATT 成员的一部分,并且实际上已经遵循了 GATT 的规则。GATT 第 26 条第 5 款第 c 则规定:"如原由一缔约方代表其接受本协定的任何单独关税区拥有或获得处理其对外贸易关系和本协定中规定的其他事项的完全自主权,则该单独关税区经对其负责的缔约方提议发表声明证实上述事实,即被视为一缔约方。"

例如,中国香港在 1986 年没有通过谈判就加入了 GATT。"香港自 4 月 23 日起成为 GATT 的缔约成员。香港被视为 GATT 的缔约成员是由于大不列颠合众国在 1986 年 4 月 23 日根据 GATT 第 26 条第 5 款第 c 则的规定向 GATT 秘书处递交的宣言。GATT 秘书处在 1986 年 4 月 23 日还同时收到了中华人民共和国的宣言,确定自 1997 年 7 月 1 日起香港特别行政区将会继续满足缔约成员在 GATT 第 26 条第 5 款第 c 则下需满足的条件。"[①]

因此,我们把 GATT/WTO 成员分成两组:第一组为必须通过加入谈判的成员,如表 10-1 所示;第二组为由于殖民地背景而跳过了加入程序的成员,如表 10-2 所示。从表 10-1 可以看出,各成员完成加入所需的时间差别很大,平均为 7 年,标准差为 5.5 年。数据显示刚果民主共和国用了长达 26 年的时间来完成加入过程,是用时最长的。表 10-3 列出了截至 2005 年 12 月仍处于申请 WTO 进程中的国家。

表 10-1 必须通过加入谈判的成员申请加入 GATT/WTO 所花时间

国家或地区	申请日期	加入日期	持续时间(月)	持续时间(年)
孟加拉国	1972 年 10 月 10 日	1972 年 12 月 16 日	2.23	0.18
韩国	1966 年 9 月 20 日	1967 年 4 月 14 日	6.87	0.56
波兰	1966 年 12 月 22 日	1967 年 10 月 18 日	10.00	0.82
委内瑞拉	1989 年 6 月 5 日	1990 年 8 月 31 日	15.07	1.24
葡萄牙	1960 年 5 月 19 日	1962 年 5 月 6 日	23.90	1.96
摩洛哥	1985 年 3 月 8 日	1987 年 6 月 17 日	27.70	2.28
斯洛文尼亚	1992 年 6 月 9 日	1994 年 10 月 30 日	29.10	2.39

---

① 参见 GATT 1986 年 4 月 24 日的文件"GATT/1384"。

(续表)

国家或地区	申请日期	加入日期	持续时间(月)	持续时间(年)
吉尔吉斯斯坦	1996年2月13日	1998年12月20日	34.70	2.85
玻利维亚	1987年9月24日	1990年9月8日	36.00	2.96
日本	1952年7月18日	1955年9月10日	38.30	3.15
西班牙	1960年5月21日	1963年8月29日	39.83	3.27
以色列	1959年3月26日	1962年7月5日	39.90	3.28
罗马尼亚	1968年7月22日	1971年11月14日	40.33	3.32
厄瓜多尔	1992年9月18日	1996年1月21日	40.67	3.34
格鲁吉亚	1996年7月3日	2000年6月14日	48.07	3.95
萨尔瓦多	1987年4月24日	1991年5月22日	49.63	4.08
匈牙利	1969年7月9日	1973年9月9日	50.77	4.17
冰岛	1963年12月11日	1968年4月21日	53.10	4.36
危地马拉	1987年5月14日	1991年10月10日	53.67	4.41
泰国	1978年6月26日	1982年11月20日	53.60	4.41
阿曼	1996年4月22日	2000年11月9日	55.40	4.55
拉脱维亚	1993年11月8日	1999年2月10日	64.00	5.26
哥斯达黎加	1985年7月5日	1990年11月24日	65.60	5.39
蒙古	1991年6月17日	1997年1月29日	68.43	5.62
爱沙尼亚	1994年3月10日	1999年11月13日	69.13	5.68
巴拿马	1991年8月16日	1997年9月6日	73.77	6.06
爱尔兰	1961年11月1日	1967年12月22日	74.73	6.14
约旦	1994年1月6日	2000年4月11日	76.23	6.27
菲律宾	1973年2月14日	1979年12月27日	83.57	6.87
洪都拉斯	1987年4月30日	1994年4月10日	84.57	6.95
阿根廷	1960年9月21日	1967年10月11日	85.87	7.06
克罗地亚	1993年9月22日	2000年11月30日	87.53	7.19
立陶宛	1994年1月18日	2001年5月31日	89.67	7.37
墨西哥	1979年1月19日	1986年8月24日	92.47	7.60
摩尔多瓦	1993年11月25日	2001年7月26日	93.33	7.67
阿尔巴尼亚	1992年11月20日	2000年9月8日	94.97	7.81
南斯拉夫	1958年10月10日	1966年8月25日	95.87	7.88
北马其顿	1994年11月30日	2003年4月4日	101.57	8.35
佛得角	1999年11月11日	2008年7月23日	105.90	8.70
亚美尼亚	1993年11月29日	2003年2月5日	111.83	9.19
柬埔寨	1994年12月8日	2004年10月13日	119.90	9.85
瑞士	1956年9月15日	1966年8月1日	120.23	9.88
中国台北	1992年1月15日	2002年1月1日	121.30	9.97
保加利亚	1986年9月8日	1996年12月1日	124.57	10.24
汤加	1995年8月11日	2007年7月27日	145.60	11.97

(续表)

国家或地区	申请日期	加入日期	持续时间(月)	持续时间(年)
越南	1995年1月4日	2007年1月11日	146.33	12.03
沙特阿拉伯	1993年6月13日	2005年12月11日	152.13	12.50
哥伦比亚	1968年12月17日	1981年10月3日	155.77	12.80
乌克兰	1993年11月3日	2008年5月16日	176.93	14.54
尼泊尔	1989年5月16日	2004年4月23日	181.87	14.95
中国大陆	1986年7月10日	2001年12月11日	187.77	15.43
巴拉圭	1974年11月11日	1994年1月6日	233.20	19.17
突尼斯	1965年12月2日	1990年8月29日	301.20	24.76
刚果民主共和国	1970年1月21日	1997年1月1日	328.07	26.96

表10-2 没有经过正式谈判就加入GATT/WTO的国家或地区

国家或地区	附属国	加入日期
巴布亚新几内亚	澳大利亚	1994年12月16日
布隆迪	比利时	1965年3月13日
卢旺达	比利时	1966年1月1日
贝宁(旧称达荷美共和国)	法国	1963年9月12日
布基纳法索(旧称上沃尔特)	法国	1963年5月3日
喀麦隆	法国	1963年5月3日
中非共和国	法国	1963年5月3日
乍得	法国	1963年7月12日
刚果(布拉扎维)	法国	1963年5月3日
科特迪瓦(旧称象牙海岸)	法国	1963年12月31日
吉布提	法国	1994年12月16日
加蓬	法国	1963年5月3日
几内亚	法国	1994年12月8日
马达加斯加岛	法国	1963年9月30日
马里	法国	1993年1月11日
毛里塔尼亚	法国	1963年9月30日
尼日尔	法国	1963年12月31日
塞内加尔	法国	1963年9月27日
多哥	法国	1964年3月20日
新加坡	马来群岛	1973年8月20日
苏里南	荷兰	1978年3月22日
安哥拉	葡萄牙	1994年4月8日
几内亚比绍	葡萄牙	1994年3月17日
中国澳门	葡萄牙	1991年1月11日
莫桑比克	葡萄牙	1992年7月27日
纳米比亚	南非	1992年9月15日
列支敦士登	瑞士	1994年3月29日

(续表)

国家或地区	附属国	加入日期
安提瓜和巴布达	英国	1987年3月30日
巴林	英国	1993年12月13日
巴巴多斯岛	英国	1967年2月15日
伯利兹	英国	1983年10月7日
博茨瓦纳	英国	1987年8月28日
文莱	英国	1993年12月9日
塞浦路斯	英国	1963年7月15日
多米尼加	英国	1993年4月20日
斐济	英国	1993年11月16日
加纳	英国	1957年10月17日
格林纳达	英国	1994年2月9日
圭亚那	英国	1966年7月5日
中国香港	英国	1986年4月23日
牙买加	英国	1963年12月31日
肯尼亚	英国	1964年2月5日
科威特	英国	1963年5月3日
莱索托	英国	1988年1月8日
马拉维	英国	1964年8月28日
马来群岛	英国	1957年10月24日
马尔代夫	英国	1983年4月19日
马耳他	英国	1964年11月17日
毛里求斯	英国	1970年9月2日
尼日利亚	英国	1960年11月18日
卡塔尔	英国	1994年4月7日
圣基茨和尼维斯	英国	1994年3月24日
圣卢西亚岛	英国	1993年4月13日
圣文森特和格林纳丁斯	英国	1993年5月18日
塞拉利昂	英国	1961年5月19日
所罗门群岛	英国	1994年12月28日
斯威士兰	英国	1993年2月8日
坦桑尼亚	英国	1961年12月9日
冈比亚	英国	1965年2月22日
特立尼达和多巴哥	英国	1962年10月23日
乌干达	英国	1962年10月23日
阿拉伯联合酋长国	英国	1994年3月9日
赞比亚	英国	1982年2月10日

表 10-3 截至 2005 年 12 月仍处于申请 GATT/WTO 进程中的国家或地区

申请方	申请时间	成立工作组时间	提交备忘录时间	工作组报告草案**
阿富汗+	2004 年 11 月	2004 年 12 月		
阿尔及利亚	1987 年 6 月	1987 年 6 月	1996 年 7 月	2005 年 8 月
安道尔共和国	1999 年 7 月	1997 年 1 月	1999 年 3 月	
阿塞拜疆	1997 年 6 月	1997 年 7 月	1999 年 4 月	
巴哈马群岛	2001 年 5 月	2001 年 7 月		
白罗斯	1993 年 9 月	1993 年 1 月	1996 年 1 月	2005 年 4 (FS)月
不丹+	1999 年 9 月	1999 年 1 月	2003 年 2 月	2005 年 8 (FS)月
波斯尼亚和黑塞哥维那	1999 年 5 月	1999 年 7 月	2002 年 1 月	
埃塞俄比亚+	2003 年 1 月	2003 年 2 月		
伊朗	1996 年 7 月	2005 年 5 月		
伊拉克	2004 年 9 月	2004 年 12 月	2005 年 9 月	
哈萨克	1996 年 1 月	1996 年 2 月	1996 年 9 月	2005 年 5 月
老挝+	1997 年 7 月	1998 年 2 月	2001 年 3 月	
黎巴嫩	1999 年 1 月	1999 年 4 月	2001 年 6 月	2005 年 12 (FS)月
利比亚	2004 年 6 月	2004 年 7 月		
黑山	2004 年 12 月	2005 年 2 月	2005 年 3 月	
俄罗斯联邦	1993 年 6 月	1993 年 6 月	1994 年 3 月	2004 年 1 月
萨摩尔群岛+	1998 年 4 月	1998 年 6 月	2000 年 2 月	2003 年 6 月
圣多美和普林西比+	2005 年 1 月	2005 年 5 月		
塞尔维亚	2004 年 12 月	2005 年 2 月	2005 年 3 月	
塞舌尔	1995 年 5 月	1995 年 7 月	1996 年 8 月	1997 年 6 月
苏丹+	1994 年 1 月	1994 年 1 月	1999 年 1 月	2004 年 9 (FS)月
塔吉克斯坦	2001 年 5 月	2001 年 7 月	2003 年 2 月	2005 年 4 (FS)月
乌兹别克斯坦	1994 年 12 月	1994 年 12 月	1998 年 1 月	
瓦努阿图+	1995 年 7 月	1995 年 7 月	1995 年 11 月	加入文件包 2001 年 10 月
也门	2000 年 4 月	2000 年 7 月	2002 年 11 月	
沙特阿拉伯	1993 年 6 月	1993 年 7 月	1996 年 5 月	2005 年 10 月
佛得角	1999 年 11 月	2000 年 7 月	2003 年 7 月	2005 年 11 月
乌克兰	1993 年 11 月	1993 年 12 月	1994 年 7 月	2004 年 3 月
越南	1995 年 1 月	1995 年 1 月	1996 年 9 月	2004 年 11 月
汤加	1995 年 8 月	1995 年 11 月	1998 年 5 月	2003 年 3 月

资料来源：http://www.wto.org/english/thewto_e/acc_e/status_e.htm，访问时间为 2020 年 4 月 1 日。

注：** 表示"最近事实摘要(FS)，工作组报告草案，或工作组报告草案的基本素材"；最不发达的国家用"+"来标记，是根据联合国的分类，详见 http://www.un.org/special-rep/ohrlls/ldc/list.htm，访问时间为 2020 年 4 月 1 日。

三、WTO 的组织框架及相关情况

《建立 WTO 协定》对 WTO 内部的机构设置、职能范围以及议事规则都做出了明确规定，其组织机构如图 10-4 所示。

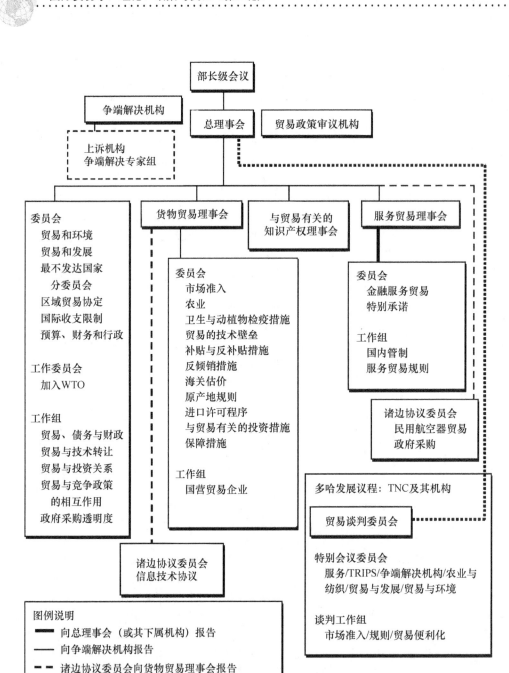

图 10-4 WTO 机构设置

资料来源:WTO 网站。

(一) 部长级会议

部长级会议(Ministerial Conference)是 WTO 的最高决策机构。根据《建立 WTO 协定》第 4 条第 1 款规定,部长级会议至少每两年召开一次,且应当包括所有成员的代表。部长级会议有权对任何多边贸易协定下的任何事项做出决定。截至 2019 年年底,WTO 总共召开过 11 次部长级会议,如表 10-4 所示。

表 10-4　WTO 历届部长级会议

历届会议	时间	地点	主要成果
第一届	1996 年 12 月 9—13 日	新加坡	《新加坡部长宣言》《信息技术协议》
第二届	1998 年 5 月 18—20 日	日内瓦	《日内瓦部长宣言》《全球电子商务宣言》
第三届	1999 年 11 月 30 日—12 月 3 日	西雅图	失败
第四届	2001 年 11 月 9—13 日	多哈	《多哈部长宣言》
第五届	2003 年 9 月 10—14 日	坎昆	《坎昆部长宣言》
第六届	2005 年 12 月 13—18 日	香港	《香港部长宣言》
第七届	2009 年 11 月 30 日—12 月 2 日	日内瓦	盘点多哈回合谈判现状、讨论 WTO 未来改革
第八届	2011 年 12 月 15—17 日	日内瓦	正式批准俄罗斯加入 WTO
第九届	2013 年 12 月 3—7 日	巴厘岛	巴厘岛一揽子协定
第十届	2015 年 12 月 15—19 日	内罗毕	《内罗毕部长宣言》《〈信息技术协定〉扩围协议》
第十一届	2017 年 12 月 10—14 日	布宜诺斯艾利斯	《关于投资便利化的部长联合声明》

(二) 总理事会

总理事会(General Council)是 WTO 设在日内瓦的最高水平的决策机构。根据《建立 WTO 协定》第 4 条第 2 款规定,总理事会由 WTO 全体成员的代表组成,在部长级会议休会期间行使部长级会议的职能。总理事会一般根据需要适时召开,通常每年召开六次,参加会议的大多数成员代表是各国常驻日内瓦代表团的团长。

(三) 理事会及下属各委员会

为了更好地履行职能,总理事会下设有三个理事会,分别负责监督三个不同领域的谈判和协议的执行,它们是货物贸易理事会(Council for Trade in Goods)、服务贸易理事会(Council for Trade in Services)和与贸易有关的知识产权理事会(Council for Trade-Related Aspects of Intellectual Property Rights)。这三个理事会承担了 WTO 的主要任务,并可视情况自行拟定议事规则,经总理事会批准执行。

(四) 争端解决机构和贸易政策审议机构

WTO 的争端解决机构(Dispute Settlement Body)和贸易政策审议机构(Trade Policy Review Body)直接隶属于部长级会议,为 WTO 第二层机构。

争端解决机构下设上诉机构和争端解决专家组,主要负责 WTO 争端解决机制的运行,处理各成员之间的贸易争端。相比于其前身 GATT,WTO 拥有一个更正式的贸易争端解决程序。该程序一般根据以往的规定进行裁决,争端解决时限大约为 15 个月。如果被诉成员不服从 WTO 的裁决,那么其他成员可以对该成员进行贸易限制,以示惩罚。美国和委内瑞拉之间关于石油的贸易争端就是一个例子。此贸易争端源于美国的《清洁空气法案》(Clean Air Act)给委内瑞拉的石油出口造成损害。最终,美国因违反非歧视性原则中的"国民待遇"(给予外国企业的待遇不能差于给予本国企业的待遇)而败诉。

贸易政策审议机构主要负责定期审议各成员的贸易政策、法律与各项具体措施,并依据各项协议与协定给出指导。

图 10-5 列出了自 1996 年以来各成员上诉到 WTO 争端解决机构的案件数量。

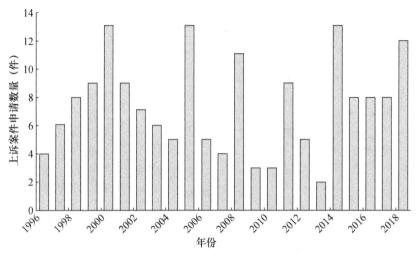

图 10-5　WTO 上诉案件申请数量(1996—2018)

资料来源:WTO 网站。

◀阅读材料▶

史上最长的贸易争端——"香蕉战"

在众多贸易争端中,值得一提的是欧盟和美国之间的"香蕉战"。起初,英国和法国都从加勒比海岸的英属西印度群岛进口香蕉。由于美国的香蕉比英属西印度群岛的便宜40%,为了保护这些生产者,欧盟对美国中部出口的香蕉采取了配额限制。但是德国在英属西印度群岛没有殖民地,故德国对美国香蕉实行自由贸易。为了防止从德国进口的香蕉进入欧盟的其他国家从而形成套利,欧盟对美国出口的香蕉进行了新的配额限制。然而在德国,香蕉是民主和自由的象征,德国对欧洲各国的此举表示相当的愤怒。1995年,美国指出这种配额限制损害了美国香蕉公司的利益。同时,美国最大的香蕉公司 Chiquita 的 CEO 也在积极游说政府。最终,美国决定对来自欧洲的皮包和奶酪等贸易品征收高关税,以示报复。2001 年,欧盟取消了对香蕉的进口配额限制。但是"香蕉战"并没有因此结束。2005 年,欧盟对除非洲、加勒比海岸和太平洋国家/地区之外的香蕉征收三倍的关税,此项措施给阿根廷带来了较大的贸易损失,阿根廷对此表示不满,对欧盟进行了诉讼,"香蕉战"在阿根廷与欧盟间延续下来。2009 年 12 月,作为多哈回合谈判的一部分,欧盟和拉丁美洲国家在 WTO 于日内瓦举行的一次会议上达成一项协议,结束了历时 16 年的"香蕉战"。根据协议,欧盟将逐步降低从拉丁美洲国家进口香蕉的关税,从 2009 年每吨 176 欧元至 2017 年减少到 114 欧元,并将在所有各方签署协议以后进一步降低关税;拉丁美洲国家承诺不再要求更多的减税,在恢复多哈回合谈判之前欧盟不再减税,并且拉丁美洲国家向 WTO 撤回针对欧盟的诉求。

(五)秘书处及总干事

WTO秘书处是WTO的日常办事机构,由总干事领导,为图10-4的机构提供服务。总干事由部长级会议任命,其权力、职责、服务条件由部长级会议以立法形式确定,一般任期为四年,可以连任。表10-5列出了WTO历任总干事。秘书处没有决策权力,它的主要任务是为WTO谈判或协议提供专业的、无偏见的、完整的技术支持。

表10-5 WTO秘书处历任总干事

任数	姓名	国籍	任期
第一任	彼特·萨瑟兰(Peter Sutherland)	北爱尔兰	1994—1995
第二任	雷纳托·鲁杰罗(Renato Ruggiero)	意大利	1995—1999
第三任	迈克·穆尔(Mike Moore)	新西兰	1999—2002
第四任	素帕猜·巴尼巴滴(Supachai Panitchpakdi)	泰国	2002—2005
第五任	帕斯卡尔·拉米(Pascal Lamy)	法国	2005—2013
第六任	罗伯托·阿泽维多(Roberto Azevedo)	巴西	2013—2020

第二节 前八轮多边贸易谈判

从1947年到1994年,GATT共主持了八轮多边贸易谈判,表10-6对GATT八轮多边贸易谈判的基本情况做了总结。

表10-6 GATT的多边贸易谈判情况

谈判	时间	地点	参与国家数	关税削减幅度
第一轮	1947年4—10月	日内瓦	23	35%
第二轮	1949年4—10月	安纳西	33	35%
第三轮	1950年9月—1951年4月	托奎	39	26%
第四轮	1956年1—5月	日内瓦	28	15%
第五轮(狄龙回合)	1960年9月—1962年7月	日内瓦	45	20%
第六轮(肯尼迪回合)	1964年5月—1967年6月	日内瓦	54	35%
第七轮(东京回合)	1973年9月—1979年4月	日内瓦	102	33%
第八轮(乌拉圭回合)	1986年9月—1994年4月	埃斯特角城	117	发展中成员承诺总体关税削减幅度为24%,发达成员承诺总体关税削减幅度为37%

注:参加乌拉圭回合谈判的成员数量在谈判开始时为103个,到1993年谈判结束时为117个。

一、GATT前七轮多边贸易谈判概况

前五轮多边贸易谈判的主要内容是关税削减,从第六轮多边贸易谈判开始,逐渐涉及非关税壁垒问题和发展中成员待遇问题等。

(一) 第一轮多边贸易谈判[1]

1947年4月,GATT第一轮多边贸易谈判在瑞士日内瓦举行,历时6个月,于同年10月结束谈判,达成协议。该轮谈判的主要成果为23个缔约方就123项双边关税减让达成协议,涉及应税商品约45 000项,影响近100亿美元的世界贸易额,使占应税进口值约54%的商品平均关税削减35%。

(二) 第二轮多边贸易谈判

1949年4月,GATT第二轮多边贸易谈判在法国安纳西举行,历时6个月,于同年10月结束谈判,达成协议。该轮谈判的主要成果为缔约方之间达成147项双边协议,涉及近5 000项商品的关税减让,使占应税进口值5.6%的商品平均关税削减35%。此外,该轮谈判还吸收了丹麦、多米尼加、芬兰、希腊、海地、利比里亚、尼加瓜拉、乌拉圭、瑞士、意大利等10个国家加入谈判,使处于创始阶段的欧洲经济合作组织成员进入多边贸易体制。

(三) 第三轮多边贸易谈判

1950年9月至1951年4月,GATT第三轮多边贸易谈判在英国托奎举行,历时7个月。该轮谈判的主要成果为缔约方之间达成150项关税减让协议,涉及近8 700项商品的关税减让,使占应税进口值11.7%的商品平均关税削减26%。

(四) 第四轮多边贸易谈判

1956年1月至5月,GATT第四轮多边贸易谈判在瑞士日内瓦举行,历时4个月。28个缔约方之间达成3 000多项商品的关税减让,使占应税进口值16%的商品平均关税削减15%。由于在前几轮的谈判中,美国的关税减让幅度明显大于其他缔约方[2],故此次谈判中,美国政府代表团的谈判权限受到了美国国会的限制,最终其对进口只给予了9亿美元的关税减让。这使本次谈判受到了严重影响,所达成的关税减让只涉及25亿美元的贸易额。

(五) 第五轮多边贸易谈判

1960年9月至1962年7月,GATT第五轮多边贸易谈判在瑞士日内瓦举行。这轮谈判由时任美国副国务卿克拉伦斯·狄龙(Clarence Dillon)倡议,故也被称为"狄龙回合"。本次谈判分为两个阶段:第一阶段从1960年9月到12月,重点对欧洲共同体建立所引起的关税同盟问题与有关缔约方进行谈判和协商;第二阶段从1961年1月到1962年7月,主要就进一步关税减让进行谈判。在该轮谈判中缔约方达成约4 400项商品的关税减让,涉及贸易额49亿美元,使占应税进口值20%的商品平均关税削减20%,但农产品和一些敏感性商品被排除在协议之外。

(六) 第六轮多边贸易谈判

1964年5月至1967年6月,GATT第六轮多边贸易谈判在瑞士日内瓦举行,共有54个缔约方参加。这轮谈判由时任美国总统约翰·肯尼迪(John Kennedy)根据1962年美

---

[1] 该轮谈判在1947年《关税和贸易总协定》生效之前举行,但习惯上仍视其为GATT的第一轮多边贸易谈判。
[2] 前两轮谈判后,美国的进口关税平均税率降为14.5%。

国贸易扩大法倡议举行,故也被称为"肯尼迪回合"。

这轮谈判确定了削减关税采取"一刀切"的办法,代替了原先"国家对国家,项目对项目"的减让方式,在经济合作与发展组织成员间工业品平均削减关税35%,涉及商品60 000多项,涉及贸易额400多亿美元。从1968年1月1日起,各国工业品进口关税按减让表的规定,每年降低1/5,五年内完成削减关税的目标。在这五年间,美国工业品关税水平平均降低了37%,欧洲共同体关税水平平均降低了35%。

肯尼迪回合首次涉及非关税壁垒的谈判,GATT跨出了从纯关税谈判向非关税壁垒谈判转换的历史性步伐。谈判主要涉及美国的海关估价制度以及各国的反倾销法。尽管《1947年关税和贸易总协定》第6条规定了倾销的定义、征收反倾销税的条件和幅度,但由于缺少具体实施的规定,各国滥用反倾销措施的情况时有发生,严重阻碍了国际贸易的发展。因此,在吸取以往经验教训的基础上,美国、英国、日本等21个缔约方签署了第一个有关反倾销的协议——《反倾销协议》,作为《1947年关税和贸易总协定》第6条的实施细则,该协议于1968年7月生效。

由于参与肯尼迪回合的缔约方中,发展中缔约方和最不发达缔约方占据了大多数,因此为了促进发展中缔约方和最不发达缔约方经济和贸易的发展,GATT正式将给予发展中缔约方的优惠待遇纳入其具体条款中;在《1947年关税和贸易总协定》的条款中新增了"贸易与发展"三个条款,规定了对发展中缔约方的特殊优惠待遇,明确发达缔约方不应期望发展中缔约方做出对等的减让承诺。此外,本次谈判还允许计划经济国家成为GATT缔约方,如波兰。

◆ 阅读材料 ▷

中国入世的"身份鉴定"

中国入世谈判的原则之一是坚持以发展中国家的身份加入,并享受发展中国家的待遇。但美国等发达国家却主张中国以发达国家资格入世,理由是当时中国在经济总规模上居世界第七位,在贸易方面位居世界前十。这显然是不切实际的,尽管美国所陈述的理由是事实,但中国当时有12亿人口,人均GDP不足1 000美元,比许多发展较快的发展中国家要低很多,因此中国是发展中国家是毋庸置疑的事实。最终,中国以发展中国家的身份加入了WTO。

(七)第七轮多边贸易谈判

1973年9月至1979年4月,GATT第七轮多边贸易谈判在瑞士日内瓦举行,历时67个月。由于该轮谈判在日本首都东京举行的部长级会议上发动,故也被称为"东京回合",共有73个缔约方和29个非缔约方参与谈判。这轮谈判的重点是关税的大幅削减、非关税壁垒的控制以及发展中国家的优惠待遇问题。

◀阅读材料▶

第七轮 GATT 回合为何不叫"尼克松回合"而叫"东京回合"

"东京回合"由美国总统理查德·尼克松(Richard Nixon)倡议举行,按照惯例应被称为"尼克松回合",那为什么会变成"东京回合"呢?问题的关键在于水门事件(Watergate Scandal)。

在1972年美国总统大选中,民主党内部竞选的策略之一是取得情报,1972年6月17日,以美国共和党尼克松竞选班子的首席安全问题顾问詹姆斯·麦科德(James McCord, Jr.)为首的五人闯入位于华盛顿水门大厦的民主党全国委员会办公室,在安装窃听器并偷拍有关文件时,当场被捕。由于此事,尼克松于1974年8月8日宣布将于次日辞职,从而成为美国历史上首位辞职的总统。这次丑闻使尼克松名声扫地,WTO 的多边贸易谈判又怎能以这样一位被迫辞职的总统名字命名呢?于是"尼克松回合"就变成了"东京回合"。

东京回合的成果之一是开始实行按既定公式大幅削减关税。从1980年起的8年内,关税削减幅度为33%,最终关税减让和约束涉及贸易额3 000多亿美元(减税范围除工业品外,还包括部分农产品,但不包括纺织品),使世界九个主要工业国家市场上工业制成品的加权平均关税削减1/3,从 GATT 成立之初的40%降低到6%左右,其中欧共体为5%,美国为4%,日本为3%。

在非关税壁垒的控制上,东京回合达成了一系列协议,主要包括:《技术性贸易壁垒协议》《补贴与反补贴措施协议》《进口许可证手续协议》《政府采购协议》《海关估价协议》《反倾销协议》,此外还达成《国际牛肉协议》《国际奶制品协议》《民用航空器贸易协议》。但是,由于发展中成员反对 GATT 规则适用范围的扩展,修改 GATT 条款所需的2/3多数票要求没有达到,以上协议只能以诸边协议的形式实施。①

为了进一步促进发展中成员的经济和贸易发展,东京回合通过了对发展中成员的授权条款,允许发达成员给予发展中成员普遍优惠待遇。

二、GATT 第八轮多边贸易谈判

GATT 第八轮多边贸易谈判是1986年9月在乌拉圭埃斯特角城 GATT 部长级会议上发动的,故命名为"乌拉圭回合"。这一旨在全面改革多边贸易体制的谈判,历时91个月,于1994年4月15日在摩洛哥马拉喀什结束。

在东京回合谈判结束后,世界经济经历了第二次石油危机的冲击,陷入了停滞不前的困境。与此同时,以政府补贴、双边数量限制、市场瓜分等非关税壁垒为特征的贸易保护主义开始逐渐盛行。为了摆脱萎靡的经济状况,遏制贸易保护主义,世界经济需要

---

① 诸边协议是指只对谈判成果签字的缔约方而不是所有缔约方有效的一系列非关税壁垒协议,通常被称为《东京回合守则》。

建立一个更加开放、持久的多边贸易体制。乌拉圭回合就是在这样的背景下应运而生的。

GATT 前八轮多边贸易谈判中,乌拉圭回合意义最为重大,其内容主要有:提倡贸易自由化,进一步降低关税,发达成员的平均关税率降近 40%(加权平均税率从 6.3% 降至 3.9%),发展中成员的关税率从 20.5% 降至 14.4%;减少部分非关税壁垒;签署《服务贸易总协定》(GATS);签署《与贸易有关的知识产权协定》(TRIPS);建立一个有效的争端解决机制;成立 WTO。下面就贸易自由化、GATS、TRIPS、争端解决机制做具体介绍。

在贸易自由化问题上,乌拉圭回合的主要成果体现在两个方面。一是进一步的关税减让,包括全面约束农产品关税。发达成员承诺总体削减关税 37% 左右,对工业品的关税削减幅度达 40%,加权平均税率从 6.3% 降低到 3.9%,承诺关税减让的税目占其全部税目的 93%,占全部贸易额的 84%,其中承诺零关税的税目比例由谈判前的 21% 增长到 32%,涉及的贸易额从 20% 增长到 40%;发展中成员承诺总体削减关税 24%,加权平均税率从 20.5% 降低到 14.4%;减税商品涉及的贸易额达 1.2 万亿美元,有将近 20 个产品大类实现零关税。在减税的实施期方面,工业品关税从 1995 年 1 月 1 日起五年内完成;农业品关税从 1995 年 1 月 1 日起,发达成员的实施期为六年,发展中成员的实施期为十年,也有部分发展中成员承诺六年的实施期。

二是对非关税壁垒进一步加以约束,达成了相关的 12 个全球性协议,包括:《农业协议》《纺织品与服装协议》《技术性贸易壁垒协议》《海关估价协议》《运装前检验协议》《原产地规则协议》《进口许可程序协议》《卫生与动植物检疫措施协议》《与贸易有关的投资措施协议》《反倾销协议》《补贴与反补贴措施协议》《保障措施协议》。

◀ 阅读材料 ▶

WTO《农业协议》结构

	Preface	前言
第一部分		
第 1 条	Definition of Terms	术语定义
第 2 条	Product Coverage	产品范围
第二部分		
第 3 条	Incorporation of Concessions and Commitments	削减和承诺的并入
第三部分		
第 4 条	Market Access	市场准入
第 5 条	Special Safeguard Provisions	特殊保障条款
第四部分		
第 6 条	Domestic Support Commitments	国内支持承诺
第 7 条	General Disciplines on Domestic Support	国内支持的一般原则
第五部分		
第 8 条	Export Competition Commitments	出口竞争承诺

(续表)

	Preface	前言
第 9 条	Export Subsidy Commitments	出口补贴承诺
第 10 条	Prevention of Circumvention of Export Subsidy Commitments	规避出口补贴承诺的防止
第 11 条	Incorporated Products	作为加工品原料的产品
第六部分		
第 12 条	Disciplines on Export Prohibitions and Restrictions	出口禁止和限制的原则
第七部分		
第 13 条	Due Restraint	适当的克制
第八部分		
第 14 条	Sanitary and Phytosanitary Measures	卫生与动植物检疫措施
第九部分		
第 15 条	Special and Differential Treatment	特殊和差别待遇
第十部分		
第 16 条	Least-Developed and Net Food-Importing Developing Countries	最不发达国家和粮食净进口发展中国家
第十一部分		
第 17 条	Committee on Agriculture	农业委员会
第 18 条	Review of the Implementation of Commitments	执行承诺的审议
第 19 条	Consultation and Dispute Settlement	磋商和争端解决
第十二部分		
第 20 条	Continuation of the Reform Process	改革进程的继续
第十三部分		
第 21 条	Final Provisions	最后条款
附件 1	Product Coverage	产品范围
附件 2	Domestic Support: the Basis for Exemption from the Reduction Commitments	国内支持:免除削减承诺的基础
附件 3	Domestic Support: Calculation of Aggregate Measurement of Support	国内支持:总支持量的计算
附件 4	Domestic Support: Calculation of Equivalent Measurement of Support	国内支持:等值支持量的计算
附件 5	Special Treatment with Respect to Paragraph 2 of Article 4	有关第 4 条第 2 款的特别处理

资料来源:程国强,2002,"WTO《农业协议》",《2001—2002 年中国农村经济形势分析与预测》,社会科学文献出版社。

在乌拉圭回合之前,GATT 只涉及货物贸易领域,服务贸易不属于其多边贸易体制的管辖范围。随着服务业的发展,国际服务贸易不断扩大,服务贸易在国际贸易额中所占的比重也越来越大。但由于缺少相关约束,许多成员在服务贸易领域采取了不少保护措施,明显制约了国际服务贸易的发展。为了推动服务贸易自由化,各成员在乌拉圭回合签署了《服务贸易总协定》(GATS)，于 1995 年 1 月 1 日正式生效。

乌拉圭回合知识产权组于 1991 年 12 月提出了《与贸易有关的知识产权协定》，目的在于保护知识产权这样一种无形资产。在该协定经过讨论修改而成为正式协议后，WTO 所有成员方都受其规则的约束。

由于 GATT 的争端解决机制在日益复杂的贸易争端中难以发挥作用，乌拉圭回合中各缔约方成立了一个争端解决谈判组，并最终达成了《关于争端解决规则与程序的谅解》。

◁ 阅读材料 ▷

中美知识产权争端

2007 年 4 月 10 日，美国向 WTO 争端解决机构提出了与中国进行磋商的请求，其认为中国的一些知识产权保护措施和执行方式违背了 WTO《与贸易有关的知识产权协定》和《尼泊尔公约》等规定的义务，具体有三项理由：(1) 中国关于知识产权保护的有关法律规定与其入世承诺不符；(2) 中国对商业规模的假冒产品和盗版产品的惩罚力度不够，缺乏刑事制裁程序，违反了其在《与贸易有关的知识产权协定》第 41 条和第 61 条项下的义务；(3) 侵权商品进入商业流通渠道，违反了《与贸易有关的知识协定》第 46 条和第 59 条。2007 年 9 月底，WTO 成立中美知识产权争端专家组。2008 年 10 月，专家组根据程序，向中美双方提交了中期报告。2009 年 1 月 26 日，WTO 专家组向各成员公布了最终报告，认定中国《著作权法》将审阅后不得出版或正在审阅过程中的作品不作为保护对象，以及没收侵害商标制品的不当做法违反了 WTO 的协定；但美国主张的中国对盗版经销者等的刑事追究标准不够严格的观点，由于证据不足没有被认定。

第三节 WTO 主要基本原则

WTO 的基本原则是各成员在进行贸易交往以及贸易谈判时必须遵守的原则。WTO 主要有四大基本原则，具体为非歧视性原则(Principle of Non-Discrimination)、自由贸易原则、公平贸易原则和透明度原则(Rule of Transparency)。其中，非歧视性原则又分为最惠国待遇(Most-Favored-Nation Treatment, MFN)和国民待遇(National Treatment, NT)。在讨论这些基本原则之前，我们要先了解一下为什么 WTO 能有效地降低贸易壁垒。

如果每个国家都从自己国家的政治利益出发来保护本国生产者，而不顾其他国家的利益，那么所有的国家都会对贸易进行限制，即使自由贸易符合所有国家的利益。如表 10-7 所示，假设中国和美国两个国家进行贸易，两国都有两种不同的策略：采取自由贸易（零关税）和采取贸易保护政策。如果两国都采取自由贸易，那么各国都能得到 20 单位的正效用。但如果一国采取自由贸易而另一国采取贸易保护政策。由于中美两国都是大国，大国征收关税可以改善贸易条件，并造成以邻为壑的后果，因此采取自由贸易的一国会有负效用(-20),而采取贸易保护政策的一国则会有正效用(40)。如果两国都采取贸易保护政策,则会两败俱伤,均得到负效用(-10)。表10-7列出了这个博弈的收益矩阵。

表10-7 贸易的"囚徒困境"

美国	中国	
	自由贸易	贸易保护
自由贸易	20　　20	-20　　40
贸易保护	40　　-20	-10　　-10

在上面这个博弈矩阵中,不管中国做何选择,美国的最优策略都是选择贸易保护政策(因为如果中国选择自由贸易,美国选择贸易保护政策得到40单位效用,大于选择自由贸易的20单位;同理,如果中国选择贸易保护政策,美国选择贸易保护政策得到-10单位效用,大于选择自由贸易的-20单位)。同样,不管美国做何选择,中国的最优策略也都是选择贸易保护政策。所以,两国都选择贸易保护政策就是这个博弈的纳什均衡(Nash Equilibrium)。如果中美两国能建立互信机制进行合作的话,两国可以通过选择自由贸易而各得到更高的效用。这就是博弈论中经典的"囚徒困境"。

由于GATT和WTO的出现,中美两国建立贸易合作成为可能。比如,中美两国可以通过加入GATT和WTO,并规定如果一方偏离合作的均衡(即选择自由贸易),另一方就可以合法地对其进行制裁。这样,中美两国就不会进行"贸易战"而会开展"贸易谈判"。Bagwell and Staiger(2002)对此进行了详细的分析。如图10-6所示,τ和τ^*各代表本国和外国两个大国的进口关税水平。如果没有GATT/WTO,那么两国会选择τ和τ^*这样的高关税率,并实现G和G^*的福利水平,N点就是它们的纳什均衡。但如果有了GATT/WTO,规定一国如果偏离低关税率的合作均衡就会受到制裁。在这样一种可置信威胁之下,两国都会选择更低的关税率,并实现更高的福利水平。可见,GATT/WTO的存在促进了世界福利的上升。

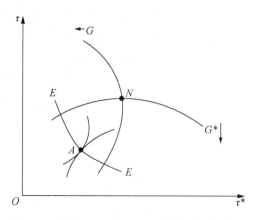

图10-6 存在GATT/WTO下的大国均衡关税

≼阅读材料≽

罗伯特·思泰格尔

罗伯特·思泰格尔（Robert Staiger）教授是美国达特茅斯学院（Dartmouth College）经济学系特聘教授，是全球国际贸易学界的著名领军人物之一。他是美国国家经济研究局的资深研究员，WTO及美国法学会的贸易法报告员，曾长期担任《国际经济学期刊》（*Journal of International Economics*）的总编。他于1985年获得美国密歇根大学经济学博士学位。在2011年加入美国威斯康星麦迪逊大学之前，曾在斯坦福大学担任教授。思泰格尔教授的研究领域包括国际贸易、国际贸易政策与制度的理论及实证研究、GATT/WTO以及企业的卡特尔行为。他曾在 *American Economic Review*、*The Quarterly Journal of Economics*、*Journal of Political Economy* 等期刊上发表论文数十篇，主持过多项国家级研究项目，其研究成果被社会科学领域研究者及主要媒体广泛引用。他目前的研究方向主要包括非关税保护措施、WTO、多哈回合谈判、贸易争端以及解决机制。

下面我们具体讨论GATT/WTO的各项基本原则。

一、非歧视性原则

非歧视性原则，也叫无差别待遇原则，它规定一成员在实施某种限制或禁止措施时，不得对其他成员实施歧视待遇，是WTO保障成员之间平等地位的重要原则。实际操作中，非歧视性原则主要通过最惠国待遇和国民待遇两个条款体现，例如GATS中处理非歧视问题的主要条款是第2条"最惠国待遇义务"和第17条"国民待遇义务"。

（一）最惠国待遇

《1994年关税和贸易总协定》第一部分第1条第1款规定：最惠国待遇指一成员对原产于或运往其他成员的产品所给予的利益、优惠、特权或豁免都应当立即无条件地给予原产于或运往所有任一成员的相同产品。通俗地说，就是WTO中的每一成员应保证其他所有成员在该国面临的关税水平（或者其他优惠待遇），不高于与该国贸易而支付最低关税的国家所承受的关税水平。它的实质就是在WTO各成员之间实行非歧视待遇：在国际贸易的过程中，给予最惠国的待遇应给予所有成员。

根据WTO的多边协议，这一原则有例外条款，例如当最低关税为0时（主要为地区性贸易协议），可不受前述规定的限制。此外，给予发展中成员和最不发达成员的特殊和优惠待遇也是最惠国待遇的重要例外之一。

最惠国待遇原则对WTO成员无条件适用，但当此原则应用于成员与非成员之间时则需要双边谈判。

◀阅读材料▶

中国和美国的最惠国待遇协议

1979年,中国和美国签署了双边的最惠国待遇协议。但根据《杰克逊-瓦尼克修正案》(Jackson-Vanik Amendment),美国国会对诸如中国和苏联等非市场经济国家要实施年检,调查的项目包括:移民政策、人权、环境和武器。第一次的挑战出现在1990年,美国国会同意终止与中国的最惠国待遇,但是当时在位的布什总统否决了这一提案。1991年,美国国会又借所谓的人权问题,再次通过了终止提案,但同样又被否决了。1993年,克林顿改变了其最初立场,支持对中国的最惠国待遇。1999年,是否通过赋予中国永久正常贸易关系议案(PNTR)成为一个讨论的热点。同年,中美达成中国加入WTO的双边协议,美国国内立法不能与WTO原则抵触。在此背景下,美国于2000年以237票通过了PNTR。中国也于2001年加入了WTO。

(二) 国民待遇

《1994年关税和贸易总协定》第一部分第3条第2款规定:国民待遇指一成员领土的产品输入另一成员领土时,不能以任何直接或间接的方式对进口产品征收高于本国相同产品所征收的国内税或其他费用,在关于商品的国内销售、推销、购买、运输、分配或使用的全部法令、条例和规定方面,进口产品所享受的待遇不应低于相同的国内产品所享受的待遇。①

国民待遇原则可以简单表述为"不可比对本国企业的待遇差",其实质是在本国企业和外国企业之间实行非歧视待遇。当然,允许外国企业在一国的待遇可以比本国企业的待遇更好,这种情况在发展中国家吸引外资的过程中时常发生。

国民待遇原则也有例外条款,例如对发展中成员和最不发达成员做出的特殊规定;而纺织品和农产品贸易则由于其特殊性一般也不适用国民待遇条款。

◀阅读材料▶

中美芯片争端②

中美之间的芯片争端由来已久。早在2000年年末,美国半导体协会就致函当时的中国外经贸部,称中国的《国务院关于印发鼓励软件产业和集成电路产业发展的若干政策》(俗称国务院"18号文")是对进口商的歧视。2001年12月,中国正式加入WTO后不久,美国再次质疑"18号文"的芯片增值税退税政策违背了WTO国民待遇原则。这时中国财政部和国家税务总局发布了《关于进一步鼓励软件产业和集成电路产业发展税收政策的

---

① 曹建明,1999,《国际经济法专论》(第一卷),法律出版社,第401页。
② 杨向东,2008,《WTO体制下的国民待遇原则研究》,中国政法大学出版社,第133-149页。

通知》(俗称"70号文"),鼓励国内芯片产业的发展,将"18号文"中规定的税率由6%下调为3%。2002年6月在北京市召开的国际半导体研讨会上,中美双方包括官员和行业协会第一次进行了面对面的辩论。2004年,美国正式向WTO起诉中国,认为中国采取了歧视性的税收政策,并以GATT第1条(最惠国待遇)、第3条(国民待遇)、《中国入世议定书》以及GATS第17条(国民待遇)为法律依据向争端解决机构提出申诉,向中国提出相关磋商请求。最终,该案没有进入专家组程序,双方通过磋商解决了争端,美国集成电路厂由此在中国获得了完全的市场准入和国民待遇。

二、自由贸易原则、公平贸易原则和透明度原则

(一)自由贸易原则

自由贸易原则是WTO各成员公认的基本原则,虽然该原则没有相应的具体条文规定,但它广泛体现于WTO的各项协定和协议中。在WTO框架下,自由贸易原则指WTO成员限制和取消一切关税和非关税壁垒,消除国际贸易中的歧视待遇,提高本成员市场准入的程度。自由贸易原则在货物贸易中主要体现在关税减让原则、消除非关税壁垒原则和市场准入原则上;在服务贸易中则主要是开放成员服务贸易市场。①

自由贸易原则也有例外条款。《1994年关税和贸易总协定》第12条规定:成员为保障其对外金融地位和国际收支平衡,在遵守相关规定的前提下,可限制允许进口的商品数量或价值;第18条规定:那些只能维持低生活水平,处于经济发展初期的成员,为实施其目的在于提高人民一般生活水平的经济发展计划和政策,可采取必要的进口限制措施。②

(二)公平贸易原则

与自由贸易原则相似,公平贸易原则也广泛体现于WTO的各项协定和协议中。WTO框架下的公平贸易原则指成员之间在从事国际贸易活动时应避免采取不正当的贸易手段进行或扭曲国际贸易竞争,尤其不能采取倾销和补贴的方式在其他成员市场销售产品或提供服务,这是为了在货物贸易、服务贸易和与贸易有关的知识产权领域,制造和维护公开、公平、公正的市场环境。③

在货物贸易中,公平贸易原则主要体现在《反倾销协议》和《补贴与反补贴措施协议》中;在服务贸易中,公平贸易原则主要体现在鼓励各成员开放服务贸易市场,并提供最惠国待遇和国民待遇以实现公平竞争;在与贸易有关的知识产权领域,公平贸易原则主要体现在知识产权的有效保护和反不正当竞争。

在一些特殊情况下,公平贸易原则也存在例外。为了维持国际收支平衡,或出于保护公共健康、国家安全等目的,成员在WTO授权下可以采取一些措施,以维持市场秩序,例如GATS规范与改善服务贸易的竞争条件。

---

① 邹东涛、岳福斌,2007,《世界贸易组织教程》,社会科学文献出版社,第71页。
② 同上书,第78页。
③ 同上书,第80页。

（三）透明度原则

透明度原则指 WTO 成员应及时公布实施的贸易措施及其变化情况，与其他国家签订的双边或多边贸易协定也要及时公布。它主要包括三个方面的内容：贸易政策的公布、贸易政策的通知和贸易政策的评审。

透明度原则的例外条款在《1994年关税和贸易总协定》第 10 条中提到："本条款并不要求成员公开那些会妨碍法令贯彻实施、违反公共利益或者损害某一公私企业的正当商业利益的机密资料。"

第四节　第九轮多哈回合谈判

1999 年 11 月 30 日，WTO 第三次部长级会议在美国西雅图举行，会议希望能够发起新一轮的全球多边贸易谈判，即"千禧回合"谈判。但是由于发达成员与发展中成员之间以及发达成员之间在一些关键问题上分歧太大，无法达成一致，会议最终以失败告终，"千禧回合"也因此流产。

◀阅读材料▶

"千禧回合"流产的原因

西雅图会议失败的主要原因是 WTO 成员之间的分歧。关键性的分歧在于是否该启动新一轮谈判以及新一轮谈判的范围。欧盟、美国、日本等发达成员主张启动"千禧回合"，进一步扩大自由化；而大多数发展中成员认为贸易自由化带给发达成员的好处远远大于发展中成员，担心世界性贫富差距的扩大，因此反对开启新一轮谈判；最不发达成员则担心在新一轮谈判中被排除在多边贸易体制外。在谈判范围方面，欧盟和日本主张全面谈判；美国主张把谈判范围限制在农业和服务业领域；而发展中成员由于对乌拉圭回合协议的实施表示失望，认为新一轮谈判的重点应该是实施乌拉圭回合协议。

2001 年 11 月，WTO 第四次部长级会议在卡塔尔首都多哈召开，共有 142 个成员参加了会议。这次部长级会议的主要议题有二：一是接受中国大陆和中国台北加入 WTO；二是启动新一轮多边贸易谈判。2001 年 11 月 14 日，会议通过了《多哈部长宣言》，一致同意从 2002 年起，到 2005 年年底举行新一轮多边贸易谈判，即多哈回合谈判。从某种意义上来说，这是迟到的"千禧回合"。

一、多哈回合的主要议题

《多哈部长宣言》中列出了多哈回合的谈判议题有 19 个（如果把"WTO 规则"细分为 3 个议题的话，则共有 21 个议题）：与实施有关的问题和关注、农业、服务、非农产品市场准入,与贸易相关的知识产权,贸易与投资的关系,贸易与竞争政策的相互作用,政府采购透明度,贸易便利化,WTO规则(反倾销、补贴、地方贸易协定),争端解决规则与程序,贸易与环境,电子商务,小经济体,贸易、债务与财政,贸易与技术转让,技术合作与能力建设,最不发达国家,特殊与差别待遇。① 其中,农业、服务、非农产品市场准入是谈判的焦点议题,而农业由于其在国民经济发展中的独特性质,被视为多哈回合谈判的核心内容。

(一) 农业

《多哈部长宣言》重申了WTO农业谈判的长期目标是通过根本的改革,建立一个公平的、以市场为导向的农产品贸易体制,目的是消除各成员农业保护政策对世界农业市场的扭曲。谈判的主要内容包括三个方面:(1) 农产品市场准入;(2) 农业出口补贴;(3) 农业国内支持。

在农产品市场准入方面,焦点集中在农产品关税减让上,欧盟、日本等发达成员农业关税水平普遍较高,甚至有些产品保留高达500%—800%的关税率,对于关税率超过75%的,最高层只愿接受60%以下的削减幅度,总体关税只愿削减30%;而凯恩斯集团②、G20(由发展中成员组成的农业谈判二十成员协调组)及多数发展中成员则要求最高层削减66%—73%,总体关税削减50%以上。此外,在发展中成员市场准入的特殊产品(SP)和特殊保障机制(SSM)方面也存在较大分歧:美国及部分凯恩斯集团国家提出最高可指定8%的特殊产品,而发展中成员则要求最低可指定8%的特殊产品。

在农业出口补贴和国内支持方面,分歧主要在美国与凯恩斯集团、G20以及欧盟之间。后者要求美国对其"黄箱"③进行70%的削减,对扭曲贸易的国内支持进行75%的削减;而美国坚持的削减幅度分别为60%和53%。

(二) 服务

WTO服务贸易理事会主席费尔南多·德马提奥(Fernando de Mateo)提出服务贸易谈判的目标:应达到与农业贸易和"非农业市场进入"(NAMA)相同的水平;各成员应尊重GATS现有的结构和原则,沿用一直以来的"请求—回应"(request-offer)程序开展双边和多边磋商谈判,并能保持对现有市场准入和国民待遇水平的如实反映,对存在明显贸易障碍的领域做出修改。

服务贸易谈判主要围绕市场准入、国内法规、GATS规则以及最不发达成员模式的实施四个领域开展。其中,分歧最大的是市场准入领域,发达成员和发展中成员在请求和回应之间,以及回应和适用体制之间的差距是巨大的。

---

① 具体细节可参阅 http://www.wto.org/english/thewto_e/whatis_e/tif_e/doha1_e.htm,访问时间为2020年4月。

② 由14个农业生产和出口国于1986年8月在澳大利亚凯恩斯成立。它包括大部分从事农产品出口的发展中国家,它们因生产效率低和资金缺乏而深受欧美国家出口补贴之苦,强烈要求纠正在农产品贸易上的扭曲现象。目前其包括19个国家:阿根廷、澳大利亚、巴西、加拿大、智利、哥伦比亚、秘鲁、巴基斯坦、玻利维亚、哥斯达黎加、危地马拉、印度尼西亚、马来西亚、新西兰、巴拉圭、菲律宾、南非、泰国和乌拉圭。这19个国家占有1/4的世界农业出口量。

③ 根据WTO《农业协议》将那些对生产和贸易产生扭曲作用的政策措施称为"黄箱"政策措施,要求成员必须进行关税削减。"黄箱"政策措施主要包括:价格补贴、营销贷款、面积补贴、牲畜数量补贴、种子、肥料、灌溉等投入补贴、部分有补贴的贷款项目。

(三)非农产品市场准入

多哈回合非农产品市场准入谈判的主要目标是削减或酌情取消关税,包括削减或取消关税高峰、高关税和关税升级以及非关税壁垒,特别是针对发展中成员具有出口利益的产品。在这部分谈判中,WTO 特别关注了发展中成员和最不发达成员的特殊需要和利益,指出这些成员不需要与发达成员做出同等程度的关税减让承诺。

这部分谈判的核心内容是关税减让,特别是关税减让的公式以及关税减让的例外问题。分歧同样是在发达成员与发展中成员之间:发达成员要求发展中成员大幅削减关税,主张发达成员和发展中成员在瑞士公式①中采用的系数尽量接近;而发展中成员则强调特殊与区别待遇,并力图将非农产品市场准入与农业谈判紧密挂钩。

二、多哈回合的谈判进程

多哈回合谈判开启以来,由于争议众多,且各个成员都不愿意做出实质性的让步,进展非常缓慢,原定于 2005 年年底结束的多哈回合谈判截至 2021 年年初仍未结束。下面就谈判开始 20 年来的几次重要谈判回合做简要介绍。

(一)第五次部长级会议

2003 年 9 月 10—14 日,WTO 第五次部长级会议在墨西哥海滨城市坎昆举行,因此也被称作坎昆会议。自多哈会议启动多哈回合以来,由于谈判各方在具体问题上分歧巨大,谈判进展非常缓慢,各议题先后错过了《多哈部长宣言》规定的截止日期。因此,WTO 各成员希望能够在坎昆会议上就多哈回合的各个议题达成具体的协议,并对多哈回合接下来的谈判制订计划。然而,由于发达成员和发展中成员在农业和"新加坡议题"②上出现严重分歧,坎昆会议在成员相互指责中以失败告终,多哈回合谈判陷入困境。

坎昆部长级会议失败的主要原因是成员在农业和"新加坡议题"上的分歧。农业议题,即农产品贸易的自由化,主要涉及市场准入、出口补贴和国内支持三个方面。以中国、印度为代表的"21 国集团"及其他大多数发展中成员明确反对欧盟和美国提出的农产品贸易自由化方案。在"新加坡议题"上,以欧盟、日本为首的发达成员坚持把启动"新加坡议题"谈判作为一揽子谈判的前提;而发展中成员则坚决反对。此外,在一些观察国家看来,一部分成员缺乏谈判诚意也是谈判失败的原因之一。

(二)巴黎会议

在坎昆会议失败后,各方对多哈回合谈判失去了信心,直到半年后巴黎会议的顺利召开,多哈回合谈判才迎来了转机。

2004 年 5 月 14 日,WTO 主要成员的贸易部长在巴黎经济与合作组织总部召开了会议。在此次会议上,发达成员和发展中成员在农业及"新加坡议题"上均做出了让步:欧盟

---

① 瑞士公式(Swiss Formula)又称"非线性瑞士公式",是 GATT 多边贸易谈判中减税公式之一。瑞士公式为: $Z = AX/(A+X)$,其中 Z 为减让后新税率(new bound rates),X 为原税率(base rates),A 为系数(coefficient),通过谈判决定。

② "新加坡议题"的主要内容包括投资、竞争政策、政府采购透明度和贸易便利化,因最早于 1996 年 WTO 于新加坡召开的第一次部长级会议上提出,故简称"新加坡议题"。

同意取消所有的农业出口补贴,并愿意放弃"新加坡议题";印度、巴西等发展中成员也愿意就农产品贸易自由化展开积极的谈判,同时也表示接受贸易便利化作为谈判的议题之一。2004年7月16日,WTO巴黎会议在法国巴黎举行。正是在各方积极推动多哈回合谈判的基础上,巴黎会议经过14天的紧张谈判,包括2004年7月30日起连续40个小时的昼夜谈判,WTO各成员最终在7月31日(最后期限)前,就多哈回合的主要议题达成了框架协议。这份框架协议包括4页的协议声明,以及分别包括农业、非农产品市场准入、服务贸易、贸易便利化四个部分内容的附录。会议还决定放弃原定的2005年1月1日前结束多哈回合的截止日期,并决定WTO第六次部长级会议于2005年12月在中国香港举行。

虽然这份框架协议仅仅确定了多哈回合谈判的原则和方向,并没有给出具体的承诺和期限,但它仍然在很大程度上推动了多哈回合的进展,协议达成后,WTO各成员及各观察员普遍认为多哈回合重回正轨。

(三)第六次部长级会议

2005年12月13—18日,WTO第六次部长级会议在中国香港举行。会议通过了《香港部长宣言》,在农业、非农产品市场准入及发展问题上取得了部分进展:发达成员在2006年取消棉花的出口补贴,2013年取消所有农产品的出口补贴,发达成员和部分发展中成员2008年前向最不发达成员所有产品提供免关税、免配额的市场准入(即"双免"待遇)。此外,在服务贸易方面,各成员同意最迟于2006年10月底提交就开放服务业提出的最后提议。

WTO各成员在香港会议的宣言中,还表示将在2006年结束多哈回合的谈判。尽管香港会议在农业、非农产品市场准入和服务业等方面达成了部分协议,但在这些方面的核心领域,各成员之间依然存在严重分歧,多哈回合的谈判依然任重道远。

(四)2006年G6会议及2007年波茨坦会议

2006年6月17日,美国、欧盟、日本、澳大利亚、巴西和印度六个WTO成员的部长或者高级谈判代表在瑞士日内瓦召开了G6会议,由于在农产品补贴问题上分歧严重,谈判陷入僵局。

2006年7月24日,WTO总干事帕斯卡尔·拉米建议多哈回合谈判中止,理由是WTO各成员在农业及非农产品贸易自由化问题上分歧严重,无法达成一致。

2007年6月19—21日,美国、欧盟、巴西、印度在德国波茨坦召开了小型部长级会议,由于在农业、非农产品市场的开放及富裕国家农业补贴的削减问题上无法达成一致,会议以失败告终,多哈回合再次陷入困境。

(五)2008年日内瓦小型部长级会议

2008年7月21—29日,持续9天的WTO小型部长级会议在瑞士日内瓦举行,大约40个成员的部长或者高级谈判代表参加了这次会议。最终,由于美国、印度、中国在农业贸易上,尤其是美国、印度在农产品特殊保障机制[①]上无法达成协议,谈判再次破裂。

---

① 农产品特殊保障机制是继《关税和贸易总协定》一般保障措施、《农业协议》特殊保障措施之后的第三种保障方式。

(六) 多哈回合的进展

2009年9月3—4日,WTO在印度举行了小型部长级会议,承诺在2010年年底前结束多哈回合谈判;9月25日,在伦敦举行的G20峰会上,20国领导人声明要不遗余力,在2010年内完成多哈回合谈判;2009年12月2日,在瑞士第七次WTO部长级会议上,各成员部长也宣布希望在2010年结束多哈回合谈判。

2011年12月15—17日,在瑞士日内瓦举行的第八次WTO部长级会议上,多哈回合谈判陷入困境。以美国、欧盟等为代表的发达成员,与以巴西、中国、印度等为代表的主要新兴成员,在农业和非农产品市场准入方面长期存在的分歧被广泛指责为导致谈判停滞不前的症结。大会主席提出,贸易部长们有一个"共同感受",那就是:打破长达十年之久的多哈回合谈判僵局的"关键"在于如何平衡新兴成员和发达成员各自所应承担的义务和责任。

2013年12月7日,WTO第九次部长级会议终于就多哈回合"早期收获"协议达成一致。"早期收获"协议包括贸易便利化、农业以及发展三个方面议题。在贸易便利化方面,协定决定尽快成立筹备委员会,就协定文本进行法律审查,确保相关条款在2015年7月31日前正式生效。在农业方面,协定同意为发展中成员提供一系列与农业相关的服务,并在一定条件下同意发展中成员为保障粮食安全进行公共储粮。在发展方面,协议同意为最不发达成员出口到发达成员的商品实现免税免配额制;进一步简化最不发达成员出口产品的认定程序;允许最不发达成员的服务优先进入发达成员市场;同意建立监督机制,对最不发达成员享受的优先待遇进行监督。此外,与会成员规划了"后巴厘岛工作计划"框架,表示将协助WTO贸易谈判委员会在未来一年内就多哈发展议程遗留议题建立清晰的工作计划。这些工作首要关注农业和最不发达成员的发展问题,并以本次会议所达成协议为基础。

2015年12月15—19日,WTO第十次部长级会议在肯尼亚内罗毕举行。会议达成《内罗毕部长宣言》,承诺继续推动多哈议题,成果丰富:一是WTO成员首次承诺全面取消农产品出口补贴,并就出口融资支持、棉花、国际粮食援助等方面达成新的多边纪律;二是达成1996年来WTO首个关税减让协议——《信息技术协定》扩围协议,涉及1.3万亿美元国际贸易,占全球贸易额的10%左右;三是在优惠原产地规则、服务豁免等方面切实给予最不发达成员优惠待遇;四是正式批准阿富汗和利比里亚加入WTO。

2017年12月14日,WTO第十一次部长级会议在布宜诺斯艾利斯闭幕。WTO总干事阿泽维多表示,由于分歧较大,此次会议在农业、渔业等一些关键议题上没有突破,但成功设置了电子商务、投资便利化等新议题。

总之,尽管WTO各成员在各个场合都做出了谈判的努力,但是由于在农业、非农产品市场准入和服务贸易领域的分歧过大,一直到目前,多哈回合还是不能成功收官。

三、多哈回合的成果

尽管发达成员和发展中成员在发达成员农业补贴、农业关税和发展中成员工业品市场准入等关键问题上依然存在分歧,经过断断续续的谈判,多哈回合还是取得了重要的成果。WTO总干事拉米表示,多哈回合80%的问题都已解决,如今只剩下一小部分最艰难的问题有待攻克。

多哈回合的主要谈判情况如表 10-8 所示。

表 10-8 多哈回合主要谈判情况

议题	达成的部分协议	未达成的部分
农业出口补贴	发达成员 2013 年取消所有农产品的出口补贴,同时逐步取消非直接补贴。	非直接补贴的衡量等
国内支持	依据国内支持水平的高低把 WTO 成员划分为三类	国内支持的削减程度等
农产品市场准入	允许发展中成员提高部分产品关税	农产品关税削减程度;"敏感"和"特殊"产品的范围
非农产品市场准入	按公式削减非农产品关税,发达成员和发展中成员采用不同的系数	公式中关键系数的确定;发展中成员拥有的灵活度
服务	达成了部分关于服务贸易的谈判路线	发展中成员要求发达成员接受更多的暂时服务劳动力;欧盟要求发展中成员给出服务自由化的时间表
发展问题	发达成员和部分发展中成员 2008 年前向最不发达成员所有产品提供免关税、免配额的市场准入(即"双免"待遇)	对于最不发达成员的特殊待遇的措施
棉花	发达成员 2006 年取消棉花的出口补贴;给予最不发达成员无限制的市场准入	美国对棉花种植的 40 亿美元的削减,这个目标比尚在商榷中的整体国内农业补助削减计划削减速度更快、幅度更大

四、WTO 的最新改革

2008 年全球金融危机爆发后,国际贸易受到重创。尽管发达经济体近年来经济逐步复苏,但不少国家贸易保护主义抬头,不断实施贸易欺凌措施,逆全球化思潮逐渐形成,特别是在 2017 年美国特朗普总统上台之后,分别对加拿大、墨西哥、中国、日本、欧盟出口美国的商品征收不同程度的高关税,严重违反了 WTO 的规定。同时,美国也寻求对 WTO 进行改革,以达到保护该国产业发展的利益。

2019 年 12 月 10 日,在 WTO 2019 年度第五次总理事会上,由于美国的反对,WTO 成员经过数月讨论形成的改进上诉机构总理事会决议草案未能获得通过,WTO 上诉机构停摆已成定局。

作为 WTO 争端解决机制的一部分,WTO 上诉机构有权对贸易争端进行"终审",故被认为是国际贸易的"最高法院"。该机构常设七名法官席位。法官一届任期为四年,可以连任一届。法官遴选程序遵循协商一致的原则,即在所有成员全部同意的情况下,遴选程序才能顺利进行。自 2017 年以来,美国已经 30 次阻碍 WTO 上诉机构的法官任命,导致 WTO 遭遇第二次世界大战以来最严重的挑战。

由于美国的阻挠,有四位法官迟迟不能到位,WTO 上诉机构只剩三名法官。更关键的是，除了来自中国的赵宏，来自美国的 Thomas R. Graham 和印度的 Ujal Singh Bhatia 两位法官的任期已于 2019 年 12 月 11 日结束，而任何一起贸易争端案件都须由三名法官联合审理才能做出裁决。但根据先例，如果离任者手头有未完成的案件，可延期留任至案件完成后离开。截至 2019 年 12 月 11 日尚有 15 个案件悬而未决，除已经召开听证会的 4 个案件以外，其余 11 个案件均无法完成上诉审理。未来还会有更多的贸易诉讼积压，这严重损害 WTO 成员利用上诉机构维护自身权益的信心，进而给争端解决机制造成实质性的冲击。

特朗普政府的目标是通过 WTO 改革，重塑其"美国优先"的全球经贸体系。对美国而言，推动 WTO 改革的砝码就是阻碍 WTO 上诉机构的法官任命。美国政府认为，WTO 争端解决机制中的上诉机构仲裁，常常做出对美国不利的裁决，导致美国在多边贸易官司中时常败诉，自身经贸利益受损。因此，美国以让争端解决机制陷入停摆为砝码，要求 WTO 上诉机构在审查时限、法官任命、裁决程序、机构越权等方面做出根本性改革，尤其是 WTO 上诉机构不能干预美国国内贸易法，进而彻底改变美国在 WTO 争端解决机制中时常败诉的不利局面。

更为重要的是，美国希望 WTO 在以下几点做出重要改革：重新定义"发展中国家（地区）"，调整特殊及差别待遇（Special & Differential Treatment，S&DT）原则，提升政策透明性，等等。特殊及差别待遇指 GATT/WTO 协议包含的各种旨在扶持发展中成员经济和贸易发展的特殊条款，要旨是在实施多边规则时赋予发展中成员某些特殊权利，规定发达成员为发展中成员提供某些优惠待遇的义务。

有意思的是，GATT/WTO 没有对"发展中国家（地区）"拟定官方定义，而是由成员加入时"自我声明"是否以发展中国家（地区）身份加入，虽然国际上约定俗成的一个依据是看一个经济体的人均 GDP 是否高于 1.2 万美元。目前，美国要求取消四类国家的发展中国家地位和特殊及差别待遇：一是 OECD 成员或将要加入 OECD 的国家；二是 G20 成员；三是被世界银行认定为高收入的国家；四是在全球进出口贸易占比达到 5% 及以上的国家。在这四类国家中，明确提出新加坡、韩国、中国、巴西、墨西哥、俄罗斯、印度、印度尼西亚、南非、尼日利亚等国不能享受特殊及差别待遇。

对此，中国政府强调，WTO 的改革应该是渐进式的改革，确保 WTO 的基本宗旨不变、基本原则不受挑战，维护发展中成员享有特殊及差别待遇的权力。尽管中国经济发展较快，但直到 2019 年年底，中国人均 GDP 才达到 1 万美元左右，仍属于发展中国家。

第五节　中国入世及其对全球经济的影响

中国自 1986 年申请加入 GATT，到 2001 年终于加入 WTO，成为 WTO 的第 143 个成员，历时 15 年，时间之长在许多人预料之外。本节简要讨论中国入世对中国经济和其他各国经济的影响。

一、中国入世的漫长之路

中国在 1986 年正式申请重新加入 GATT，即所谓的"复关"（恢复中国在 GATT 中的缔约国地位），但一直到 15 年后，2001 年 12 月 11 日中国才成为 WTO 的第 143 个成员，中国融入国际贸易的大家庭也从"复关"变成了"入世"。

中国复关和入世谈判大致可分为四个阶段:第一阶段从20世纪80年代初到1986年7月,主要是酝酿和准备复关事宜;第二阶段从1987年2月到1992年10月,主要是审议中国经贸体制;第三阶段从1992年10月到2001年9月,主要是就复关/入世议定书内容的实质性谈判,即双边市场准入谈判;第四阶段从2001年9月到2001年11月,中国入世法律文档的起草、审议和批准。2001年12月11日,中国正式成为WTO的成员。毫无疑问,中国入世谈判是多边贸易史和世界谈判史上最艰难的一次较量。

在漫长的谈判中,中国和世界都发生了根本变化。这个过程之所以如此漫长,主要是受到政治、经济各种因素的综合影响,中国与西方各经济大国间不同的政治意识形态是其中最主要的一个阻挠因素。如图10-7所示,Wong and Yu(2015)的研究表明,在控制多项其他因素的情况下,高民主度国家因意识形态与WTO的大多数成员主流意识形态接近而较容易加入。尽管中国在1992年正式宣布建立市场经济体制,但由于政治体制上仍属于社会主义制度,中国与西方各国民主体制有明显不同。在西方世界中,当时的中国被视为低民主度国家。①

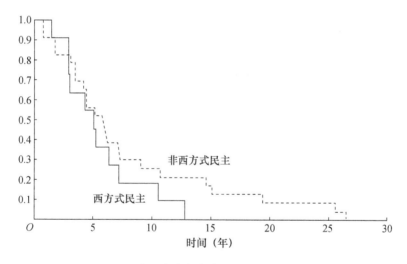

图 10-7 国家民主度与申请加入 WTO 的时间长度

资料来源:Wong and Yu(2015),转引自余淼杰(2009)。

注:制度类型(民主或专政)是用 Przeworski et al.(1996)中的指数来区分的,是申请方在申请加入 GATT/WTO 时的状态。实线表示高民主度国家,虚线表示低民主度国家。从中可见,高民主度国家加入 WTO 所花的时间比低民主度国家要短。

在谈判进入第三阶段即复关/入世议定书内容的实质性谈判时,中国大大深化在外贸领域的改革。主要包括:第一,实行人民币汇率并轨,建立以市场供求为基础的、单一的、有管理的浮动汇率制度,实行人民币经常项目下的有条件的可兑换;第二,改革外汇管理体制;第三,取消进出口指令性计划,取消近千种出口产品的配额和许可证;第四,改进和完善出口退税制度;第五,加强外贸政策的法制建设,于1994年7月1日正式实施《中华

---

① 作者并不认同这个观点。

人民共和国对外贸易法》；第六，为了给复关／入世扫清障碍，1992年以来，随着中国经济结构的不断调整和产品竞争能力的日益提高，中国连续9次降低关税。具体地，在2000年，为给中国入世申请加上最后一把火，中国政府决定从2001年起再次大幅调低税率。此次调整共涉及税目3 462个（详见2001年《中华人民共和国海关进出口税则》），占税则税目总数的49%。调整后，关税总水平由16.4%降低为15.3%，平均降幅为6.6%，加权平均税率由10.77%降为10.54%，降低约0.23个百分点。[①] 截至2003年年初，中国的关税总水平从1992年年末的39.9%降至11.0%（见图10-8）。

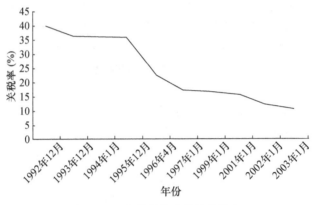

图10-8 中国的算术平均关税率

资料来源：历年海关资料。

在诸多双边及多边谈判中，最重要的环节是中美谈判和中欧谈判。事实上，如海闻等（2003）指出的，为了入世，中美谈判举行了25轮，中欧谈判进行了15轮。为此，中国代表团换了四任团长，美国和欧盟分别换了五位和四位首席谈判代表。美国因为经济实力强大，要求开放的市场又多是中国保护程度较高（如服务业）或比较敏感（如农业）的领域，因此中美谈判更加艰巨。1994年乌拉圭回合谈判使WTO的全球贸易协商从货物贸易谈判发展到服务贸易谈判。在乌拉圭回合，发达成员和发展中成员讨价还价的结果是：一方面，发展中成员可以在发达成员市场销售纺织品和农产品；另一方面，发达成员可以更深入地进入发展中成员市场。因此，美国和欧盟要求中国大幅开放市场，即要中国承诺对外国公司的贸易权利不加限制。此外，又因受到各种政治因素的干扰，美国的一些利益集团（如劳工组织）还想利用中国入世提出高于WTO的要求，因此中美谈判非常艰难。双方最终于1999年11月15日签署双边协定。

与此同时，中国出口稳步增长，中国已事实上成为一个世界贸易大国。然而，它所面临的反倾销诉讼也越来越多。自1979年8月中国首次被欧共体控告倾销后，中国受到越来越多的反倾销诉讼，成为受贸易保护主义伤害较大的国家之一。从1979年8月到2001年年底，共有30多个国家对中国提起了反倾销诉讼，累计案件达480余起。针对中国的反倾销案件占世界反倾销案件的比例在20世纪80年代为3.6%，而在2006年下半年新发

---

① 参见中华人民共和国国务院关税税则委员会于2000年12月31日颁布的《关于调整〈中华人民共和国海关进出口税则〉的通知》。

起的 103 件反倾销调查中,有 36 件是针对中国的,占全部案件数量的 1/3,远远超出中国在世界贸易中所占的份额。2007 年上半年新提出的 57 项反倾销制裁中,有 22 项针对中国产品,中国是遭受反倾销调查最多的国家。反倾销案例的增加无疑使得中国的入世之路更加举步维艰。

总之,15 年的谈判过程,既是中国不断向市场经济体制迈进、向国际通行规则靠拢的历程,也是中国进一步扩大对外开放、积极参与经济全球化的历程。

二、入世十年对中国经济的影响

中国加入 WTO,给中国经济至少带来四个方面的好处。

第一,中国加入 WTO,有助于社会主义市场经济的进一步发展和完善。中国融入世界是改革开放不可阻挡的潮流,2001 年中国入世顺应了国有企业改革的大背景。入世促使我们一定要按照国际规则办事,由此带来了市场的规范化,这也是中国加入 WTO 给中国经济带来的最重要的好处。

2001 年 12 月 11 日,中国正式成为 WTO 的成员,中国外贸体制也进入一个以 WTO 规则为基础进行全面改革的新阶段。WTO 的基本规则是建立在公平竞争和自由贸易的市场经济基础上的。入世之后,中国至少在三个方面加快了改革:首先,中国在非歧视性原则、自由贸易原则和公平贸易原则下,调整、修改了不符合 WTO 规定的政策法规;其次,中国加快外贸主体的多元化步伐,鼓励私营外贸企业迅速发展;最后,中国转变外经贸主管部门的职能,从以行政指导为主转变为以服务为主,研究世界贸易的发展趋势并向全社会提供相关信息,采用国际上通行的做法来分配外贸资源。

为了符合 WTO 对其成员的要求,中国在入世谈判中做出了一系列的承诺,主要包括降低贸易壁垒和开放服务业市场两个方面。这些承诺具体体现在中国入世议定书和工作组报告等法律文档中。

降低贸易壁垒体现在,中国承诺进一步开放国内市场,包括关税的大幅下降和非关税壁垒的逐渐取消,为外国商品和投资进入中国提供更多的机会。根据中国加入 WTO 时做出的承诺,中国的关税总水平将由 2000 年的 15.6% 降至 2008 年的 10%。其中,工业品的平均税率由 14.7% 降低到 11.3%,农产品的平均税率相应地由 21.3% 降低到 15.1%。与 20 世纪 90 年代初 40% 左右的关税率相比,中国关税率的下降幅度很大,但仍高于 WTO 成员 6% 的平均关税率。在降低关税率的同时,中国已经并且还将取消许多非关税壁垒,主要包括进口配额、投标资格、贸易经营权、国产化要求、技术转让要求、政府采购等。入世后,民航、医疗器械和 IT 产品的所有进口配额立即被取消,汽车等产品的进口配额也以每年 15% 的速度递增直至全部被取消。自 2002 年 1 月 1 日起,中国已取消粮食、羊毛、棉花、腈纶、涤纶、聚酯切片、化肥、部分轮胎等产品的配额许可证管理。为了履行承诺,原中国外经贸部根据《货物进出口管理条例》的规定,制定了《进口配额管理实施细则》和《特定产品进口管理实施细则》。原国家发展计划委员会公布的《农产品进口关税配额管理办法》也于 2002 年 2 月 5 日正式开始实施。

开放服务业市场体现在入世后中国的服务业成为开放幅度最大的领域。电信市场、金融业、保险业等服务业采取渐进式的开放,由管制较严的"试点"或部分禁入,到可预见的逐步准入，直至完全开放。可以预见，开放后的服务业将成为中国吸引外资最有力的新增长点。

第二，中国加入WTO，使得中国的出口导向政策更加成功，即中国的出口导向发展战略有了更好的平台。中国出口导向的发展战略是一个由中国经济的供给和需求两个方面共同决定的内生选择的战略，在2008年全球金融危机之前是完全适合中国经济发展的。在2008年之前，中国有两个相关指标可以说明这一点：第一，中国的抚养比约为40%，由于劳动力比较丰富，工资较低，企业可以以更低的成本获得劳动力投入从而获得相对更高的利润，因此企业更有动力生产更多的产品，这会导致供给越来越多。第二，中国的城镇人口比例约为45.8%，意味着超过一半的人生活在农村，相对比较贫穷，农村人均收入不到城市的1/3，大部分人口的贫困导致中国的内需不足，虽然我们一再强调要提高内需，但是在短期内这是很难实现的。一方面供给过度，另一方面需求不足，要想把产品卖出去只能依靠出口，所以WTO给我们提供了更好的平台，关税的下降使得我们的产品更容易进入国外市场。

第三，中国加入WTO，使得中国的企业可以享受规模经济带来的好处。根据克鲁格曼的规模经济理论，当企业生产更多产品时其平均固定成本会降低，WTO给企业带来更广阔的市场，企业可以销售得更多，也就享受了规模经济的好处。

第四，中国加入WTO，可以降低企业从事国际贸易的风险。这也是最容易被忽略的一点。入世之前，加工贸易占了中国外贸的50%以上。事实上，1995年之后，中国加工贸易的比重逐步大于一般贸易，在2001年之后加工贸易的比重逐渐下降，从将近60%的高点到2019年年底降至1/3左右。加工贸易与一般贸易的区别在于，加工贸易的一般运作方式是根据订单来进货，所以一般来说其销售是没有问题的，因此风险不高。但是一般贸易相对于加工贸易存在更大的不确定性，如果没有加入WTO，会经常涉及最惠国待遇等方面的谈判，导致企业不敢扩大生产，但加入WTO之后，企业就不必考虑这方面的问题，从而降低了风险。加工贸易相对于一般贸易的优势在减弱，从而企业能降低对加工贸易的依赖，促进产业升级。

三、中国入世对全球经济的影响

中国加入WTO有力地促进中国融入全球经济一体化，使得全球的资源配置更加合理。全球今天的分工模式中，美国着力于研发，日本和韩国着力于生产核心零部件，中国则是承接产品装配工作。之所以如此，是因为中国的要素禀赋决定中国在这方面具有比较优势。

更为重要的是，由于中国的入世，全世界消费者都可以享受中国产品的好处。中国的入世给发达国家特别是欧美发达国家带来了更多价廉物美的产品。在同样的价格下，中国的产品质量更优；在同样的产品中，中国产品的价格更低。正如在《离开中国制造的一年》一书中作者提到的，如果离开中国制造，给欧美很多国家人民的生活会带来巨大的影响，其生活质量会大大下降。

◀阅读材料▶

余淼杰：中国入世的益处

1986年，中国申请加入 GATT，开始其漫长的复关路。1995年，城头变幻大王旗，GATT 正式改名为 WTO，但中国入世似乎仍遥遥无期。2001年，中国终于加入 WTO，成为其第143个成员。时至今日，中国入世已十年，时间可谓不短。不过较之于申请入世所花的15年，则实是小巫见大巫。

中国入世为什么这么难？决定入关入世时间长短的关键因素究竟是什么呢？

笔者与原香港大学的同事王家富博士合作的一篇论文发现，在控制了申请方的经济规模、申请时间早晚、汇率体制等因素以后，大量的计量回归发现：真正决定入关入世时间长短的关键因素是申请方的政治制度。换言之，如果政体与主导 GATT/WTO 的美英相近的话，入关入世时间就较短；而如果相差太远的话，那入关入世之路就真是难于上青天了。想到了这一点，也就更能理解为什么俄罗斯得花18年才能入世。

那么，中国为什么要不折不挠地想入世呢？或者说，天下熙熙，皆为利来，皆为利往。入世对中国到底有什么好处？如今十年已过，中国到底得到了什么呢？

我认为，好处至少有以下四点。

第一，入世使中国的改革开放成为不可逆转的国策，而市场经济也得以不断建设、加强、巩固。事实上，在1997年东南亚金融危机之后，中国无论是对内改革还是对外开放，都已是举步维艰。国企改革更是进入攻坚阶段，要改革势必会戳到各利益集团的痛处，而反弹是可想而知的——也难怪朱镕基总理会有"不管前面是地雷阵，还是万丈深渊"的话。笔者那时还在北大读研究生，并不太理解这话后面的含义。如果中国不及时入世，不能用 WTO 定下的规矩来推动改革的话，也许就没有这十年来中国经济的高速增长。所以，2001年的入世，事实上是用"对外开放"来推动"对内改革"。因此也是从那时起，中国真正开始按照国际规则办事，凡事强调规范化。从这个意义上讲，市场经济、市场准则、市场监管再也不是一句空话。虽然时至今日，市场监管还有很长的路要走。但没有当初的那一步，也就不会有今天或是明天的大步。所以，从这个角度来说，中国是在打"运动战"：在入世中建设市场经济。

第二，入世不单有益于老百姓，也为企业带来好处。入世对老百姓的好处是不言而喻的。WTO 的两大原则是最惠国待遇和国民待遇。说白了，最惠国待遇是指你给一方低进口关税的好处，就得给全部成员同样的好处（零关税例外）；而国民待遇则是指你给外国企业的好处不得差于给本国企业的好处。这里妙就妙在"不差于"：为吸引外资，中国事实上在很长时间内给外国企业更优惠的税收待遇。总之，在这两大原则下，中国老百姓就能买到更多"物美价廉"的"舶来品"，其福利自然也就提高了。

对企业的好处，则体现在市场扩大带来的规模经济方面。入世之后，中国的主要贸易伙伴的关税也都降下来了，中国产品可以更容易地进入全球市场。市场的扩大为企业带来销售的增加,而更大的销售又会降低企业的平均固定成本。更重要的是,如克鲁格曼所论证的,这会推高企业工人的真实工资。道理很简单,蛋糕做大了,工人分到的那一块也就大了,所以名义工资上去了。而更多的进口产品进入本国市场,又压低了国内市场的平均价格。所以,工人的真实工资就更上一层楼了。

当然,这里有一个长期收益与短期成本比较的问题。刚一入世,由于国内市场面临忽然增大的竞争压力,一部分低生产率低效率的企业会被淘汰出局。工厂关门势必带来部分工人失业。而这一点,正是入世之初高层决策者所担心的。不过,十年过去了,大量事实表明,竞争所带来的结构性阵痛是小于开放带来的规模性效益的。事实上,这与1989年美国和加拿大成立自由贸易区时的情况大同小异。加拿大特雷夫莱教授的研究发现,加拿大加入美加自贸区所产生的短期工人失业调整成本远低于长期给消费者和企业带来的规模效益。

第三,更重要的是,入世使中国的出口导向发展战略得以更成功地实施。中国30年来改革开放的成功,关键就在于有效地实施了出口导向发展战略。当然,没有任何一种发展战略是一本万利的,但应当没人会否认出口导向发展战略是符合中国的比较优势的。

过去十年的事实是,由于社会保障不健全,加上人均收入低,老百姓无力也不敢多消费。更要命的是,地区间贸易壁垒居高不下,国内贸易何从提升?这样,拉动内需只能是水中月,镜中花。另外,相对较便宜的劳动力使企业利润率上升,从而使其更愿意扩大规模。所以,一边是内需不足,一边是内供过剩。市场出清的唯一方法就是把产品卖给老外。

感谢WTO!入世使"中国制造"产品得以风靡世界。有人的地方必有华人,有华人之处必有中国产品。当然,来个换位思考。廉价的中国产品带给进口国消费者巨大的福利改进,已是老生常谈,自不赘言。更值得一提的是,入世大大扩大了中国产品的世界市场,从而使中国的人均收入从1000多美元上升到4000美元,其功甚伟!

第四,也是最有意思的,入世使得中国逐渐降低对加工贸易的过度依赖,促进产业升级。入世前,加工出口占我国的总出口约为60%;十年之后,加工出口比重下降到45%。为什么会这样呢?

关于这个问题,笔者同以前的博士生导师、世界最著名的实证国际贸易学家芬斯特拉教授正在研究这一课题。我们的理解是,入世降低了做生意的不确定性。以中美贸易为例,入世前,中国每年都得提心吊胆,担心美国不给中国"最惠国待遇",对中国产品征收高额的普通关税率。若真是这样,中国产品的价格优势就会大打折扣,甚至卖不出去。反过来,企业担心存货过多,就会减少生产。加工贸易的出现可以消除这种不确定性。毕竟,合同都是事先签好的,到时按单发货就得了。入世之后,所有产品的关税都是事先定好的,也就没有了不确定性,这样,对加工贸易的依赖自然也就降低了。

笔者近期的研究也发现,相比较而言,加工贸易多集中在劳动力密集型部门。加工贸易比重的降低也就意味着资本密集型部门出口的增加,从这个角度来讲,出口产品也实现了升级换代。

总之,入世难,但入世好。

(本文原载于 FT 中文网,2012 年 1 月 5 日)

中共中央总书记习近平在主持中共中央政治局第八次集体学习时强调,"世界贸易组织是多边主义的重要支柱,是全球经济治理的重要舞台。对世界贸易组织进行必要改革是普遍共识、大势所趋。我们要从更好统筹国内国际两个大局、更好统筹发展和安全的高度,深刻认识参与世界贸易组织改革的重要性和紧迫性,以更加积极的历史担当和创造精神,全面参与世界贸易组织改革和国际经贸规则调整,以高水平对外开放促进深层次改革、高质量发展"。

本章概要

1.《马拉喀什宣言》宣告 WTO 于 1995 年 1 月 1 日成立。《建立 WTO 协定》对 WTO 内部的机构设置、职能范围以及议事规则都做出了明确规定。

2. 从 1947 年到 1994 年,GATT 总共主持了八轮多边贸易谈判。前五轮多边贸易谈判的主要内容是关税削减,从第六轮多边贸易谈判开始,逐渐涉及非关税壁垒和发展中成员待遇等问题。

3. WTO 主要包括四大基本原则,具体为非歧视性原则、自由贸易原则、公平贸易原则和透明度原则。

4. 2001 年 12 月 11 日,中国成为 WTO 的第 143 个成员。中国入世对中国经济、世界经济都影响深刻。

习题

1. 简述 WTO 的历史、WTO 的机构设置和职能范围。

2. WTO 的基本原则有哪些?本章引导案例中提到的美国的行为违反了哪些基本原则?

3. 中国加入 WTO 对世界经济有何正面影响?请试着列举这些影响。

参考文献

[1] Bagwell, K. and Staiger, R. W., 2002, "Economic Theory and the Interpretation of GATT/WTO", *The American Economist*, 46(2), 3-19.

[2] Przeworski, A., Alvarex, M., Cheibub, J. A. and Limongi, F., 1996, "What Makes Democracies Endure?", *Journal of Democracy*, 7, 39-55.

[3] Wong, K. F. and Yu, M. J., 2015, "Democracy and Accession to GATT/

WTO", *Review of Development Economics*, 19(4), 843-859.

[4] 白树强,2009,《世界贸易组织教程》,北京大学出版社。

[5] 海闻、林德特、王新奎,2003,《国际贸易》,上海人民出版社。

[6] 科依勒·贝格威尔、罗伯特·W.思泰格尔著,雷达、詹宏毅等译,2005,《世界贸易体系经济学》,中国人民大学出版社。

[7] 李汉君,2006,《世界贸易组织概论》,中国商务出版社。

[8] 刘书瀚、白玲,2003,《世界贸易组织概论》,南开大学出版社。

[9] 解俊贤、张瑛,2006,《世界贸易组织概论》,中国经济出版社。

[10] 许斌,2009,《国际贸易》,北京大学出版社。

[11] 薛荣久,1999,《世界贸易组织知识读本》,中国对外经济贸易出版社。

[12] 薛荣久,2010,《世界贸易组织概论》,高等教育出版社。

[13] 余淼杰,2009,《国际贸易的政治经济学分析:理论模型与计量实证》,北京大学出版社。

[14] 邹东涛、岳福斌,2007,《世界贸易组织教程》,社会科学文献出版社。

第十一章

地区贸易协定

【重点难点】
- 了解不同地区贸易协定的目的和内容的差异。
- 理解地区贸易协定对经济发展的影响。

【学习目标】
- 了解地区贸易协定的意义和类型,找到现实中符合地区贸易协定的例子。
- 理解北美自由贸易协定的目的和内容,了解其对美国、加拿大、墨西哥三国的影响。
- 理解关税同盟的含义和类型,了解欧洲经济共同体的关税同盟对相关国家经济的影响。

【素养目标】

本章通过介绍地区贸易协定的相关内容,帮助学生了解普惠贸易协议、自由贸易区、关税同盟和地区经济一体化的相关知识点,使学生充分理解"坚持高水平对外开放""推动构建人类命运共同体"的深远意义。

[引导案例]

北美自由贸易区

北美自由贸易区(North American Free Trade Area, NAFTA)由美国、加拿大和墨西哥三国组成。三国于1992年8月12日就《北美自由贸易协定》达成一致意见,并于同年12月17日由三国领导人分别在各自国家正式签署。1994年1月1日,该协定正式生效,北美自由贸易区宣布成立。三个成员国彼此必须遵守该协定规定的原则和规则,如国民待遇、最惠国待遇及程序上的透明化等来实现其宗旨,消除贸易障碍。自由贸易区内的国家货物可以互相流通并减免关税,而贸易区以外的国家则仍然维持原关税及壁垒。《北美自由贸易协定》的签订,对北美各国乃至世界经济都产生了重大影响。2018年10月,美国与加拿大和墨西哥修改了原协议,改名为《美国-墨西哥-加拿大协定》。那么我们应该如何理解自由贸易协定?它们对经济会产生什么影响?本章我们就来解答这些问题。

第一节 地区贸易协定简介

地区贸易协定(Regional Trading Agreement)是指对签订协议的国家之间降低关税但对其他国家征收正常关税的协定。通常来说,这种歧视性贸易政策在WTO中是不被允许的:WTO规定每个成员对其他成员征收的关税不可以高于其所征收关税的最低水平,即最惠国待遇(MFN)。不过,WTO的规定也留了一个缺口,即如果一成员对另一成员征收的最低进口关税是零关税,则其他成员不能要求进口国对它们实行"最惠国待遇"原则。换言之,WTO与地区贸易协定的规定是一致的。

目前,世界上主要有四种地区贸易协定:普惠贸易协议(Preferential Trade Agreements)、自由贸易区(Free Trade Agreements, FTA)、关税同盟(Customs Union)和地区经济一体化(Regional Economic Integrations)。在普惠贸易协议中,协议方选定一系列商品,将其进口关税设定为零关税或者接近零关税。最早的普惠贸易协议是《亚太贸易协定》(Asia-Pacific Trade Agreements)。截至2019年,全球共有34个普惠贸易协议。自由贸易区是将所有商品贸易设定为零关税。目前全球共有165个自由贸易区①,其中美加墨自由贸易区是最大的自由贸易区,而东盟自由贸易区则是人口数量最多的自由贸易区。事实上,由于每个普惠贸易协议都有动力发展为自由贸易区,在现实中,这两类地区贸易协定的界限是很模糊的。目前全球共有13个关税同盟,如南部共同市场(主要是南美洲国家)。与自由贸易区相同的是,关税同盟也对其内部成员方的商品完全免进口关税。但与自由贸易区不同的是,自由贸易区成员方对非成员方可以采取不同的对外贸易政策(只要不违反WTO的规定);但关税同盟成员方对非成员方则要求采取相同的关税。地区经济一体化目前只有欧盟一个例子。它不仅与关税同盟的要求一样,而且内部还要求采用

---

① 根据ARIC(Asia Regional Integration Center)的统计,截至2020年2月,全世界共有355个自由贸易区,其中262个有实质性进展(其中165个已生效,13个签署但未生效,79个正在谈判,5个已有谈判框架)。具体请见https://aric.adb.org/fta-trends-by-status,访问时间为2020年4月。

共同的货币、统一的财政政策和货币政策。

地区贸易协定一定有利于成员方吗？答案是不一定。在地区贸易协定下，一国的福利可能受益，也可能受损。究其原因，一个国家有了地区贸易协定，对其他成员方不征收关税时，可能会进口较昂贵的产品，而且没有关税收入；而没有地区贸易协定时，该国可以进口较便宜的产品，同时还有关税收入。确切地说，当一国有了与其他国家新的贸易往来，而不是现有的贸易从非成员方转向成员方，即出现贸易创造而不是贸易转移时，该国的福利会提高。

举例来说，英国、法国、美国均生产小麦，三国生产 1 单位小麦的成本分别为 8 美元、6 美元、4 美元。假设英国对小麦征收 5 美元的进口关税，英国与法国结为关税同盟。未形成关税同盟之前，英国消费者会购买国内生产的小麦，因为与法国的 11 美元、美国的 9 美元相比，本国 8 美元的小麦最为便宜。但形成关税同盟之后，英国的消费者会购买从法国进口的小麦，因为与英国的 8 美元、美国的 11 美元相比，法国 6 美元的小麦最为便宜。这就是前文中提到的贸易创造。关税同盟出现前后，关税收入均为 0，但是英国消费者可以买到更为便宜的小麦，因此英国的社会福利会上升。

不妨假设英国对小麦不是征收 5 美元，而是征收 3 美元的进口关税。那么在英国和法国形成关税同盟之前，英国消费者会购买从美国进口的小麦，因为与英国的 8 美元、法国的 9 美元相比，美国 7 美元的小麦最为便宜。但英法形成关税同盟之后，英国消费者会购买法国 6 美元的小麦。这就是前文中提到的贸易转移。关税同盟出现之后，关税收入减少为 0，消费者不得不购买成本较高的产品，不仅减少了政府收入，也丧失了比较优势。

目前，中国已正式签订 21 个区域性贸易安排。这些区域性贸易安排从性质上来看都属于自由贸易协议，其中 2 个暂未生效（如表 11-1 所示）。

表 11-1　中国已签署的区域性贸易安排

区域性贸易安排名单	生效日期
中国—东盟	2003 年 7 月 1 日
中国内地与港澳更紧密经贸关系安排	2004 年 1 月 1 日
中国—智利	2006 年 10 月 1 日
中国—新西兰	2008 年 10 月 1 日
中国—新加坡	2009 年 1 月 1 日
中国—秘鲁	2010 年 3 月 1 日
中国—哥斯达黎加	2011 年 8 月 1 日
中国—瑞士	2014 年 7 月 1 日
中国—冰岛	2014 年 7 月 1 日
中国—巴基斯坦	2015 年 11 月 11 日
中国—澳大利亚	2015 年 12 月 20 日
中国—韩国	2015 年 12 月 20 日
中国—格鲁吉亚	2018 年 1 月 1 日

(续表)

区域性贸易安排名单	生效日期
中国—马尔代夫	2018年8月1日
中国—东盟("10+1")升级	2018年11月14日
中国—智利升级	2019年3月1日
中国—新加坡升级	2019年10月16日
中国—巴基斯坦第二阶段	2019年12月1日
中国—毛里求斯	2021年1月1日
中国—柬埔寨	暂未生效
《区域全面经济伙伴关系协定》(RCEP)	暂未生效

资料来源：中国商务部，统计截至2021年1月。

第二节 北美自由贸易区

一、北美自由贸易区综述

北美自由贸易区的前身可以追溯到1990年墨西哥总统卡洛斯·萨利纳斯·德戈塔里(Carlos Salinas de Gortari)和美国总统乔治·布什(George Bush)宣布成立的美墨自由贸易区。一年之后，加拿大考虑到在《美加自由贸易协定》中得到的好处会被美墨自由贸易区冲淡，也加入美墨自由贸易区。1992年8月12日，三国正式签署了关于三国自由贸易的协议。《北美自由贸易协定》于1994年1月1日正式生效，并同时宣告北美自由贸易区正式成立。成立之初，北美自由贸易区拥有3.6亿人口，国民生产总值约6.45万亿美元，年贸易总额1.37亿美元，其经济实力和市场规模都超过欧洲联盟，成为当时世界上最大的区域经济一体化组织。

成立北美自由贸易区的主要目标是消除贸易壁垒，促进货物及服务的跨境流通，在自由贸易区内促进公平竞争，增加投资机会，为知识产权提供充足有效的保护，为该贸易协定的执行提出合理的运行机制以及争端处理机制，并且为未来更多的三方合作建立良好体制。

在北美自由贸易区成立后的十年之内，美国、墨西哥、加拿大三国的经济水平都有了飞速的增长。1994—2003年，加拿大实际GDP平均年增长率为3.6%，美国为3.3%，尽管墨西哥在1995年出现了经济衰退，其实际GDP平均年增长率也达到了2.7%。成立北美自由贸易区后，成员方内部的贸易成倍增长，美国在加拿大、墨西哥两国的FDI也迅速增长。

对于美国来说，北美自由贸易区是一个经济契机，使得美国可以从南部的贸易市场上获利；北美自由贸易区也是一个政治契机，使得美国可以修复不时紧张的美墨关系。同时，北美自由贸易区也促进了政治多元化，加快了墨西哥的民主进程，减缓了墨西哥长期以来对美的移民压力。在1990年之前，加拿大的工会联盟认为墨西哥制定的工资过低，墨西哥的廉价产品会降低加拿大产品在美国市场上的竞争力，甚至会使美国在加拿大的

FDI 转向别国。加拿大与墨西哥之间的贸易量较小,加拿大也没有美国所面对的墨西哥移民问题。但是在 1991 年,加拿大意识到不管自己是否加入,美国和墨西哥的贸易都会继续发展,加拿大政府决定也加入到美墨自由贸易区中。加拿大的加入将美国和墨西哥之间的自由贸易对加拿大可能造成的损害降到最低。总而言之,北美自由贸易区取得了很大的成功。

二、北美自由贸易区的形成背景

关税同盟、自由贸易区等形式的区域经济组织的成员方一般是经济水平相近的国家。从国际产业分工的角度分析,成员方之间多是水平分工方式,以达到较高层次的竞争和互补关系。例如,欧盟在东扩以前由清一色的发达国家组成,其社会制度、经济发展水平和历史文化传统均相对接近,并且由大多数国家共同推动,没有一个国家能起绝对的主导作用,因而其组织化程度和规范性均远远高于其他区域组织,这也是其赖以成功的基本原因之一。相比之下,北美自由贸易区由两个属于七国集团成员的发达国家和一个典型的发展中国家组成,它们之间在政治、经济、文化等方面差距很大。因此,北美自由贸易区是通过垂直分工来体现美国、加拿大、墨西哥三国之间的经济互补关系,从而促进各方的经济发展。

从历史经验上看,在差距如此之大的国家之间组成自由贸易区并无先例。北美自由贸易区是发达国家和发展中国家在区域内组成自由贸易区的第一次尝试。北美自由贸易区运行的基本模式是美国和加拿大利用其发达的技术和知识密集型产业,通过商品和资本的流动来进一步加强它们在墨西哥的优势地位,扩大在墨西哥的市场;墨西哥则利用本国廉价的劳动力来降低成本,大力发展劳动力密集型产品,并将商品出口到美国,同时从美国获得巨额投资和技术转让以促进本国产业结构的调整,加快本国产品的更新换代,在垂直分工中获取较多的经济利益。三国之间密不可分的经济关系成为它们合作的纽带。

20 世纪 80 年代以来,欧盟(前身是欧共体)经济实力日益壮大,日本经济规模也急剧膨胀。冷战结束后,世界形势对美国出现了一些不利态势,美国已不可能再完全倚靠自身力量与经济对手进行竞争,它必须创建以自身为核心的、能与其他经济集团和经济强国相对抗的区域经济集团来巩固美国的世界经济地位。因此,美国对建立自由贸易区有着巨大的动力和热情。另外,北美自由贸易区的建立也符合加拿大和墨西哥的利益。加拿大经济一直严重依赖美国,原有的《美加自由贸易协定》已不能适应形势的变化。墨西哥作为经济相对落后的发展中国家,虽然由于一些历史原因曾长期拒绝与美国在经济上结盟,但 20 世纪 80 年代中期以来其国内不断恶化的经济形势使得与美国合作成为唯一的选择。总而言之,面对新的国际、国内形势,三国都以务实的态度调整了自己的经济发展战略,在克服重重阻力之后最终签订了《北美自由贸易协定》。

北美自由贸易区是一个以美国为核心的南北区域性经济组织,美国在北美自由贸易区内有着绝对的主导作用。与欧盟中各国势均力敌相比,美国、加拿大、墨西哥三国按工业化程度和发展水平分属三个不同的层次:美国属于第一个层次,加拿大属于第二个层次,二者均是发达的工业化国家;墨西哥则属于第三个层次,为新兴的工业化国家。因此,从经济实力、工业化程度和发展水平等方面来看,美国都处于绝对的优势地位,自然对加拿大和墨西哥具有很强的约束力。北美自由贸易区给美国在双边贸易、直接投资、技术转让及第三产业诸领域内提供了控制和渗透加拿大和墨西哥的机会,从而使其在北美自由贸易区内外事务上拥有绝对的发言权。因而,从根本上说,北美自由贸易区的建立更多地体现出了美国的战略意图。但是,北美自由贸易区也给加拿大和墨西哥提供了难得的进入美国市场的机会,对于促进这两个国家的经济发展具有非常重要的作用,三国联合起来在国际贸易中的地位也大大增强。因此,北美自由贸易区在很大程度上是双赢的选择和结果。

像所有的贸易协定一样,北美自由贸易区的成立也经过了复杂的协商谈判。仅是北美自由贸易区的正文内容就经过了 14 个月的讨论才敲定,之后还附加了附属内容。其协商结果与理想中的自由贸易区相去甚远,共有 100 多页的限制性规则,尤其是针对纺织品、服装和汽车制造业。此外,墨西哥仍然维持着对其国有石油公司的垄断权,美国与墨西哥之间个别农产品的自由贸易被推迟 15 年执行,美国与加拿大仍然排斥农产品的自由贸易,这些做法都违背了最初实现自由贸易的愿望,但自由贸易的支持者认为这些贸易保护措施是达成最终统一意见,形成北美自由贸易区所需要付出的代价。

三、《北美自由贸易协定》的内容

《北美自由贸易协定》的总则规定,除墨西哥的石油业、加拿大的文化产业以及美国的航空与无线电通信业外,取消绝大多数产业部门的投资限制。对白领工人的流动将予以放宽,但移民仍将受到限制。任一成员方提前 6 个月通知其他成员方后,即可脱离该协定;协定还允许接纳附加成员方。总则还规定各成员方政府的采购将在 10 年内实现全面开放,由于墨西哥为本国的公司保留了一些合同,因此,该协定将对墨西哥产生主要影响。此外,该协定还规定由执行该协定而产生的争执,将交付由独立仲裁员组成的专门小组解决;如果大量进口损害了一国国内的工业,将允许该国重新征收一定的关税。在产业方面,该协定规定,美墨之间大部分农产品的关税将立即取消,其余 6% 的产品(包括玉米、糖、某些水果和蔬菜)的关税将在 15 年后全部取消,进口配额将在 10 年内消除。对于加拿大,现有的与美国签订的协议全部适用,汽车工业 10 年后将取消关税,美加在 1998 年之前取消相互间的全部关税。在能源方面,墨西哥方面对私营部门进行勘探的限制继续有效,但国有石油公司的采购将向美国与加拿大开放。在金融服务方面,墨西哥将逐步对美国与加拿大投资资本开放其金融部门,最终在 2007 年取消壁垒。关于纺织品,该协定用 10 年时间取消美国、墨西哥、加拿大之间的关税,在北美地区由纺织品制成的服装可免于征税。到 2000 年,北美地区的卡车可行驶到三个国家中的任何地区。该协定还对环境、劳工等问题制定了附加协定。根据附加协定,美国与墨西哥建立一个北美开发银行以帮助美国边境税收获利。同时,美国需要在附加协定生效后最初 18 个月花费 9 000 万美元重新培训因该协议而失业的工人。简而言之,《北美自由贸易协定》的主要内容是关税相互减免、取消进口限制、坚持产地规定、达成政府采购协定、鼓励投资、扩大相互金融服务、发展相互自由运输、鼓励保护知识产权等。

四、北美自由贸易区的成果

(一) 促进贸易与投资

自1990年以来,北美自由贸易区迅速扩大了地区贸易。从1993年到2004年,美国向墨西哥出口的产品增长了166%,从墨西哥进口的产品增长了290%,进出口总额增长了227%。与此相比,美国与非北美自由贸易区国家的同期进出口总额仅增长了124%。2004年,美国与北美自由贸易区成员方的商品贸易额占当年美国商品贸易总额的31%,而1989年和1993年,仅占26%和29%(如表11-2所示)。

表11-2 美国与其他国家的商品贸易(1989—2004)

贸易伙伴	金额(十亿美元)								
	1989	1990	1991	1992	1993	1994	1995	1996	1997
加拿大									
出口	78.3	83.0	85.1	90.2	100.2	114.3	126.0	132.6	150.1
进口	88.2	91.4	91.1	98.5	110.9	128.9	145.1	156.5	168.1
贸易总额	166.5	174.3	176.2	188.7	211.1	243.2	271.1	289.1	318.2
贸易差额	−9.9	−8.4	−6.0	−8.3	−10.7	−14.6	−19.1	−23.9	−18.0
墨西哥									
出口	25.0	28.4	33.3	40.6	41.6	50.8	46.3	56.8	71.4
进口	27.2	30.2	31.2	35.2	39.9	49.5	61.7	73.0	85.9
贸易总额	52.2	58.6	64.5	75.8	81.5	100.3	108.0	129.8	157.3
贸易差额	−2.2	−1.8	2.1	5.4	1.7	1.3	−15.4	−16.2	−14.5
全世界									
出口	363.8	393.0	421.9	447.5	464.9	512.4	583.0	622.8	687.6
进口	473.4	473.4	496.0	488.8	532.1	580.5	663.8	743.5	870.2
贸易总额	837.2	866.4	917.9	936.3	997.0	1 092.9	1 246.8	1 366.3	1 557.8
贸易差额	−109.6	−80.4	−74.1	−41.3	−67.2	−68.1	−80.8	−120.7	−182.6
北美自由贸易区成员方									
出口	103.2	111.3	118.4	130.8	141.8	165.1	172.3	189.3	221.5
进口	115.4	121.5	122.3	133.7	150.9	178.4	206.8	229.5	253.9
贸易总额	218.6	232.8	240.7	264.5	292.7	343.5	379.1	418.8	475.4
贸易差额	−12.2	−10.2	3.9	−2.9	−9.1	−13.3	−34.5	−40.2	−32.4
非北美自由贸易区成员方									
出口	260.5	281.6	303.4	316.7	323.0	347.3	410.7	433.5	466.1
进口	358.0	351.9	373.7	355.2	381.2	402.0	457.0	514.0	616.3
贸易总额	618.5	633.5	677.1	671.9	704.2	749.3	867.7	947.5	1 082.4
贸易差额	−97.5	−70.2	−70.3	−38.5	−58.2	−54.7	−46.3	−80.5	−150.2

(续表)

贸易伙伴	金额（十亿美元）							变化率（%）		
	1998	1999	2000	2001	2002	2003	2004	1989—2004	1993—2004	2000—2004
加拿大										
出口	154.2	163.9	176.4	163.7	160.8	169.5	187.7	139.8	87.4	6.4
进口	174.8	198.3	229.2	217.0	210.6	224.2	255.9	190.1	130.7	11.7
贸易总额	329.0	362.2	405.6	380.7	371.4	393.7	443.6	166.5	110.1	9.4
贸易差额	−20.6	−34.4	−52.8	−53.3	−49.8	−54.7	−68.2			
墨西哥										
出口	79.0	87.0	111.7	101.5	97.5	97.5	110.8	343.7	166.1	−0.8
进口	94.7	109.7	135.9	131.4	134.7	138.1	155.8	473.3	290.3	14.7
贸易总额	173.7	196.7	247.6	232.9	232.2	235.6	266.6	411.2	226.9	7.7
贸易差额	−15.7	−22.7	−24.2	−29.9	−37.2	−40.6	−45.0			
全世界										
出口	680.5	692.8	780.4	731.0	693.3	723.7	816.5	124.5	75.7	4.6
进口	913.9	1 024.8	1 216.9	1 142.0	1 163.5	1 259.4	1 469.5	210.4	176.2	20.8
贸易总额	1 594.4	1 717.6	1 997.3	1 873.0	1 856.8	1 983.3	2 286.0	173.1	129.3	14.5
贸易差额	−233.4	−332.0	−436.5	−411.0	−470.2	−535.7	−653.2			
北美自由贸易区成员方										
出口	233.2	251.0	288.2	265.2	258.3	266.9	298.5	189.1	110.5	3.6
进口	269.6	308.0	365.1	348.4	345.3	362.2	411.8	256.8	173.0	12.8
贸易总额	502.8	559.0	653.3	613.6	603.6	629.1	710.3	224.9	142.7	8.7
贸易差额	−36.4	−57.0	−76.9	−83.2	−87.0	−95.3	−113.3			
非北美自由贸易区成员方										
出口	447.3	441.9	492.3	465.8	434.9	456.8	518.1	98.8	60.4	5.2
进口	644.3	716.7	851.8	793.6	818.2	897.2	1 057.7	195.4	177.5	24.2
贸易总额	1 091.6	1 158.6	1 344.1	1 259.4	1 253.1	1 354.0	1 575.8	154.8	123.8	17.2
贸易差额	−197.0	−274.8	−359.5	−327.8	−383.3	−440.4	−539.6			

资料来源：USITC Interactive Tariff and Trade Dataweb, http://dataweb.usitc.gov，访问时间为 2020 年 4 月。

从表 11-2 中的数据可以看出，有两个区别明显的时间段：一是美国引领的 20 世纪 90 年代的繁荣期；二是同样由美国引领的 2000 年以来的衰退期和缓慢恢复期。在第一个时期，美国对北美自由贸易区成员方的出口量翻了一番，增长速度比对非北美自由贸易区国家出口量快了一倍还多。从北美自由贸易区成员方的进口量也比从非北美自由贸易区国家的进口量增长快得多。美国与北美自由贸易区成员方的贸易赤字由 1993 年的 90 亿美元增长到 2000 年的 770 亿美元。同期美国与非北美自由贸易区成员方的贸易赤字上升了

3 010 亿美元。北美自由贸易区的贸易在 2000—2003 年间持续下降,从 2004 年开始转而上升。总的来说,2000—2004 年,美国与北美自由贸易区伙伴的贸易量增长了 8.7%,出口量仅增长了 3.6%,而进口量增加了 12.8%。美国对墨西哥的出口略微下降,但对加拿大的出口增加了 6.4%。由此来看,美国和墨西哥的贸易是否遇到了障碍？一个合理的解释是 2000—2003 年墨西哥国内需求急剧下降,而且墨西哥 GDP 年均增长率仅为 0.7%（加拿大为 2.3%）。

汽车及其零配件、农产品和能源的贸易约占北美自由贸易区贸易的 1/3。其中,汽车及其零配件的贸易量占地区间贸易的 20%。《北美自由贸易协定》签订之前,贸易自由化就已经开始,成立北美自由贸易区后自由化程度大幅提高。1965 年以来,《美加汽车贸易协定》和《美加自由贸易协定》已将加拿大和美国的汽车贸易充分结合为一体,《北美自由贸易协定》最大的贡献无非是将墨西哥加入了贸易圈。汽车行业贸易的增长主要归功于墨西哥国内市场的改革和《北美自由贸易协定》的签订带来的贸易自由化。墨西哥从美国、日本和德国吸引了大量投资,使其汽车产量从 1993 年的 110 万辆上升到 2002 年的 180 万辆。墨西哥 2003 年的汽车贸易量是其 1993 年汽车贸易量的五倍,汽车行业贸易量占到了 2003 年墨西哥贸易总量的 22%。贸易的增长大可归因于汽车的专业化生产。美国和加拿大的汽车贸易也因《北美自由贸易协定》而有所增长。

农业贸易一向是地区贸易协定的重要内容,对北美自由贸易区来说也是如此。美国与其他北美自由贸易区成员方的农业贸易在 1993—2003 年间增加了一倍多,比与其他国家的农业贸易增长率快一倍。虽然农业贸易仅占北美自由贸易区贸易总量的 5%（约 3 500 万美元）,但丝毫不影响其政治敏感度。北美自由贸易区成立后不少贸易争端都由农业问题引起。《北美自由贸易协定》在农业问题上没有一致的内容,但在美国、加拿大和墨西哥两两之间却有三个独立的双边贸易协定。美国和加拿大延续了《美加自由贸易协定》的很多限制、关税和配额,尤其是针对糖、奶制品和家禽。与此相比,美国和墨西哥的贸易协定更加自由化,但是针对敏感的产品依然有很长的限制期。

成立北美自由贸易区之后北美洲内部的贸易有了突飞猛进的增长。但是否受益主要取决于北美自由贸易区内部的贸易是贸易创造还是贸易转移。在纺织业和服装业方面,《北美自由贸易协定》的签订的确带来了贸易创造。世界银行指出,1994—2001 年,墨西哥在北美自由贸易区进口总量中所占份额的上升伴随着墨西哥在非北美自由贸易区进口总量中所占份额的上升,这表明墨西哥进口份额的上升并不是贸易转移造成的,而是由贸易创造造成的。

北美自由贸易区内部的服务业贸易也有了明显的增长,但是增长幅度与货物贸易相比并不显著。在个别行业《北美自由贸易协定》的作用不是很明显,比如旅游业,成立北美自由贸易区之前,这三个国家旅游业的贸易壁垒已经很低了。但对于汽车运输及海上运输业来说,原来的贸易壁垒非常严重,甚至自由贸易受到完全限制,在北美自由贸易区成立之后情况有了很大的改善。《北美自由贸易协定》和《美加自由贸易协定》在很大程度上开放了不少服务行业的贸易,尤其是金融服务,但是也有很多服务行业没有从《北美自由贸易协定》中受惠。

总体来说,美国与其他北美自由贸易区成员方服务贸易的增长不仅不如同期商品贸易增长得那样快,甚至还慢于同期与非北美自由贸易区成员方服务贸易的增长。从1993年到2003年,美国与其北美自由贸易区伙伴的双向服务贸易额由440亿美元上升至740亿美元,增长幅度达70%,其中对加拿大和墨西哥的服务贸易分别增长了78%和59%。但同期美国对非北美自由贸易区成员方的服务贸易增长了91%。2003年美国对其他北美自由贸易区成员方的贸易顺差为124亿美元,几乎与1993年持平。2003年美国的服务业贸易中,14.2%是与北美自由贸易区成员方进行的,这一比例比1993年的15.7%还要低。

(二)增加就业机会

北美自由贸易区的成立对各国就业率的影响如何呢?尽管不如政治家吹嘘得那样好,但的确对降低各国失业率起到了积极作用。在北美自由贸易区的三国中,就业人数增长迅猛:美国的就业人数由1993年的1.1亿人增长至2004年的1.39亿人;加拿大的就业人数由1993年的1 290万人增长至2004年的1 570万人;墨西哥的工作职位由1993年的3 280万个增长至2004年的4 060万个。

表11-3反映了北美自由贸易区成立前后美国、加拿大和墨西哥三国的失业率逐渐趋降的变化过程。

表11-3 美、加、墨失业率的变化(1990—2000)　　　　　　　　　　　单位:%

国家	1990	1997	1998	1999	2000
加拿大	8.10	9.20	8.30	7.60	6.80
美国	5.60	4.90	4.50	4.20	4.00
墨西哥		2.60	2.30	1.70	1.60

资料来源:国际劳工组织,《国际劳动统计年鉴》,2001年。

同时不得不承认,并不是每个工人、每个群体都能从中得益,因此需要同时发展国家贸易部门的相关扶助项目。

1. 美国的情况

就像其他与较小经济体的贸易协定一样,《北美自由贸易协定》没有将大量的美国公司推向境外,也没有将大量的就业机会从美国转移到加拿大或墨西哥。但是最初美国关于《北美自由贸易协定》的政治辩论主要集中在未来的就业情况上。Scott(2003)经过数据分析,提出《北美自由贸易协定》造成了879 280个职位的损失。贸易协定可以通过将产出从生产率水平较低的部门转移到生产率水平较高的部门来实现各种职位的比例协调和质量提升。这一过程也直接导致了各种新职位的创造和劳动力的重新分配。一些学者认为每年约有100万的职位通过大量失业被改变或者移动。大部分的失业者被转移到其他职位,尽管他们中的25%要承受30%的薪水下降。

表11-4展示了从《北美自由贸易协定》签订到2003年间美国总体的就业趋势。

表 11-4　美国就业情况数据　　　　　　　　　　　　单位：百万人

Panel A　就业情况调查			
	1994	2003	差额
经过季节性调整的就业量	114.3	129.9	15.6
经过季节性调整的劳动力	131.1	146.8	15.7
Panel B　就业受益、受损情况调查			
总的就业受益（1994—2003）		327.8	
总的就业受损（1994—2003）		312.9	
差额		14.9	

资料来源：Hufbauer, G. C. and Schott, J. J., 2005, *NAFTA Revisited: Achievements and Challenges*, Peterson Institute for International Economics, 40。

由表 11-4 Panel A 可以看出，《北美自由贸易协定》的作用很小，美国的就业人数增长了 1 560 万，几乎与劳动力的人数增长一致。表 11-4 Panel B 展示了 1994—2003 年就业情况的受益情况和受损情况，总体来看北美自由贸易区成立以来的总效应是有利的。据估计，10 亿美元的出口可以支持 8 500 个生产行业的职位。根据这一结论，1994—2003 年，北美自由贸易区成员方年平均出口额为 125 亿美元，每年由《北美自由贸易协定》带来的额外就业机会有 100 000 个。

2. 加拿大的情况

与美国和墨西哥相比，加拿大的就业水平在 2000—2003 年间稳步上升，就业人数从 1 490 万人上升至 1 570 万人，其中制造行业的就业人数保持在 230 万人。但是当加拿大的就业水平缓慢上升时，加拿大和美国之间的劳动生产率差距越来越大。劳动生产率是决定一国生活水平的主要因素，所以加拿大较为落后的劳动生产率水平理所当然被给予足够的重视。根据经济增长收敛理论，自由贸易协定会促进贸易双方劳动生产率的进步，而且发展较为落后的一国（这里是加拿大）增长速度更快。贸易会促成专业化的生产和劳动力更高效的分配，促进科技创新和规模经济的推广，使竞争更为激烈。然而自 1989 年《美加自由贸易协定》生效以来，加拿大的劳动生产率每年增长 1.58%，而美国的劳动生产率平均每年增长 1.85%。1995 年之后，这个差距就更为明显，美国的劳动生产率年均增长率为 2.36%，而加拿大仅为 1.64%。一些学者认为 IT 行业对美国经济的影响可以解释美国和加拿大劳动生产率增长的差别。在 20 世纪 90 年代后期美国劳动生产率飞速增长的时候，《北美自由贸易协定》只对 IT 行业产生了很小的影响。然而加拿大的公司没有像美国的公司一样充分地开发利用 IT 技术，这导致了 20 世纪 90 年代后期美国和加拿大经济增长的差距。IT 行业为美国的 GDP 做出了 6% 的贡献，但是只为加拿大的 GDP 做出了 4% 的贡献。美国的下游行业已很好地利用 IT 行业的发展来提高生产能力，而生产能力差距最大的行业是 IT 密集型行业，比如金融业、保险业和房地产业。而能源行业和矿业在加拿大的 GDP 中所占比重远大于在美国 GDP 中所占比重。这两个行业都是资本密集型行业，不需要很多的雇员，因而旨在提高生产能力的 IT 技术在这些行业中并没有起到很大成效。

3. 墨西哥的情况

《北美自由贸易协定》促进了墨西哥工业行业的结构改革，也推动了进行贸易的货物行业就业的快速增长。墨西哥政府乐观地承诺《北美自由贸易协定》每年会带来 100 万个新职位，而且可以改善农村劳动力的就业状况。但是这个贸易协定并没有给墨西哥带来就业的正效应，也没有改善墨西哥农村的贫困局面。墨西哥政府要兑现其承诺，需要墨西哥维持经济长时间的强势增长及南部地区的收入增长。这里以美墨联营的加工出口行业（Maquiladora）为例来做说明。从 1993 年到 2000 年，Maquiladora 发展迅猛，职员人数从 54 万人增长到 134 万人，还吸收了很多来自农村地区的劳动力。但是由于美国工业发展的放缓及与中国的竞争，Maquiladora 的职员人数在 2003 年 12 月下降到了 106 万人。

北美自由贸易区成立之后，墨西哥生产行业（除 Maquiladora 外）的实际工资下降了 5%，因此一些人认为《北美自由贸易协定》损害了墨西哥工人的利益。如表 11-5 所示，1994—2003 年，墨西哥工人的实际工资有所下降。在比索危机（1994—1995 年）之后墨西哥工人的实际工资下降了 22%，但 1997 年之后实际工资重新达到了比索危机之前实际工资的 95%。

表 11-5　墨西哥工人的实际工资和劳动生产率的发展趋势（以 1994 年为基年，按 100 算）

年份	单个工人的实际产出	实际劳动生产率	单个工人的实际月收入	实际工资
Panel A. 非 Maquiladora 行业				
1990	79.6	78.7	80.0	79.2
1991	82.8	81.6	84.9	83.7
1992	86.2	84.9	92.3	90.8
1993	90.7	90.5	96.5	96.1
1994	100.0	100.0	100.0	100.0
1995	114.1	115.5	87.5	88.5
1996	119.2	119.4	78.8	79.0
1997	117.8	117.2	78.3	77.9
1998	119.1	118.5	80.5	80.1
1999	115.8	114.6	81.8	80.9
2000	118.7	117.2	86.6	85.7
2001	119.8	118.6	92.4	91.7
2002	123.4	122.4	94.1	93.5
2003	125.4	124.7	95.3	94.8
Panel B. Maquiladora 行业				
1990	96.2	99.6	96.2	99.7
1991	97.7	103.8	94.2	100.2
1992	95.7	99.7	95.9	99.9
1993	96.9	99.8	95.8	98.7
1994	100.0	100.0	100.0	100.0
1995	103.3	103.2	94.0	93.9

(续表)

年份	单个工人的实际产出	实际劳动生产率	单个工人的实际月收入	实际工资
1996	98.7	96.9	88.8	87.1
1997	102.3	85.3	90.4	75.4
1998	110.4	92.5	94.0	78.8
1999	113.7	94.8	96.0	80.1
2000	113.2	94.5	100.3	83.7
2001	128.9	108.6	109.4	92.2
2002	141.1	118.9	115.5	97.4
2003	144.8	121.0	115.5	96.5

资料来源：Hufbauer, G. C. and Schott, J. J., 2005, *NAFTA Revisited: Achievements and Challenges*, Peterson Institute for International Economics, 40。

由表 11-5 Panel A 可以看出，劳动生产率和实际工资之间的差距在比索危机期间很明显。1994—1996 年，由于通货膨胀，实际工资大幅下降 21%。但与此同时，由于就业人数和工人工作时间比产出的下降幅度更大，劳动生产率反而大幅上升 19.4%。比索危机之后，实际工资逐渐开始与劳动生产率同时保持上升。1997—2003 年，实际工资上升了 21.7%，劳动生产率上升了 6.4%。

Maquiladora 这类只生产出口产品的工厂在墨西哥生产行业中所占比例逐步上升，解决了 1994 年墨西哥国内 30% 的就业问题，2003 年时这一比例上升至 45%。Maquiladora 雇工的劳动生产率和收入比非 Maquiladora 雇工的要低，表 11-5 展示了 1990 年以来 Maquiladora 的发展状况。由于比索危机的冲击，实际工资有所下降。然而 1997 年以来 Maquiladora 的实际工资增长了 28%，劳动生产率上升了 42%。实际工资和劳动生产率发展的差距可以用墨西哥大量的非技术型工人来解释。农村地区劳动力的工作条件比城市劳动力更艰苦，所得的工资也远比不上城市劳动力。因此很多农村劳动力向城市迁移以获得更高的工资和更好的工作条件。尽管这样的农村人口迁移会提高原农村人口的生活水平，但是同时也增加了非技术型工人的供给，抑制了工资的提高。根据世界银行的统计，墨西哥国内从事农业的劳动力比例从 1994 年的 26% 下降到了 2001 年的 18%。但是诸如 Maquiladora 这类主要使用非技术型劳动力的生产企业，在 1994—2001 年间其雇员数目翻了一番，达到 100 万。2003 年墨西哥的农业仅为全国的 GDP 做出 5% 的贡献，因此我们不得不承认农村人口向城市的迁移是发展的趋势。由于从事农业的劳动力仍然占墨西哥劳动力总数的 1/5，目前的移民现象和农村向城市的移民对生产行业实际工资的影响会持续下去。从长远发展角度来看，城市和农村劳动力的平均实际工资与全国的生产效率密切相关。然而墨西哥生产效率的发展情况不容乐观。《北美自由贸易协定》的支持者曾提出自由贸易会提高生产效率，但是他们的预测仅在出口导向的行业得到了证实，从长远发展来看，墨西哥需要进一步提高服务业和农业的生产效率，这样实际工资才会随之提高。

（三）建立争端处理机制

不得不承认，北美自由贸易区的成立间接地增加了成员方之间的贸易争端。原因很简单，贸易量越大，产生摩擦的可能性就越大。加拿大与墨西哥为了应对可能产生的贸易争端所采取的策略是限制美国的反倾销和反倾销税,同时建立三边贸易争端解决机制处理体系来解决可能出现的意见分歧,这在协调三边关系的过程中发挥了巨大的作用。

最终的《北美自由贸易协定》包含了六项争端处理的流程,分别是第十一章(关于投资)、第十四章(关于金融服务)、第十九章(关于反倾销和反倾销税)、第二十章(关于协定的执行),以及NAALC(关于劳工)和NAAEC(关于环境保护)。在《北美自由贸易协定》明确规定责任的诉讼案例中,争端的解决进行得非常顺利,比如根据第十九章(关于反倾销和反倾销税)的规定处理诉讼案例。但是当国内政策阻碍《北美自由贸易协定》条例的执行时,争端处理则进行得不尽如人意,比如美国和墨西哥的运输业争端、加拿大和美国的软木贸易争端、美国和墨西哥的糖贸易争端,等等。即使是WTO的争端解决机制也很难解决政治上敏感的争端案例。

(四)推动劳动力和环境发展

1993年,《北美劳工合作协定》和《北美环境合作协定》作为《北美自由贸易协定》的附加协议提出,这两项附属协议有三个明确的目标,即监督关于劳动力和环境的相关法律法规的实施、为推动劳动力和环境发展的相关做法提供支持、在一国之内的争端处理手段力度不够时进行磋商和解决。尽管这两个附加协议提出时困难重重,进展缓慢,但是其成效已经初现端倪。

《北美自由贸易协定》实行近十年以来,贸易的扩大增加了美加墨三国的就业机会,提高了人民的平均生活水平。墨西哥的经济能够迅速从1995年年初的金融危机中复苏,很大程度上归功于《北美自由贸易协定》,这与1982年的金融危机形成了鲜明的对比,前者只花了18个月就恢复了出口,而后者则整整花费了7年。而且墨西哥从危机中恢复之后一直保持高于整个拉丁美洲地区的经济增长率,1996—1999年拉丁美洲地区的经济增长率为3.7%、5.4%、2.1%、0,同一时期墨西哥的经济增长率分别是5.2%、6.8%、4.9%、3.5%。显然墨西哥的经济形势与《北美自由贸易协定》有着密切的联系。《北美自由贸易协定》给美国带来了贸易的增加和产业结构的升级,把缺乏竞争性的部门的一些工作转移到更有竞争性的部门,把低技术、低工资的工作变为高技术、高工资的工作,有利于美国保持在经济技术贸易上的领先地位。

五、北美自由贸易区面临的挑战

北美自由贸易区的成立不仅有很多正面评价,也遭受了很多人的批评,因为其成立之初所做出的不少承诺始终都没有成为现实。不少批评者认为北美自由贸易区的成立使很多机会流失掉了。在《北美自由贸易协定》签订之前,北美自由贸易区是劳动力和环境保护团体的众矢之的。北美自由贸易区的批评者们认为《北美自由贸易协定》会使得行为比较自由的工厂退出美国和加拿大,墨西哥的廉价劳动力会取代美国的工人,资源的重新分配可能会压制工资。只要上述弊端可能存在,那些不赞成北美自由贸易区的人就会将其夸大。

北美自由贸易区的批评者还经常提到越来越多的非法移民和毒品交易、进展缓慢的环境问题、越来越大的收入差距以及增长缓慢的实际工资。这些问题与经济一体化和高收入有关,北美自由贸易区所起到的推动作用其实并不大。尽管如此,这些问题经常被用作北美自由贸易区失败的证据。

（一）《北美自由贸易协定》在加拿大引发的争端

《北美自由贸易协定》在加拿大引起了很多争论,其中一个原因是人们认为一旦某件东西可以作为商品被卖出,政府就不应阻止这件商品的未来买卖。这样的商品甚至包括加拿大的湖泊和河流,这使得加拿大国内认为生态系统和水系统受到破坏。1999 年,美国加利福尼亚州圣芭芭拉地区的 Sun Belt Water 公司根据《北美自由贸易协定》第十一章提出了仲裁要求,由于加拿大禁止重力水的出口,而这会影响 Sun Belt Water 公司的业务发展,因此 Sun Belt Water 公司要求获得 1.05 亿美元的补偿。

《北美自由贸易协定》在加拿大引起的争论还源于《北美自由贸易协定》对加拿大执法的影响。1996 年,一个美国公司将一种石油添加剂 MMT 引入加拿大。加拿大的各省份根据《内部贸易协定》(AIT)向该美国公司提出 2.01 亿美元的赔偿。该美国公司认为其生产的石油添加剂并没有引发健康问题,而且加拿大对其的抵制严重影响到了公司的发展。加拿大健康部门对燃料中的 MMT 是否会对人类健康造成损害进行了研究,得出的结论是燃烧含有 MMT 的燃料后产生的废气对人类健康并无影响。加拿大的其他研究人员和美国的环境保护机构不同意加拿大健康部门的研究结果,他们认为 MMT 会对神经造成损伤。最终的裁决结果是加拿大对该美国公司的抵制违反了《北美自由贸易协定》,故加拿大政府废除了这项禁令,并与美国公司达成协定,该美国公司获得 0.13 亿美元的赔偿。

（二）贸易中的安全问题

2001 年发生的"9·11"事件,将安全问题提上了北美国家各项议程的顶端。在这场恐怖袭击之后,美国加强了边境的安全措施,导致各项贸易的推迟。那些与美国有进出口往来业务的公司都不得不考虑严密的安全检查导致的"安全税",以及边境关闭的可能性。未来可能存在的贸易壁垒在很大程度上是由安全壁垒导致的。

（三）美国的去工业化问题

国内生产量和国内投资的增加并不意味着生产行业工作岗位的增多,只意味着自动化程度和劳动生产率的提高。虽然 1993—2001 年美国的就业人数增加了 1 500 万,生产行业的职位却只增加了 47.6 万。1994—2007 年,生产行业的职位减少了 365.4 万,同时期也取消了不少其他的自由贸易协定。

（四）《北美自由贸易协定》对墨西哥农民的影响

2000 年,美国政府为玉米行业提供了 101 亿美元的补助。这些补助引起了墨西哥对美国倾销的指控,因为这些补助会损害墨西哥的农业,威胁到墨西哥粮食的自给自足。其他反对《北美自由贸易协定》的研究认为《北美自由贸易协定》会影响墨西哥贫穷的玉米耕种者的收入,这种趋势在北美自由贸易区成立十多年前就已经存在,1994 年《北美自由贸易协定》生效之后玉米产量有所上升,由于大量受到补贴的玉米从美国流入墨西哥,这对墨西哥玉米价格的影响难以估量。这些研究者也认为如果美国废除对农业的补贴,墨西哥的农民会大大受益。

（五）《北美自由贸易协定》引起的争议

《北美自由贸易协定》第十一章关于投资的争端解决条款引发了不少争议。第十一章规定,当墨西哥政府、加拿大政府和美国政府的行为影响到公司或者个人的投资活动时,公司或者个人可以对以上国家的政府提出起诉。当政府颁布法律法规去保护选民和国内商业利益时,《北美自由贸易协定》的第十一章确实发挥了效力。这一章中声明所述条款不可以用来阻止一个党派执法、惩治违法行为、实施公共教育、社会安全保障等。

这一章还因没有考虑到环境问题和社会问题而饱受诟病。加拿大的很多部门都质疑第十一章是否符合宪法的规定,虽然它们的申诉失败了,但是它们仍坚持继续上诉。

Methanex 是一家加拿大公司,因美国加利福尼亚州对 MTBE 这种物质的禁令而对美国政府提出诉讼,索赔 9.7 亿美元。MTBE 这种物质在美国地下水中含量较多,加利福尼亚州颁布的禁令影响了该加拿大公司甲醇的销售。然而该项上诉被驳回,且该加拿大公司被勒令向美国政府赔偿 300 万美元。

《北美自由贸易协定》的第十九章同样引起不少争议,这一章提出但凡做出关于反倾销和反倾销税的决定时,不仅要遵从法律条款,还要进行双边谈判。比如在美国,美国国际贸易法庭在做出决定之前要举行关于反倾销和反倾销税的听证。参与《北美自由贸易协定》裁定的双方有权利提出上诉,让来自诉讼双边的五人(通常都是熟知国际贸易法律的资深律师)来做决定。由于《北美自由贸易协定》并没有包括直接针对反倾销和反倾销税的条款,这种诉讼通常裁定有关反倾销和反倾销税的决定是否与一国国内法律相容。

六、《美墨加协定》

2017 年 8 月,在特朗普政府的主导下,美国、加拿大和墨西哥正式开启《北美自由贸易协定》的重谈进程。2018 年 9 月 30 日,三国达成新的自贸协定——《美国-墨西哥-加拿大协定》,简称《美墨加协定》(USMCA),取代已经实施 24 年之久的《北美自由贸易协定》。

特朗普政府推动重谈《北美自由贸易协定》的原因主要有两个:一是认为《北美自由贸易协定》让美国利益受损;二是其规定和标准已经无法满足当今国际贸易和投资的需要。特朗普政府认为,《北美自由贸易协定》导致美国大量工作岗位流失到劳动力成本相对较低的墨西哥,不仅造成美国工人失业,还抑制了美国工人实际工资上涨,严重损害了美国工人的利益。此外,美国和墨西哥、加拿大之间存在巨大的贸易逆差,《北美自由贸易协定》生效之后,贸易便利化推动了区域内贸易急剧上升,但美国贸易逆差不断扩大。因此,美国认为《北美自由贸易协定》让墨加两国受益更多,有必要进行重新谈判以改善本国的贸易状况。另外,《北美自由贸易协定》的条款也无法应对当今国际贸易和投资领域出现的一些新变化,例如数字贸易、国有企业、宏观政策和汇率问题等。基于上述原因,美国重启《北美自由贸易协定》谈判的目标明确,即新协定要实现公平贸易,减少贸易逆差,防止汇率操纵,保持并扩大美国农产品、制造产品及服务的市场准入。

《美墨加协定》维系了《北美自由贸易协定》的大体框架,只在部分章节上做了补充和调整。《美墨加协定》共计 34 章,涵盖国民待遇与市场准入、农业、纺织品与服装、原产地原则、技术性贸易壁垒、政府采购、跨境贸易服务、数字贸易、知识产权、国有企业、劳工标准、环境标准、争端解决、宏观政策和汇率问题等多个领域。除增加数字贸易等章节外,《美墨加协定》还增加了诸多排他性条款,具有浓重的贸易保护主义色彩。

(一)《美墨加协定》的内容

同《北美自由贸易协定》相比,《美墨加协定》内容的变化主要体现在以下几个方面:

第一,提高了汽车行业的原产地要求。《美墨加协定》将汽车行业的原产地原则视为该协定最核心的议题之一,将每辆汽车在北美地区的原产价值比例从原先的62.5%提高到75%,规定汽车生产所用的铁、铝和玻璃中70%原产于成员方,核心、主要和补充零部件的原产地价值含量分别为75%、65%和60%。

第二,制定了强制的劳工标准。《美墨加协定》规定40%—45%的汽车零部件须由时薪不低于16美元的工人生产;墨西哥政府同意通过法律保护移民的劳动权益和工会对工人的代表权,以及使得妇女免受歧视和不公平待遇。《美墨加协定》还指出,违背劳工法将成为协议方制裁的理由。

第三,增加了汇率条款和"日落条款"[①]。在汇率问题上,《美墨加协定》要求成员方实现并维持市场汇率制度,避免通过干预外汇市场等手段实行货币的竞争性贬值;在"日落条款"问题上,《美墨加协定》规定协议生效六年内,成员方共同对协议的运行情况进行联合审查,生效16年后进行重新确认,否则协议终止。

第四,增加了对非市场经济国家的歧视性条款。《美墨加协定》约束成员方与非市场经济国家自贸协定的达成,规定美加墨任何一方与非市场经济国家进行自贸协定谈判时,需要提前至少三个月通报其他各方,任何一方如果与非市场经济国家签订自贸协定,其他各方有权在提前六个月通知的条件下终止适用《美墨加协定》,并且用双边协定取代。

(二)《美墨加协定》的影响

1. 美国的情况

美国是《美墨加协定》最大的受益者。《美墨加协定》严苛的原产地要求将很大一部分中国、日本和欧洲的汽车制造商排除在外;新增的劳工标准提高了汽车厂商在墨西哥的生产成本,降低了墨西哥的劳动力优势。这些都鼓励更多的汽车在美国生产和出口,提振美国汽车业的同时促使相当一部分制造业生产回流到美国,给美国工人创造更多的就业机会。美国贸易代表办公室预计五年内,《美墨加协定》将刺激340亿美元的对美国汽车产业的投资、230亿美元的美国汽车零部件销售,并创造76 000个新的制造业工作岗位。

《美墨加协定》还使得加拿大向美国开放了3.5%的乳制品市场,缓解了美国农产品出口的困境,为特朗普赢得了农业州的选票。作为交换,加拿大和墨西哥换来了每年260万辆汽车的关税豁免、延长至16年的"日落条款",以及保留与加拿大的争端解决机制等条款。此外,《美墨加协定》在延长生物制药数据保护期、版权等方面提高了标准,有利于对美国医药行业和知识产权的保护。

2. 加拿大的情况

在《美墨加协定》中,美加两国均做出了重要让步:加拿大同意减少对乳制品行业的保护,向美国乳制品生产商扩大3.5%的市场份额,美国放弃修改争端解决机制条款,即投资人与东道国争端的解决机制条款。该条款允许一个国际仲裁委员会挑战东道国政府所做

---

① "日落条款"(Sunset Clause),即自动终止条款,指在制定协定时就已规定该协定或其部分失效日期的条款。

的决定。美方一直认为该条款有损美国主权,希望削弱该条款职能,而加拿大则认为其有利于保护本国投资者利益,保护一些行业免受美国单方面施加的不恰当关税的影响。

3. 墨西哥的情况

《美墨加协定》可能会对墨西哥的经济造成损害。第一,原产地原则规定不利于全球价值链的分工与合作,这使得墨西哥逐步减少从自贸区外国家进口低价汽车零配件的数量,从而增加汽车制造成本。第二,新增的劳工标准降低了墨西哥的劳动力优势,使得汽车厂商在墨西哥生产廉价汽车的难度进一步加大。这些都将减少流向墨西哥工厂的美国汽车制造业工作岗位,甚至导致汽车业制造回流,打击墨西哥汽车工业和与之配套的制造业。

作为交换,墨西哥获得了每年 260 万辆汽车的关税豁免。在 2017 年,加拿大、墨西哥对美国汽车出口数量分别为每年 180 万辆和 170 万辆,占到每年 260 万辆新配额上限的 69% 和 65%,未来对美国出口还有一定的上升空间。

4. 中国的情况

《美墨加协定》对非市场经济国家的歧视性条款明显指向中国。未来加拿大或墨西哥是否与中国签订自贸协定将受到来自美国的干预,美国可以以《美墨加协定》为筹码要挟加拿大、墨西哥两国放弃与中国签订对美国不利的协议条款。

第三节 关税同盟

一、关税同盟综述

关税同盟就是国家和地区之间就关税问题所缔结的双边协议或多边协议。其内容通常包括降低和免除缔约方之间的关税,乃至最终取消同盟内部各方的关税,实现缔约方之间的商品自由流通;协调各缔约方的关税率,实行统一的对外关税,建立共同的关境,以加强同盟方在对外贸易中的竞争力量。此外,协议的内容往往还涉及那些对贸易有限制作用的费用和限额。

关税同盟大体可分为两类:一类是发达国家间建立的,如欧洲经济共同体的关税同盟,其目的在于保护西欧国家的市场,抵制美国产品的竞争,促进内部贸易的发展,积极推进欧洲经济一体化的进程。另一类是由发展中国家建立的关税同盟,其目的主要是维护本地区各国的民族利益,促进区内的经济合作和共同发展,如中非关税与经济同盟、安第斯条约组织、加勒比共同体和共同市场、西非国家经济共同体、中非国家经济共同体等。

虽然不同国家间的关税同盟在内容形式上多有相似之处,但是发展中国家之间缔结的关税同盟与发达国家之间缔结的关税同盟在性质上并不一样。前者属于防御型,后者则是争夺型,目的是使参加同盟的国家,能够在争夺国际市场的激烈贸易战中处于有利的地位。

本节主要以欧盟为例来介绍关税同盟的情况。

二、一些关税同盟的发展背景

1834年建立并逐步发展扩大的德意志关税同盟,是较早出现的关税同盟组织,对促进当时德国经济发展和政治统一起到一定作用。在19世纪70年代统一的德意志帝国建立以前,德国的各邦之间和各邦内部关卡林立,阻碍了工商业的发展。1818年,普鲁士率先废除了内地关税;继之于1826年建立了北德意志关税同盟,两年后又分别建成了中德和南德各邦两个关税同盟。1834年18个邦联合起来,组成了以普鲁士为盟主的德意志关税同盟;此后,这个同盟进一步扩大到所有德语地区,成为全德关税同盟。同盟公约的内容包括:废除内部关税,统一对外税则,提高进口税率,关税收入按比例分配给盟内各邦等。此外,还有1865年建立的法国和摩纳哥关税同盟。

关税同盟的发展很迅猛,1924年瑞士和列支敦士登公国建立关税同盟;1948年比利时、荷兰、卢森堡建立关税同盟;1958年欧洲经济共同体各国缔结关税同盟;1960年欧洲自由贸易同盟、中非关税与经济同盟和南部非洲关税同盟成立;等等。比利时、荷兰、卢森堡建立的关税同盟和欧洲共同体(简称欧共体)都是欧盟的前身。1991年12月,欧共体马斯特里赫特首脑会议通过《欧洲同盟条约》,通称《马斯特里赫特条约》。1993年11月1日,该条约正式生效,欧盟正式诞生。

欧盟发展至今,共有27个成员方,分别是法国、德国、意大利、荷兰、比利时、卢森堡、丹麦、爱尔兰、希腊、葡萄牙、西班牙、奥地利、瑞典、芬兰、马耳他、塞浦路斯、波兰、匈牙利、捷克、斯洛伐克、斯洛文尼亚、爱沙尼亚、拉脱维亚、立陶宛、罗马尼亚、保加利亚、克罗地亚。除了以上27国,摩纳哥、安道尔等欧洲小国也与欧盟签订了特殊协议。欧盟一部分成员方的海外领地,如格陵兰等,并不是欧盟的一部分(南美洲的法属圭亚那除外)。挪威曾于1972年和1994年两次在国内进行加入欧盟的全民投票,均未通过,因此至今也没有加入欧盟。但挪威的《欧洲经济区协定》使挪威也享受与欧盟成员方企业和国民的同等待遇。同时,目前有五位候选国家,这些国家正在将欧盟法律化为内部国家法律,它们分别是阿尔巴尼亚、黑山共和国、北马其顿、塞尔维亚、土耳其。至于波斯尼亚和黑塞哥维那,则在欧盟议会上被视为"有潜力加入欧盟"的国家,但其并未完全满足欧盟对成员方的要求,且至今未进行加入欧盟的全民公投。2016年6月23日,英国公民投票决定退出欧盟;2017年3月29日,英国正式通知欧洲理事会,表示将通过《里斯本条约》第50条退出欧盟;2020年1月,英国在程序上正式完成脱欧手续。

根据《欧洲同盟条约》,欧盟共由三大支柱组成:欧共体(包括关税同盟、单一市场、共同农业政策、共同渔业政策、单一货币、申根条约等诸多部分)、共同外交与安全政策、刑事案件的警政与司法合作。欧盟的主要机构有欧洲理事会、欧盟理事会、欧盟委员会、欧洲议会、欧洲法院、欧洲中央银行等。此外,欧洲原子能共同体也在欧共体的管辖范围之内,尽管它在法律上是独立于欧盟的国际组织。

三、关税同盟的内容

关税同盟主要有以下各项排他性保护措施:一是降低直至取消关税同盟内部的关税。为达到这一目的,关税同盟往往规定成员方必须在一定期限内分阶段、逐步地从各自现行的对外关税率,过渡到同盟所规定的统一关税率,直至最后取消成员方彼此间的关税。二是制定统一的对外贸易政策和对外关税率。在对外方面,同盟国成员必须在规定时间内,分别调高或调低各自原有的对外关税率,最终建立共同的对外关税率,并且逐步统一各自的对外贸易政策,如对外歧视政策、进口数量限制等。三是对从同盟外进口的商品,根据商品的种类和提供国的不同,征收共同的差别关税,如特惠税率、协定国税率、最惠国税率、普通优惠税率、普通税率。四是制定统一的保护性措施,如进口限额、卫生防疫标准等。

以欧盟(原欧共体)为例做更详细的说明。欧盟针对其内部成员方采取了如下政策:

第一,实施关税同盟和共同外贸政策。1967年起欧共体对外实行统一的关税率;1968年7月1日起成员方之间取消商品的关税和限额,建立关税同盟;1973年,欧共体实现了统一的外贸政策。《马斯特里赫特条约》生效后,为进一步确立欧洲联盟单一市场的共同贸易制度,欧共体各国外长于1994年2月8日一致同意取消此前由各国实行的6 400多种进口配额,而代之以一些旨在保护低科技产业的措施。

第二,实行共同的农业政策。1962年7月1日欧共体开始实行共同农业政策;1968年8月开始实行农产品统一价格;1969年取消农产品内部关税;1971年起对农产品贸易实施货币补贴制度。

第三,建立政治合作制度。该制度于1970年10月建立。于1986年签署、1987年生效的《欧洲单一文件》把在外交领域进行政治合作正式列入欧共体条约。为此,部长理事会设立了政治合作秘书处,定期召开成员方外交部部长参加的政治合作会议,讨论并决定欧共体对各种国际事务的立场。1993年11月1日《马斯特里赫特条约》生效后,政治合作制度被纳入欧洲政治联盟活动范围。

第四,基本建成内部统一大市场。1985年6月欧共体首脑会议批准了建设内部统一大市场的白皮书;1986年2月各成员方正式签署为建成大市场而对《罗马条约》进行修改的《欧洲单一文件》。统一大市场的目标是逐步取消各种非关税壁垒,包括有形障碍(海关关卡、过境手续、卫生检疫标准等)、技术障碍(法规、技术标准)和财政障碍(税别、税率差别),于1993年1月1日起实现商品、人员、资本和劳务的自由流通。为此,欧共体委员会于1990年4月前提出了实现上述目标的282项指令。1993年1月1日,欧共体宣布其统一大市场基本建成,并正式投入运行。

第五,建立政治联盟。1990年4月,法国总统和联邦德国总理联合倡议于当年年底召开关于政治联盟问题的政府间会议。同年10月,欧共体罗马特别首脑会议进一步明确了政治联盟的基本方向。同年12月,欧共体有关建立政治联盟问题的政府间会议开始举行。经过一年的谈判,12国在1991年12月召开的马斯特里赫特首脑会议上通过了政治联盟条约,其主要内容是12国将实行共同的外交和安全政策,并将最终实行共同的防务政策。

此外,还有移除成员国家的边界控制(除了英国、爱尔兰和新加盟十国);允许欧盟任何国家的公民在当地政府和欧洲议会的选举中投票;欧盟内部大范围的环境政策合作;在预防犯罪行为方面进行协作,包括分享情报、协调犯罪行为;对收容和外来移民制定一致的政策;成立援助不发达地区的基金;建立援助候选国和其他东欧发展中国家的资金;等等。所有这些目标取决于成员方之间的协调,而现在欧盟法律也越来越多地出现在成员方的法律体系中。所有的成员方都被要求在一个共同的欧洲法律框架内立法。欧盟法律包括了许多重复的法律结构,它是通过各种国际条约的签订而建立起来的。近年来,欧盟不断致力于将欧盟法律简化,并开始起草欧洲宪法。在2005年推动各国批准《欧盟宪法条约》失败后,欧盟暂时放弃了用单一宪法取代所有之前的条约的行动,而改签订《对〈欧洲联盟条约〉和〈欧洲共同体成立条约〉的修正草案》(简称《里斯本条约》)。

四、关税同盟的成果

关税同盟有着规模经济效应。关税同盟的建立为成员方之间产品的相互出口创造了良好的条件。这种市场范围的扩大促进了企业生产的发展,使生产者可以不断扩大生产规模,降低成本,享受规模经济的利益,并且进一步增强联盟内的企业对国外企业,特别是对非成员方同类企业的竞争能力。因此,关税同盟所创造的大市场效应有利于企业规模经济的实现。

关税同盟的建立促进了成员方之间企业的竞争。在各成员方组成关税同盟以前,许多部门已经形成了国内垄断,几家企业长期占据国内市场,获取超额垄断利润。这不利于各国的资源配置和技术进步。组成关税同盟以后,由于各国市场的相互开放,各国企业面临来自其他成员方同类企业的竞争。各企业为在竞争中取得有利地位,必然会纷纷改善生产经营效率,增加研究与开发投入,增强采用新技术的意识,不断降低生产成本,从而在同盟内营造一种浓烈的竞争气氛,提高经济效益,促进技术进步。

关税同盟的建立有助于吸引外部投资。关税同盟的建立意味着对来自非成员方产品的排斥,同盟外的国家为了抵消这种不利影响,可能会将生产点转移到关税同盟内的一些国家,在当地直接生产并销售,以便绕过统一的关税和非关税壁垒。这样客观上便产生了一种伴随生产转移的资本流入,吸引了大量的外商直接投资。

如果算上英国的话,欧盟的总面积是438万平方公里;如果将欧盟列为国家的话,则是世界上第七大国。欧盟是世界上第二大经济实体,2017年其GDP达到17.3万亿美元,小于美国的19.5万亿美元。截至2017年,欧盟公民人口为5.12亿,按一国算位居世界第三(排在中国和印度之后)。根据《马斯特里赫特条约》,所有欧盟成员方的公民都是欧盟的公民。

欧盟的诞生使欧洲的商品、劳务、人员、资本自由流通,使欧洲的经济增长速度快速提高。欧盟成立后,其成员方的经济快速发展,1993—2017年经济平均增速达1.7%,人均GDP由1993年的1.7万美元上升到2017年的3.3万美元。欧盟的经济总量从1993年的约7.8万亿美元增长到2017年的17.3万亿美元。2017年,欧盟的经济实力位居世界第二。随着欧盟的扩大,欧盟的经济实力将进一步加强,尤其重要的是,欧盟不仅因新加入国家正处于经济起飞阶段而拥有更大的市场规模与市场容量,而且作为世界上最大的资本输出国和商品与服务出口国,再加上相对宽容的对外技术交流与发展合作政策,欧盟对世界其他地区特别是包括中国在内的发展中国家的经济发展至关重要。欧盟是现今世界上最大的出口方,也是最大的进口方。贸易壁垒的消除促进了欧盟成员方之间的贸易,而统一的货币——欧元推动了贸易的发展。

欧盟内部各个国家的经济情况不同。表 11-6 是根据国际货币基金组织于 2010 年 4 月发布的数据所制。

表 11-6　欧盟 27 国 2009 年经济状况

成员方	GDP（亿美元）	占欧盟 GDP 的百分比（%）	GDP 变化率（%）	人均 GDP（美元）	公债所占 GDP 百分比（%）	赤字(−)/盈余(+)占 GDP 百分比（%）	通货膨胀率（%）	失业率（%）
欧盟	164 475	100.0	−4.08	29 729	73.6	−6.8	1.0	9.3
德国	33 527	20.4	−4.97	34 212	73.2	−3.3	0.2	7.5
法国	26 759	16.3	−2.19	33 678	77.6	−7.5	0.1	10.1
英国	21 836	13.3	−4.92	34 619	68.1	−11.5	2.2	7.8
意大利	21 187	12.9	−5.04	29 109	115.8	−5.3	0.8	8.0
西班牙	14 640	8.9	−3.69	29 689	53.2	−11.2	−0.3	19.3
荷兰	7 948	4.8	−3.98	39 938	60.9	−5.3	1.0	3.7
比利时	4 704	2.9	−3.00	35 421	96.7	−6.0	0.0	8.1
波兰	4 302	2.6	1.70	18 072	51.0	−7.1	4.0	8.4
瑞典	4 054	2.5	−4.40	35 965	42.3	−0.5	1.9	8.8
奥地利	3 819	2.3	−3.61	38 838	66.5	−3.4	0.4	4.7
希腊	3 308	2.0	−1.96	29 881	115.1	−13.6	1.3	9.2
丹麦	3 092	1.9	−5.07	35 157	41.6	−2.7	1.1	6.9
芬兰	2 381	1.4	−7.76	33 556	44.0	−2.2	1.6	8.7
葡萄牙	2 279	1.4	−2.68	21 859	76.8	−9.4	−0.9	10.2
爱尔兰	2 278	1.4	−7.10	39 468	64.0	−14.3	−1.7	12.8
捷克	1 948	1.2	−4.29	24 093	35.4	−5.9	0.6	7.1
罗马尼亚	1 615	1.0	−7.13	11 917	23.7	−8.3	5.6	6.4
匈牙利	1 294	0.8	−6.33	18 567	78.3	−4.0	4.0	9.9
斯洛伐克	882	0.5	−4.66	21 245	35.7	−6.8	0.9	12.2
卢森堡	517	0.3	−4.22	78 395	14.5	−0.7	0.0	6.6
斯洛文尼亚	492	0.3	−7.33	27 654	35.9	−5.5	0.9	6.2
保加利亚	471	0.3	−5.03	11 900	14.8	−3.9	2.5	7.9
立陶宛	373	0.2	−14.96	16 542	29.3	−8.9	4.2	13.8
拉脱维亚	262	0.2	−18.01	14 255	36.1	−9.0	3.3	20.9
塞浦路斯	236	0.1	−1.74	28 544	56.2	−6.1	0.2	6.0
爱沙尼亚	191	0.1	−14.08	17 908	7.2	−1.7	0.2	15.2
马耳他	80	0.1	−1.93	23 584	69.1	−3.8	1.8	7.0

资料来源：Wikipedia。

注："—"表示数据缺失。

表 11-7 则给出欧盟新老成员方近年经济增长率的比较。

表 11-7　欧盟老成员方与新成员方的 GDP 增长率一览　　　　　　单位：%

欧盟老成员方的 GDP 增长率						欧盟新成员方的 GDP 增长率					
成员方	GDP 增长率					成员方	GDP 增长率				
	2005	2006	2007	2008	2009		2005	2006	2007	2008	2009
奥地利	2.5	3.6	3.7	2.2	−3.9	保加利亚	6.2	6.3	6.2	6.0	−5.0
比利时	1.7	2.7	2.9	1.0	−2.8	塞浦路斯	3.9	4.1	5.1	3.6	−1.7
丹麦	2.4	3.4	1.7	−0.9	−4.9	捷克	6.3	6.8	6.1	2.5	−4.1
法国	1.9	2.2	2.4	0.2	−2.6	爱沙尼亚	9.4	10.0	7.2	−3.6	−14.1
德国	0.8	3.2	2.5	1.3	−4.9	匈牙利	3.5	4.0	1.0	0.6	−6.3
希腊	2.2	4.5	4.5	2.0	−2.0	拉脱维亚	10.6	12.2	10.0	−4.2	−18.0
爱尔兰	6.2	5.4	6.0	−3.0	−7.1	立陶宛	7.8	7.8	9.8	2.8	−14.8
意大利	0.7	2.0	1.5	−1.3	−5.0	马耳他	3.9	3.6	3.8	1.7	−1.5
卢森堡	5.4	5.6	6.5	0.0	−4.1	波兰	3.6	6.2	6.8	5.0	1.7
荷兰	2.0	3.4	3.9	1.9	−3.9	罗马尼亚	4.2	7.9	6.3	7.3	−7.1
葡萄牙	0.8	1.4	2.4	0.0	2.6	斯洛伐克	6.7	8.5	10.6	6.2	−4.7
西班牙	3.6	4.0	3.6	0.9	−3.6	斯洛文尼亚	4.5	5.8	6.8	3.5	−7.8
瑞典	3.2	4.3	3.3	−0.4	−5.1	欧盟	2.0	3.2	2.9	0.7	−4.2
英国	2.2	2.8	2.7	−0.1	−4.9	欧元区	1.7	3.0	2.7	0.5	−4.1

资料来源：Wikipedia。

位于欧洲中部和东部的 12 个成员方比西欧国家的经济增长率更高。尤其是波罗的海沿岸国家，它们有着很高的经济增长率，最高的是拉脱维亚，增长率是 11%，几乎与在过去 25 年保持 9% 的年均增长率的中国接近。这样的高增长率要归功于其政府实施的稳定的货币政策、出口导向型贸易政策和较低的从量税。2009 年，波兰是所有欧盟国家中 GDP 增长率最高的国家，其 GDP 增长率为 1.7%。欧盟各国的经济发展水平差异很大，一些发达国家经济增长率很低，而一些新发展起来的国家发展势头迅猛。尽管 2009 年之前，欧盟 27 国的 GDP 几乎均呈正增长，但增长率不断下降，究其原因，主要是受到 2008 年全球金融危机的影响。从长远发展来看，欧盟希望欧洲中部的国家如法国、德国和意大利的 GDP 增长率越来越高，而新发展起来的中欧、东欧国家保持稳定，这样才能确保欧盟成员方的经济持续繁荣发展。

（一）单一市场

在欧盟成立之初，欧盟建立了单一的经济市场，如今欧盟所有成员方都使用同样的货币。作为一个单一经济体，2009 年欧盟的名义 GDP 已达到世界经济总产出的 21%。无论是名义 GDP，还是考虑了购买力平价后的 GDP，欧盟都已经是世界上第二大的经济体（2017 年）。欧盟如今是世界上最大的商品、服务出口组织和进口组织，也是不少大国如中国、印度的最大贸易伙伴。2010 年世界 500 强企业中有 161 个在欧盟建立了它们的总部。2007 年 5 月，欧盟的失业率是 7%，投资总额占到 GDP 的 21.4%。欧盟成员方国内的人均年收入有很大的差距,最少的为 7 000 美元,最多的为 69 000 美元。欧共体成立之初的两个主要目标是共同市场(后命名为单一市场)的发展和成员方之间成立的关税同盟。单一市场包括货物、资金、人员和服务的自由流动,关税同盟则意味着一致的对外关税。一旦货物进入市场,只要是在内部流通,就不受进口配额和关税的影响。非欧盟成员方如冰岛、挪威、列支敦士登和瑞士参与了单一市场,但是并没有形成关税同盟。资金的自由流动促成了投资的流动,比如不同国家之间股份的买卖。人口的自由流动意味着城市居民可以出于工作、生活、学习或者退休的原因在不同国家之间自由往返。这就要求降低行政手续的烦琐程度以及对其他国家行业资格的认可。服务和商业机构的自由流动使得个体商户可以在不同成员方之间来往。虽然服务业对 GDP 的贡献为 60%—70%,但是欧盟的法律系统远没有其他地区发达。2006 年通过的《内部市场服务业规范》(Directive on Services in the Internal Market)对这一缺陷进行了修补,提高了跨国服务贸易的自由程度。

(二) 货币政策

1969 年欧共体就将统一货币确定为其目标之一,1999 年 1 月 1 日欧元在欧盟 15 个成员方的 11 个中开始使用。目前欧盟区的 27 个国家中已有 19 个国家使用欧元,最近加入欧元区的国家是立陶宛,于 2015 年 1 月 1 日加入。欧元的创立最初是为了促进欧盟地区单一市场的形成和发展,比如促进居民和货物的流通,消除汇率变动带来的麻烦,使得价格更加透明化;建立单一的金融市场,使得价格稳定,保持低利率,并且可以抵制内部贸易带来的冲击。欧元投入使用以来,已经成为世界第二大储备货币,世界上 1/4 的外汇储备都以欧元的形式持有。

(三) 竞争政策

欧盟推行了竞争政策以确保单一市场上不受干扰的竞争。欧盟委员会作为竞争的调节者,负责反托拉斯的相关问题,推动公司的合并,拆散同业联盟等。欧盟委员会对跨国公司商业利益的影响非常大。比如 2001 年,欧盟委员会第一次阻止了美国两个公司的合并(通用和霍尼韦尔),尽管这两个公司的合并已经得到了美国国内的许可。

除了经济方面的发展,欧盟的农业发展也很显著。共同农业政策是欧共体最初的政策之一,也是欧共体的核心目标之一。这个政策的其他目标是提高农业产出,保证食物的供给,确保农民的高生活待遇,实现市场的稳定。该政策的价格控制和市场干预造成了生产过剩。多余的货物储备通常在世界市场上出售,出售价格远低于欧共体制定的价格;或者出口到欧盟之外的国家,作为对农民的补贴。这个政策会损害发展中国家农民的利益,因此受到了不少指责。生产过剩还因会形成破坏环境的耕种方法而受到批评。共同农业政策的支持者认为这一政策给予农民经济帮助,为广大农民提供了衣食保障和较高的生活水平。1990 年之后,共同农业政策经过了一系列的改革,包括将一定比例的农田分离出来不用于农业生产,改变牛奶的配额等。农业开支不再用于对特定生产活动的补贴,而是转向根据农场规模进行的补贴。某些改革还破坏了欧盟成员方同一些非洲和加勒比地区国家的糖交易,因为欧盟内部的贸易有着更多的保障。

(四) 能源发展

欧盟地区有非常丰富的煤矿、石油和天然气资源。欧盟共有六个石油出产商，主要分布在北海煤田。英国是最大的石油生产国，同时丹麦、德国、意大利、罗马尼亚和荷兰都是生产石油的大国。虽然在传统意义上并不将欧盟作为石油市场上的一个整体，但如果只考虑欧盟而不是各个成员方，欧盟在世界市场上是排名第七的石油生产者，2001年该地区每天出产342 400桶石油。同时欧盟也是世界第二大石油消费者，消费量远远超过生产量，2001年每天消费14 590 000桶。欧盟地区能源生产和消耗结构如表11-8所示。欧盟消费的石油中60.2%从国外进口，26.4%的天然气也从国外进口。欧盟正在努力使其能量供给来源越来越多样化。欧盟的所有国家均遵从《京都协定书》的规定，欧盟也是《京都协定书》的主要成员。

表11-8 欧盟能源生产和消耗结构

欧盟的能源生产	
核能	29.3%
煤及褐煤	21.9%
天然气	19.4%
可再生能源	14.6%
石油	13.4%
其他	1.4%
能源净进口	
石油制品	60.2%
天然气	26.4%
其他	13.4%

资料来源：Wikipedia。

(五) 失业情况

2009年3月，欧盟27国的平均失业率为8.3%，而2008年3月其失业率为6.7%。但欧盟各国的失业率却相差较大。近年来由于全球金融危机和随之而来的衰退，失业率呈现迅速上升的趋势。欧盟中受到影响较大的国家有西班牙、爱尔兰和波罗的海周边地区，其失业率翻了一番；波罗的海地区的失业率几乎增加到原来的三倍。2009年3月美国的失业率为8.5%，比欧盟27个成员方的平均失业率要高，但与欧元区16个国家的平均失业率8.9%相比要低。日本的失业率则维持在一个稳定的水平——4.4%。表11-9给出了欧盟各国2005年3月—2010年3月的失业率（经过了季节性调整），并且与美国和日本进行了对比。

表11-9 2005—2010年欧盟、美国、日本的失业率变化   单位：%

	2005年3月	2006年3月	2007年3月	2008年3月	2009年3月	2010年3月
奥地利	5.1	5.1	4.5	4.1	4.5	4.9
比利时	8.4	8.2	7.7	6.9	7.3	8.1

(续表)

	2005年3月	2006年3月	2007年3月	2008年3月	2009年3月	2010年3月
丹麦	5.4	4.3	4.1	3.0	5.7	7.6
芬兰	8.5	7.9	7.0	6.3	7.4	9.0
法国	9.7	9.1	8.6	7.6	8.8	10.1
德国	9.8	8.7	8.6	7.4	7.6	7.3
希腊	9.9	9.6	8.6	7.8	7.8	10.2
爱尔兰	4.5	4.2	4.6	5.6	10.6	13.2
意大利	7.8	7.7	6.1	6.6	6.9	8.8
卢森堡	4.3	4.8	4.9	4.4	6.1	5.6
荷兰	4.9	4.0	3.4	2.8	2.8	4.1
葡萄牙	7.4	7.6	8.2	7.6	8.5	10.5
西班牙	9.9	8.7	8.1	9.5	17.4	19.1
瑞典	6.3	7.2	6.6	5.8	8.0	8.7
英国	4.6	5.0	5.5	5.2	6.6	8.7
保加利亚	—	—	7.5	6.1	5.9	8.7
塞浦路斯	5.1	5.2	4.1	3.7	4.9	6.7
捷克	8.0	7.7	5.6	4.4	5.5	7.9
爱沙尼亚	8.8	5.3	4.9	4.0	11.1	15.5
匈牙利	6.8	7.4	7.3	7.6	9.2	11.0
拉脱维亚	9.1	7.6	6.4	6.1	16.1	22.3
立陶宛	9.2	6.4	4.6	4.3	15.1	15.8
马耳他	7.2	8.1	6.6	5.8	6.7	6.9
波兰	18.0	16.8	10.3	7.4	7.7	9.1
罗马尼亚	—	—	6.6	6.2	5.8	7.6
斯洛伐克	16.7	15.7	11.3	9.9	10.5	14.1
斯洛文尼亚	6.4	6.2	5.2	4.5	5.0	6.2
欧盟	8.9	8.4	7.3	6.7	8.3	9.6
美国	5.1	4.7	4.4	5.1	8.5	9.7
日本	4.5	4.1	4.0	3.9	4.4	4.8

资料来源：Wikipedia。
注："—"表示数据缺失。

五、关税同盟面临的挑战

关税同盟的建立促进新垄断的形成，如果关税同盟的对外排他性很大，那么这种保护所形成的同盟内新垄断会成为技术进步的严重障碍。除非关税同盟不断有新成员方加入，从而不断有新的刺激，否则由此产生的技术进步缓慢现象就不容忽视。关税同盟的建立还有可能会拉大成员方不同地区之间经济发展水平的差距。关税同盟建立以后，资本逐步向投资环境比较好的地区流动；如果没有促进地区平衡发展的政策，一些国家的落后地区与先进地区的差别也将逐步拉大。

欧盟的发展面临很大的挑战。挑战之一是能源结构的调整：这一挑战的来源是目前全球自然资源的使用方法亟待调整，以确保子孙后代有足够的资源可以使用。目前人类对资源的过度使用成为一个很大的问题，人类需要反思自己的行为，也需要制定相关政策实现可持续发展。长远的可持续发展不仅对于经济发展非常重要，而且能提高现在和未来全体国民的生活水平，这些都依赖于自然资源使用方式的改变和生态系统的保护。

目前，全球环境的恶化、水资源的缺乏、物种的灭绝和粮食需求的不断上升给全球经济发展带来了很大负面影响，也给欧盟施加了很大压力，比如大量的移民、激进主义和恐怖主义可能带来的威胁。这些压力在未来可能不仅不会消失反而会变本加厉。现今的环境问题、金融危机和新出现的各种流行病的泛滥（比如 2009 年的 H1N1）都为人类敲响了警钟，提醒人们改变使用自然资源的方式，并且调节全球的合作竞争关系。然而，针对环境恶化和资源短缺的解决方法在很大程度上依赖国际团队合作。因此，很多政府设立目标来减慢生物多样化受损的速度，然而目前的政治和经济体制并不重视生物多样化的价值，而且很多已经实施的政策急需完善。

我们知道现在需要一个国际条约对贸易和可持续发展进行规范，改变人们使用自然资源的方式，这要求不同国家和国际组织的合作，也要求各国政府和行业的合作。欧盟实际上是通过促进对全球不同理念和价值观的理解和接纳，来达成对个别问题的全球范围的认可，比如人权问题、司法方式等。然而这些问题并不能通过简单的双边或多边对话来解决。最重要的是要有足够的政治意愿去改变现状，对人民负责任。衡量经济增长和财富的指标需要从只有 GDP 这一项增加到包括个人收入、个人可支配收入、绿色 GDP 等。

挑战之二是对社会改革要求的呼应。这一挑战主要是由那些为了使欧盟成为更完善的组织而进行的对政治、文化、人口政策和经济改革的呼吁引起的。欧盟在法律体系、社会安全系统、教育和公共卫生等事项上都要随着社会的变动快速地做出呼应，否则会延缓创新和经济的发展。

欧盟国家的工作人数不断下降会影响经济的发展，人口老龄化也会对社会安全保障、养老金和抚恤金的发放造成较大压力。决策者应该为高技术工人、创新活动提供合适的资格证明流程，这样才能获得知识创新带来的效益。更重要的是欧盟应该努力创造有吸引力的工作环境，防止人才流失，使更多高技术劳动者为欧盟的发展效力。因此，一个合适的吸引高技术移民的政策对欧盟的经济发展和社会发展都有好处。年轻的高技术移民还可以减轻公共财政可持续性的压力。移民对移民国和欧盟均会带来正效应，返回原国的移民会带去先进的技术和资产，从而会对该国做出很大贡献。同时应加强对移民的职业资格证明。此外，如何保证公共卫生的发展与经济的发展同步，也是欧盟面临的挑战。

挑战之三是欧盟政府的透明化和有效化。这一挑战旨在建立更加透明化和有责任感的政府结构，进而推广这种理念，这对欧盟政府的行政改革提出了挑战。

欧盟目前是否是全球行政机构的表率，世界上有不同的看法。一些人认为美国政府才是世界上最优秀的政治机构，优秀的行政能力、有活力的公民组织、企业文化和创新能力共同造就了美国的领导地位。欧盟则面临一些成员竞争力不足、欧盟协调机制差、成员利益不一致等挑战,它的全球地位不断上升更多地与欧洲一体化的进程相关。另一些人则认为欧盟已经建立了完善的政治机构,现在的议程也由建立必要的机构变为利用这些机构的力量应对挑战,如何应对全球挑战、如何将欧盟的成功经验推广到全球,这将决定欧盟未来在世界政坛中的角色。

影响到欧盟的还有发展中国家面临的挑战。不断上涨的食品价格、自然或人为灾害等因素增加了发展中国家的饥饿人口,2018 年全球饥饿人口超过 8.2 亿,自 2015 年起连年增长。不断增加的人口给低收入国家实现发展目标带来很大压力,同时,很多发展中国家还面临人才流失的问题。自然资源的使用不当也给发展中国家造成了压力,环境变化和水资源匮乏导致了大规模的移民。传染病的挑战日益严重,艾滋病、肺结核、疟疾和霍乱等疾病给发展中国家的经济发展造成了很大障碍……

发展中国家面对的这些挑战给整个世界造成了很大影响,它们需要全世界的合作来解决,欧盟并不能独善其身。以难民问题为例,2010 年欧盟新成立了避难问题机构负责处理难民问题,包括保护自然灾害的受灾民众。然而,仅仅依靠外部的人道主义支持并不足够,受灾国家如果没有应对其灾害与灾后恢复的能力,欧盟会面临巨大的压力。2015 年,进入欧洲的难民人数创下新纪录,难民问题在欧盟引发了危机。

◁ 阅读材料 ▷

RCEP 助力大变局中的中国经济双循环

我国现在面临的大变局中,中美关系的深刻变化占最主要的位置。中美贸易摩擦在 2020 年年初告一段落。在第一阶段的经贸协议中,双方都做出了许多承诺,其中两点特别重要:第一,中美两国承诺对之前贸易摩擦还没有覆盖的产品不再加增关税;第二,中方承诺在 2017 年的基础上,两年之内扩大进口 2 000 亿美元,在 2020 年扩大进口 767 亿美元。

2020 年中国在 2017 年的基础上扩大进口的目标,目前仅达成了一半。不过,第一阶段协议中已经明确写出,如果发生不可抗力因素(如新冠肺炎疫情),协议将暂缓执行。就第一阶段贸易协议落实情况而言,美国对中国的努力做出了公允的评价,认为中国在大变局下能够将进口扩大近一半已难能可贵。由此可见,中美贸易摩擦已经由前线转移到后方,经贸关系已然成为中美关系下滑的阻滑器。

经济全球化的核心是贸易全球化。尽管贸易保护主义、贸易霸凌主义一直存在,但是生产地区化和贸易全球化的核心特征没有改变。从简单的铅笔到复杂的汽车,再到更复杂的大飞机,每个产品都是由不同国家或地区生产的零部件组成,再通过在某地集中装配销往全球。

全球经贸合作式微,区域合作方兴未艾

我们也意识到,经济结构发生了变化,比如原来以 WTO 为代表的多边经贸合作停滞不前,许多国家或地区开始与自己经贸联系紧密的国家或地区进行经贸合作。现阶段经贸"三足鼎立"的情况是:以德国为中心的欧盟地区,以美国为中心的美洲地区,以及以中国、日本为中心的亚太地区。今天的贸易你中有我，我中有你，形态错综复杂。全球主要的多边贸易协议是现阶段国际贸易合作的基本态势。

全球经济价值链面临破裂的风险，特别在2020年年初出现了外资撤离中国、产业转移出中国的论调。为了应对这个挑战，中国制定了很多政策，其中最重要的就是"双循环"。在全球多边经贸合作式微、地区经贸合作多边机制加强的背景下，中国在实现经济外循环方面有三大重点。

一是大力推进"一带一路"倡议落地。相对于陆上丝绸之路，我们应该优先发展海上丝绸之路。中国和以东盟十国为代表的海上丝绸之路沿线国家的经贸水平远高于其他国家，我们与海上丝绸之路沿线国家的合作是有源之水、有本之木。

二是推动《区域全面经济伙伴关系协定》（RCEP）的签订。2010年十个国家形成了自由贸易区：两个富国——新加坡和文莱，四个中等国家——菲律宾、印尼、马来西亚、泰国，四个最不发达的国家——越南、缅甸、老挝、柬埔寨。因为这个自由贸易区的存在，现在东盟已经取代欧盟和美国成为我国最大的贸易伙伴。这可以从我国和东盟十国的关税减免中看出，在2010年我国对六个比较发达的国家实施了零关税，在2015年对四个比较不发达的国家实施了零关税。

三是积极参与《全面与进步跨太平洋伙伴关系协定》（CPTPP）。中国-东盟自由贸易区的形成，对中国发展区域经济合作是非常重要的一步。当我们迈出这一步之后，下一步如何走有几种可能。可能走"10＋3"的道路——东盟十国再加上中、日、韩三国，也可能走"10＋6"的道路，即东盟十国加上中、日、韩三国，再加上新加坡、澳大利亚和印度三个国家。

创新规则下，最具潜力的自贸协定

RCEP是世界上人口最多、经贸规模最大、最具发展潜力的自由贸易协定之一。贸易总额约占全球贸易的29.1%，人口数量占全球人口的47.4%，生产总值占全球GDP的32.2%，投资数额占全球投资的32.5%。由此，我国对外签署的自贸协定将达到19个，自贸伙伴将达到26个。通过RCEP，我国与日本建立了自贸关系，与自贸伙伴贸易覆盖率增加至35%左右。

RCEP分成商品贸易自由化、服务贸易正负面清单相结合形式、投资便利化、自然人流动便利和数字贸易五块内容。

在商品贸易自由化方面，主要体现在以下五个方面：第一，规定参与国之间90%的货物贸易将实现零关税，并分为立即达成零关税和渐进达成零关税两类。第二，实施统一的原产地规则，允许在整个RCEP范围内的15个国家累积计算产品增加值。由于实施统一原产地规则，将阈值设定提高，因此RCEP相对而言是高度开放的区域合作协定。第三，贸易救济中纳入"禁止归零"条款。根据之前的反倾销政策，我们的产品卖到美国，如果他们认为我们的产品价格低于他们所谓的公平价格，就会对这部分差额进行征税；如果我们的产品价格高于公平价格就归零。但是，目前正负都要算。第四，对快运、易腐货物等争取6小时通关，整体超过了WTO的《贸易便利化协定》。比如，中国的大米此前受到贸易壁垒限制，现在有了新的规则，贸易就更加方便了。第五，在《卫生与动植物检疫措施协议》的基础上，减少不必要的技术性贸易壁垒。

在服务贸易方面,采取负面清单和正面清单相结合的模式。日本、韩国、澳大利亚、新加坡、文莱等七个国家会采用负面清单,另外八个国家采取正面清单的模式,并要求六年内全面实施负面清单。

正面清单是指在鼓励类、允许类、限制类和禁止类的外商投资中,得到许可的项目才能进行投资。负面清单是指不在限制投资清单上的就可以投资。哪一个更自由呢?当然是负面清单。在经济发展过程中会不断涌现新的产品和服务形式,如果采用正面清单,很多贸易就将无法实现;如果采用负面清单,很多新的创新模式没有被禁止,自然而然就可以来做零壁垒的贸易。

投资便利化体现在负面清单模式以及投资争端预防和外商投诉协调解决这两个方面。

在自然人流动方面,除了个体本人的流动外,还包括家属的流动;签证政策也更加灵活、期限更长。

在数字贸易方面,包含两大类内容:一类是数字的商品贸易,比如以阿里巴巴为代表的电子商务的形式;另一类是数据贸易,包括阿里云、华为云等。

RCEP助力:推进外循环,引领内循环

RCEP有助于经济外循环,体现在对出口、进口和投资的促进上。在RCEP建立之前,因为关税存在,即使中国的产品比较好,日本国民也可能只买日本的产品。日本对中国的关税逐步取消之后,中国的产品就能进入日本,在出口方面体现了贸易创造的作用。进口方面也是类似的情况,外国产品更容易进入中国市场,中国百姓能够拥有更多开放的幸福感。在投资方面采用负面清单的模式,明确了哪些领域不能投资后,中国企业可以顺利地进入区域合作内的14个国家,助力外循环。

RCEP也有助于经济内循环。比如,国务院办公厅于2020年8月下发了《关于进一步做好稳外贸稳外资工作的通知》,提出了15项有利于贸易自由化、投资便利化的政策,来推进"六稳"工作。我认为,"六稳"中的"稳就业"是重中之重。稳预期是起点,稳就业是终点,稳外资、稳外贸、稳投资、稳金融都是稳就业的基础。上面提到的国务院办公厅出台的政策,涉及了RCEP的范例和规则,可以帮助我国进一步形成一个统一的国内大市场。

概括而言,全球化的结构与形态发生了变化,但是基本方向与趋势并没有改变。RCEP的签署有助于我国顺利实施双循环,即帮助推进外循环,同时引领内循环。如果能够推进双循环的实施,中国仍就处在最好的机遇期,就能做到在危机中孕新机、于变局中开新局。

(本文根据余淼杰教授在"复旦金融公开课"上的演讲整理,原载于《复旦金融评论》,2020年12月31日)

近十年来,中国已设立21个自由贸易试验区及海南自由贸易港,并与有关国家和地区签署自由贸易协定(安排),自贸伙伴覆盖亚洲、大洋洲、拉丁美洲、欧洲和非洲。中国主动对接国际高标准经贸规则,成功加入RCEP,积极申请加入CPTPP和DEPA(即《数字经济伙伴关系协定》)。

 **本章概要**

1. 地区贸易协定是指签订协议的国家之间降低关税但对其他国家征收正常关税的协定。世界上主要有四种地区贸易协定：普惠贸易协议、自由贸易区、关税同盟和地区经济一体化。

2.《北美自由贸易协定》的主要目标是消除贸易壁垒，促进货物及服务的跨境流通，在北美自由贸易区促进公平竞争，增加投资机会，为知识产权提供充足有效的保护，为该贸易协定的执行建立合理的运行机制以及争端处理机制，并且为未来更多的三方合作建立良好的体制。《美墨加协定》维系了《北美自由贸易协定》的大体框架，在部分章节上做了补充和调整。

3. 关税同盟就是国家之间就关税问题所缔结的双边协议或多边协议。关税同盟大体可分为两类：一类是发达国家间建立的，如欧洲经济共同体的关税同盟，其目的在于保护西欧国家的市场，抵制美国产品的竞争，促进内部贸易的发展，积极推进欧洲经济一体化的进程；另一类是由发展中国家建立的关税同盟，其目的主要是维护本地区各国的民族利益，促进区内的经济合作和共同发展。

 **习题**

1. 什么是地区贸易协定？请举例说明其主要类型有哪些。
2.《北美自由贸易协定》对相关国家的积极影响有哪些？消极影响有哪些？
3. 与《北美自由贸易协定》相比，《美墨加协定》的变化体现在哪些方面？其对相关国家的影响有哪些？
4. 什么是关税同盟？关税同盟对相关国家的积极影响有哪些？消极影响有哪些？

参考文献

Scott, R., 2003, "The High Price of Free Trade: NAFTA's Failure Has Cost the United States Jobs across the Nation", Economic Policy Institute.

第十二章

策略性贸易政策和贸易制裁

【重点难点】

- 区分策略性贸易政策的意义和类型。
- 掌握贸易制裁的定义和对福利的影响。

【学习目标】

- 了解策略性贸易政策的意义和类型,找到现实经济中相关的案例。
- 理解并掌握贸易制裁的定义和对福利的影响。
- 了解隐蔽的贸易保护措施,理解污染天堂假说和污染者付费原则的内在含义。

【素养目标】

　　本章通过介绍策略性贸易政策与贸易制裁的类型和福利分析,使学生深入了解党的二十大报告提出的"反对保护主义,反对'筑墙设垒''脱钩断链',反对单边制裁、极限施压"的决策背景,引导学生思考进一步"健全反制裁、反干涉、反'长臂管辖'机制"的政策方向,增强学生对我国"构建开放型世界经济"战略方针的理解。

[引导案例]

美国对伊朗、叙利亚等国贸易制裁将延长一年

2012年8月16日,美国总统奥巴马表示,他将依据《国际紧急经济权力法》(IEEPA)对威胁美国的国家延长贸易制裁期限。这是美国总统对贸易制裁期限的技术性延长。奥巴马指出,该命令应于2012年8月17日(美国总统有关延长贸易限制的上一个命令到期时间)后生效。他说,根据现行法律,"我决定(制裁)效力延长一年"。奥巴马已于15日将决议副本发至美国国会。那么,贸易制裁的类型有哪些?它们对相关国家的福利会有什么影响?我们在本章就来解答这些问题。

第一节 策略性贸易政策

策略性贸易政策是指能使一国在贸易中受益而使另一国在贸易中受损,或者改变两国贸易模式的政策。

任何一项政策都需要用一定的指标来衡量其效果,Balassa(1965)提出显性比较优势指标。一国的显性比较优势衡量的是某商品出口占该国总出口份额与该商品出口占世界所有产品出口份额的比值,即:

$$\mathrm{RCA}_{kj} = \frac{X_k^j / \sum_k X_k^j}{\sum_j X_k^j / \sum_k \sum_j X_k^j}$$

其中,j 是国家指标,k 是行业指标,X 代表出口值。当 $\mathrm{RCA}_{kj} = 1$ 时,意味着任何一国在 k 行业都没有比较优势;当 $\mathrm{RCA}_{kj} > 1$ 时,意味着 j 国的 k 行业有显性比较优势;当 $\mathrm{RCA}_{kj} < 1$ 时,意味着 j 国的 k 行业没有显性比较优势。

与策略性贸易政策相对应的是主动性贸易政策。它一般指政府采用出口补贴或其他方式主动支持出口产业的政策。主动性贸易政策面临的主要问题与市场失灵理论相同,即外部性问题、利润过剩问题和不完全竞争导致的垄断。表12-1列出了中国各行业的RCA值,从中可见,中国在SITC8中具有较高的显性比较优势。

表12-1 中国在HS1位码下的RCA系数

年份	SITC0	SITC1	SITC2	SITC3	SITC4	SITC5	SITC6	SITC7	SITC8	SITC9
1998	0.605	0.335	0.448	0.279	0.139	0.354	0.857	0.722	3.444	0.197
1999	0.610	0.281	0.464	0.222	0.077	0.340	0.892	0.745	3.410	0.202
2000	0.649	0.256	0.432	0.211	0.112	0.332	0.945	0.831	3.411	0.120
2001	0.600	0.254	0.381	0.184	0.093	0.337	0.968	0.868	3.282	0.134
2002	0.561	0.217	0.341	0.185	0.064	0.307	0.959	0.950	3.036	0.123
2003	0.524	0.191	0.308	0.162	0.053	0.308	0.966	1.041	2.876	0.135
2004	0.459	0.177	0.262	0.162	0.053	0.311	0.994	1.143	2.733	0.136
2005	0.438	0.159	0.271	0.106	0.069	0.326	1.014	1.196	2.645	0.147

(续表)

年份	SITC0	SITC1	SITC2	SITC3	SITC4	SITC5	SITC6	SITC7	SITC8	SITC9
2006	0.432	0.134	0.233	0.082	0.093	0.350	1.071	1.256	2.593	0.131
2007	0.423	0.132	0.217	0.073	0.069	0.396	1.172	1.291	2.744	0.122
2008	0.382	0.129	0.214	0.085	0.067	0.471	1.249	1.385	2.859	0.097

资料来源:余淼杰,2013,《加工贸易与中国企业生产率》,北京大学出版社。

注:SITC是按1位码分类的标准国际贸易分类。0代表食物和鲜活动物;1代表饮料和烟草;2代表非食用原料;3代表矿物燃料等;4代表动植物油等;5代表化学品及有关产品;6代表按原料分类的制成品;7代表机械及运输设备;8代表杂项产品;9代表其他非未分类产品。

外部性问题指的是企业开发的新产品或新知识可能为其他企业所使用,且其他企业不支付费用,这种情况又称为正外部性。外部性问题意味着社会边际投资收益与生产者收益不符。现实中,外部性问题主要存在于高科技企业。政府若要运用补贴政策解决这类高科技企业的外部性问题,首先要考虑的问题是政府有无能力找到需要补贴的正确对象。首先,高科技企业的许多活动都与创新无关,比如替代旧有设备的购买活动以及熟练劳动工人的劳动。其次,一些行业的知识和创新也不属于高科技范畴。最后,与减税相比,补贴政策是否是解决外部性问题的最好办法值得商榷。与补贴相比,将研究与开发支出从企业可纳税收入中移除可能是一个更好的办法。此外,政府应考虑补贴的适宜量,由于外部性问题对经济的影响程度很难被量化,确定合适的补贴额度也很困难。外部性问题不仅发生在国内产业,也可能发生在国家之间:当所有国家都可以从一国的正外部性中得利时,没有一个国家愿意对产生正外部性的产业给予补贴。

不完全竞争行业一般被少数获取垄断利润或者超额利润的企业占据,这里超额利润指的是高于同等风险水平下的其他经济活动投资产生的利润。不完全竞争行业的政府补贴政策可能将超额利润从国外企业转移至国内企业。Brander-Spencer模型和古诺模型都可以比较好地解读这个问题。

一、Brander-Spencer 模型

两个公司(波音公司和空客公司)分别驻址于两个国家(美国和欧洲),它们在国际市场中竞争。两个公司都主要进行飞机制造业务,但是每个公司的利润取决于另一个公司的行动。每个公司根据各自的利润来决定是否进行生产。表12-2是两个公司在不同行动组下的利润矩阵。

表12-2 波音公司-空客公司博弈(空客公司无补贴)

波音公司	空客公司	
	生产	不生产
生产	-5, -5	100, 0
不生产	0, 100	0, 0

两个公司的行动顺序可以决定两个公司的策略。若波音公司先生产,则空客公司会放弃生产,因为不生产会带来零利润,生产会带来负利润;反之,空客公司先生产会令波音公司放弃生产。此时,政府补贴政策也将会起到类似作用。如表12-3所示,假如欧洲政府对空客

公司进行 25 单位的补贴,使得无论波音公司选择生产与否,空客公司都会通过生产得利。

表 12-3　波音公司-空客公司博弈(空客公司有补贴)

波音公司	空客公司	
	生产	不生产
生产	−5, 20	100, 0
不生产	0, 125	0, 0

若波音公司能够预期到欧洲政府的补贴政策,则它会选择放弃生产。这样看,25 单位的补贴政策令空客公司获得 125 单位利润,而补贴提升利润的原因在于其对外国竞争者的恐吓效果。

上面的例子中,政府政策给予国内公司一个生产上的策略优势,这种政策叫作策略性贸易政策。

二、古诺模型

古诺模型是策略性贸易政策的另一个例子。

图 12-1 为两个企业的反应函数,假定 x 是外国企业的产量,R^*R^* 为相应的反应曲线;y 是本国企业的产量,RR 为本国企业的反应曲线。Π 为本国企业的等利润曲线,越靠近横轴利润越大;Π^* 为外国企业的等利润曲线,越靠近纵轴利润越大。

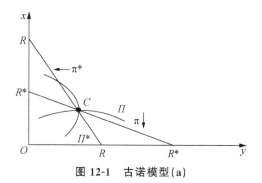

图 12-1　古诺模型(a)

如果本国政府采取一项贸易政策令外国企业的产品成本增加,那么两个企业的反应曲线变化如图 12-2 所示。

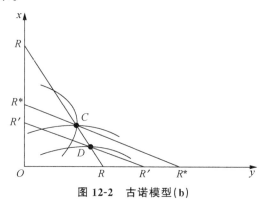

图 12-2　古诺模型(b)

外国企业的反应曲线由 R^*R^* 移到 $R'R'$，均衡时本国企业的利润增加，外国企业的利润下降。

因为在实际中策略性贸易政策往往得不偿失，一些经济学家也对策略性贸易政策进行了批判，主要包括以下两个方面：

第一，针对策略性贸易政策在实际运用中可能需要的企业信息不可得的情况，批判者认为支付矩阵的稍微改变可能会导致结果的不同。下面举例说明，倘若政府无法正确预测外国企业的利润，则策略性贸易政策也不会有预期的效果。比如，若波音公司拥有更好的技术，在该技术下即便空客公司生产，波音公司生产依旧获利，因为该技术不为欧洲政府所知晓。这种情况下，支付矩阵如表 12-4 所示。

图 12-4 波音公司-空客公司博弈（波音公司有技术，空客公司无补贴）

波音公司	空客公司	
	生产	不生产
生产	5，－20	125，0
不生产	0，100	0，0

倘若政府实行策略性补贴政策，则实行 25 单位补贴后支付矩阵如表 12-5 所示。

表 12-5 波音公司-空客公司博弈（波音公司有技术，空客公司有补贴）

波音公司	空客公司	
	生产	不生产
生产	5，5	125，0
不生产	0，125	0，0

策略性贸易政策的结果是两个公司都得到 5 单位的利润，但是对于空客公司来说，其实际上并没有得到多大收益，因为 25 单位的补贴没有成功阻止外国竞争者进入市场。这时，补贴显然是一种浪费，因为这一部分本可以用于其他经济活动的资源在竞争中耗损了。

第二，外国政府可以采取相应政策抵抗策略性贸易政策：如果欧盟政府补贴空客公司，美国政府也可以补贴波音公司，这样的结果是没有公司会因恐吓而阻止生产，这种贸易战最终只是浪费纳税人的钱。策略性贸易政策与任何贸易政策一样，都可能成为某些政治利益集团的操纵工具。

第二节 贸 易 制 裁

在现实生活中，一个国家会时不时地以各种理由对其他贸易国实施形式多样的贸易制裁。表 12-6 列出了 2015 年美国对其他国家和地区发起的 43 次反倾销和反补贴调查。从表中可见，单是 2015 年，中国大陆就遭受美国 7 次反倾销调查、5 次反补贴调查，涉及的产品主要是未涂布原纸、聚对苯二甲酸乙二酯树脂、耐腐蚀钢产品、氢氟碳化合物共混物和组分、冷轧扁钢产品、铁制机械传动组及组件以及大型家用洗衣机。

表12-6 2015年美国对其他国家和地区发起的反倾销和反补贴调查

被发起反倾销调查的经济体	次数	涉及产品	被发起反补贴调查的经济体	次数	涉及产品
中国大陆	7	未涂布原纸、聚对苯二甲酸乙二酯树脂、耐腐蚀钢产品、氢氟碳化合物共混物和组分、冷轧扁钢产品、铁制机械传动组件、大型家用洗衣机	中国大陆	5	未涂布原纸、聚对苯二甲酸乙二酯树脂、冷轧扁钢产品、铁制机械传动组件
印度尼西亚	1	未涂布原纸	印度尼西亚	1	未涂布原纸
加拿大	2	聚对苯二甲酸乙二酯树脂、铁制机械传动组件	加拿大	1	超级砑光纸
印度	4	聚对苯二甲酸乙二酯树脂、耐腐蚀钢产品、冷轧扁钢产品、焊接不锈钢压力管	印度	4	聚对苯二甲酸乙二酯树脂、冷轧扁钢产品、焊接不锈钢压力管
阿曼	2	聚对苯二甲酸乙二酯树脂、碳钢焊接圆管	阿曼	1	聚对苯二甲酸乙二酯树脂
意大利	1	耐腐蚀钢产品	意大利	1	聚对苯二甲酸乙二酯树脂
韩国	4	耐腐蚀钢产品、厚壁矩形焊接碳钢管、冷轧扁钢产品、热轧扁钢产品	韩国	3	聚对苯二甲酸乙二酯树脂、冷轧扁钢产品、热轧扁钢产品
中国台湾	1	耐腐蚀钢产品	中国台湾	1	聚对苯二甲酸乙二酯树脂
巴西	3	未涂布原纸、冷轧扁钢产品、热轧扁钢产品	巴西	2	冷轧扁钢产品、热轧扁钢产品
土耳其	2	厚壁矩形焊接碳钢管、热轧扁钢产品	土耳其	2	厚壁矩形焊接碳钢管、热轧扁钢产品
俄罗斯	1	冷轧扁钢产品	俄罗斯	1	冷轧扁钢产品
墨西哥	1	厚壁矩形焊接碳钢管	巴基斯坦	1	碳钢焊接圆管
日本	2	冷轧扁钢产品、热轧扁钢产品			
荷兰	2	冷轧扁钢产品、热轧扁钢产品			
英国	2	冷轧扁钢产品、热轧扁钢产品			
巴基斯坦	1	碳钢焊接圆管			
菲律宾	1	碳钢焊接圆管			
越南	1	碳钢焊接圆管			
沙特阿拉伯	1	碳钢焊接圆管			
澳大利亚	3	未涂布原纸、硅锰、热轧扁钢产品			
葡萄牙	1	未涂布原纸			
合计	43		合计	23	

资料来源：反倾销调查数据来自Global Antidumping Database，反补贴调查数据来自Global Countervailing Duties Database。

一、出口禁运

贸易制裁分为两种,第一种是出口禁运,第二种是进口抵制。我们先来看看出口禁运的一个例子,并通过这个例子来说明出口禁运对一个国家福利的影响。

考虑美国、朝鲜和俄罗斯三个国家。如图 12-3 所示,如果没有贸易制裁,对朝鲜来说,它所面临的出口供给曲线是 S_1+S_2,即为美国(S_1)和俄罗斯(S_2)两个国家出口产品的供给之和。给定朝鲜的进口需求曲线是 D,那么,均衡的价格是 P_0。朝鲜的进口总额是 9,其中从美国进口 6,从俄罗斯进口 3。美国在贸易中实现的贸易所得是 a(为相应的生产者剩余减去消费者剩余);同理,俄罗斯在贸易中实现的贸易所得是 b。

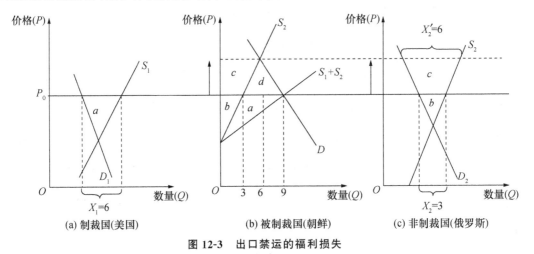

图 12-3 出口禁运的福利损失

现在,假设美国对朝鲜实行出口禁运,而俄罗斯却没有,依然对朝鲜出口产品。美国的禁运制裁影响了美国和俄罗斯的出口产品在朝鲜的出口供给曲线。由于美国不对朝鲜进行出口,因此朝鲜的出口供给曲线会向左旋转到 S_2 线,即只有俄罗斯出口供应朝鲜市场。由于朝鲜的需求没有发生改变,故均衡价格上升,消费者福利减少。注意,这里做了一个重要的假定,即供给函数仅仅由外国出口决定,本国并不生产该类产品,因此此处可以看成是一个局部均衡分析。

美国禁运后,由于其不再对朝鲜出口,产品价格下降到国内均衡时的价格水平,福利损失对应图中的 a 部分。而对于俄罗斯而言,福利所得是 c 部分,这是来自出口的增加和价格的上升。朝鲜的情形又如何呢?由于朝鲜是一个净消费国家,并没有供给方面的福利变化,而只有需求方面的福利变化,因此朝鲜的福利损失是 c 和 d 部分。将这三个国家的福利变化加总,我们可以得到世界的福利变化——世界的福利损失了 $(a+d)$。

二、进口抵制

接着我们讨论进口抵制。考虑美国、伊拉克和中国三个国家。如图 12-4 所示,如果没有贸易制裁,对伊拉克来说,它所面临的进口需求曲线是 D_1+D_2,即为美国(D_1)和中国(D_2)两个国家进口产品的需求之和。给定伊拉克的出口供给曲线是 S,那么,均衡的价格

是 P_0。伊拉克的出口总额是 9,其中向美国出口是 6,向中国出口是 3。美国在贸易中实现的贸易所得是 a(为相应的消费者剩余减去生产者剩余);同理,中国在贸易中实现的贸易所得是 c。

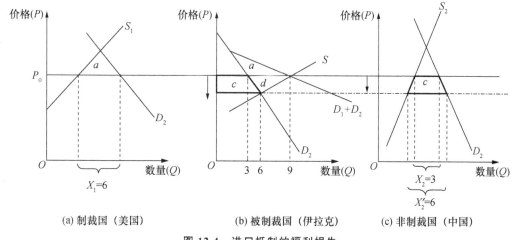

(a) 制裁国(美国)　　(b) 被制裁国(伊拉克)　　(c) 非制裁国(中国)

图 12-4　进口抵制的福利损失

现在,假设美国对伊拉克实行进口抵制,而中国没有,依然从伊拉克进口石油。美国的进口抵制影响了美国和中国在伊拉克的进口需求曲线。由于美国不从伊拉克进口,因此伊拉克的进口需求曲线会向下旋转到 D_2 线,即只有中国向伊拉克进口石油。由于伊拉克的供给没有发生改变,故均衡价格下降,消费者福利增加。

这里也有一个重要的假定,即伊拉克国内不消费它所出口的产品,故而对伊拉克出口产品的需求就是美国和中国两个国家的需求函数加总。如果美国对伊拉克实行了进口抵制,那么伊拉克的进口需求就会从 D_1+D_2 变化到 D_2,价格将会下降。对于制裁国美国来说,由于一部分进口产品的消失,导致了美国的福利损失为 a。而非制裁国中国会由于价格下降以及进口更多的产品,得到 c 部分的福利。最后,因为价格下降,被制裁国伊拉克的生产者将面临 $c+d$ 的福利损失。因此,全世界的净福利损失为 $(a+d)$。

三、福利损失比较

从上述分析得知出口禁运和进口抵制都会对贸易制裁国和被制裁国带来福利损失,那么到底是制裁国损失大,还是被制裁国损失大?答案是不确定的,应根据出口供给弹性和进口需求弹性具体分析。当出口供给弹性和进口需求弹性很小时,贸易制裁国的损失会非常大;反之亦然。这一点可以从图 12-5 中看出。

可以看到,在图 12-5(a)(b)两图中,被制裁国的出口供给曲线都较大。不同的是,在(a)图中,进口需求弹性比较大,制裁国的福利损失 a 不是很大,两个国家(制裁国和被制裁国)都没有受到很大的损失。在(b)图中,由于需求弹性相对而言较小,则福利损失 a 很可能超过被制裁国的福利损失 $c+d$,因此,这是一种比较失败的进口抵制,正所谓"损人不利己——白开心"。可见,给定出口供给弹性,当进口需求弹性很小时,贸易制裁国的损失会比被制裁国的损失更大!

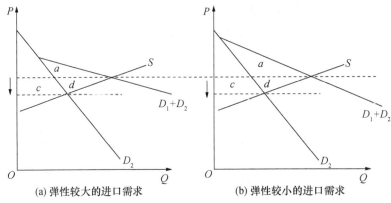

图 12-5　不同需求弹性对被制裁国福利的影响

具体而言，影响贸易制裁效果的因素有以下几点：

第一，对外开放的程度。国际贸易对一个经济体越不重要，该经济体的需求供给弹性就会越大，贸易制裁的效果就越不明显。

第二，贸易制裁的时间长度。一方面，随着制裁时间的推移，受制裁的国家可以通过寻找合适的替代品来降低贸易制裁的负面影响；另一方面，如果贸易制裁的覆盖面较广，贸易制裁的时间又长的话，那么贸易制裁对被制裁国的负面影响就会更大。

第三，贸易制裁的覆盖面。全面的贸易制裁会带来较大的损失，相比之下，有限的贸易制裁效果稍逊。

第四，制裁产品的特性。所制裁的产品是必需品还是奢侈品与需求供给弹性相关，会影响到制裁的效果。如果是对奢侈品进行制裁，对被制裁国影响不大。但如果是对必需品进行制裁，则对被制裁国影响较大。

表 12-7 列示了 2000—2012 年主要的世界经济制裁案例。从中可见，有的制裁持续年份很长，一直到现在都还没结束，而且每个制裁的效果也不一样。如该表最后一列所示，表示制裁效果的分数为两个判断指标的乘积，这两个指标分别是政策目标达成程度和经济制裁贡献程度。每个指标的分数为 1、2、3、4 的整数，整数越大表明政策目标达成越充分或经济制裁的贡献越大。制裁效果值域为 1—16，数值越高表示政策目标达成越充分，经济制裁越有效[具体计算方法可参考 Hufbauer et al.(2012)的计算方法]。

表 12-7　世界经济制裁统计(2000—2012)

制裁实施年份	制裁终止年份	制裁发起经济体	制裁目标经济体	制裁动机	制裁效果
2000	2006	西非国家经济共同体	利比里亚	制裁利比里亚支持塞拉利昂叛军	8
2000	2000	美国	厄瓜多尔	防止政变	12
2000	尚未终止	美国、联合国、日本、澳大利亚、韩国	朝鲜	制止核扩散	4
2000	尚未终止	美国、欧盟、澳大利亚、加拿大	缅甸	促进民主选举	9
2001	2005	欧盟、美国	海地	制裁反对党并保护人权	9

(续表)

制裁实施年份	制裁终止年份	制裁发起经济体	制裁目标经济体	制裁动机	制裁效果
2002	尚未终止	欧盟、美国	津巴布韦	停止政治镇压并允许自由选举	4
2003	2004	美国	几内亚比绍	反对政变	12
2003	2005	非盟、欧盟、美国	中非共和国	反对军事政变,恢复民主法治	16
2003	尚未终止	联合国	刚果共和国	保护人权,制止部落冲突	2
2004	尚未终止	法国、联合国、美国、欧盟	科特迪瓦	制止内战	8
2004	尚未终止	欧盟、美国	叙利亚	对叙利亚支持恐怖主义和大规模杀伤性武器进行制裁	2
2004	尚未终止	联合国、美国	苏丹	保护人权,制止种族灭绝	4
2005	2010	欧盟	几内亚	对暴力镇压示威者行为进行制裁,推动民主选举和政治改革	8
2005	2009	欧盟、瑞士、美国	乌兹别克斯坦	制止政府镇压民众,保护人权与民主	9
2006	2008（2010年又重启）	欧盟、美国	白俄罗斯	反对竞选舞弊	4
2006	2007	欧盟、美国、以色列	哈马斯领导的巴勒斯坦权力机构	制裁恐怖组织,制止暴力行为	12
2006	尚未终止	俄罗斯	格鲁吉亚	领土争议和敌对言论	4
2006	尚未终止	澳大利亚、新西兰、欧盟、美国	斐济	反对推翻民选举的军事政变	2
2009	尚未终止	欧盟、美国、美洲国家组织	洪都拉斯	制裁军事政变,保障民主选举	9
2010	尚未终止	美国	索马里	制止索马里内乱及海盗行为	2
2010	尚未终止	美国、联合国、欧盟、加拿大	伊朗	制止核扩散	4
2011	尚未终止	美国、加拿大、澳大利亚、联合国	利比亚	制止武装镇压,罢免卡扎菲	8

资料来源:Hufbauer et al.(2012)。

图 12-6 列出了 2000—2012 年经济制裁发起经济体的情况。从图中可见,美国是发起经济制裁最多的国家。

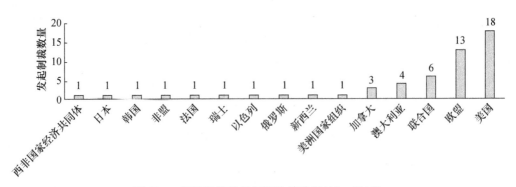

图 12-6　经济制裁发起经济体统计(2000—2012)

◈阅读材料◈

"301 调查":过时的贸易保护主义大棒

2017 年 8 月 14 日,美国总统特朗普签署总统备忘录,授权美国贸易代表罗伯特·莱特希泽决定是否就中国可能损害美国在技术转让、知识产权、创新方面的相关情况展开调查。8 月 18 日,莱特希泽发表声明称,将根据美国《1974 年贸易法》第 301 条款对中国正式启动贸易调查(以下称"301 调查")。

何谓"301 调查"

"301 调查"源自美国《1974 年贸易法》,该法中含有几条针对外贸逆差的"撒手锏",大棒之一就是第 301 条款。《1988 年综合贸易与竞争法》对第 301 条款做了修改,增加了"超级 301 条款"(针对限制美国产品和劳务进入其市场的国家)和"特殊 301 条款"(针对那些对知识产权没有提供充分有效保护的国家)。

根据该条款规定,美国贸易代表在得到美国总统授权后,通过调查,如果能够裁定他国立法或行政上否定或违反贸易协定,损害美国所应享有的权力和利益,则可以采取强制性报复措施。如果能进一步裁定贸易国有"不正当的"做法,并对美国商业带来负面影响的,便可实施第 301 条款——对贸易伙伴征收高关税或者强加其他贸易壁垒。

需要强调的是,第 301 条款是美国国内法,却被用来以一国单边法律处理国际多边或双边的贸易争端,美国作为 WTO 成员,这种行为在法理上是站不住脚的。

1994 年,GATT 成员同意把 GATT 升格成为 WTO,其中最主要的原因之一就是在 WTO 的框架下,各成员如有任何贸易争端,都应诉诸 WTO 争端解决委员会来解决,各成员不得擅自制定本国相应的制裁措施。

其实,在 WTO 成立之前,美国对其贸易伙伴就多次通过 301 条款进行贸易恫吓,最著名的当属 20 世纪 80 年代初的美日汽车贸易摩擦。这次贸易摩擦以日本做出"自愿"限制汽车出口的决定而告终。

自 WTO 成立以来,美国也曾对中国、乌克兰甚至是关系最密切的贸易伙伴加拿大发起或威胁发起"301 调查"。此次美国之所以对中国发起"301 调查",也与中美经贸关系现状紧密相关。

中美经贸关系现状

自1978年我国改革开放以来,中美贸易发展迅速。1986年,美国成为中国的第二大进口国和第三大贸易伙伴。1999年,美国政府彻底废止《杰克逊-瓦尼克修正案》,中国自此得到美国的永久最惠国待遇。自2001年中国加入WTO以后,中美经贸关系进入"蜜月期",双边贸易额迅速增长,根据海关总署和商务部发布的数据,中美双边贸易额从2001年的805亿美元增长到2016年的6 196亿美元(货物贸易+服务贸易)。

与此同时,中美之间的贸易失衡也不断扩大。根据海关总署和国家统计局数据,中国对美贸易顺差从2000年的297.4亿美元上升到2016年仅货物贸易顺差16 528亿元人民币(按2017年1月1日汇率折合约为2 406亿美元)。中国对美国持续扩大的贸易顺差是引发中美贸易摩擦的直接原因。在布什总统和奥巴马总统任期内,美国政府向中国纺织业和其他低端制造业产品实施严格的配额和高额的关税,以此保护美国本国产业。不过,这些局部的贸易摩擦并不能改变两国推行自由贸易合作的总体趋势。美国总统特朗普上任后,开始推行贸易保护主义政策。

为使中美回到自由贸易、互惠互利的合作轨道,中国积极寻求与美国合作,分别实施中美经济合作百日计划、中美全面经济对话等四个高级别的对话机制。但美国仍然没有意识到中国对美国的巨额贸易顺差是两国基于要素禀赋不同、经济发展阶段差异、国际分工的区别所造成的,坚持认为美国的大量贸易逆差导致美国丢失了大量的工作岗位。

事实上,中美贸易顺差虽在中国,而利益顺差却在美国。这主要基于两个原因:第一,中国虽有大量贸易顺差,但产品的附加值非常低,比如iPhone,虽为中国制造,但其进口到中国的各类中间品加起来已占了产品售价的约九成以上;换言之,中方只挣了不到一成的利润,而重头则留给了做研发的美国。第二,中国虽有大量因贸易顺差而积累的外汇储备,但由于目前外汇储备主要是投资美国国债,这相当于美国是从中国融资来发展本国经济,所以最大的得益方还是美国。

美国为何要对中国启动"301调查"

由于美国对中国存在巨大的贸易逆差,特朗普希望通过把中国定义成"汇率操纵国"来强迫人民币大幅升值,降低中国产品的出口竞争力,减少美国对中国的贸易逆差。但由于没有足够事实来佐证中国有操纵汇率的嫌疑,因此退而求其次,对中国发动"301调查"。

特朗普当局此次对中国挥起的贸易保护大棒其实是"特殊301条款",基本内容是说,如果美国裁定本国的知识产权在国际贸易中受到了相当的损害,则美国有权单方面对中国与知识产权相关的产品征收高关税或实行其他非关税壁垒。

其实,就知识产权保护而言,根据收入水平区别对待是国际经贸谈判中的一个基本标准。再者,中国这些年对知识产权保护的成绩有目共睹。此外,美国指责中国说部分美资企业在华投资受到限制,被要求采取合资形式,然而,对非生产型非制造业的企业或者涉及国家安全的企业投资,任何一个国家都会有所保留,中国的做法无可厚非。

反过来看,美国对外资企业的调查更为严厉,设置的门槛也是最高的。第一,美国不允许外资企业染指关系到国计民生、国家安全的行业;其次,哪怕中国的民营企业去美国投资,有的也会受到限制。

事实上,中国非但没有排斥美国在华投资,而且非常积极主动地吸收美国投资。为了吸引外资,来华投资的企业在中国一度享有优惠政策。例如,在利税征收上,中国对外资企业长时间实行"免二减三"的税收政策。从这个角度看,美国的指责客观上是站不住脚的。

"301调查"对中国影响几何

按照"301调查"的规定,如果中国被"301调查"裁定有"不正当的"做法,并对美国生产和外贸带来负面影响的话,那么美国所采用的报复性措施不仅针对中国本身,也可以扩大到其他出口类似产品的国家。同时,贸易制裁并非仅锁定在受调查的与知识产权相关的行业本身,而是可以扩大到其他行业的产品。当然,制裁最重的情况是中止对中国的最惠国贸易待遇,这将直接违背WTO的基本原则:WTO的成员必须给予另一个成员跟其他成员一视同仁的最惠国贸易待遇(有自由贸易协议的除外)。

美国也可能把贸易制裁侧重在与知识产权相关的行业,比如计算机软件行业上,但因为软件行业的贸易额太低,中国在软件行业上并没有明显的比较优势,出口额也不高,可能性较小。更可能的情况是,美国会对中国存在比较严重的产能过剩行业下手,理由是美国主流认为,正是因为中国有了严重的产能过剩,才会对美国进行低价倾销。所以,具体来说,有七大产能过剩的行业未来会面临比较大的压力。这七大行业分别是钢铁、水泥、光伏、纸箱、船舶、电解铝、玻璃。此外,中国传统的优势产业(如纺织业)也可能面临一定的制裁风险。

中国应对"301调查"主要在三方面

第一,通过加强与其他WTO成员特别是与中国有比较接近的出口类型的新兴工业化国家沟通,抢占舆论制高点。让他们意识到美国如果发动贸易制裁,有可能"唇亡齿寒",其他国家的类似产品也会面临美国贸易制裁的风险。这样,他们也会积极加入中国阵营,努力阻止美国接下来可能发起的单边贸易制裁。准备好到WTO争端解决机构申诉,让WTO更多的成员看到事实的真相。

第二,做好美国产业界、学术界甚至是政界那些支持自由贸易议员的工作。让他们了解到中国在知识产权保护方面其实进步很大,中国企业在美国和中国注册了大量的专利保护,并且美国产业界正是中美自由贸易最大的受益者。同时,多争取美国对华友好的智库的支持和理解,让更多各界精英和普通大众认识到,美国的贸易制裁只会使美国人享受不到价廉物美的中国产品,对美国的福利造成损失。

第三,做好启动"双反"的准备。"301调查"是针对国家层面,而非企业层面,所以,一旦美国启动调查,商务部应对美国进口农产品进行反倾销反补贴调查。

(本文原载于半月谈《时事资料手册》,2017年9月20日)

第三节 环境与贸易保护

今天,有的国家贸易保护往往采取更为隐蔽的方式,即通过过分地强调环境保护来进行贸易保护。本节我们主要介绍两个内容:污染天堂假说和污染者付费原则。

一、污染天堂假说

相对于发达国家,中低收入国家的环境标准较为宽松。很多污染行业比如重工业、化工行业等因在发达国家无法生产而被转移到发展中国家,这就相当于发展中国家为发达国家提供了一个污染的天堂,即"污染天堂假说"。这也是一些人反对自由贸易的原因之一,但是我们并不能就此得出贸易损害环境的结论,因为即便在没有贸易的情况下,政府制定政策时往往也会忽略环境问题。

与之相关的是环境库兹涅茨曲线:当一个国家经济发展水平较低时,环境污染的程度较轻,但是随着人均收入的增加,环境污染由低趋高,环境恶化程度随着经济的增长而加剧;在经济发展达到一定水平,即达到某个临界点或称"拐点"后,随着人均收入的进一步增加,环境污染又由高趋低,其环境污染的程度逐渐减缓,环境质量逐渐得到改善,这种现象被称为环境库兹涅茨曲线。环境库兹涅茨曲线是通过人均收入与环境污染指标之间的演变模拟,说明经济发展对环境污染程度的影响,即在经济发展的过程中,环境状况先是恶化而后得到逐步改善。

一些环境主义者试图将环境标准加入贸易谈判中。然而,中低收入国家往往会反对这些环境条款。同时,国际标准只能作为一种保护性政策或是法律条例(国内生产者不满足标准时),而对于中低收入国家来说,高收入国家的标准过于苛刻。

在 1999 年 WTO 西雅图会议上,很多抗议者较为关心的问题是 WTO 规则怎样影响环境。尽管 WTO 不会像其他国际性协议如多边环境协议那样专门处理环境问题,但是WTO 会间接地对环境产生影响。

二、污染者付费原则

所谓污染者付费原则(Polluter-Pays Principle,PPP),就是规定一切向环境排放污染物的单位和个体经营者,应当依照政府的规定和标准缴纳一定的费用,以使其污染行为造成的外部费用内部化,促使污染者采取措施控制污染。

这一概念最早是由经济合作与发展组织(OECD)于 20 世纪 70 年代提出的。这一原则的核心是要求所有的污染者都必须为其造成的污染直接或者间接支付费用。目前,这一原则已经获得国际环境法领域的普遍认可,并已作为 OECD 和欧盟在环境政策方面的基本原则。

污染者付费原则也被称为拓展的污染者责任(Extended Polluter Responsibility,EPR)。这一称谓首先由瑞典政府在 1975 年提出。拓展的污染者责任是将处理污染物的任务从政府转移到污染制造者,即将污染成本内生化。OECD 给拓展的污染者责任的定义是:产品制造商和进口商需要为产品生命周期中的环境影响负责。产品生命周期中的环境影响包括:选择产品材料过程的影响,制造产品过程的影响,使用和分解产品过程的影响。

那么,污染者付费原则的执行情况如何呢?国际化原则是执行污染者付费原则的重要基础。国际化原则要求在国际层面上执行环境经济政策,保证各国产业组织分摊环境成本的公平性。如果在 A 国执行了污染者付费原则,而在 B 国没有执行的话,那么会对 A

国境内产业组织的竞争优势产生负面影响，从而导致投资和国际贸易的扭曲。

欧盟通过各种政策手段来落实污染者付费原则，诸如从规定特定技术到采用经济手段，如污染收费、降低污染补贴、征收污染税等。在1973年正式采纳污染者付费原则后，欧盟即考虑了对其的例外问题，其方法是效仿OECD的做法，如实施区域性结构政策、援助研发等。

但是，OECD的污染者付费原则并没有被WTO完全接纳。WTO的《补贴与反补贴措施协议》对环境补贴做出了规定。值得一提的是，目前在WTO的《补贴与反补贴措施协议》中，农业环境补贴还是允许的。

最后，再介绍一下污染者付费原则与WTO中的例外情形。WTO对补贴的规定和污染者付费原则有广泛的一致性。二者都意识到政府补贴可能引起的贸易扭曲，且都欲对之加以限制。污染者付费原则对其例外的规定，以及WTO对"绿灯补贴"的详尽阐述，均表明了补贴和环保的关系。但污染者付费原则似乎代表了更高的标准。污染者付费原则以一些合理的、很易操作的例外来禁止政府补贴，WTO及其补贴则显得温和一些。对于污染者付费原则而言，没有证据表明，对降低污染的环境保护补贴会导致对贸易的严重扭曲。

在许多情况下，如果在确保环境处于可接受的状态时减少污染的措施成本过高，补贴也是不切实际的；要求各国在实践中实施完全统一的环保措施，也是不可能的。1974年OECD提出了严格的限制，要求每一项补贴应当满足以下三个条件：第一，补贴应严格限制在面临严重困难的行业、地区或企业；第二，补贴应与一项为达到特定的经济社会目标而实施的具体环境项目相关联并预先设定过渡期；第三，补贴不得导致贸易与投资的严重扭曲。

目前中国许多企业停留在资源依托型生产经营方式的阶段，因科技含量和附加价值不高，在国际竞争中只能走低价路线。在企业向技术和知识依托型生产经营方式转变的过程中，需要进行一些补贴。

中国根据"谁污染谁治理"的原则，从1979年开始部分实行征收排污费制度，1982年国务院颁布了《征收排污费暂行办法》，全面实行征收排污费制度。这种制度与日本的企业负担金制度有相似之处，即由企事业单位根据排污情况缴纳治理污染和防止公害事业费。但不同的是中国征收的排污费是以污染物排放标准为依据的，对"超标准"排放污染物的企事业单位予以征收，所征收排污费的80%会返还给企事业单位作为治理污染源的费用。其实质是强制企事业单位设置防治污染设施的一种预付金制度，以确保企事业单位对环境保护设施的投资。

另外，我国同时实行一种"责令赔偿损失"的环境行政法律制度。这种制度可被看作污染者付费原则的体现，即由行使国家环境管理权的环保部门根据受害者的要求，对环境污染案件进行调查，损害结果一经确立为污染者所致，便可以责令其赔偿损失。

不过，污染者付费原则仍存在一些问题。比如，当污染者不在世时谁为污染付费？当污染者对于其所造成的伤害并不清楚时，污染者付费原则是否太强（1990年以前的污染者很少会了解到他们现今所造成的污染）？当污染者相对贫困时我们是否也应该要求他们为污染付费？当有人拒绝为污染付款时我们应采取何种处罚措施？

中国的排污收费制度虽已实行多年,但仍有待改进之处:第一,作为国家在环境管理中的一项强制措施,排污收费制度仍缺乏足够的强制力作为保障,许多单位缓缴或拒缴排污费;第二,有关排污收费的具体程序性规定还不完善,对依法缓缴或免缴、减缴的规定还不具体,造成少数环境执法部门收"人情费"等现象;第三,目前实行的排污收费标准较低,导致企业宁缴排污费也不愿治理污染源,即出现"花钱买排污权"的现象。因此,应适当调整排污收费标准。

本章概要

1. 策略性贸易政策是指能使一国在贸易中受益而使另一国在贸易中受损,或者改变两国贸易模式的政策。与策略性贸易政策相对应的是主动性贸易政策,它一般指政府采用出口补贴或其他方式主动支持出口产业的政策。

2. 贸易制裁分为两种,第一种是出口禁运,第二种是进口抵制。

3. 有的国家贸易保护往往采取更为隐蔽的方式,即通过过分地强调环境保护来进行贸易保护,如污染天堂假说和污染者付费原则。

习题

1. 什么是策略性贸易政策和主动性贸易政策?请举例说明其主要类型有哪些。
2. 出口禁运和进口抵制对福利有什么影响?影响贸易制裁效果的因素有哪些?
3. 什么是污染天堂假说和污染者付费原则?请试举出与之相关的例子。

参考文献

[1] Balassa, B., 1965, "Trade Liberalisation and 'Revealed' Comparative Advantage", Manchester School.

[2] Hufbauer, G. C., Schott, J. J., Kimberly, A. E. and Muir, J., 2012, "Post-2000 Sanctions Episodes", Peterson Institute for International Economics.

[3] Smarzynska, B. K. and Wei, S. J., 2004, "Pollution Havens and Foreign Direct Investment: Dirty Secret or Popular Myth?", *Contributions to Economic Analysis & Policy*, 3(2), 1244-1257.

[4] 余淼杰,2013,《加工贸易与中国企业生产率》,北京大学出版社。

[5] 余淼杰,2016,《"贸"似如此》,北京大学出版社。

21世纪经济与管理规划教材
国际经济与贸易系列

第十三章

发展中国家的贸易政策

【重点难点】
- 理解发展中国家不同发展战略的含义和区别。
- 理解新结构经济学的主要观点。

【学习目标】
- 了解进口替代战略和保护幼稚产业理论的意义,找到现实经济中相关的案例。
- 理解出口导向战略的含义,并用其解释"东亚奇迹"。
- 理解遵循比较优势发展战略和违背比较优势发展战略的含义和区别。
- 了解新结构经济学的主要观点和创新之处。

【素养目标】

本章旨在帮助学生深入理解发展中国家采用的不同发展战略,结合中国经济发展的实际情况,提升学生对中国式现代化成功经验的认识水平,增强学生对党的二十大报告提出的"中国愿加大对全球发展合作的资源投入,致力于缩小南北差距,坚定支持和帮助广大发展中国家加快发展"的理解。

第十三章 发展中国家的贸易政策

[引导案例]

"东亚奇迹"

与大多数发展中经济体一样,日本和亚洲"四小龙"是自第二次世界大战后从较低的经济发展水平上起步的。特别是亚洲"四小龙",其工业化水平在20世纪50年代初期很低,资本和外汇十分稀缺,人均国民生产总值只有100美元左右。但是,这些经济体的经济在二三十年的时间里持续快速增长,并且随着资本、技术的积累,逐步发展资本密集型和技术密集型的产业,成为新兴工业化经济体,进入或接近发达经济体的行列。值得指出的是,这些经济体在保持经济高速增长的同时,还伴随着收入分配的相对均等、经济结构的优化以及一系列社会福利指标的提高。关于日本和亚洲"四小龙"何以能够实现经济快速增长并赶超发达经济体,学术界存在种种不同的解释。有的学者试图从贸易政策的角度给出解释。那么,发展中国家都采用怎样的贸易政策呢?这些贸易政策对经济的影响如何呢?本章我们就来分析这些问题。

首先,什么是发展中国家?根据2019年世界银行的定义,年人均GDP小于995美元的国家属于极度不发达国家;年人均GDP小于3 895美元而大于995美元的国家属于中低收入国家;年人均GDP大于3 895美元而小于12 055美元的国家属于中高收入国家,年人均GDP大于12 055美元的国家属于发达国家。其中,发达国家又分经济合作与发展组织(OECD)国家和非OECD国家,非OECD国家有新加坡等。2017年,中国的人均GDP约为8 800美元,已是中高收入发展中国家。

各国历史表明,如果人均GDP在3 000美元附近,比较容易进入中等收入陷阱。所谓中等收入陷阱,是指新兴市场国家突破人均GDP 1 000美元的"贫困陷阱"后,很快会进入1 000美元至3 000美元的"起飞阶段";但到人均GDP上涨到3 000美元附近,快速发展阶段中积聚的矛盾会集中爆发,自身体制与机制的更新进入临界状态,很多发展中国家在这一阶段难以克服经济发展中的自身矛盾,由于发展战略失误或外部冲击,造成经济增长回落或长期停滞。马来西亚、菲律宾就陷入所谓的"中等收入陷阱",而韩国则是克服"中等收入陷阱"的成功案例。

表13-1列出了一些国家在2017年的人均GDP水平。目前,世界上最富有的那些国家,如美国、日本和德国等发达国家,其年人均GDP普遍在25 000美元以上。

表 13-1 世界部分国家 2017 年人均 GDP 水平　　　　　　　　　　　　单位:美元

国家	人均 GDP
美国	59 927.9
新加坡	57 714.3
德国	44 665.5
日本	38 430.3
韩国	29 742.8
墨西哥	8 910.3
中国	8 827.0
印度	1 979.4

资料来源:World Bank Open Data。

那么，发展中国家是如何实现其工业化的呢？通常认为，发展中国家的工业化战略主要有进口替代、贸易自由化和出口导向三种类型。

第一节 进口替代战略与保护幼稚产业理论

一、进口替代战略

20世纪80年代之前，很多低收入和中等收入国家都采用了进口替代的贸易战略。进口替代战略旨在通过限制进口来鼓励本国工业的发展。采用这种战略的国家一般都认为，在国际贸易和金融市场中，低收入国家往往不如高收入国家有优势，而且被高收入国家剥削，因而低收入国家需要通过限制进口以减少外国产品带来的竞争来促进本国工业的发展。

表13-2反映了20世纪60年代一些发展中国家对本国企业的保护水平。这里对保护水平的衡量，采用了有效保护税率这一指标。可以发现，像巴西、智利、巴基斯坦这些发展中国家，它们的制造业有效保护税率都相当高，超过了100%。

表13-2 一些发展中国家的制造业有效保护税率

发展中国家	制造业有效保护税率(%)
墨西哥(1960)	26
菲律宾(1965)	61
巴西(1966)	113
智利(1961)	182
巴基斯坦(1963)	273

资料来源：Balassa, B., 1971, *The Structure of Protection in Developing Countries*, Johns Hopkins Press, p.82。

事实上，关税也可作为考察一国对本国企业保护水平的指标之一。表13-3中给出了20世纪90年代初一些发展中国家的制造品加权平均关税率。与世界水平相比，我们可以看到直到20世纪90年代初，许多发展中国家仍然采取较高的关税率以保护本国产业。

表13-3 一些发展中国家的制造品加权平均关税率

发展中国家	制造品加权平均关税率(%)
智利(1992)	10.9
墨西哥(1991)	13.0
菲律宾(1990)	15.0
巴西(1990)	28.8
中国(1992)	36.4
印度(1990)	76.3
世界水平(1991)	8.6

资料来源：World Bank。

事实上,对于本国幼稚产业的保护并不是发展中国家所特有的。一些发达国家也常常通过高关税来限制进口以保护本国的幼稚产业。例如,美国对进口自日本的摩托车收取高关税的政策一直持续到1982年。1982年后这一关税率才开始逐年下降,从1983年的45%下降到1987年的10%,高关税率的政策保护了美国的幼稚产业——摩托车工业的发展。

二、保护幼稚产业理论

一国采取某种发展战略的背后一般都有一定的理论支撑。20世纪中叶许多发展中国家采取进口替代战略的主要理论基础是保护幼稚产业理论。保护幼稚产业理论最早在1790年由美国的经济学家亚历山大·汉密尔顿(Alexander Hamilton)提出,之后由丹尼尔·雷蒙德(Daniel Raymond)系统地阐述,并在此后不断地补充与完善。

根据保护幼稚产业理论,一些国家可能在某些产业有潜在的比较优势,但这些产业在发展的初期难以和其他国家的发达产业竞争,这些产业就是所谓的"幼稚产业"。为了发展这些产业,政府必须暂时支持它们,直至它们能与其他国家产业竞争。进口替代战略正是基于这一理论,政府通过高关税或者出口补贴暂时支持本国的"幼稚产业",以谋求其未来更好的发展。

幼稚产业需要国家暂时保护的原因有以下几点:

首先,本国的该产业与他国相比面临相对较高的生产成本,需要一段时间的发展才能与他国竞争。这是保护幼稚产业理论的前提,倘若"幼稚产业"并非处于欠发达状态,自然无须保护。发展初期的幼稚产业生产成本相对较高,往往是因为学习效应的存在,以及与其配套的其他相关国内产业不够发达(Hirschman,1958)。发展初期的企业需要训练新的员工,而企业的管理也需要经过一段磨合期并且积累一定的经验,这些因素导致新兴的产业面临较高的单位生产成本,而且成本随着产业的发展会逐渐下降。正是由于幼稚产业发展初期面临一定的障碍,并且障碍能够随着发展而逐渐消失,幼稚产业才需要政府的保护。

其次,正如我们所知道的,政府通过高关税等手段保护幼稚产业将导致社会总福利的损失,而这些损失能够被发展后的幼稚产业所弥补是保护幼稚产业理论的另一重点。事实上,保护幼稚产业的损失或者成本不仅包括保护贸易政策所带来的无谓损失,还包括投资于幼稚产业的各种资本的机会成本。只有这些损失和成本能够被将来的收益所弥补,保护幼稚产业的决定才是理性而有意义的。

最后,幼稚产业的发展面临市场失灵。幼稚产业存在正的外部性,个别企业并不能独享发展所带来的所有回报。个别企业的发展成果往往为整个产业所共享,具有正的外部性。先行进入新兴市场的企业需要认识市场,积累生产经验,向消费者宣传新产品。这些行为的回报无法由该先行企业所独享,随后的追随企业会"搭便车"。例如,对新兴产品的宣传,先行企业可能需要大量的广告使消费者认识并且尝试新产品。当随后更多的企业进入该产业时,消费者已经熟悉并接受该新产品,这些后行者无偿享受到先行者宣传的成果,且无须承担这一部分的成本。这将导致先行企业的生产成本比追随企业要高。如果不对先行企业进行补贴和激励,将没有私人企业愿意首先进入这类新兴市场。传统的经济学理论认为在存在外部性的情况下,仅靠市场的力量无法达到资源的最有效配置,这就是所谓的市场失灵。当存在这种市场失灵时,幼稚产业在私有市场的资源配置机制下不能以应有的速度发展。这时就需要政府的介入。保护幼稚产业理论认为关税等贸易保护政策能够起到激励和补贴的作用,鼓励企业进入新兴的产业,从而扶持幼稚产业的发展。

此外,相比国内企业,跨国企业面临的信贷风险会小一些(Feenstra et al.,2014)。同时,由于发展中国家的资本市场发展往往不完备,初始利润率较低的幼稚产业难以吸引资本市场的投资,使得幼稚产业的发展受到资本投资不足的限制。而政府的保护将增加幼稚产业的利润,从而帮助其快速增长。因此,保护幼稚产业理论认为面临市场失灵的幼稚产业的发展需要政府的介入与保护。

三、保护幼稚产业理论存在的问题

从以上保护幼稚产业理论的内容中可以看出,该理论的成立需要一些特定的前提:一是受到保护的幼稚产业能够在保护下迅速发展,并且其带来的收益将能够最终弥补之前采取保护措施所造成的损失;二是的确存在之前讨论的正外部性及市场失灵,而使得政府的介入合理有效。

目前进口替代战略在拉丁美洲、非洲的埃塞俄比亚等国家和地区仍然是主导的贸易战略,但事实上,保护幼稚产业理论自提出以来一直受到专家质疑。无论是在理论上还是在实证分析上,该理论都不断遭受挑战。

Krueger and Tuncer(1982)对保护幼稚产业理论进行了实证分析,探究以上两大前提是否在现实中真正存在。他们考察了土耳其在20世纪60年代至70年代的经济数据,横跨欧亚大陆的土耳其在60年代实施进口替代的经济政策,设立较高的关税,对国内的新兴产业实行贸易保护。表13-4反映了20世纪60年代后期土耳其部分产业的贸易有效保护率,三组数据分别采用了不同的数据来源和估计方法。

表13-4 土耳其20世纪60年代部分产业贸易有效保护率及产出投入比增长率　　单位:%

产业部门	贸易有效保护率			产出投入比增长率	
	第1组	第2组	第3组	个体企业水平	整体产业水平
食品工业	13	—	18	0.25	0.16
毛皮制品	14	−24	−15	—	−1.17
木材	16	58	−13	−3.34	−0.55
家具加工	16	—	—	—	−0.56
非金属矿产	23	−27	1	1.61	0.72
纺织品	42	−23	12	0.72	0.84
服装鞋子	42	47	—	5.24	4.10
金属制品	57	140	682	−0.05	1.61
化工产品	60	200	21	−0.04	0.46
电子器械	63	113	36	5.76	1.41
造纸	72	105	97	—	1.55

(续表)

产业部门	贸易有效保护率			产出投入比增长率	
	第1组	第2组	第3组	个体企业水平	整体产业水平
橡胶工业	77	—	279	—	4.27
碱性金属	80	113	14	2.21	−0.93
非电子器械	142	132	36	—	0.62
石油精炼	—	236	—	—	−8.80
运输设备	209	134	131	—	0.94
所有制造业				1.91	1.84

资料来源：Krueger, A. O. and Tuncer, B., 1982, "An Empirical Test of the Infant Industry Argument", *American Economic Review*, 72(5), 1142-1152.

注：部分数据缺失用"—"表示。

在表13-4中，各个产业部门按照贸易有效保护率的大小从低到高依次排列，其中后九个产业部门有效保护率偏高，这些就是土耳其所谓的进口替代部门。政府对这些所谓的幼稚产业实施较高的关税，给予贸易保护。相比之下，前七个产业部门贸易有效保护率较低，是传统的贸易相对自由的产业。Krueger和Tuncer认为，保护幼稚产业理论支持对幼稚产业的贸易保护，前提之一是幼稚产业在保护下能够快速地发展壮大，以弥补贸易保护所带来的损失，倘若幼稚产业在保护下不能更快地发展，那么幼稚产业将不值得保护，进口替代政策也将是不合理的。就此Krueger和Tuncer调查了上述土耳其部分产业部门的产出投入比增长率。产出投入比即产出/投入，表示单位投入所能达到的产出量，其增长率从一方面反映了某一企业或者行业的发展情况，增长率越高，发展速度就越快。

表13-4的右边两列是相应产业部门的产出投入比增长率，其中包括个体企业水平和整体产业水平的数据。比较前七个传统产业和后九个幼稚产业，可以发现受到贸易保护的幼稚产业并没有如同预期那样，有着比传统产业更高的产出投入比增长率。我们注意到在列举的16个产业中，有着最高产出投入比增长率的服装鞋子产业和橡胶工业分别属于传统产业和幼稚产业，所以高产出收入比增产率并非仅存在于幼稚产业中。而且，在九个幼稚产业中，不少产业部门的产出投入比增长率低于所有制造业的平均水平。也就是说，没有证据显示由高关税所保护的幼稚产业会以更快的速度发展。这一实证分析结果使得保护幼稚产业理论遭遇挑战。

除此之外，另一个保护幼稚产业理论的前提——存在外部性，在这一数据中也没能得到支持。倘若如保护幼稚产业理论所述，幼稚产业的发展有着正的外部性，那么个体企业水平的产出投入比增长率将比整体产业水平的增长率稍高。但是来自土耳其的实证数据显示，个体企业水平和整体产业水平之间的产出投入比增长率并没有统计上显著的差异。

即使真的存在市场失灵，政府介入实行贸易保护也是存在风险的。因为在实际的操作中，究竟哪些产业部门需要政府的贸易保护，往往最终会变成对特殊利益集团利益的保护。

在实践中，人们发现贸易保护下的幼稚产业可能无法如预期般高速发展，并且达到与国际产业竞争的水平，而是持续保持在低于国际产业的幼稚水平。另一个例子是巴西的计算机产业。在20世纪80年代,巴西的计算机产业面临来自美国企业的强力竞争,政府为了保护本国计算机产业而严格限制外国计算机的进口。但是此举并没有帮助巴西的计算机产业迅速发展。受到保护的巴西计算机产业简单地复制外国的技术,并且在贸易保护的帮助下垄断了本国市场,最终巴西计算机产业与世界先进技术水平间的差距越来越大(Luzio,1996)。保护幼稚产业没能实现帮助产业迅速发展的初衷。

事实上,20世纪50年代到60年代,不只是土耳其和巴西,许多国家都把进口替代作为鼓励制造业发展的战略。但是经济的发展才是最终目标,制造业的发展只是经济发展的手段。进口替代战略的工业化是否促进了经济的发展呢?答案是否定的,采用这些政策的国家与没有采用这些政策的国家相比,经济增长率没有变得更高反而变得更低。例如在20世纪50年代至70年代的印度,进口替代战略的确帮助国内制造业实现了高速发展,但是印度的人均收入仅仅增长了几个百分点。

由此看来,保护幼稚产业理论并不像刚开始想的那么有效。新兴产业并没有因贸易保护而迅速发展从而变得有竞争力。其原因何在?对此我们不妨回顾一下保护幼稚产业理论的内容。保护幼稚产业理论认为本国幼稚产业由于刚起步时经验不足和存在起步成本而导致生产成本高于国际水平,在政府的保护下,由于存在学习效应,产业的生产成本将逐渐下降而达到国际水平,从而形成国际竞争力。也就是说,并不是贸易保护直接导致了幼稚产业的发展,而是贸易保护为幼稚产业提供了发展的时间和可能。真正导致产业发展的因素在于产业本身而并非贸易保护。在受保护的这段时间中,生产企业积累生产经验,在学习效应下发展以追赶国际水平。贸易保护使得本国生产效率低下的企业能够生存下来,但是并不能保证其能够提高生产效率。在受保护的过程中,幼稚产业的确能够积累生产经验,发展中国家能够产生熟练的工人和经验丰富的管理者,但是可能存在其他问题而导致劳动生产率低下。不完备的配套市场(例如原材料市场)、不灵活的金融资本市场和效率低下的社会组织形式,这些因素都可能导致发展中国家的劳动生产率不如发达国家,而这些问题显然不能仅靠贸易保护来解决。保护幼稚产业理论假设在政府的保护下幼稚产业能茁壮成长,但是这一假设并不总是成立,这就导致进口替代战略的失败。即便保护幼稚产业理论起到了预期效果,其在一定程度上只能增加被保护对象的利益,而不是保护所有公民的权利,不能从整体上促进经济增长。

同时,以进口替代战略实现的工业化是有代价的,它会带来资源的浪费,如制定的一些复杂而耗时的规章制度、征收很高的关税率。高额的关税不仅存在于与本国幼稚产业竞争的制造品中,其他产品有时也会受到牵连而面临高额关税,从而导致无谓损失。更有甚者,对本国生产者所需要的投入品也征收高关税,这将导致本国生产成本增加、生产效率降低,从而更加需要政府的贸易保护,最终形成一个恶性循环。另外,进口的高关税还容易导致本国遭受其他国家的贸易报复,致使本国的出口产品在他国遭遇高关税。

进口替代战略的另一成本是支持一些并没有效率的小产业的发展。发展中国家,尤其是一些小国,其国内市场往往很小。仅在如此小的国内市场规模下,企业完全无法达到最有效率的规模经济状态。而进口替代战略将国内产品替代进口产品,国内市场基本由国内企业所掌控。即使只存在一家企业,因为受到市场规模很小的限制,可能也只能以很低的效率生产。这也解释了为什么幼稚产业在保护下可能永远也无法成长并变得具有国际竞争力。

当然,对于进口替代战略和保护幼稚产业理论不能片面而论,进口替代战略并不是绝对错误或绝对正确的。林毅夫教授在对苏丹、埃塞俄比亚进行考察后,认为这些国家国内产业过于弱小,进口替代战略也许不失为发展的上策。而在历史上,许多发达国家的经济发展或许也要归功于贸易保护。例如,美国在19世纪经济刚开始发展时就对进口产品征收高额的关税,以保护本国的制造业。

总之,进口替代战略主要在第二次世界大战结束至20世纪80年代之间为许多发展中国家所采用,保护幼稚产业理论在很大程度上支持了该战略的实施。但由于保护幼稚产业理论存在诸多限制和假设,其也受到了越来越多的质疑。进口替代战略对极度贫困的国家可能有效,但对大多数国家可能并不合适,因此20世纪80年代这一战略就被不少国家所摒弃。

第二节 贸易自由化战略

有证据表明,在低收入和中等收入国家中,采用相对自由的贸易政策的国家,比采用进口替代战略的国家,有更高的平均经济增长率。但这是否能够得出贸易自由战略优于进口替代战略的结论仍值得商榷,其中的关键点是要弄清贸易自由化战略和经济快速发展是相关关系还是因果关系。

在现实中,自20世纪80年代中期开始,很多国家开始对进口替代战略失去信心,转而推行贸易自由化。贸易自由化的标志是关税的削减及非关税壁垒的减少。表13-5提供了印度和巴西的例子,可以看到两国制造业的有效保护税率从20世纪80年代开始明显下降,贸易壁垒减少,国际贸易越来越自由。

表13-5 印度与巴西制造业的有效保护税率　　　　　　　　　　单位:%

	印度	巴西
20世纪80年代末	126	77
20世纪90年代末	40	19

资料来源:de Paiva Abreu,M.,2004,"Trade Liberalization and the Political Economy of Brazil", Inter-American Development Bank Working Paper。

与进口替代战略一样,贸易自由化战略的最终目标也是经济发展。那么,贸易自由化战略是否有利于经济发展呢?对此并没有一个简单的结论。巴西和其他一些拉丁美洲国家在贸易自由化战略下的增长速度小于在进口替代战略下的增长速度。但是,由于不能确定放慢的增长速度与贸易自由化战略是相关关系还是因果关系,因此这一事实不能说明贸易自由化战略劣于进口替代战略。自20世纪80年代开始,拉丁美洲国家一直面临着不稳定的宏观政策和各种金融风暴,这也许才是这些国家经济增长速度减缓的真正原因。

贸易自由化战略并不只有拉丁美洲国家这样失败的例子。像印度这样的国家,在20世纪80年代采用贸易自由化战略之后,经济增长速度就加快了。由于我们很难控制宏观环境中其他变量对经济增长的影响，因此简单的相关关系很难确定印度经济的加速增长在多大程度上可归功于贸易自由化战略。

除了对贸易自由化战略与经济发展关系的争论，一些经济学家还认为，正如赫克歇尔-俄林模型所预测的那样，贸易自由化战略令产品价格发生变化，产品价格变化导致要素价格变化，进而会影响收入分配，因此从某种意义上说，贸易自由化战略加重了收入的不平等。

第三节 出口导向战略

一、出口导向战略的成功——"东亚奇迹"

20世纪五六十年代，在许多拉丁美洲发展中国家采用进口替代战略的同时，东亚的一些发展中国家和地区开创了另一条工业化道路，这就是出口导向战略。其中最为著名的就是亚洲"四小龙"——中国香港、中国台湾、新加坡和韩国。它们自20世纪60年代起保持了长达30年的高速发展，被世人称为"东亚奇迹"。在20世纪80年代后，其他一些东亚国家（包括马来西亚、印度尼西亚、泰国等）的经济也有了迅速的发展，其中中国和印度更是实现了经济的迅速崛起，位居21世纪的"金砖五国"[①]行列。

出口导向战略是指通过向世界特别是发达国家出口本国工业品的方式来实现本国工业化的经济发展战略。自20世纪60年代以来，以亚洲"四小龙"为代表的东亚国家和地区采用出口导向的发展战略，出口部门迅速发展，整体经济发展发生了很大的飞跃，因此被世界银行称为"高速发展的亚洲经济"。

"高速发展的亚洲经济"中以亚洲"四小龙"的经济发展成就最为突出。在第二次世界大战之后，与大多数发展中国家和地区相似，中国香港、中国台湾、新加坡和韩国贫穷落后，人均收入水平低下。但是在20世纪60年代后，情况发生了改变，这四个国家和地区开始了十分迅速的经济增长。其经济增长速度是惊人的，自20世纪60年代中期到1997年亚洲金融危机爆发，亚洲"四小龙"的实际GDP都以年均8%—9%的速度增长，远超过美国和西欧发达国家每年约2%—3%的经济增长率，更加令人瞩目的是这一高经济增长率持续了长达30年。

除了高速的经济增长，"高速发展的亚洲经济"还有着其他一些共同特点。这些亚洲经济体进出口量占总GDP的比重较高，国际贸易的开放程度也相对较高，所以又被称为开放经济。如表13-6所示，这些亚洲经济体与其他发展中国家和地区相比，尤其是与以进口替代战略发展的拉丁美洲发展中国家和地区相比，有着更低的贸易保护率，国际贸易更加开放。事实上，这些经济体旨在发展以出口为目的的工业，自然需要更加自由的贸易环境。亚洲"四小龙"的出口量增长迅速。中国台湾1970年的出口总值是1960年的9倍，1980年的出口总值则为1970年的13倍、1960年的117倍；韩国1980年的出口总值是1960年的534倍；新加坡1980年的出口总值是1965年的20多倍。出口部门的快速增长

[①] 指巴西、俄罗斯、印度、中国和南非这五个未来可能成为世界最大经济体的国家。

是亚洲"四小龙"及其他亚洲经济体经济发展的巨大推动力。这些经济体通过采用出口导向战略大力发展本经济体的出口部门产业,来完成本经济体的工业化和快速地发展经济。如表13-7所示,2017年,与其他发展中国家和地区乃至发达国家和地区相比,亚洲"四小龙"的出口额依然占其GDP的很大一部分。其中,中国香港和新加坡的出口总额甚至超过了GDP总量。这是因为在计算GDP时,只计入了出口产品在本经济体增加的附加价值,但在计算出口总额时,计入的是总的出口产品价格。

表13-6 一些地区的平均贸易有效保护率(1985)

地区	平均贸易保护率(%)
高速发展的亚洲经济体	24
其他亚洲国家	42
南美洲国家	46
撒哈拉沙漠以南的非洲国家	34

资料来源:World Bank,1993,*The East Asian Miracle:Economic Growth and Public Policy*,Oxford University Press,300。

表13-7 部分国家和地区出口额占总GDP的比例(2017)

国家和地区	出口额占总GDP的比例(%)
巴西	12.6
印度	18.8
美国	12.1
日本	17.7
德国	47.0
韩国	43.1
新加坡	173.3
中国香港	188.0

资料来源:World Bank Open Data。

尽管以亚洲"四小龙"为首的高速发展的亚洲经济体以出口为发展主导,国际贸易较为自由,但是一些学者对这些亚洲经济体进行了多大程度的自由贸易表示怀疑。他们认为这些经济体虽然在贸易上的保护小于其他发展中国家,但在不同时期还是实施了一些发挥作用的贸易保护措施以保护本经济体产业的发展。

随着经济的快速发展,这些亚洲经济体的经济结构发生了较大的变化,集中表现为工业化程度的提高,其中以亚洲"四小龙"的表现最为突出。四个经济体中农业所占的比重逐渐缩小,而工业所占的比重则逐渐增大,四个经济体逐渐完成了经济的工业化。其中,韩国农业在国民经济中的比重从1961年的47.4%降为1985年的15%,工矿业所占比重从16.5%上升为33.4%;中国台湾农业所占比重从1952年的35.7%降为1978年的12.1%,工业所占比重从17.9%上升为40.3%。中国香港与新加坡也从最初的贸易转口港变为重要的工业城市。与此同时,各经济体的GDP得到提高,失业率降低,在20世纪80年代,亚洲"四小龙"的失业率都在4%以下,人民生活水平得到改善。

二、"东亚奇迹"的背后

"东亚奇迹"的出现、亚洲"四小龙"的崛起以及近年来中国内地和印度经济的腾飞,吸引了大批的专家和学者对这一经济现象进行研究。人们试图找出导致亚洲经济体迅速发展的原因。一些经济学家认为这些经济体旨在发展出口部门而实施的自由贸易政策导致了经济的快速发展。的确,正如之前所讨论的,这些经济体与其他一些发展中国家相比有着更低的贸易有效保护率(见表13-6)。但是这些经济体在不同时期仍然采用关税、进口限制、出口补贴等贸易保护政策,从来没有实现真正意义上的自由贸易。此外,即使这些经济体的确有着更加自由的贸易环境,但是自由的贸易环境所带来的高进出口量却不一定是经济高速增长的原因,它们之间可能只是相关关系,而并非因果关系。更有部分经济学家认为是经济的高速增长导致了国际贸易量的增大,而并非国际贸易量的增大带来了经济的增长。由于这些经济体经济的优秀表现,越来越多的发达国家企业愿意将工厂设立在这些东亚经济体内。一方面,这些外资工厂产品的出口造成了出口量的增加,另一方面,工厂对一些原材料的进口也促进了进口量的上升。这样一来,经济的快速增长才是导致进出口量增加的原因。因此,将东亚新经济体的高速发展仅归功于自由贸易政策显然是不能令人信服的。

除了自由贸易政策,不少学者认为东亚各经济体采用的一些产业政策可能才是其经济高速发展的重要原因。一些东亚新经济体的确采用过某些经济政策来促进本经济体某些产业的发展。相关的产业政策不仅包括关税、进口限制、出口补贴等,还包括对产业的补贴性贷款和补贴性研发。与我们在第一节讨论的进口替代战略不同的是,这些经济体所推动的产业大多是以出口为主的产业部门,而不是替代进口产品的"幼稚产业"。

但是也有经济学家指出产业政策在东亚经济体的高速发展中起到的作用被高估了。事实上,并不是所有高速增长的亚洲经济体都采用了这些产业政策。而且,采用这些政策的经济体,所采取的产业政策也大不相同。例如,韩国政府努力促成本国大型企业的形成,并以三星、现代等大型企业为骄傲,而中国台湾则以小型乃至家族企业为发展主流。最为重要的是,少有证据表明采用这些产业政策的经济体比没有采用这些产业政策的经济体经济增长得更快。然而产业政策失败的案例屡见不鲜:20世纪70年代,韩国为扶持化工、钢铁、汽车等行业的发展推行的产业政策,最终因昂贵的成本以及没有带来这些行业预期的增长而被废除。

近年来一些经济学家用贸易政策和产业政策之外的因素来解释"东亚奇迹"的出现。一些研究者认为这些经济体的高速经济增长来源于较高的储蓄率和投资率,是高储蓄和高投资带来了出口部门的增长,并带动了整个经济的增长。另一些研究者则将增长的源头归于教育,他们认为,很多高速增长的亚洲经济体都经历过教育的快速增长,培养了大批经济发展所需要的高素质劳动力,从而促成了经济的腾飞。

三、遵循比较优势和违背比较优势的发展策略

对于东亚新经济体尤其是亚洲"四小龙"的经济崛起,中国著名经济学家林毅夫教授提出了一套相关的理论,解释了亚洲"四小龙"经济发展的原因,并且讨论了发展中国家经

济发展的战略选择(Lin,2003)。他将发展中国家的发展战略分为两类:遵循自身比较优势(Comparative-Advantage-Following,CAF)和违背自身比较优势(Comparative-Advantage-Defying,CAD)的发展战略。与发达国家相比,大多数发展中国家有比较丰富和廉价的劳动力和自然资源,但是在资本和技术上要落后得多。因而正如我们所知道的,发展中国家一般在劳动力密集型产品上有比较优势,而发达国家则在资本密集型产品上有比较优势。因此,对于发展中国家而言,在开放且自由竞争的市场中,私人企业愿意进入劳动力密集型的产业部门,并且在生产中愿意采用劳动力密集型的生产技术。发展中国家的遵循比较优势的发展战略是指政府鼓励发展劳动力密集型的产业部门,而违背比较优势的发展战略是指政府鼓励发展资本密集型的产业部门。在本章第一节中所讨论的进口替代战略正是一种违背本国(地区)比较优势的战略,而亚洲"四小龙"的成功则至少部分缘于其采用的出口导向战略是遵循本国(地区)比较优势的。

第二次世界大战后,发展中国家都试图发展本国经济,努力追赶发达国家。在发展道路的选择中,发展中国家往往首先注意到的是本国工业水平的落后,尤其是重工业领域。正如中华人民共和国成立之初,中国政府就苦于本国重工业的空白,因此苦心发展本国的重工业,并以生产出本国的第一台汽车等为豪。其他很多发展中国家也不例外,都曾将经济发展的重点放在了重工业上。但是重工业是依赖于大量资本和先进技术的资本密集型产业,是发展中国家的弱势所在。在自由竞争开放的市场中,经济体的最优结构是由其自身的资源禀赋所内生决定的。发展中国家的自身禀赋以丰富廉价的劳动力资源占优,就决定了其在劳动力密集型产品上具有比较优势,而其经济结构也就应该偏向劳动力密集的轻工业,而绝不是需要资本密集和科技先进的重工业。20世纪五六十年代开始,拉丁美洲发展中国家采用的进口替代战略正是以违背本国比较优势来推动本国资本密集型产业发展的。受本国资源禀赋所限,本国资本密集型产业的强行发展导致了损失,而这一损失往往由政府承担,比如进口替代战略中政府对这些产业的扶持和补助。

在进口替代战略中,政府采用高关税的贸易保护措施限制国外产品的进口,以保护本国资本密集型产业的发展。事实上,政府所推行的产业政策以及承担的损失不止于此。一方面,政府会压低本国的利率水平,以降低资本的成本来鼓励资本密集型产业的发展。另一方面,由于技术和经济基础落后,本国资本密集型产业的发展必须依赖于对外国先进设备的进口。这样一来,这些发展中国家既要限制外国产品的进口,又要方便生产设备、原材料的进口。为了解决这一矛盾,政府故意压低本国汇率,高估本国货币,以降低设备进口的成本,同时只针对外国产成品征收高关税,以限制进口。这样一来,采用违背本国比较优势发展策略的发展中国家对利率和汇率故意低估,导致二者偏离市场平衡。这种市场扭曲将抑制本国的储蓄和出口,并导致本国对资本和外汇需求的增大。对此,受到政府保护的资本密集型产业部门往往会因得到政府的帮助而享有特权。这种政府的干涉介入将导致市场有限资源配置的扭曲,达不到资源的有效配置状态,造成效率的损失。

这种违背比较优势的发展策略的另一个损失来源于所谓的寻租行为和道德风险。自身禀赋在劳动力资源上占优的发展中国家发展资本密集型产业的确需要政府的补助和扶持,但是这种帮助往往会造成依赖性。同时由于政府无法区分发展策略导致的损失和企业自身经营带来的损失,企业往往会以需要政府的资助为借口向政府要求更多的支持和补助,譬如较低利率的贷款和税费的减免等政策优惠。这样一来,企业将面临寻租行为和道德风险,而没有提高自身生产率、努力发展的动力,从而难以壮大。这也是实施进口替代战略的一些发展中国家的"幼稚产业"无法发展成熟的原因之一。与此同时,政府所提供的补助往往要远多于理论上产业所真正需要的额度,会造成无谓的巨大损失。

与拉丁美洲国家采用违背比较优势的进口替代战略相反,以亚洲"四小龙"为首的东亚众多经济体采用的以出口为导向的发展战略恰好是遵循比较优势的。在开放自由竞争的市场中,经济体的经济结构是由其自身要素禀赋内生决定的。因此,发展中国家真正需要提升的是本国的要素禀赋结构,而并非其经济产业结构。一旦本国的要素禀赋结构发生了升级,在利润的激励和推动下,其经济产业结构自然会随之升级。因此,对于发展中国家而言,要素禀赋结构的变化需要资本的快速积累,资本包括人力资本的积累将使得发展中国家有实力发展资本密集型产业,从而实现最终的经济结构升级。资本的积累来源于企业的生产利润及国民储蓄。遵循自身比较优势发展的产业将会获得最多的利润剩余及国民储蓄,这就将使得发展中国家逐步积累资本以完成要素禀赋结构和经济结构的升级。

在发展中国家,私人企业会自主地进入劳动力密集型产业,使得这一拥有比较优势的产业得到发展壮大。但其最为主要的前提是本国的要素市场中生产要素价格能够真正反映要素的相对多寡及本国的要素禀赋状况。这样私人企业通过要素价格所做出的决定才是符合本国要素禀赋并遵循其比较优势的。因此,采取遵循比较优势发展策略的发展中国家的第一要务就是尽量维持开放、自由竞争的要素市场及产品市场,使得私人企业的选择遵循比较优势。除此之外,私人企业能够正确做出决定的另一条件是要素市场和产品市场的信息能够为私人企业所掌握。这样,当要素市场的结构发生改变时,企业才能发觉到这一改变并据此改变自己的生产结构,从劳动力密集型产品转移到资本密集型产品。但是现实中,私人企业并不能很方便地掌握这类信息。信息的获得需要进行调研和分析,会产生成本。但是倘若有企业掌握了信息,其他企业便会"搭便车",无偿地获得这一信息。由此可见,市场信息事实上具有公共品的特性,最好由政府组织提供。现实中,政府经常资助和组织各类经济研究和统计调研,并且据此制定产业政策和发展规划,这是政府为私人企业提供市场信息的方法之一。

尽管在产业升级中,私人企业扮演了很重要的角色,但是整个经济体的产业升级往往需要多方面多产业部门的配合。例如,新的资本密集型产业对于金融市场的要求与旧的劳动力密集型产业的要求相比肯定会大不相同。资本密集型产业往往需要更多的资金和更快的资金流通,因此需要更加发达和迅捷的金融市场。在产业结构升级的过程中,私人企业无法直接改变一些外在的因素,需要其他部门和产业的帮助。除了金融市场的发展,企业产业结构的升级还需要新的人力资源培养、贸易市场和分配政策。其中,新的人力资源培养尤为重要,不同的产业技术对于人们素质与技能的要求也不同,在产业升级的过程中教育的改革和人才的培养就显得十分重要。这也说明了为什么在解释亚洲"四小龙"经济的飞速发展时,不少学者将其归因于对教育的重视。因此,对于采取遵循比较优势发展策略的经济体来说,政府还需要通过制定产业政策来协调不同产业部门的发展。

对于首先进行生产技术转化的企业,政府还应该给予一定的鼓励与补贴,这是因为在技术升级的先行者和追随者之间存在不对称性和外部性。产业技术的升级存在一定的风险，即使有政府产业政策的指导和其他产业部门的协助，其仍然有可能失败。先行者的失败对于其他企业而言是一个十分重要的市场信号——警告其他企业现在并不适合进行产业技术的升级。这样一来，先行者为整个市场提供了十分有效的信息，其他企业将避免进行升级，所有的成本仅由先行者承担。另外，一旦先行者成功地进行了产业技术的升级，其他企业就会无偿地得到了这一信息，并追随其采取行动。因此，对于先行者而言，失败的损失由其独自承担，成功的利益却被整个市场共享，这其中存在不对称性。为解决这一不对称性和外部性，政府需要对依照政府产业政策进行升级的先行企业进行支持和给予适当的补贴，例如适当减免税收。事实上，各国政府对于新兴产业往往会实行一些优惠政策，目的之一就是鼓励其创新。

总结遵循比较优势和违背比较优势的发展战略，遵循比较优势的发展战略是随着本国（地区）生产要素市场结构的改变而变化的。政府的主要职责在于维护要素市场和产品市场的有效性，以及对市场上出现的不对称性和外部性提供适当的补偿。政府制定的产业政策自然也会因本国（地区）自身要素禀赋的变化而改变。这也就解释了为什么人们在探讨亚洲"四小龙"经济飞速发展时，发现四个经济体所实行的产业政策并不相同。这是因为四个经济体的自身要素禀赋不同，各自的要素禀赋在不同时期也不相同，由此决定它们所具有的比较优势和据此实施的产业政策不尽相同。但是，只要产业政策与自身比较优势相契合，就将有益于经济的发展。政府通过长期的贸易管制和生产补助来支持不符合自身比较优势的产业发展，为此将造成利率和汇率的扭曲以及效率的损失。

从日本、韩国、中国和印度四国汽车产业的发展，我们可以清楚地看到遵循比较优势发展策略和违背比较优势发展策略的不同。汽车产业是典型的资本密集型产业。与中华人民共和国成立后大力鼓励汽车产业发展类似，许多发展中国家都希望建立起本国的汽车产业。日本在20世纪60年代推行产业政策鼓励汽车行业的发展并取得了成功。韩国在20世纪70年代推动本国汽车行业的发展也取得了一定程度的成功。相比之下，中国和印度在20世纪50年代就开始建立本国的汽车产业，但是两国的汽车产业一直需要政府的政策保护才能发展。表13-8比较了亚洲四国和美国在这一段时期的人均收入水平。

表13-8 五国的人均收入水平 单位：美元

	美国	日本	韩国	印度	中国
1955	10 970	2 695	1 197	665	818
1965	14 017	5 771	1 578	785	945
1975	16 060	10 973	3 475	900	1 250

四、国际竞争中的后发优势和蛙跳模型

按照一般的内生增长理论，技术进步的累积会加强发达国家的领先地位，但是有时这种情况也会发生改变，比如18世纪英国超过荷兰，19世纪末美国和德国超过英国。Brezis et al.(1993)在总结发展中国家成功发展经验的基础上，提出了基于后发优势的技术发展

的"蛙跳模型",又称"蛙跳模式"。该模型研究国与国之间为什么会发生技术领导权的转移,它解释了落后国家超常规的发展和赶超先进国家的现象。该模型背后的逻辑在于:领先国在旧技术上有学习效应,旧技术的生产率比新技术初始时高,因此会选择继续沿用旧技术;落后国由于劳动力成本较低,会选择新技术,从而在未来取得技术优势,落后国很可能在获得这样的技术优势后,像青蛙跳跃一样超过领先国。

正如中国俗语所说:"富不过三代",蛙跳模型或许是对这句话的一个简单的经济学解释。在常规情况下,技术靠不断的经验积累来进步,从而会进一步加强发达国家的领先地位。然而当引入一种新技术时,发达国家起初的经验积累会阻碍其对新技术的引用。当这种情况存在时,起初的领先反而会成为其最终落后的原因。但是这并不一定会发生,只有当以下条件满足时,新技术的引入才有可能导致"蛙跳"的出现:第一,发达国家与落后国家的工资差距足够大;第二,对于在旧技术上有丰富经验的生产者来说,新技术起初的生产率低于旧技术;第三,旧技术中的经验积累在新技术中不可用;第四,新技术必须有不断提升劳动生产率的空间。在实际中我们可以经常看到这样的例子,比如空调的生产。21世纪初在美国的很多地方,空调还是以往那种主机与挂机不能分离的旧式空调,由于很多厂商在这种空调的生产上积累了丰富的经验,它们并没有动力去引进新的生产技术。又如手机的生产,诺基亚一直以来是世界手机生产商的龙头老大,但是苹果公司凭借其创新力,后来居上成为领先者。

第四节 新结构经济学

当前,世界各国在经济发展与产业升级的过程中遇到各方面的问题,比如严重的经济危机以及高失业率。随着科学技术的发展和经济全球化的加深,广大发展中国家有着极大的发展潜力。因此,发展中国家政府需要在促进结构升级和产业多样化上有所作为。

基于早先经济学界对于发展问题的研究和对现实中一些国家经验教训的总结,林毅夫教授提出了新结构经济学理论。这一理论以国家的比较优势和资源禀赋结构为出发点,着重讨论了市场和国家在经济发展中的作用。

本节第一部分是对新结构经济学主要思想的阐述,第二部分总结了新结构经济学与之前理论的不同之处。

一、新结构经济学的主要观点

新结构经济学的研究以资源禀赋为出发点,分析的重点是资本-劳动力比率的动态变化。对一个经济体而言,资源禀赋在任意时间都是给定的,并随着时间的变化而变化。除了资本、劳动力和土地,新结构经济学强调将基础设施也作为资源禀赋的一种。基础设施包括以高速公路、机场为代表的硬件基础设施和以价值体系、社会资本为代表的软件基础设施,这些基础设施会影响企业的交易费用和投资边际回报率。

在不同的发展阶段,各个国家在资本、基础设施等方面的差异导致了经济结构的不同。处于发展早期阶段的国家一般有相对稀缺的资本和相对丰富的劳动力,因而生产活动主要集中于劳动力密集型或者自然资源密集型产业,企业规模相对较小,市场主要局限于本地市场,基础设施相对简单,而高收入国家的情况则恰恰相反。

低收入国家在发展过程中需要不断引进新的技术,向资本密集度更高的产业升级,实现产业多样化,加速工业化进程。同时,低收入国家应重视提高农业生产率,通过推广新的农业技术、扩大市场渠道等,使传统农产品向高附加值的经济作物方向发展。政府也应提供教育培训,帮助农村移民适应新的工作环境。

一个成功的追赶型国家应当在农村富余劳动力耗尽之前,开始产业升级的过程。以中国为例,2009年中国仍有39.1%的劳动力在初级产业部门工作。对此,一些经济学家提出疑问:中国是否已经到了刘易斯拐点,是否已经耗尽了它的人口红利?然而,中国经济仍在持续快速升级,中国出口产品的质量不断提升,种类也不断丰富。

新结构经济学发现,尽管发展中国家在产业升级过程中具有后发优势,但它们首先需要升级要素禀赋结构,这就要求其资本存量比劳动力资源要增长得更快(Ju et al.,2015)。随着经济的发展及企业生产规模的不断扩大,企业需要更大的市场,政府也需要在财政政策和软件基础设施方面做出相应变化。如果基础设施升级的节奏跟不上产业升级的步伐,则产业升级的过程将会面临非效率问题。

在对基础设施进行升级的过程中,需要评估每一个基础设施建设项目的潜在价值。一种有效的评估工具就是成本—收益分析方法,其优点在于可以帮助政府做出更好的公共投资决定,增加社会福利。但它本质上是一种微观经济学的方法,因此如果不能及时确定潜在的成功行业及所需要的基础设施,政策制定者就会面临过多的可能选择。另外,即使是一个具体的项目,也有很多难以量化估计的收益和成本,因此政策制定者很难进行成本—收益分析。

随着产业的升级和多样化,企业需要研发更先进的技术,这增大了企业所面临的风险。企业所面临的风险主要有三个方面:科技创新、产品创新和管理能力。在不同的发展阶段和不同的行业中,这三方面风险的相对重要性各不相同。

在产业升级的过程中,如果企业选择进入有比较优势的行业,并采用相应的新技术,这个企业将极具竞争力。随着产业和企业的发展,企业在国内外市场上占据的份额越来越大,以利润和工资的形式创造的经济剩余也越来越多。如果能用这些盈余进行再投资,企业就可以获得更高的回报。长此下去,这种方式能够使企业积累物质资本和人力资本,升级资源禀赋结构和产业结构,并使国内企业在技术密集型产业中有更强的竞争力。

对国家而言,由于只有在竞争性市场中,价格才能反映要素的相对稀缺程度(Lin,2009a;Lin and Chang,2009),因此,一个充分有效的市场机制是资源分配的基本机制。

随着一个国家产业和科技的不断发展,企业所使用的技术变得更加复杂,产品数量和市场规模进一步增加,市场交易量和对资本的需求不断增大。因此,政府需要在教育、金融、法律机构和硬件基础设施等方面进行同步改进,降低新升级产业的企业的交易成本,从而达到最大生产可能性曲线。另外,改善基础设施、设立经济特区也可以吸引外资,从而进一步降低交易成本、促进产业升级。

此外,政府还应该采取措施鼓励发展私营企业,鼓励成功的企业对有潜力的行业进行投资,促进产业的全面升级。

二、新结构经济学新在何处?

(一)与早期结构性变化理论的不同

早期关于经济发展中结构性变化的理论,依据国家的发展水平,将经济发展过程分为五个阶段:第一,传统社会阶段,劳动力密集型农业的发展水平较高;第二,准备起飞阶段,农业中成本投入增加,采矿业有所发展,投资和储蓄增长;第三,起飞阶段,投资和工业化水平进一步提高,储蓄进一步增加,农业劳动力在总劳动力中所占比重进一步降低;第四,趋于成熟阶段,富裕起来的人们进一步投资于高附加值产业,产业趋于多样化,一些经济增长极开始转变为技术创新极;第五,大众消费阶段,服务行业在经济中占据主导位置,生产者和消费者都开始大量利用高科技的成果。

新结构经济学认为,从低水平到高水平的经济发展过程是一个连续性过程,而在拥有相似资源禀赋结构的国家中,产业发展的方式可能是不同的。

新结构经济学还为理解现代增长分析中的关键因素提供了理论框架。能够按照其比较优势进行产业发展的经济体,将会在国内和世界市场上具有最强的竞争力,进而获得最大的潜在收益和储蓄盈余,资本投资将会有最大可能的回报,家庭将具有最高的储蓄倾向,进而促进国家资源禀赋结构更快地升级(Lin and Monga,2010)。

(二)与古典结构经济学的异同

新结构经济学与古典结构经济学的相同之处在于:二者都以发达国家和发展中国家存在的结构差异为基础,并且承认国家在促进经济发展的过程中所起到的积极作用。

二者的不同之处主要有以下几点。

第一,古典结构经济学主张首先发展与经济体比较优势不一致的产业,建议政府通过直接行政手段和价格操纵来发展资本密集型产业。新结构经济学则强调市场在资源分配中的作用,建议政府通过协调来解决外部性问题,从而帮助企业进行产业升级。

第二,古典结构经济学认为,市场失灵导致发展中国家难以发展资本密集型产业,而市场失灵的原因就在于垄断的存在、劳动力对价格信号的负向反应,以及要素不能自由流动所造成的结构僵化。新结构经济学认为,这种不成功是由发展中国家的资源禀赋结构内生决定的。发展中国家相对稀缺的资本禀赋和低水平的基础设施,使得从已有产业向资本密集型产业的转变无利可图。

第三,古典结构经济学认为只存在两种类型的国家:低收入的外围国家和高收入的核心国家,发达国家和发展中国家的经济结构是完全对立的。新结构经济学认为,国家有着不同的发展阶段,发展中国家可以利用它们在开放全球化世界中的后发优势加速其经济发展,促进与其比较优势相一致的产业的升级,逐步缩小与发达国家之间的差距。

第四,古典结构经济学认为,系统化的政府干预是实现现代化的必要手段,如贸易保护主义、固定汇率政策、国有企业改革等。新结构经济学认为,发展中国家的产业升级应该与能反映资源禀赋结构的比较优势的变化相一致。在产业多样化和升级的过程中,政府的作用仅限于:(1)提供关于新兴产业的信息;(2)协调在同一行业中对不同企业的投资;(3)补偿先进入者的信息外部性;(4)通过鼓励外商直接投资来促进新产业的发展

(Lin,2009a;Lin and Chang,2009;Lin and Monga,2010)。政府还应该在提高软、硬件基础设施方面发挥积极的指导作用,从而降低企业的交易成本,推动工业化进程。

(三)新结构经济学对一些政策的解读

新结构经济学的研究目的,就是通过对发展的探索,为不发达的国家提供政策建议,帮助它们实现可持续的、包容性的社会进步和经济进步。下面将介绍新结构经济学对一些政策的解读。

1. 财政政策

新结构经济学认为,由于发达国家与发展中国家在使用反周期支出进行投资的机会上存在差异,财政政策的效果也应该是不同的。一般而言,硬件基础设施对发展中国家而言是增长的限制因素,政府应提供必要的基础设施来促进经济的发展。经济衰退期是进行基础设施投资的一个绝佳的时期,原因如下:(1)这种投资可以增加短期的需求,并且促进长期的增长;(2)在经济衰退期进行投资的成本比在经济正常时期要低;(3)由于未来经济增长率的提高和财政收入的增加可以弥补这些投资的成本,因此李嘉图等价陷阱是可以避免的(Lin,2009b)。

新结构经济学还主张促进那些与本国比较优势相一致的产业的发展,从而增强经济体的竞争力,使其财政状况和外部账户更加稳定。

除此之外,新结构经济学还提供了一种管理资源的方法。对于资源丰富型国家,新结构经济学建议将商品收入的适当份额投资于人力资本、基础设施、社会资本,以及用于对非资源领域先行者的补偿,从而可以促进结构转型。

2. 货币政策

新结构经济学认为,发展中国家应使用利率政策作为反周期的工具,在经济衰退期应进行基础设施建设和产业升级投资。对于处在衰退期、生产率过剩,特别是陷入流动性陷阱的发达国家,货币政策往往不能刺激投资和消费。然而,发展中国家不太可能陷入流动性陷阱,因而货币政策的目标应比传统的新古典经济学更加广泛。在经济衰退期,发展中国家的目标应该是鼓励投资,从而突破经济增长的瓶颈;在实际中就意味着更低的利率,货币当局应采取临时的利率补贴、灵活的信贷分配规则等有时限的货币政策。

3. 金融发展

古典结构主义的不同流派都认可金融发展对促进经济增长的必要性,但对于金融发展在经济增长中的具体角色有不同的看法。

古典结构经济学认为,不发达经济体在金融领域的问题是由广泛的市场失灵导致的,仅仅通过市场本身无法解决这些问题,所以提倡政府对发展经济时所必需的资本积累过程加以干预,通过动员储蓄和分配信贷来支持发展资本密集型产业。然而,这些措施往往会导致金融抑制。相反,新古典经济学提倡金融自由化,建议政府放弃对银行的所有权,取消对信贷分配的限制和对利率的控制。

新结构经济学认为金融抑制的问题需要解决,但政府干预也有弊端,得到政府保护的往往是行业中的亏损企业。新结构经济学还强调实行适当顺序的贸易自由化政策,因为在任意给定的发展阶段,最优的金融结构是由经济体在这一阶段的要素禀赋内生决定的。低收入国家应该选择规模较小的本地银行作为其金融系统的支柱,从而保证农业等领域的小规模企业可以得到足够的金融服务。随着产业结构的升级,金融结构的重心应向大银行和成熟的股票市场转移(Lin et al.,2009)。

4. 外国资本

新结构经济学认为,对发展中国家进行外商直接投资是有利的国外资本的一种来源。这些投资对象往往是与国家比较优势相一致的行业,相对于银行贷款和金融借贷而言,这种形式的投资在经济危机中更不容易出现突然撤资的现象,不会像债务和证券的大幅逆转那样引发严重的金融危机。此外,外商直接投资还会为发展中国家带来产业升级所需要的技术、管理等。新结构经济学还解决了卢卡斯提出的有关资本从资本稀缺的发展中国家向资本丰富的发达国家流动之谜:如果没有基础设施的提升和具有新的比较优势行业的产业升级,发展中国家的资本积累可能会面临收益递减,导致更低的资本回报,致使资本外流到发达国家。

5. 贸易政策

新结构经济学认为,就一个国家由其资源禀赋结构所决定的比较优势而言,进口和出口是内生的。全球化使得发展中国家能够发挥后发优势,比发达国家拥有更高的创新与结构转型速度,因而开放对于缩小发展中国家和发达国家的差距是必要的。新结构经济学认为,由于发展中国家受到了古典结构经济学进口替代战略的影响,发展中国家在产业升级的过程中需要一个渐进的贸易自由化过程。在这个过程中,国家可以为那些与本国比较优势不一致的行业提供暂时的保护,同时开放那些过去受到控制的行业,允许与本国比较优势一致的行业自由进入。这种方式或许有助于在经济转型的过程中实现本国与他国的共同增长(Lin,2009a)。

6. 人力资本发展

新结构经济学认为,人力资本是一国资源禀赋的一种。伴随着经济的发展,经济体面对的风险与不确定性逐渐增加,而人力资本质量的提升可以增强工人应对风险与不确定性的能力,但是人力资本的形成需要很长一段时间。因此,一个动态增长的经济体需要提前制订计划并进行人力资本投资。此外,人力资本质量的提升必须与物质资本的积累和产业的升级相一致,从而避免像南非等发展中国家那样,受教育的年轻一代没有合适的就业机会,不仅造成人力资本和教育资源的浪费,而且会使社会局势紧张。

任何一个国家的整体发展策略都需要鼓励人力资本发展的政策。新结构经济学建议,国家整体发展策略应当包含对人力资本投资的方法,使人力资本在质和量上都得到提升(Lucas,2002),从而促进产业升级和提高资源利用率。鼓励人力资本发展的政策还应包括在劳动力不同的生命周期阶段提升技术的其他政策,政府和私人部门应该共同应对劳动力市场对技能的不同需求。

新加坡是世界上13个高速发展的经济体之一,在第二次世界大战之后连续25年保持高于7%的经济增长速度。新加坡也是把人力资本发展作为国策的成功案例之一,其人力资本发展策略是随着其国家经济政策的变化而不断调整的。

若同学们想要对新结构经济学做进一步学习,可参考林毅夫教授的《新结构经济学》。

≪阅读材料≫

林毅夫教授简介

林毅夫,北京大学博雅讲席教授、北京大学国家发展研究院名誉院长、北京大学新结构经济学研究院院长。1994年创立北京大学中国经济研究中心(现为北京大学国家发展研究院),并担任主任一职;2008年被任命为世界银行首席经济学家兼负责发展经济学的高级副行长,成为担此要职的发展中国家第一人。2012年在世界银行任期届满,回归北大,继续教学研究工作。

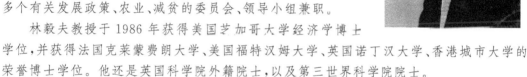

林毅夫教授现任全国政协常委,国务院参事,曾任全国工商业联合会专职副主席,任第七、第八、第九、第十届全国政协委员,第十届全国政协经济委员会副主任,第十一届全国人大代表,第十二届全国政协常委、经济委员会副主任。在国内外多个有关发展政策、农业、减贫的委员会、领导小组兼职。

林毅夫教授于1986年获得美国芝加哥大学经济学博士学位,并获得法国克莱蒙费朗大学、美国福特汉姆大学、英国诺丁汉大学、香港城市大学的荣誉博士学位。他还是英国科学院外籍院士,以及第三世界科学院院士。

林毅夫教授是第一位在美国顶级学术刊物 American Economic Review 上发表论文的中国经济学家。他也是第一位获英国马歇尔经济学讲座邀请的中国经济学家。他的著作包括《中国的奇迹:发展战略与经济改革》《新结构经济学》《解读中国经济》《繁荣的求索》《本体与常无》和《从西潮到东风》等。

≪阅读材料≫

余淼杰:用中国经济学解读"中国奇迹"

"中国将张开双臂,为各国提供更多市场机遇、投资机遇、增长机遇,实现共同发展。"习近平主席在2019年11月举办的第二届中国国际进口博览会上庄严宣示。本届进博会上,累计意向成交711.3亿美元,比首届增长23%。中国巨大的消费能力折射出自身经济的韧性与活力。在世界经济整体下行的大背景下,中国经济增长的奇迹引来经济界人士的广泛关注。

北京大学国家发展研究院余淼杰教授认为,如何从经济学的角度理解习近平总书记提出的"四个自信",以及如何在经济学的教学和科研中践行"四个自信",擦亮马克思主义的底色,以构建具有中国气派的经济科学,是一个值得探讨的课题。

2016年7月1日,习近平总书记在庆祝中国共产党成立95周年大会上创造性地提出了"四个自信",拓展了党的十八大提出的中国特色社会主义"三个自信"的谱系。"四个自信"具体是指道路自信、制度自信、理论自信和文化自信。"四个自信"的提法,是对中华人民共和国成立70周年以来中国经济的发展经验的总结提炼,完全符合中国国情,同时也对中国社会未来的持续发展指明了方向。

坚定"四个自信",首先是要牢固树立道路自信,就是要树立对走中国特色的社会主义道路的自信。中华人民共和国成立70年以来,中国创造了经济社会发展的"三大奇迹",这"三大奇迹"就是对道路自信最好的证明。第一个奇迹是中华人民共和国成立70年以来中国经济的高速发展。中国2018年GDP达到90万亿人民币,占世界经济总量的15.9%,是全球第二大经济体。按不变价计算,中华人民共和国成立70年以来,中国平均经济增速全球第一,经济总量增长了174倍,货物贸易增长了2 380倍,人均GDP增长了70倍,刚好是一年翻一倍,创造了无可争议的中国经济奇迹。那么,怎样理解中国经济增长的奇迹呢?是什么动力导致中国经济飞速地增长呢?

经济学者对此有不同的看法。有学者认为,中国的经济成功源于中国人的勤奋;也有学者认为,中国的经济奇迹是由于亚洲特殊的文化特征和高边际储蓄倾向;还有些人甚至认为中国的繁荣归功于纯粹的好运。这些解释看似有一定道理,但这些解释都无法从逻辑上自圆其说:中国人民在过去的五千年里一直都很勤奋,但为什么在中华人民共和国成立前一百年没有实现经济增长?同样,中国人长期勤俭节约,但为什么经济起飞只有在中华人民共和国成立以后才得以实现?当然,运气更是无法解释中国经济长期高增长的这一事实。

对这个问题的唯一合理的回答是,中国的成功归功于中国人民自己选择的中国特色社会主义道路,归功于中华人民共和国成立70年以来的艰苦奋斗、对内改革和对外开放。基于中华人民共和国成立之后的30年的艰苦奋斗、自力更生,中国建立起了门类完整、种类齐全的工业体系,1978年之后,中国更是明智地参与全球供应链,融入全球一体化进程。在市场配置资源发挥决定性作用的同时,各级政府也发挥了不可替代的积极作用,特别是在制定市场规则、引进外资、促进贸易投资便利化方面做了大量的工作。在"有效市场"和"有为政府"的共同作用下,中国通过依靠市场和政府"两条腿"走路。在20世纪最后20多年,根据本国要素禀赋特征,政府积极实施出口导向发展战略。比如,通过加工贸易,大量出口劳动力密集型产品,实现了中国经济的比较优势,同时创造了大量的就业机会,从而总体拉升了老百姓的人均收入。进入21世纪之后,中国通过加入WTO,成功地融入全球经济一体化,从而帮助企业扩大国际市场规模,并实现了规模经济回报。不过,单纯的"改革开放"政策并不是中国创造经济奇迹的唯一原因。毕竟,在当前全球化的大时代中,许多国家也一样通过加入WTO或签订地区贸易协议等方式实现"对外开放",同时改革国内不合理的政策,以开放带改革,以改革促发展。但为什么这些国家没有取得经济增长的奇迹呢?中国经济奇迹的第二个秘诀在于中国的改革是务实的。"实事求是"是马克思主义"活的灵魂"。中国改革成功之处在于强调问题导向与目标导向相结合,在于自上而下的顶层设计与"摸着石头过河"相结合。在经济发展过程中,既强调坚持社会主义基本方向,也强调遇到具体问题具体分析,以解决具体问题作为最终目标。在实现途径中,既强调中央的顶层设计,全局宏观把握,也鼓励各地区因地制宜、允许行业政策差异,发挥行业特色,结合自身实际"摸着石头过河",不搞"一刀切",边干边学。

中国经济奇迹的第三个秘诀,则在于有中国共产党的坚强领导。有力的领导保证了高效的执行力,从而使得中央的各项政策可以有效、快速、彻底地落实到全国的各个角落,纵向到底,横向到边。中国共产党正是通过这种有机、有序、有效的管理模式,来达到促进经济长期发展的目标。所以中国经济的成功既取决于改革开放的政策设计,也在于长期把握马克思主义活的灵魂,实事求是,坚持中国共产党的领导,从中国的国情出发,走出一条具有中国特色的社会主义道路。

其次,牢固树立"四个自信",重在深刻认识社会主义制度的优越性,做到制度自信。中国的市场经济制度并非简单等同于欧美等国的市场经济制度,在坚持市场对资源配置发挥决定性作用的同时,强调中国特色,也强调坚持社会主义制度。之所以如此,是因为中国特色的社会主义制度最符合人民的根本利益。如果说市场经济制度有利于做大中国经济"蛋糕",实现效率的提升,那么社会主义制度则从公平的角度保证社会资源得以合理地分配。通过初次分配做大中国经济"蛋糕",再通过支付转移等二次分配公平地共享中国经济"蛋糕"。正是通过这两种方式,中国得以实现公平和效率的辩证统一,社会福利得以最大化。正是通过公平与效率的双轮驱动,社会主义制度得以充分采用市场与计划两种配置资源的方式,在快速提升经济增长、创造经济奇迹的同时,迅速地提升人民生活水平,创造人类发展史上的另外两大奇迹。

中华人民共和国成立70年以来社会发展的第二大奇迹就是中国人民的减贫脱贫成就。中华人民共和国成立之前,中国是全球最大的最不发达国家,人民生活处于赤贫水平,70年的建设使得人均可支配收入从1956年的98元上升到2019年的28 228元。到今天为止,经过70年的艰苦奋斗,中国已经基本上实现全部脱贫,现行农村贫困标准下的农村贫困人口比例降到1.7%以下。目前举国上下开展的全面脱贫攻坚战,目标是在2020年实现全部人口脱离绝对贫困线。这对世界人类经济的发展史来讲是一个奇迹。

中华人民共和国成立70年以来社会发展的第三大奇迹是卫生健康和教育的奇迹。中华人民共和国成立之前,中国人均寿命只有35岁,到改革开放之初提升到65岁,而现在中国居民的人均寿命是77岁,达到并超过部分发达国家的人均寿命水平。中国的卫生健康状况也从原来的非常落后,到目前已经建立起一个比较完整、健全的社会保障体系,婴儿死亡率也由中华人民共和国成立之前的20%下降到今天的6‰,九年义务教育巩固率达到94.2%,高等教育毛入学率达到48.1%。

经济发展、全面脱贫、各项人民生活指标大幅提升是70年中国坚持社会主义制度得以实现的三大奇迹。正是这三大奇迹体现了社会主义的优越性,也使得中国人民对社会主义制度充满自信。

再次,牢固树立"四个自信",关键是要深刻学习习近平新时代中国特色社会主义思想的重要理论,系统、全面把握这一重要理论。中国共产党扎根中国的实际,结合中国的国情,在马列主义的基础上,创造性地发展了毛泽东思想、邓小平理论、"三个代表"重要思想、科学发展观,并集大成地形成了习近平新时代中国特色社会主义思想的重要理论。这个理论正是对中华人民共和国成立70年以来的社会、经济、政治、文化等各方面的高度总结和凝练,符合中国的国情,并对中国经济未来的发展起到重要的引领作用。2016年,习近平总书记在哲学社会科学工作座谈会上的讲话明确指出,坚持和发展中国特色社会主义必须高度重视哲学社会科学;而发展哲学社会科学,必须坚持马克思主义在中国哲学社会科学领域的指导地位,同时加快构建中国特色哲学社会科学。经济学科作为哲学社会科学的一个重要分支，经济学理论的发展不仅是中国哲学社会科学理论发展的一个重要构成部分，对中国未来经济的发展也具有鲜明的指导意义。

那么，在经济学科的教学和研究中如何真正做到"理论自信"？就经济学的教学而言，目前在高校教学中存在马克思主义政治经济学和西方经济学两大体系，应该承认，西方经济学的理论大多是基于西方成熟的市场经济，再经过自亚当·斯密以来的三百多年的发展，对于解释西方成熟的市场经济现象有较强的说服力，而其许多基本概念、基本原理由于比较具体形象也容易被学生接受。同时，西方经济学因借用大量的数量模型使得在定量研究上显得更为精准。但这些绝不能说明西方经济学比马克思主义政治经济学更为科学、更能抓住经济发展的基本规律。

事实上，现代西方经济学的发展也是借鉴吸收了马克思主义政治经济学的精华内容的。举例来说，19世纪70年代发展成熟的新古典经济学就是借鉴吸收了古典经济学以及马克思主义政治经济学的劳动价值论，并通过引进了数学中的边际分析方法，把之转型发展为边际效用价值论。比如成本加成（markup）这个概念，它描述的是价格与边际成本之间的关系，在当代经济学的研究中，它通常是被用来衡量企业利润率的一个重要概念。而这一关键概念，其实早在经典的马克思主义政治经济学中有明确论述，这就是价格与价值之间的关系：价格不能远离价值，价格围绕价值上下波动。说穿了，西方经济学就是把"价值"换成"边际成本"而已，而"边际成本"的概念也是借鉴了马克思主义政治经济学的"价值"概念的内涵，即都包含了生产产品的机会成本。

再如，以西方经济学中的三大支柱学科之一的计量经济学为例，计量经济学的研究中最重要的一个科学问题是对"鸡生蛋"还是"蛋生鸡"这种内生性问题的处理，通常的做法是寻找一个工具变量，要求该工具变量通过且仅通过自变量去影响因变量，但通常在研究中，合适的工具变量是非常难以寻找的。其实，这些问题在经典的马克思主义政治经济学中也有明确的论述，比如著名的"经济基础决定上层建筑，上层建筑反过来影响经济基础"这一论断就是经济研究中的一个最重要的内生性问题。如果我们认同马克思主义的辩证唯物论，即事物是普遍联系、永恒发展的，就可以明白理想的工具变量其实是很难存在的。此外，2008年突然爆发的全球经济危机更是再次验证了马克思的深刻论断，即资本主义的生产方式无法避免经济危机的不断发生。

事实上，随着研究和认识的不断深入，各国学者越来越体会到马克思主义政治经济学的科学和深刻，并力图对马克思主义政治经济学做进一步的研究。比如，美国耶鲁大学就有不少经济学家在努力把马克思主义政治经济学数理化、模型化。西方名校尚且如此，在国内高校的教学中，我们更宜加强对马克思主义政治经济学教材的建设、课程的设计，做到马克思主义政治经济学与西方经济学有机融合，并结合中国经济发展的经验事实，提炼出能真正解释中国经济发展的"中国经济学"。

对习近平新时代中国特色社会主义思想的理论自信，也同样需要贯彻到经济科学的研究之中。目前的西方经济学得出的许多经济理论、政策建议都是基于西方的市场经济背景的，但是，中国特色的社会主义市场经济模式并不是简单地等同于西方的市场经济模式，中国的发展道路、社会制度跟欧美国家是明显不一样的。第二次世界大战后各国的实践表明，欧美的资本主义市场经济制度并不是"灵丹妙药"，许多亚非拉国家照搬硬套到本国后,经济不但没发展起来,反而掉进了"中等收入陷阱",经济长期低迷,生产力停滞不前。所以,中国经济学者有必要认真反思,"中学为体,西学为用""洋为中用"这些提法并没有过时。在进行经济研究时,宜从中国的现实经济情况出发,深入调研,结合中国的国情,继承发展马克思主义政治经济学,吸收西方经济学中合理、科学的内容,努力创造出具有中国气派、能够解释中国现实、能够引领未来经济发展的经济学理论,并进一步总结提炼为一般理论,为其他国家的经济发展提供参考,"赠人玫瑰、手有余香",这也是当前大时代赋予中国经济学者的使命和机会。

最后,树立文化自信,关键在于把马克思主义与中国传统优秀文化有机结合。中国五千年悠久璀璨的文化是中华民族的骄傲,也是中华民族对世界文明的伟大贡献。马克思主义引进中国一百年来,正是通过一代又一代优秀先进的中国知识分子的共同努力,不断深入地与中国先进文化相融合,与人民的根本利益相结合,才逐步发展形成了毛泽东思想、邓小平理论、"三个代表"重要思想、科学发展观,并在现阶段集大成地提升丰富成为习近平新时代中国特色社会主义思想,并使之成为指导中国社会发展和经济建设的指导思想。

经过百年的努力,经典马克思主义理论已经跟中国传统文化特别是积极的儒家思想有机融为一体,成为新时代中华文化的核心和精华。之所以能成功做到这一点,关键在于中国共产党长期坚持立党为民、建国为民的初心。正因为如此,坚持中国共产党的领导也成为各族人民的自愿选择。70 年的发展历史已经表明,中国共产党的领导地位的确是历史形成的。为了实现中华民族的伟大复兴,需要繁荣中国传统文化,把马克思主义中国化,进一步擦亮马克思主义底色,从而树立起高度的文化自信。

总而言之,中华人民共和国 70 年的发展正是对"四个自信"的最好注解和说明。牢固树立"四个自信",努力构建中国气派的经济科学是时代赋予每一位中国经济学者的使命和担当。

(本文原载于《人民日报》(海外版),2019 年 11 月 20 日)

本章概要

1. 进口替代战略是指低中收入国家通过限制进口、限制进口产品与本国产品的竞争来支持经济的增长。

2. 保护幼稚产业理论是指由于市场失灵,新的产业需要暂时的贸易保护。市场失灵是指资本市场限制借贷,或者个人投资获利的困难。

3. 进口替代战略在 20 世纪五六十年代很盛行,但自 20 世纪 80 年代中期开始被自由化贸易所取代。

4. 贸易自由化战略对于社会福利的作用还有待讨论。贸易的确会促进一些产业的发展,但是不能因此就断论贸易导致了更快的经济全面增长。同时有些人认为,贸易导致了收入不平等的加剧。

5. 一些东亚经济体用出口导向战略代替了进口替代战略。出口导向战略的特点是大量的出口和进口以及相对较弱的贸易限制。但很难说这种政策对整体经济的发展有多大的贡献。

6. 一些东亚经济体同样采用了更普遍的产业政策，但同样难以确定这些政策是促进还是阻碍了整体经济的发展。

7. 林毅夫教授的新结构经济学提供了一个新的视角来讨论发展中国家的发展战略。

习题

1. 请举例说明什么是进口替代战略和保护幼稚产业理论。保护幼稚产业理论有哪些问题？

2. 如何解释"东亚奇迹"？

3. 什么是遵循自身比较优势和违背自身比较优势的发展策略？这些发展策略与近代中国经济的发展历史有何联系？

4. 新结构经济学的主要观点有哪些？它与之前的理论有何不同之处？

参考文献

［1］Brezis, E. S., Krugman, P. R. and Tsiddon, D., 1993, "Leapfrogging in International Competition: A Theory of Cycles in National Technological Leadership", *American Economic Review*, 83(5), 1211–1219.

［2］Feenstra, R. C., Li, Z. Y. and Yu, M. J., 2014, "Exports and Credit Constraints under Incomplete Information: Theory and Application to China", *Review of Economics and Statistics*, 96(4), 729–744.

［3］Hirschman, A. O., 1958, *The Strategy of Economic Development*, Yale University Press.

［4］Krueger, A. O. and Tuncer, B., 1982, "An Empirical Test of the Infant Industry Argument", *American Economic Review*, 72(5), 1142–1152.

［5］Ju, J., Lin, J. Y. and Wang, Y., 2015, "Endowment Structures, Industrial Dynamics, and Economic Growth", *Journal of Monetary Economics*, 76, 244–263.

［6］Lin, J. Y., 2003, "Development Strategy, Viability, and Economic Convergence", *Development and Culture Change*, The University of Chicago Press.

［7］Lin, J. Y., 2009a, *Economic Development and Transition: Thought, Strategy, and Viability*, Cambridge University Press.

［8］Lin, J. Y., 2009b, "Beyond Keynesianism", *Harvard International Review*, 31(2), 14–17.

［9］Lin, J. Y. and Chang, H., 2009, "DPR Debate: Should Industrial Policy in Developing Countries Conform to Comparative Advantage or Defy It?", *Development Policy Review*, 27(5), 483–502.

［10］Lin, J. Y. and Li, F., 2009, "Development Strategy, Viability, and Economic Distortions in Developing Countries", World Bank Policy Research Working Paper 4906.

[11] Lin, J. Y. and Monga, C., 2010, "The Growth Report and New Structural Economics", World Bank Policy Research Working Papers Series 5336.

[12] Lin, J. Y. and Monga, C., 2011, "DPR Debate: Growth Identification and Facilitation: The Role of the State in the Dynamics of Structural Change", *Development Policy Review*, 29(3), 259–310.

[13] Lin, J. Y. and Ren, R., 2007, "East Asian Miracle Debate Revisited", *Economic Research Journal*, 42(8), 4–12.

[14] Lin, J. Y. and Zhang, P., 2009, "Industrial Structure, Appropriate Technology and Economic Growth in Less Developed Countries", World Bank Policy Research Working Paper 4906.

[15] Lin, J. Y., Sun, X. and Jiang, Y., 2009, "Towards a Theory of Optimal Financial Structure", World Bank Policy Research Working Papers Series 5038.

[16] Lucas, R., 2002, *Lectures on Economic Growth*, Harvard University Press.

[17] Luzio, E., 1996, *The Microcomputer Industry in Brazil: The Case of a Protected High-technology Industry*, Green Wood Publishing.

[18] 林毅夫,2012,《新结构经济学:反思经济发展与政策的理论框架》,北京大学出版社。

第十四章

改革开放以来中国对外贸易的发展

【重点难点】

- 理解中国外贸盈余对中国经济的影响。
- 理解中国 2007 年以后能否继续保持强劲的出口势头。

【学习目标】

- 了解中国国际贸易在改革开放之前和之后的总体概况。
- 了解外商对华投资在改革开放四十多年中的发展情况。
- 了解中国外贸盈余的现状。

【素养目标】

本章旨在促使学生深刻认识坚持高水平对外开放和坚持深化改革开放的重要性,理解习近平总书记强调的"中国特色社会主义在改革开放中产生,也必将在改革开放中发展壮大"的内在逻辑。在新时代新征程中,我国必须始终高举新时代改革开放旗帜,坚定不移全面深化改革开放,坚定不移推动高质量发展,以自身发展为世界创造更多的机遇。

第十四章　改革开放以来中国对外贸易的发展

[引导案例]

中国国际贸易的迅速发展是与改革开放的进程密切联系的。实际上,正是1979年以来一波又一波的对外贸易自由化改革,推动了进出口的快速增长。改革开放以前,对外贸易是由12家国有外贸公司经营的,开展对外贸易主要是为了获取当时国内企业不能生产的短缺商品及先进技术;垄断对外贸易是为了维持国内价格体系、保护国有企业。出口的主要目的就是换取进口所需的外汇。然而,当1978—1979年中国政府试图进口更多的先进技术时,政府却发现外汇储备锐减,外汇严重短缺。在对外汇储备的迫切需求下,政府启动了对外贸易的改革。

如图14-1所示,1978年改革开放以后,中国对外贸易规模逐年上升,进出口总体平衡;2001年加入WTO后,对外贸易迅速发展,进出口高速增长,贸易盈余不断增加。受2008年全球金融危机影响,2009年外贸总量有所下滑,但次年便强劲复苏,恢复高速增长。近年来,世界政治和经贸格局发生一些新变化,中国对外贸易面临的不确定性加大,进出口呈现波动态势。

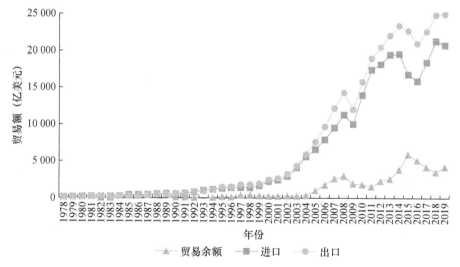

图14-1　中国对外贸易情况(1978—2019)

资料来源:CEIC数据库,历年《中国统计年鉴》。

就获取外汇储备这一初始目的而言,中国对外贸易改革是极为成功的。2006年,中国的外汇储备首次突破1万亿美元,达到10 663亿美元;2007年,外汇储备高达15 282亿美元,比上年年末增加4 619亿美元;2018年的外汇储备达到30 727亿美元,全球第一。

当然,对外贸易改革绝非仅仅使中国获取了庞大的外汇储备。事实上,中国的对外贸易改革可以被视为整个改革开放的一个子集,在其自身的不断展开中遭遇并解决了很多问题,这些问题往往涉及政治、经济与社会的很多方面,问题的解决方案也影响到对外贸易领域之外的众多组织与个人。单纯地在对外贸易领域来理解中华人民共和国成立七十多年来的对外贸易改革,必然不能完全准确地对事实做出解释与评价。因此,在本章中虽然我们集中分析国际贸易领域,但也会在必要时结合当时改革的整体进程做出额外的说明。

第一节 改革开放以前的中国外贸概述

改革开放之前,中国的对外贸易体系是一个典型的苏联计划经济模式,是整个计划经济体制的一个重要组成部分。对外贸易的原则是"互通有无,调节余缺"。中央政府通过两个方式来调控贸易流动与资金流动:第一个方式是对外贸易垄断;12家国有进出口公司垄断了进出口业务,只有授权商品才能通过这道控制体系;第二个方式是官方控制的外汇体系,非经严格批准,个人无权将人民币兑换为外币。

为什么当时中国政府会采取对外贸的严格控制呢?答案是当时中国政府迫切地想将中国建设成为一个现代化的工业国家,而对外贸的控制是实现这一发展战略目标的必要措施。Lin(2003)论证了欠发达国家通常是劳动力相对丰裕、资本相对稀缺的,因此在开放与竞争的经济环境中,企业应进入劳动力密集型行业,并采用劳动力相对密集的生产技术;但欠发达国家的政治领袖与知识分子常常将工业化,尤其是重工业化等同于国家的现代化,因此他们会推动国家发展重工业,并尽可能地采用最先进的技术。国家为了实现其战略目标,只能压低利率以降低资本成本。一般来说,发展中国家由于自身技术、资源所限,本身不能生产发展重工业产业所需的设备,需要从发达国家进口,因此外汇是必需的。但发展中国家的外汇通常稀缺而且昂贵,因为其出口产品很有限,而且主要由低价值的农产品与资源构成。因此,为了降低进口设备的成本,政府通常会高估本币,压低汇率。

中国在1978年改革开放以前并非完全封闭。从1949年到1960年,中国也存在大量的对外贸易,不过几乎都是与苏联之间的。根据海闻等(2003),1952—1960年,中国与社会主义国家之间的贸易占总贸易量的2/3,其中48%的贸易是与苏联的。对外贸易在中国的工业化建设中发挥了重要作用。根据第一个五年计划,中国进口工业原材料(如钢铁、柴油和机械设备),主要出口纺织品和食品,同时向苏联借贷,以平衡贸易逆差。1958—1961年的"大跃进"事实上促进了中国与其他社会主义国家间的贸易,因为大量的投资拉动了对进口设备的需求。然而,"大跃进"和"反右倾"的错误、三年严重困难时期的存在以及苏联政府单方面的违约,造成经济衰退,粮食大幅减产,人民生活严重困难;中国对外贸易停滞,此后逐步退化为世界经济的孤岛。工业品进口急剧减少,稀缺的外汇被用来购买急需的粮食,以前出口的食品和轻工业产品现在国内供应不足,中国成为加拿大、澳大利亚和阿根廷的粮食出口的稳定客户。中国从苏联的进口急剧减少,仅占总贸易的1%,而且从1959年到1970年都没有增加。1970—1971年,中国进出口总额仅占GDP的5%。20世纪70年代中期,中国经济逐步恢复。轻工业产品(尤其是纺织品)的供给又开始增长,与此同时大庆油田的石油供给快速增长,并可以出口一部分石油以换取外汇。随着外汇储备的增加,中国开始尝试从西方和日本购买技术,化肥和钢铁技术是当时中国最迫切需求的技术。1977—1978年中国的技术进口项目成倍增加,但随着油田发展计划的失败,中国出现了严重的外汇短缺,而且在原有的控制体系下一切可利用的创汇机会都已经被使用殆尽,对外贸易体制的改革与创新势在必行。

第二节　改革开放以来中国外贸的主要成就

中国从1978年开始实行改革开放政策,这深刻地改变了中国,并深远地影响了世界。得益于对外开放政策,中国已成为世界上货物贸易第一大国和服务贸易第二大国。中国吸收和对外直接投资均达到较大规模,2018年分别为1 349亿美元和1 298亿美元,占世界总额的7.9%和19.3%。过去40余年间,中国的对外货物贸易量增长了204倍,GDP增长了34倍,中国实现了对外贸易发展的"奇迹"。

对外开放前,中国实施进口替代战略,体现为"进口少出口少"的特征。同时,中国实施以重工业为导向的发展战略,通过降低利率,高估本币币值、扭曲劳动力、原材料甚至农产品价格等渠道发展重工业。这一战略造成了劳动力过剩、劳动者收入水平低,从而导致经济增长缓慢。

中国的对外开放过程可分为三个阶段:广度开放阶段(1978—2000年)、深度开放阶段(2001—2017年)和全面开放阶段(2017年至今)。其中,全面开放阶段的开始是以中共十九大提出"推动形成全面开放新格局"为标志的。

1978年后,中国政府放弃了重工业发展战略,开始实施出口导向战略,并将这一战略持续到2008年全球金融危机爆发。中国加入WTO之前,中国出口增长的主要驱动力是基于要素禀赋的比较优势。中国是一个劳动力丰富的国家,劳动力成本相对低廉。因此,中国主要出口劳动力密集型产品,成为世界上最大的"世界工厂"。然而,中国加入WTO后,劳动力成本不断上升,与越南和其他东南亚国家相比,劳动力成本不再具有节约成本的优势。事实上,这段时期,中国出口繁荣最根本的推动力是加入WTO后急剧扩大的市场规模。

2008年全球金融危机对全球经济发展特别是发达国家经济发展造成了严重的负面冲击,主要发达经济体的需求持续减弱。中国主要依靠出口拉动经济增长的模式已不可行,中国出口的主要驱动力正从成本优势转向质量、品牌、服务等新的优势。中共十九大明确指出,中国经济已从高速增长阶段转向高质量发展阶段,提高供给质量已成为当务之急。与此同时,贸易保护主义和反全球化势力不断抬头。在此背景下,中国政府提出构建全面开放、促进中国经济和世界经济发展的新格局。

2018年年初以来,美国挑起的中美贸易摩擦不断升级。这不仅给中美经济带来负面影响,也给全球经济发展带来严重的不确定性。因此,中国面临的外部环境变得越来越复杂。中国应该冷静且自信地应对挑战。一方面,中国必须反击美国发起的贸易攻击,另一方面,中国将通过扩大市场准入、改善外商投资环境、加强知识产权保护、主动扩大进口等渠道进一步扩大对外开放。

一、广度开放阶段(1978—2000年)

改革开放前,中国采取以重工业为主导的发展战略和进口替代战略,导致农业劳动力过剩,城市化率低,居民收入低。但是,这些因素为改革开放以来实施出口导向战略奠定了基础。

作为对外开放的重要举措之一,中国在1978—2000年间逐步设立了一系列经济园区，并为园区内企业提供优惠政策，以促进进出口增长。同时，中国政府还放宽了外商直接投资的市场准入。中国拥有大量的廉价劳动力，但缺乏技术和设备，加工贸易成为中国参与全球贸易的必然选择。加工贸易增长迅速，中国成为一个新的"世界工厂"。在此期间，中国于1986年申请加入GATT，并于1992年开始积极削减进口关税。从1992年到1997年，进口关税下降了近60%。这无疑表明了中国扩大开放的决心。

1979—1987年为中国对外贸易体制改革的探索阶段，改革的主要内容包括：第一，增加对外贸易口岸，下放外贸经营权，广开贸易管道，改革高度集中的贸易体制；第二，改革单一的指令性计划，实行指令性计划、指导性计划和市场调节相结合；第三，建立和完善外贸宏观管理；第四，探索促进工贸结合的途径；第五，采取鼓励出口的政策措施。1984年9月，经国务院批准，原中国外经贸部发布了《关于外贸体制改革意见的报告》，提出了"政企分开"和"工贸结合、技贸结合、进出结合"等措施，具体包括：增设对外贸易口岸，下放外贸经营权；实行指令性计划、指导性计划和市场调节相结合的外贸计划；探索工贸、农贸、技贸一体化的途径；完善外贸管理，重新实行进出口许可证制度，建立外贸经营权审批制度；实行外贸盈亏增盈分成制度，对出口产品实行退税等。

中国的对外贸易体制改革大体可理解成为由点到线、由线到面的渐进过程。外贸改革的第一步是中央政府决定在广东省和福建省设立四个经济特区（分别为广东省的深圳市、珠海市、汕头市和福建省的厦门市）。选中深圳市和珠海市的原因主要是它们在地理上靠近香港和澳门；而选中汕头市和厦门市的理由则是这两个城市是主要的侨乡。在四个经济特区内，出口加工业进口产品免税。

对外贸易体制改革的第二步可视为"线"上的改革。中国政府在1978—1979年开放了广东省和福建省两省的贸易管道。中央政府没有试图转变整个贸易体系，而是采用类似"试验田"的方法进行谨慎的改革。为什么会选中广东省和福建省呢？主要原因是二者与香港和台湾的地理位置接近，具有巨大的贸易潜力，毕竟当时香港的出口额与内地的出口额几乎相等。这样，1978年之后香港的企业就可以与珠江三角洲的企业签订出口加工合同，香港的企业可以将原材料运到广东省的乡镇企业进行加工，并将成品出口。这种方法可使内地的工业企业不用面临进口竞争，而又能充分利用香港发达的出口网络进行外贸活动。出口加工产业下的企业享有各种特权，主要包括从事进口不需要通过国有外贸公司，而且进口原材料产品不需要缴税。

对外贸易体制改革的第三步是进行广泛的"面"上的改革，即第一波贸易自由化进程。在广东省和福建省的对外贸易体制改革取得突破后，中国政府开始对国内广大地区实行贸易自由化政策。1984年，全面的自由化政策开始实行。

因此，通过设立经济特区和实施出口加工政策，中国可以有选择地促进出口，虽然中国的其他地区仍然主要采用进口替代战略。也因此，在对外贸易体制改革的第一阶段，广东和福建两省被赋予了特殊权利——这两个省的对外贸易公司拥有外贸自主权以及保留外汇收入的权利，从而两省政府有强烈的通过促进外贸搞活经济的动力。特殊的外贸政策加上优越的地理环境（与香港毗邻），使得广东省经济发生了根本性的转变，从一个对外贸易二线省份变成了出口大省。在后续的15年间，广东省和福建省的出口增长速度是中国其他地区的两倍，这两省从经济落后地区转变为世界贸易的关键地区之一。

事实上,到 1987 年为止,中国已初步形成一个有利于促进贸易和投资的新体系。这一时期的主要特征可概括为以下几点:

(一)初步建立关税和非关税壁垒体系

中国政府在对计划贸易体系进行大刀阔斧的改革的同时,高关税和非关税壁垒被广泛地应用,以保护国内市场。中国在改革开放之前也存在关税,不过那时作用很小,因为当时的国有垄断外贸公司执行贸易计划,可以根据需要对收益和关税进行再分配。1978年以后,中国政府开始有效地运用关税政策。一方面为了避免因过快地实行贸易自由化而导致的进口激增、贸易赤字和硬通货债务,另一方面为了可以得到较高的关税收入,中国政府在 20 世纪 80 年代早期颁布了一套税率很高的关税制度,这一套新关税制度一直维持到 20 世纪 90 年代。1992 年,根据国际货币基金组织研究人员 Rumbaugh 和 Blancher 的分析,中国的税率同其他高度保护的发展中国家差不多,未加权平均关税率为 43%,加权后为 32%(与巴西关税率水平大致相同)。

此后,中国开始积极降低进口关税率。1992 年年初中国的简单平均进口关税率仍为 42%,1994 年在 WTO 乌拉圭回合谈判期间降至 35%。在接下来的三年里,中国再次削减进口关税率的幅度高达 50%;到了 1997 年年底,中国进口关税率仅为 17% 左右。中国对外开放迈出这一大步,最重要的原因是希望尽快加入 WTO。1994 年,中国还只是 WTO 的观察成员,而不是正式成员。中国在 2001 年加入 WTO 后,其简单平均进口关税率从 17% 降到 2006 年的 10%。到了 2019 年,中国简单平均进口关税率只有 7.5%,加权进口关税率更是降至 4.4%。具体更多关税削减的内容可参考 Yu and Zhang(2019)。

非关税壁垒也同样重要。政府使用关税和非关税壁垒来达到政策目标,其中重要的非关税壁垒是对交易权利的严重限制。国有外贸公司控制着国外市场与国内市场的连通,制造业企业贸易权利被限制,只有在他们自己生产所需时才批准进口。贸易公司往往只能在规定区域从事规定产品的贸易,有时还会被政府限制贸易伙伴的类别。中央政府控制的一些比较大的外贸公司拥有某些敏感商品的垄断贸易权。

Fujii and Ando(2005)根据联合国贸易与发展会议(UNCTAD)关于 1996—1999 年中国非关税壁垒的资料估算出中国在各行业非关税贸易壁垒的情况(见表 14-1)。表中的 CoreNTM 是指 UNCTAD 定义的包括价格控制措施、金融控制措施以及质量控制措施在内的核心非关税壁垒(Core Non-Tariff Measures)。

表 14-1 核心非关税壁垒的等价关税率

	分类	CoreNTM(%)
1	活动物与动物产品	31.1
2	植物产品	36.4
3	动植物油脂	74.5
4	食品	30.8
5	矿物产品	55.1
6	化学品	23.6

（续表）

分类		CoreNTM(%)
7	塑料及塑料制品	31.3
8	皮革,原材料,皮革制品,毛皮	0.0
9	木材与木制品,木炭	51.9
10	木浆,植物浆,纸	15.1
11	纺织品	15.7
12	鞋帽,雨伞	0.0
13	岩石制品,石膏,水泥	0.0
14	宝石与半宝石	0.0
15	贱金属及其制品	41.1
16	机械,设备	35.5
17	地面、空中、水中运输方式	81.7
18	光学、照相设备	25.3
19	武器,军需品等	269.3
20	多种制造品	0.0
21	艺术品,文物与收藏品	0.0

资料来源：Fujii and Ando(2005)。

（二）启动汇率改革

符合实际的人民币汇率是对外贸易体制改革成功的必要条件。改革开放之初,人民币币值被高估,1980年1.5元人民币兑换1美元,这一汇率明显对出口不利。此后整个20世纪80年代,随着经济发展与一轮又一轮的对外开放,人民币不断贬值。到了1986年,3.5元人民币兑换1美元,扣除通货膨胀影响后,人民币贬值约60%。1988—1993年,中国实际上存在两个汇率体系,一个是官方的固定汇率体系,另一个是市场决定汇率的外汇互换市场体系,在这个市场上进口商与出口商以及其他有外汇供给或需求的市场参与者按照市场决定的汇率进行交易,这就是汇率双轨制。汇率双轨制推动了人民币的进一步贬值。20世纪80年代中国货币的贬值是整个东亚汇率调整进程的一部分,在这一时期,日元显著升值,各国和地区的产出和贸易急剧转型。

1994年1月1日,人民币官方汇率与外汇互换市场汇率并轨。政府用汇率较低的外汇互换市场汇率统一汇率市场,官方汇率下调,双轨合一,中国由此进入有管理的浮动汇率体系。同时,中国在18个月内实现经常账户的可兑换。这意味着任何进口商只要出示有关贸易的证件就可以购买外汇。此外,在有管理的浮动汇率体制下,人民币汇率被固定为8.3元人民币兑换1美元。在1997—1998年的亚洲金融危机中,所有亚洲货币（包括人民币）都面临贬值的风险,中国政府决定不让人民币贬值,并且坚持不放开对资本账户的限制。所以,在这个阶段,如 Naughton(2006)指出的,中国外贸出现了四个有趣的现象：出口的快速增长、资本项目的不可兑换、汇率的固定和人民币币值的低估。

图14-2描绘了1985—2019年人民币汇率的变化,从中我们可以看到1985—1994年人民币经历了一个贬值过程,1995年之后汇率较为稳定,从1994年的大约8.7元人民币兑换1美元,每年以2%—3%的幅度向上浮动,至1997年达到8.28元人民币兑换1美

元。1998—2004年人民币汇率基本在8.27元人民币兑换1美元的水平附近窄幅波动。

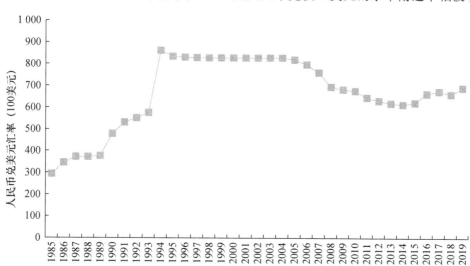

图 14-2 人民币汇率变化(1985—2019)

资料来源：CEIC 数据库，历年《中国统计年鉴》。

在1997—1998年的东南亚金融危机中，东南亚各国和地区的货币纷纷贬值。如图14-3所示，日元贬值20%左右，马来西亚林吉特贬值30%左右，而韩元贬值近40%，贬值最厉害的是泰国泰铢，超过40%。但中国中央政府顶住了压力，在整个东南亚金融危机中坚持人民币不贬值。

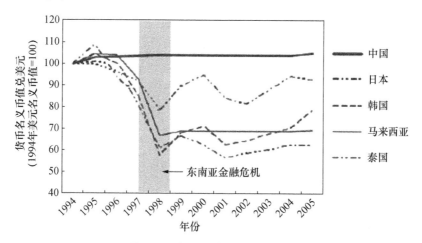

图 14-3 各国汇率(1994—2005)

资料来源：引自 Griswold(2006)。

2005年7月21日，考虑到国内外多方面的因素，中国中央政府将汇率上调了2%，并由人民币单独盯住美元改为盯住包括美元在内的一篮子货币。此后人民币汇率继续不断地调整，2008年4月上升到大约7元人民币兑换1美元，2014年达到6.14元人民币兑换1美元的历史高点，2019年下降到大约6.91元人民币兑换1美元。

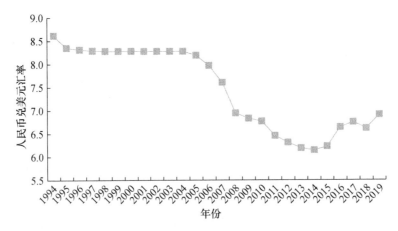

图 14-4　人民币 2005 年后进入升值轨道

资料来源：CEIC 数据库，Wind 数据库。

为什么人民币会不断地升值？首先要考虑近年来中国不断累积的规模庞大的贸易顺差。2006 年中国的外贸顺差达 1 775 亿美元，占外贸总额的 12%；2007 年中国的外贸顺差达 2 622 亿美元，占外贸总额的 21.5%。2001 年年末中国加入 WTO 之后，中美贸易顺差增长得尤为快速，2007 年已达 213 亿美元。巨额的中美贸易顺差是人民币升值的深层原因，而人民币升值的直接原因在于美国施加的强大压力。美国国会频频向中国施压，一度造成中美贸易关系紧张。美国国会认为，近期美国出现的 200 万非技术工人的失业，是由中美贸易顺差的增加造成的，可以形象地表述为"中国从美国抢走了工作职位，留给美国巨额的逆差"。自 2005 年 1 月在乌拉圭回合中制定的《纺织品与服装协议》因 10 年期限届满不再有效，中国纺织品大量涌入美国，引起了美国国内一部分利益相关者的恐慌。美国国内特别是议会的保护主义日益抬头。迫于国会的压力，美国政府一方面增加各种非关税贸易壁垒，另一方面向中国施加压力，要求中国汇率升值，试图通过中国汇率的升值，提高中国产品的价格，减少中国对美国的出口，以降低美国的贸易逆差。

（三）下放外贸经营权和进口定价

1978 年后，对外开放政策成为国家最主要的大政方针。相应地，政府放宽了外贸公司的数量，同意各级工业部门设立外贸公司，原国有垄断外贸公司在各省的分公司变为独立公司，许多地方政府和经济特区也自己开设外贸公司。因此，外贸公司的数量急剧上升。截至 1988 年年底，全国有约 5 000 家国有外贸公司，约 10 000 家制造业企业有直接出口权利。为降低成本，外贸公司会寻找成本较为低廉（工资较低）的乡镇企业作为供应商，出口产品自然多为劳动力密集型产品。这样，乡镇企业出口所占份额迅速上升，到了 20 世纪 90 年代中期已占外商投资企业的 20%。相对于出口方面的改革，进口方面的改革比较滞后。不过，政府逐渐放开进口价格管制，进口商渐渐能够决定进口价格，通常是按照世界平均价格加进口商的佣金进行定价。

总的来说，在改革的第一阶段，中国采取了以出口导向战略为主的对外开放模式。中国采取各种措施鼓励出口，包括自 1985 年起实行的出口退税政策（这一政策一直延续到

20世纪90年代)。国有银行贷款扶植出口项目,并建立了完全独立的出口加工贸易制度,使得出口商得以摆脱原有中央对贸易的垄断。到了1987年,中国实际上存在两个独立的贸易体系:改革后成长起来的出口加工贸易体系和传统的贸易体系,而且前者已经超过后者,在国民经济中处于主导地位。

如同Naughton(2006)指出的,出口加工制度并不是中国所独有的,世界上的许多国家都有类似情况,然而中国却有它独到之处。在大部分国家,这些特许厂商被严格限制在一个出口加工区域,中国却允许整个沿海区域作为出口加工区域。事实上,中国的出口加工区域远远超出了经济特区的地理范围。

(四)以建立对外贸易承包经营责任制和实行企业自负盈亏为中心的改革

值得指出的是,在20世纪90年代,在仍然保持国家垄断外贸的前提下,政府主要通过将外贸企业的所有权和经营权分离来改善外贸部门的经营状况,包括实行承包经营责任制和转变企业经营机制,实行企业自负盈亏两个阶段。从1988年到1990年,改革的主要措施是推行对外贸易承包经营责任制。1988年2月,国务院发布了《关于加快和深化对外贸易体制改革若干问题的规定》,开始全面推行承包经营责任制。其主要内容包括:第一,由各地方政府及全国性外贸总公司向国家承包出口收汇,上缴中央外汇补贴额度,承包基数三年不变;第二,取消原有的外汇控制指标,凡地方、部门和企业按规定所取得的留成外汇,允许自由使用,并开放外汇互换市场;第三,进一步改革外贸计划体制,除统一经营、联合经营的21种出口产品保留双轨制外,其他出口产品均改为单轨制,即由各地直接向中央承担计划,大部分产品均由有进出口经营权的企业按国家有关规定自行进出口;第四,在轻工业、工艺、服装三个行业进行外贸企业自负盈亏的改革试点。从1991年到1993年,改革的主要措施是实行自负盈亏的体制改革。1990年12月9日,国务院发布了《关于进一步改革和完善对外贸易体制若干问题的决定》,该决定重点是要从外贸企业自负盈亏机制入手,在进一步调整人民币汇率的基础上,在对外贸易领域逐步实行统一政策,创造平等竞争、自主经营、自负盈亏的市场环境,推行代理制。

二、深度开放阶段(2001—2017年)

进入21世纪以来,中国的对外开放重心由广度开放向深度开放转变。2001—2017年,中国加入WTO、进一步扩大外商直接投资市场准入、放宽对外直接投资、建立自由贸易试验区、建设开放型经济新体制综合试点试验地区,这五个方面的大事体现出中国正在进行深度开放。在这一部分,我们将分别介绍其中的几件大事,并对中国的深度开放阶段进行评价。

(一)中国加入WTO

1. 兑现关税削减承诺

作为加入WTO的条件之一,中国承诺在2006年前将进口关税率削减到一定程度,这一关税率被称为约束关税率,中国征收的进口关税率不能高于约束关税率。2001—2006年,中国平均实际应用关税率已经低于2001年承诺的约束关税率。也就是说,中国已经兑现加入WTO时签署的降低进口关税率的承诺。

2. 消除出口贸易政策不确定性

1992—2008年,中国名义货物出口额增长了16倍以上。更重要的是,2001年中国正式加入WTO后,出口增长速度明显加快。在加入WTO之前,从1992年到2001年,年均名义出口增长率约为14.1%;而加入WTO后,从2002年到2008年,年均名义出口增长率高达27.3%。

中国出口飙升的很大一部分原因,可以归结为中国加入WTO后高关税威胁消除了。根据美国的法律,从中国等非市场经济国家进口的产品,必须缴纳1930年《斯穆特-霍利关税法案》规定的相对较高的关税。这些关税被称为非正常贸易关税或"第2栏"关税,通常比美国向WTO成员方提供的最惠国待遇或"第1栏"关税高得多。当中国于2001年12月11日加入WTO后,美国于2002年1月1日承认中国为永久正常贸易关系国,因此中国出口商对关税突然飙升的担忧完全消除了(Pierce and Schott,2016)。

3. 削减非关税贸易壁垒

中国出台的非关税措施主要集中在保障食品安全、人类与动物健康、产品质量与安全、环境保护等方面,约占实施非关税措施总量的90%。

中国正在积极按照ISO、IEC等国际标准制定相应的国家标准。在非关税措施的1448项强制性标准中,有555项(约38%)直接采用ISO、IEC和其他国际组织制定的标准。中国正在加大力度,以国际通行做法精简国家标准,在标准化进程中寻求国际合作。特别是,随着新的《中华人民共和国标准化法》的颁布,中国打算通过减少相关领域的限制,为促进贸易、经济和社会发展提供更大的可能性。

经原国家质量监督检验检疫总局确认的非关税措施有2071项,其中只有646项措施单方面适用于世界各国,其余的1425项措施以双边或多边方式适用于某些国家或地区,并且在这1425项措施中有896项(约63%)在2010年以后实际实施。这表明,多年来中国与各国的非关税壁垒措施设定关系正日益从单边关系(即从对所有国家采取同样的措施)转为双边关系,中国对其他国家的非关税壁垒处于不断削减的进程中。

(二)建立自由贸易试验区

2013年,政府在上海市首先设立了自由贸易试验区。该地区占地面积不大(初始面积只有29平方公里左右),但其潜在的经济影响巨大。自由贸易试验区建设的总体思路可以概括为"1+3+7三步走"。第一,政府于2013年9月在上海市设立了第一个自由贸易试验区;第二,2015年4月,自由贸易试验区扩展至广东、天津和福建等3个沿海大省;第三,2016年9月,政府又在辽宁、陕西、河南、湖北、重庆、四川、浙江等地设立了7个沿海和内陆自由贸易试验区。设立自由贸易试验区的目标是:如果其他非自由贸易试验区已准备好进行改革,则将这些自由贸易试验区的成功经验推广到其他非自由贸易试验区。

在中国早期经济特区试点的基础上,政府为自由贸易试验区设定了四种角色。第一,旨在进一步促进贸易和投资便利化,这或多或少与出口加工区的发展方向相一致。对于自由贸易试验区内的货物生产和贸易,政府要求"一线放开,二线管住"。其具体逻辑是,自由贸易试验区内使用的进口中间投入品将获得关税豁免(即一线放开),但使用这类中间投入品的最终产品不能在区外销售到中国国内市场(即二线管住)。

第二,旨在推广中国的负面清单投资模式。与以往的正面清单不同,新的负面清单投资模式对外资在华投资的监管或限制较少。如果产品或行业处于负面清单上,则不允许外国投资者投资。换句话说,外国投资者可以投资于清单上没有列出的任何项目。这给外国投资者提供了巨大的投资新行业的空间。事实证明,这种政策设计是最成功的政策改革。由于11个自由贸易试验区都取得了巨大成功,2018年,中国政府决定将这一政策推广到全国。

第三,旨在进一步推动中国金融改革。值得一提的是,自由贸易试验区旨在通过可转换资本项目促进金融创新,并提供更多金融服务。事实证明,到目前为止,这项改革的效果有限。不难理解,这是因为自由贸易试验区仅占所在城市的很小一部分,且金融改革在自由贸易试验区内外无法明确划分。

第四,要求地方政府消除官僚作风,简化业务流程;还特别强调事后监管,而非事前审批。

(三)建设开放型经济新体制综合试点试验地区

与自由贸易试验区不同,中国12个城市、区域被设立为开放型经济新体制的开放举措却鲜为人知。2015年,政府决定在五个城市群中选择12个城市、区域进行所谓的"新经济试点"。山东省省会济南是12个城市、区域中最大的城市;选择福建省沿海城市漳州,主要是因为漳州与台湾关系密切;广西沿海城市防城港入选是因为它毗邻越南的一个经济特区,政府希望通过建立这个新的经济区来发展双边边境贸易;广东东莞入选是因为它是全球的出口大市,同时又毗邻深圳,现已成为深圳重要的生产基地。

其他8个城市、区域分布在中国的五个大都市圈。首先,辽宁大连(金浦新区)和河北唐山,是最接近京津冀都市圈的两个北方城市;其次,陕西西安(西咸新区),是中国西北部最大的城市;再次,重庆(两江新区)入选是因为它是成渝特大城市的核心城市之一,而武汉(城市圈)和南昌入选是因为它们是中国中部的两个大城市;最后,上海浦东新区和江苏苏州工业园区入选是因为它们与长江三角洲经济带相连。

这些开放型经济新体制综合试点试验地区的目标主要集中在以下六个方面:一是探索新的政府管理模式;二是探索各产业园区之间的协调方式;三是探索鼓励外商直接投资的新途径;四是促进国内产品高质量出口;五是大力改善金融服务;六是着力推进区域全面开放。

经过3年的实验,由北京大学国家发展研究院领导的独立评估小组对这12个地区的新经济改革给出了积极正面的评估结果。评估小组特别注意到,这些改革措施成功地促进了地方经济发展,并有助于供给侧结构性改革。

(四)对深度开放阶段的评价

加入WTO后,中国实现了削减进口关税的承诺,中国出口商面临的贸易政策不确定性大幅降低,这些均导致了进出口的快速增长。如图14-5所示,中国贸易开放度(国际贸易总额占GDP的比重)快速上升,由2001年的38.1%增长到2006年的63.95%。这意味着对外贸易对GDP增长的贡献率显著提高。与此同时,中国进一步扩大了外商直接投资的市场准入,放宽了中国企业对外直接投资的限制。

金融危机爆发后,外国市场受到严重冲击,需求疲软,贸易保护主义抬头。21世纪以

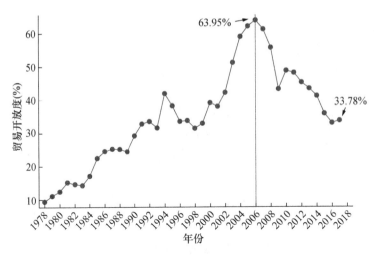

图 14-5 中国贸易开放度(1978—2018)

资料来源：历年《中国海关统计年鉴》。

来，特别是 2004 年后，中国的劳动力成本急剧上升，人口红利迅速消逝。与许多东亚国家相比，中国在劳动力密集型产业上不再具有显著的比较优势。中国海外市场的很大一部分已被越南和孟加拉国等国占据。因此，继续依靠简单的加工贸易来促进中国出口的战略已不再可行。事实上，全球金融危机爆发后，中国加工进出口均大幅下降，如图 14-6 所示。

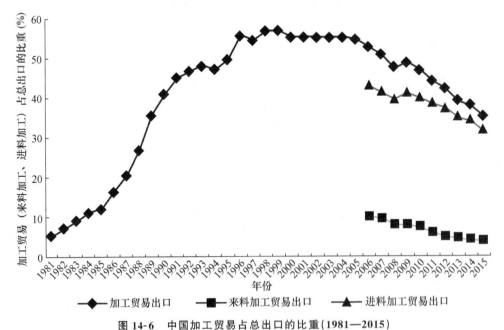

图 14-6 中国加工贸易占总出口的比重(1981—2015)

资料来源：中国历年海关统计年鉴。

中共十八大提出深化外贸体制改革，通过体制改革促进对外开放，培育外贸竞争新优势。为此，中国政府于 2013 年开始设立自由贸易试验区，并于 2015 年开始实施开放型经济新体制综合试点试验。这两项政策举措成功地促进了地方经济发展，有利于推进供给侧结构性改革。中共十九大明确指出,中国经济已由高速增长阶段转向高质量发展阶段。中国政府提出构建全面开放新格局,以促进中国经济和世界经济共同发展。

三、全面开放阶段(2017年至今)

2017年,中共十九大提出,"推动形成全面开放新格局"。其中,最重要的举措包括落实"一带一路"倡议、自由贸易港试验和粤港澳大湾区发展。本节将具体介绍这三个方面的举措。

(一) "一带一路"倡议

"一带一路"倡议由中国政府于2013年提出,致力于推动区域合作和跨大陆互联互通。"一带一路"倡议旨在加强中国与其他"一带一路"沿线国家和地区的基础设施、贸易和投资联系。除中国外,还有64个国家或地区被视为"一带一路"沿线国家。这些国家包括10个东盟国家、18个西亚国家、8个南亚国家、5个中亚国家、7个独立国家联合体国家和16个中欧和东欧国家。"一带一路"倡议的参与范围仍在继续扩大,"一带一路"倡议甚至被解读为对所有国家或地区和国际组织开放,而不仅限于"一带一路"沿线国家或地区。

除了推进国际贸易,"一带一路"倡议尤其注重基础设施建设。作为历史上规模最大的基础设施投资项目之一,"一带一路"致力于解决不同国家之间存在的"基础设施鸿沟"问题,从而有利于促进沿线国家或地区经济增长。总而言之,"一带一路"倡议呼吁通过建设基础设施、加强文化交流、扩大贸易和投资,将参与国家或地区纳入一个具有高度凝聚力的合作框架。

(二) 自由贸易港试验

中共十九大的一份报告中首次提出了自由贸易港的概念。国家主席习近平明确指出,中国将进一步改革自由贸易试验区,并探索建立开放水平更高的自由贸易港。

自由贸易港的主要特征是,从行政监管的角度看,它不属于海关的管辖范围。自由贸易港具有港口和自由贸易试验区的特征,具有许多与贸易相关的功能,包括产品加工、物流和仓储。但这是一个比自由贸易试验区更开放的平台。实际上,建设自由贸易港将有助于自由贸易试验区朝着更透明的制度环境的目标迈进,比如新加坡和中国香港。同时,打造自由贸易港,需要在贸易便利化措施、船舶燃油价格、金融支持、海关监管、检验检疫等方面取得突破。此外,自由贸易港将能够更好地应对深刻变化的全球环境。

(三) 粤港澳大湾区发展

建设和发展粤港澳大湾区是中国对外开放较紧迫的任务之一。粤港澳大湾区包括9个市辖区、香港和澳门,这9个市辖区位于珠江的东岸和西岸,分别是深圳市、东莞市、惠州市、广州市、佛山市、江门市、肇庆市、中山市和珠海市。粤港澳大湾区与珠江三角洲相吻合,而珠江三角洲是中国发展水平较高的经济开发区之一。

粤港澳大湾区的发展应着眼于以下几个方面:第一,要把实体经济与金融经济结合起来,重点放在实体经济上,服务业应该发挥辅助作用;第二,促进创新,中国正从制造业大国向创新大国转型,粤港澳大湾区应在创新型国家建设中发挥关键作用;第三,制度创新,同时应更多地关注生态环境保护。促进大湾区发展的其他开放措施包括:进一步扩大市场准入、改善外国投资者的投资环境、加强知识产权保护和主动扩大进口等。

第三节 外商直接投资

外商直接投资与中国的对外贸易发展是密切结合在一起的。在中国对外贸易改革之初,政府实行了一系列在探索中前行的贸易自由化政策,使得出口加工产业最初在广东和福建两省,随后在中国的其他沿海地区迅速地发展起来。改革开放40年来,外商直接投资的特点可用一句话来表达:数量多,规模大,分布广,趋势稳定,资金来源充裕。本节将仔细讨论这些特征。

一、外商直接投资的规模

中国的外商直接投资自改革开放以来规模巨大,且增长很快。最主要的原因是中国对资本流动管制一直较为严格,这就使得外国投资者在中国的主要投资方式为绿地投资。中国政府在20世纪80年代以后又强调采用出口导向发展战略,从而在绿地投资中制造业所占的份额相当大。事实上,这也是中国区别于其他发展中国家在外商直接投资流入上的显著特点。

首先让我们看一下改革开放以来,外商直接投资在中国的发展情况。从图14-7中可以看出:整个20世纪80年代,外商直接投资的增长都十分缓慢。外商直接投资在1983—1991年间规模甚小,最大的数额出现在1991年,合同金额只有119.77亿美元,实际使用金额只有43.66亿美元。主要原因有两个方面:第一,从中国相关的管理政策来看,在20世纪80年代改革开放进程经历了从起步到逐步发展的过程,对外贸易体制改革的深化是阶段性展开的。如同其他方面的改革一样,中国政府在外贸领域方面的改革也采用渐进的策略,即先从点(几个城市)上着手,成功后再推向线(多个城市)和面(东部沿海地区)。对外资的利用同样也要经历这一从探索到大力推广的过程。第二,从外商的角度考虑,由于中国的对外贸易体制改革政策变化很快,外商一开始不大理解甚至不相信不断涌现的

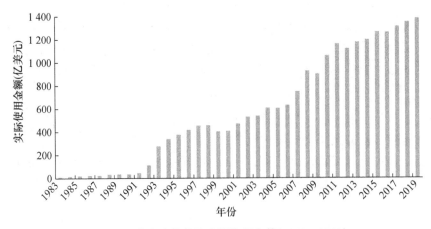

图14-7 外商直接投资实际使用金额(1983—2019)

资料来源:CEIC数据库,历年《中国统计年鉴》。

新政策,因此会出现一定程度的"观望"以致停滞不前。20世纪90年代,中国的外商直接投资经历了巨额的增长。1992—1998年是一轮增长,此后在1999年出现暂时的回落,进入21世纪后,尤其是在中国于2001年年底入世以后,中国的外商直接投资又出现了新一轮的增长。

在1992年邓小平视察南方后,中国政府继续坚定不移地深入推行改革开放政策。政策的稳定给外国投资者巨大的信心。1992年开始,外商投资犹如滔滔江水一样涌入中国。1996年之后,每年涌入中国的外商直接投资超过了400亿美元;到了2007年,中国当年实际使用的外商直接投资已达747.7亿美元,是1991年的1712.55%。受2008年国际金融危机的影响,2009年的外商直接投资有所下降,但之后又开始缓慢增长。2019年中国实际使用外商直接投资达到1381.4亿美元,创历史新高。

图14-8描绘了外商直接投资合同金额逐年变化的情况。从图14-8中可以看出比图14-7中更为明显的两轮增长。2006年外商直接投资合同金额达到了2001.7亿美元,当时中国正处于一轮增长的高峰上,这一轮增长还能持续多久,取决于中国对服务业等重要市场进一步开放的力度与步伐,也取决于全球外商直接投资的国际总体趋势。

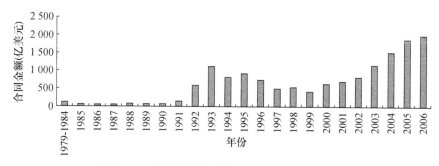

图14-8 外商直接投资合同金额(1979—2006)

资料来源:历年《中国统计年鉴》。

为便于国际比较,我们计算了外商直接投资的数额与GDP的比率。由图14-9可以看到,在1990年之前,外商直接投资占GDP的比例都低于1%,1985年这一比例仅为0.64%,之后以每年0.1%左右的速度极为缓慢地上升,终于在1991年突破了1%的水平。1991—1994年,这一比例经历了快速提升,年均增长1.66%,并在1994年达到了峰值6.04%。此后这一比例以年均0.29%的步伐逐渐下降,仅在2001年与2002年出现了微弱回升。这表明GDP的增长比外商直接投资的增长快。以上分析表明,中国相对于其他东亚国家和地区,如日本、韩国,对外商直接投资是十分开放的。根据Naughton(2006),日本和韩国在它们最快速的增长时期,外商直接投资也只占GDP的不到1%。近些年,流入日本、韩国的外商直接投资有所增长,但从未超过GDP的2%。中国对外商直接投资的依赖与发展中的东南亚国家,如马来西亚、泰国、菲律宾和印度尼西亚类似,外商直接投资占GDP的4%—6%是很平常的。事实上,由于中国对外商直接投资,尤其是出口制造业中的外商直接投资非常开放,相同的发展水平和政策倾向使得中国和东南亚国家在吸引外商投资上存在竞争。

最后,我们再来考察外商直接投资在中国利用外资各种方式中的地位。从图14-10中

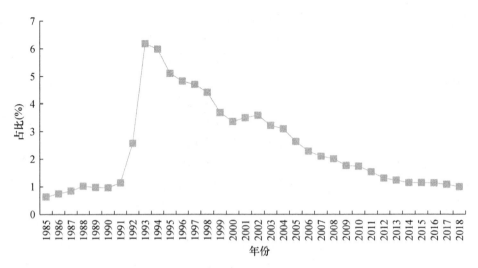

图 14-9　外商直接投资占 GDP 的比例(1985—2018)

资料来源：历年《中国统计年鉴》。

可知：自 1992 年以来，外商直接投资是中国利用外资最重要的方式。在改革开放的这 40 年中，自 1979 年到 2018 年间外商直接投资占实际利用外资总额的比例为 90.78%。2001 年以来，外商直接投资占中国利用外资总额的比例一直在 94% 以上。从 2015 年至今，该比例保持在 100%，这说明外商直接投资成为中国利用外资唯一的途径。之所以会有这么高的比例，主要还是因为中国居民因传统文化的影响有较高的边际储蓄倾向。

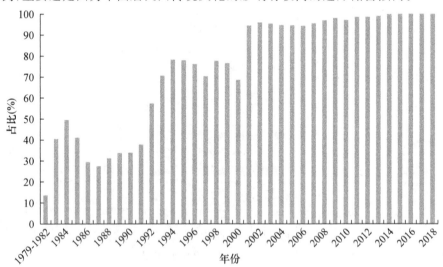

图 14-10　外商直接投资占中国利用外资总额的比例(1979—2018)

资料来源：《中国统计年鉴 2019》。

需要强调的是，进入 21 世纪后，对外直接投资政策由限制转向放松。2000 年，中国政府首次提出"走出去"战略。对外直接投资从 2000 年的 10 亿美元大幅增加到 2001 年的 69 亿美元，但在随后的 3 年里很快回落。2004 年，政府首次发布了许多放松对外直接投资限制的政策,例如国务院关于投资体制改革的决定;国家发展改革委、商务部等部门出台了一系列具体的政策措施,包括简化审批程序、下放审批权限和提高审批效率等。得益于此,中国对外直接投资在2005年增长了一倍多,达到123亿美元,并在未来几年不断增长。

据2009年联合国贸易和发展会议公布的数据,受到全球金融危机的影响,2008年全球外商直接投资流量下降了14%,而中国2008年对外直接投资流量较2007年增长了两倍。基于此,中国政府进一步鼓励对外直接投资,具体措施包括,将资源开发类项目的审批门槛值提高到3亿美元以上,其他项目的审批门槛值提高到1亿美元以上。

2014年,中国对外直接投资进入了"注册为主、审批为辅"的新阶段。在这个阶段,只有涉及敏感行业的项目,或金额超过10亿美元的项目,才需要事先获得政府批准;所有其他项目只需在省市级别的发改委注册;已设立的中国境外企业被免予办理核准登记手续。因此,中国的对外直接投资在2016年进一步增长到1 960亿美元,比2014年高出730亿美元。之后,由于贸易保护主义和反全球化行动升级,中国对外直接投资在近两年(2017年和2018年)出现下降。图14-11展示了1982—2018年中国对外直接投资情况。

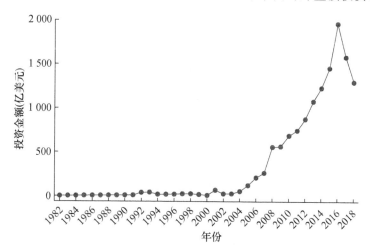

图14-11 中国每年对外直接投资流量(1982—2018)
资料来源:中国商务部;联合国贸易和发展会议统计数据库。

二、外商直接投资资金来源的地理分布

按地理来源来看,在2018年外商对华直接投资中,排名前十的外商实际投入资金占全国实际使用资金的91.42%,其中来自亚洲的投资占到79.29%,其次是欧洲和拉丁美洲,分别占到8.29%和6.69%。相比之下,来自北美洲和大洋洲的外商直接投资比例较小,分别只有3.81%和1.41%,具体见图14-12。这种比率分布在近几年比较稳定,但与2017年相比,来自亚洲的外商直接投资数额略有下降,而来自欧洲和拉丁美洲的数额略有上升。

根据商务部资料,在2018年外商对中国内地直接投资中,排名前十的国家/地区的外商实际投入资金占全国实际使用外资金额的91.42%。对中国内地投资前十位国家和地

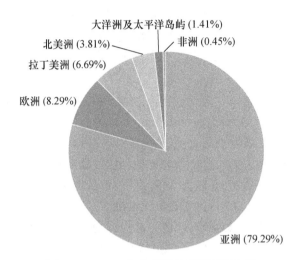

图 14-12　2018 年外商直接投资地理来源

资料来源:《中国统计年鉴 2019》。

区(以实际投入外资金额计)依次为中国香港、新加坡、维京群岛、韩国、开曼群岛、日本、德国、美国、英国、百慕大,具体如表 14-2 所示。

表 14-2　2018 年外商直接投资前十位的国家和地区

名次	国家/地区	2018 年外商直接投资数额(亿美元)
1	中国香港	899.17
2	新加坡	52.10
3	维京群岛	47.12
4	韩国	46.67
5	开曼群岛	40.68
6	日本	37.98
7	德国	36.74
8	美国	26.89
9	英国	24.82
10	百慕大	21.67

资料来源:《中国统计年鉴 2019》。

　　为什么拉丁美洲会在中国内地的外商直接投资中起到如此重要的作用呢？事实上,拉丁美洲的维京群岛和开曼群岛是重要的避税天堂,2018 年这两个地区合计向中国内地进行了 87.80 亿美元的投资,占到拉丁美洲外商对中国内地直接投资的 97.27％,占中国内地 2018 年外商直接投资总额的 6.51％。单以国家和地区而论,维京群岛对中国内地投资仅次于中国香港和新加坡,在 2018 年居于第三位,高达 47.12 亿美元。事实上,自进入 21 世纪以来,维京群岛稳居对中国内地直接投资的前三名。

　　中国香港是中国内地最大的投资者。2018 年,来自中国香港的外商直接投资,占全国外商投资总额的 66.62％。近年来中国香港始终是对中国内地直接投资最多的地区。当然,香港曾是英国的租借地,已经在 1997 年 7 月 1 日回归,成为中国的特别行政区,因此不能算成是外国。但香港特别行政区政府对重要的经济决策有很大的决定权,而且中国香港是WTO的成员之一,从习惯上来讲,将中国香港当作"境外"来对待更为方便。为什么中国香港会在中国内地的外商直接投资中占据这样举足轻重的地位呢?这必须从中国香港自身的发展历程以及中国内地的根本性变革中寻找答案。

在20世纪70年代末,中国香港的制造业、金融业与商业都已经十分发达。按照产业升级的一般规律,中国香港会向以金融、管理、会计、咨询等行业为特征的高度发达的服务型经济转变。中国内地在1978年年末开始改革开放,向着一个世界性经济贸易强国的目标迈进。中国香港与中国内地相邻的地理位置、相同的语言与文化,使得中国香港得以敏锐地抓住中国内地在改革进程中的机遇,能比其他国家和地区更为便捷地获取信息,并做出反应。中国香港已经发展得很好的制造业及其世界销售网络,都逐步向中国内地转移。当中国香港的制造企业在中国内地投资设厂时,外商直接投资就流入了中国内地。

中国香港对中国内地的外商直接投资数量巨大的另一个原因,是很多其他国家的大公司以中国香港为跳板,对中国内地进行了投资。根据Naughton(2006),中国香港大约有1 000家境外公司的区域总部(其中,美国256家,日本198家,中国内地106家)。有些中国内地公司也会通过它们在中国香港的附属公司对中国内地进行投资,因为这些公司想要得到优惠税率和其他外国投资公司的特权,以及通过中国香港附属公司所获得的自主权和匿名权。

最后需要指出的一点是,中国现在不仅是世界外商直接投资的主要流入国之一,中国也开始成为最主要的新兴对外直接投资国之一。经过40年的改革开放,中国已经从一个全球化的被动接受者,转变为一个全球化与自由贸易的推动者。

三、外商直接投资的行业分布

如前所述,从1992年开始,中国迎来了外商直接投资的第二波高潮。但在行业分布上,到1992年为止,中国很大程度上将外商直接投资限制在出口制造业,中国广阔的市场仅对部分外国投资者开放;从1992开始,中国开始对外国投资者有选择地开放国内市场。一些新部门也开始允许外国投资者参与。

由图14-13可见,进入中国的外商直接投资集中于制造业上。相比之下,其他形式的外商投资(如证券与银行)就显得规模较小。中国政府将制造业视为国民经济的支柱产业,制造业的迅速发展被中国政府视为改革开放40年来综合国力提升的主要标志。中国现在已经是制造大国,正在向制造强国转变。对制造业的投资占外商直接投资的比例在1996年以来一直保持在54%以上,1996—2007年对制造业的投资累计占外商直接投资的63.52%。1996年,对制造业的投资占外商直接投资的67.39%,随后这一比例经历了三年的下降,在1999年跌到了一个低谷,为56.06%;2000—2004年,这一比例稳步上升,在2004年达到了最高点70.95%。2006年,这一比例发生了急剧下降,从2005年的70.37%跌落到57.69%,随后在2007年又下降到54.65%。对制造业的投资占外商直接投资的比例如此之大,原因之一是中国政府限制外资进入其他一些重要的服务性领域,如银行、电信与保险。当中国在入世后逐步开放这些服务性市场时,对制造业的投资占外商直接投资的比例就开始下降。2007年,中国银行业对外开放,这成为中国对外经济贸易自由化进程的又一里程碑。

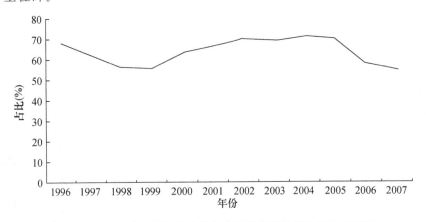

图 14-13　对制造业的投资占外商直接投资的比例(1996—2007)

四、外商直接投资在中国的地理分布

　　流入中国的外商直接投资的分布非常不均匀。流入广东省和福建省的外商直接投资占 GDP 的水平高于全国平均水平。1993—2003 年,广东省的外商直接投资占 GDP 的比例平均为 13%,福建省为 11%。其他的沿海开放区域只比广东省低一些:上海市平均为 9%,江苏省和北京市平均为 7%。根据海闻等(2003),从外商直接投资的地区结构来看,中国各地区吸收的外商直接投资极不均衡。外商直接投资主要集中在东部沿海地区,内陆地区吸收的外商直接投资非常有限。1979—1985 年,东部沿海地区吸收的外商直接投资占全国的比例为 64.1%,内陆地区这一比例为 35.9%。1985—1990 年,东部沿海地区吸收的外商直接投资占全国的比例为 73.8%,内陆地区这一比例为 26.2%。20 世纪 90 年代以后,东西部差距进一步拉大,东部沿海地区吸收的外商直接投资占全国的比例每年均在 84.6%以上。

　　由于吸收的外资主要来自港澳地区,地理优势使广东省吸收的外商直接投资在全国处于绝对优势,占全国的比例为 50.6%。另外,随着台湾的投资增加,福建省吸收的外商直接投资比例不断上升,到了 20 世纪 90 年代达到 10%以上,广东省吸收的外商直接投资占全国的比例下降到 33.5%。根据 2009 年外商直接投资在中国的具体地理分布情况可见,广东、福建及江苏三省为吸收外商直接投资最多的地区。

第四节　经济特区与外商投资管理制度

　　中国对外贸易改革进程中的重要现象之一就是设立数量众多的特殊经济区域。这些特殊经济区域中最重要的是经济特区(Special Economic Zones,SEZ)。1979 年 7 月 15 日,中央政府发布了《中共中央、国务院批转广东省委、福建省委关于对外经济活动实行特殊政策和灵活措施的两个报告》,其中明确批示:"出口特区"先在深圳市、珠海市两市试办,待取得经验后,再考虑在汕头市、厦门市设置。1980 年 5 月,深圳经济特区正式成立,连同 1980 年开始建设的珠海经济特区、1981 年开始建设的厦门经济特区、1982 年开始建设的汕头经济特区、1988年设立的海南经济特区,中国共有5个经济特区。其中,海南经济特区的体制与政策最为灵活、开放,拥有比其他经济特区更多的自主权。经济特区紧密地与中国的改革开放进程联系在一起,是中国政府改革开放政策的先行者,也是改革开放事业的榜样。特殊经济区域还包括经济技术开发区、高新技术产业开发、保税区、边境经济合作区和出口加工区等。

中国的经济特区用进口原料免税、行政管理宽松等优惠政策来吸引外资,以发展对外贸易。外商进入中国后,可以与乡镇企业签订合约或雇用农业人口从事生产,将免税进口到经济特区的生产原料加工成成品,再进行出口。因此,经济特区是中国发展出口加工贸易的基地。经济特区位于东南沿海地区,拥有温暖湿润的气候,而且在改革开放之前没有太多国有企业,因此外商进入时可以利用大量且廉价的劳动力。外商直接投资以经济特区为核心,迅速地向周边地区辐射。

表14-3给出了中国经济特区和其他亚洲出口加工区的面积的差异。中国经济特区面积显著大于其他亚洲出口加工区。Naughton(2006)认为,中国经济特区具有多重功能,除了进行出口加工,还可以提供旅游等;中国经济特区是中国改革开放的标志,是先进的管理与制度实践的试验田;中国经济特区与国内经济联系紧密,可以吸引到很多国内企业的投资,因为在经济特区投资可以获得更宽松的监管和各种优惠措施,在当时中国的其他地方,实行的仍然是计划经济的管理方法。因此,中国经济特区的面积远远超过其他国家单纯为了出口加工而设立的特殊经济区域的面积。

表14-3 中国经济特区和其他亚洲出口加工区的面积　　　　单位:平方千米

	1980年的最初面积	1990年的面积
深圳(中国)	327.5	327.5
珠海(中国)	6.8	121.0
汕头(中国)	1.6	52.6
厦门(中国)	2.5	131.1
槟城(马来西亚)		1.2
巴淡岛(印度尼西亚)		36.6
巴坦(菲律宾)		3.4

资料来源:摘自Naughton(2006)。

由于中国的经济改革采取渐进式的形式,整个经济面事实上形成了两个不同的体系:一个是中央控制的国有体系,另一个是改革开放后逐步形成并占据了日益重要的经济地位的出口加工体系,这两个体系正好对应了中国的非经济特区与经济特区。随着出口加工体系的不断壮大,经济特区的数量与分布地域会不断扩展,以适应经济发展的形势。因此,随着经济改革的不断发展,中国政府设立了各种性质不同、规模不等的特殊经济区域。表14-4列出了国家级的特殊经济区域的情况。如果考虑到省级或更低一级的特殊经济区域,那么数量将会更多。事实上,地方政府为了竞争外商直接投资,往往会在本地实行比国家规定的更为优惠的政策。

表 14-4　特殊经济区域设立情况

特殊经济区域名称	开始设立的年份	截至 2006 年的数量
经济技术开发区	1984	54
高新技术产业开发区	1988	53
保税区	1990	15
边境经济合作区	1992	15
出口加工区	2000	57

资料来源：商务部、中国海关、中国开发区协会。

改革开放以来，中国政府一直努力地招商引资，不断完善外商投资的法律体系与管理制度，中国的外资管理制度建设也很成功。如表 14-5 所示，中国各类外商直接投资规模以上企业数目庞大。中国成为东亚最吸引外商直接投资的国家，在世界上的排名也稳步提高，说明中国的外资管理制度建设是很成功的。

表 14-5　中国各类外商直接投资规模以上企业的数目

外商投资企业	1999	2000	2001	2002	2003	2004
中外合资经营	6 851	7 108	7 442	8 047	8 803	12 978
中外合作经营	901	1 005	928	983	1 107	1 718
外商独资	2 862	3 730	4 601	5 717	7 306	13 778
外商投资股份制公司	108	112	145	173	213	370

资料来源：国家统计局。

注：规模以上企业是指年销售额在 500 万元以上的企业。

中国利用外资的方式有外商直接投资与其他方式的投资。外商直接投资包括中外合资经营、中外合作经营、外商独资、外商投资股份制公司和合作开放；其他方式的投资包括补偿贸易、加工装配等。根据商务部的报告，中国在开放国内市场、扩展投资领域的同时，还在探索建设-经营-转让（build-operate-transfer，BOT）、投资性公司等利用外资的新方式，并且积极推动跨国并购方面的立法。跨国并购已经成为外商直接投资的主要方式，中国必须在跨国并购的管理上进行及时的建设。

中国对外商直接投资的管理是相对分散的，没有一个单一的部门对此拥有集中的权力。这就造成了中国各地为了吸引外资而进行政策优惠方面的竞争。中央政府制定的引进外资的政策，往往不被地方政府严格地执行，地方政府会在土地、环境和融资等方面为外企提供优惠。这一方面对外商有利，因为外商可以得到更为优惠的待遇；另一方面又增加了外企投资决策的复杂性，因为投资环境变得不是十分确定。

中国入世以来，逐步废除了对外商独资企业设立的烦琐限制，外商独资企业的数量越来越多。同时，自 20 世纪 90 年代末期开始，合资企业出现独资化的趋势。中国在改革开放初期鼓励外商合资企业，认为这样可以获得先进的技术和管理经验，然而在外商合资企业中，中外双方往往不能顺利合作，效果并不理想。入世之后，中国在相关政策上进行了调整，外资可以更为自由地按照自身优势进行投资决策。这有利于中国进一步吸引外资，优化自身的产业结构。根据 Naughton（2006），外商独资企业的投资在外商直接投资中所占的份额稳步上升，2004 年占到外商直接投资的 2/3。

中国政府对外资管理的变化导致外商独资企业的重要性不断上升,尤其在中国的出口方面,外商独资企业占据了越来越重要的地位。图 14-14 表明在中国的机械与电子产品出口中,很高的比例都是由外商独资企业完成的。在中国入世后,从 2002 年开始,外商独资企业完成的机械与电子产品出口份额一直保持在 50% 以上,2003 年后保持在 70% 左右并持续平稳发展。

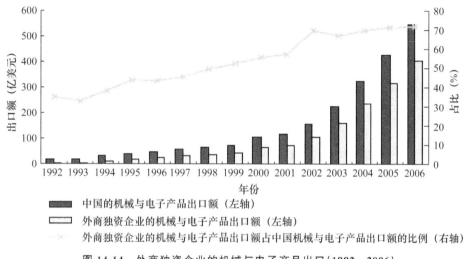

图 14-14　外商独资企业的机械与电子产品出口(1992—2006)

资料来源:《中国统计年鉴 2007》。

外商独资企业在中国的高新技术产品出口中占有更高的比重。如图 14-15 所示,外商独资企业的高新技术产品出口,带动了中国在这一产品类别上总出口的快速增长。

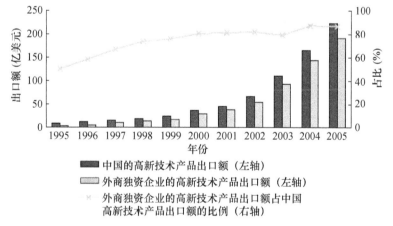

图 14-15　外商独资企业的高新技术产品出口(1995—2005)

资料来源:《中国统计年鉴 2006》。

入世后中国在外资管理上的进一步开放,促使外商独资企业的进出口份额不断上升,而国有企业的进出口份额逐年下降。如图 14-16 所示,2001—2010 年,外商独资企业的进出口份额从 30% 以下增长到 40% 以上;而中国国有企业的进出口份额从 2001 年的 40% 以上降低到 2010 年的 20% 多,降幅极为显著。2010 年以后,随着民营经济的不断壮大,民营企业逐渐成为中国对外贸易的主力军,其进出口份额持续增长,在 2019 年达到 40% 以上。

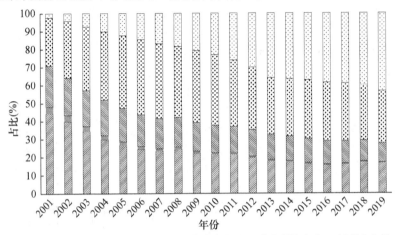

图 14-16　不同类型的企业所占进出口份额(2001—2019)

资料来源:CEIC 数据库。

第五节　中国各部门外贸分析

在本节中,我们先从总量的角度分析改革开放以来中国进出口额增长的具体情况,再就初级产品、农产品、工业产品、服务的对外贸易情况进行讨论。最后,本节探讨中国贸易的地区分布情况。

一、改革开放以来贸易额的剧增

中国的货物进出口总额(进口额与出口额之和),从 1979 年的 355.0 亿元人民币增长到了 2019 年的 315 504.8 亿元人民币,年均增长率达 18.0%。从图 14-17 和图 14-18 中可看出,1990 年之后,中国的货物进出口总额增长十分快速。2002—2006 年增长得尤其迅猛,年增长率都在 20% 以上,2003 年达到了 37.19%;2005 年以来货物进出口总额始终保持在 11 万亿元人民币以上。受 2008 年国际金融危机的影响,2009 年货物进出口总额下降了 16.3%,但 2010 年便强劲复苏,增长率高达 33.9%。在经历了 2014—2015 年连续两年的负增长后,货物进出口总额开始迅速回升,在 2019 年达到 31.55 万亿元人民币,创历史新高。

值得注意的是,如图 14-18 所示,中国的货物进出口总额在 1991 年至 1994 年增长得很快,年增长率保持在 20% 以上,在 1994 年更是达到了 1991 年至今的最高值 80.8%。1995 年起,中国货物进出口总额的增长开始减速与不稳定,1996 年增长幅度仅为 2.7%,1998 年更是出现了十几年来的唯一的负增长,比 1997 年同比下降了 0.4%。一直到 2002 年,中国货物进出口总额才开始了新一轮的稳步增长。

为什么 2002 年会如此特殊? 因为 2001 年年末,中国正式加入 WTO,关税和非关税壁垒进一步降低,中国政府在履行入世承诺的过程中,通过清理与 WTO 的原则相冲突的

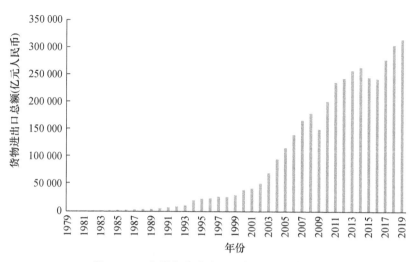

图 14-17 中国货物进出口总额(1979—2019)

资料来源:CEIC 数据库。

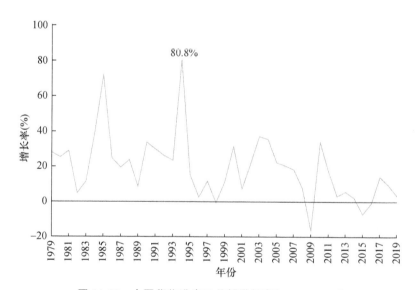

图 14-18 中国货物进出口总额增长率(1979—2019)

资料来源:CEIC 数据库。

法律法规等方式,进一步促进了中国对外贸易的自由化。同时,中国货物进出口得到了极大的推动,出现了大幅增长。在 2002 年,中国的货物进出口总额首次突破了 6 000 亿美元。

二、初级产品贸易

按照中国统计年鉴的分类,初级产品主要是指食品与燃料等。改革开放以来,初级产品贸易有较大增长。如图 14-19 所示,1980 年初级产品贸易额仅为 160.73 亿美元,2019 年初级产品贸易额已达 8 628.78 亿美元,年均增长率为 10.8%。与图 14-17 对比,容易看出虽然初级产品贸易额增长很快,但仍然没有货物进出口总额增长得快,其趋势线较为平缓,由此可以推知初级产品贸易的份额会趋于下降。

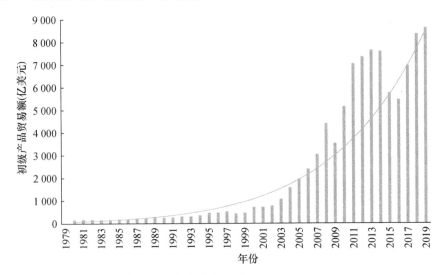

图 14-19　初级产品贸易额(1979—2019)

资料来源:CEIC 数据库。

2001—2006 年,初级产品贸易额占对外贸易总额的比例稳定在 13% 左右,在 2002 年达到最低点,仅为 12.53%,2008 年回升到 17.18%,随后这一比例便在 15% 至 20% 之间波动。2019 年初级产品贸易额占对外贸易总额的比例为 18.86%。改革开放以来,这一比例先是急剧下降,进入 21 世纪后逐步趋于稳定(见图 14-20)。造成这一比例变动的可能原因是,改革开放以来中国的出口加工行业相对于农业部门的迅猛增长,以及近年来国际燃料价格的变动。

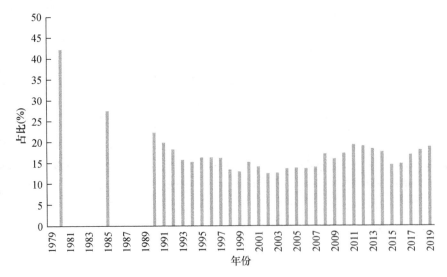

图 14-20　初级产品贸易额占对外贸易总额的比例(1979—2019)

资料来源:CEIC 数据库。

近年来,在世界经济增长、全球流动性过剩的背景下,原油需求增加,美伊战争的爆发使得国际油价不断上涨。在美元指数大幅下滑的同时,国际油价连续突破了30美元/桶、40美元/桶、50美元/桶、60美元/桶的年均价格关口,并在2006年7月逼近80美元/桶(王洛林、李向阳,2008)。2008年5月5日,国际石油价格已达120.36美元/桶,高盛预期未来两年内油价可能升至150—200美元/桶。2007年,中国进口石油近两亿吨。在国际石油价格不断升高、中国石油进口需求逐年增长、美元不断贬值的背景下,可以预计中国的石油进口占对外贸易总额的份额将保持稳定。

三、农产品贸易

中国的农产品贸易在改革开放40年间经历了深刻的变化。中国加入WTO以来,很好地履行了在农产品贸易上的承诺,农产品平均关税率在2001—2007年间逐年递减,从2001年的19.0%降到2007年的15.2%,之后几年始终维持在15.2%左右的水平,2014年下降至13.8%(见图14-21)。

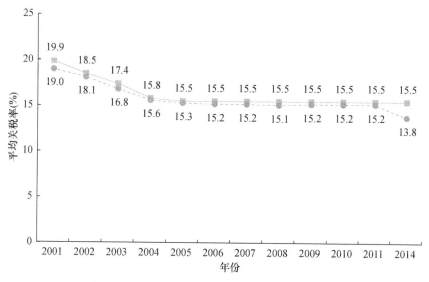

图14-21 中国农产品平均关税率(2001—2014)

资料来源:UNCTAD-Trade Analysis Information System(TRAINS),中国海关。

注:实线为中国加入WTO时的农产品承诺关税率,虚线为中国农产品实际关税率。

中国的农产品进口额与出口额自1996年以来呈总体上升趋势。1996—2018年,中国农产品贸易一直呈顺差状态。2001年,中国农产品(食品和主要供食用的活动物)进口额为49.76亿美元,出口额为127.7亿美元。2006年,中国农产品进口额为99.84亿美元,出口额为257.2亿美元。五年之内,进口额和出口额都翻了一番。由此可见,加入WTO后,中国农产品贸易出现了急剧增长。2019年,中国农产品进口额为807.3亿美元,出口额为649.9亿美元,出口额大幅小于进口额,首次出现贸易逆差(见图14-22)。这主要是因为国内对优质农产品的市场需求持续增大,导致进口增速大于出口增速。

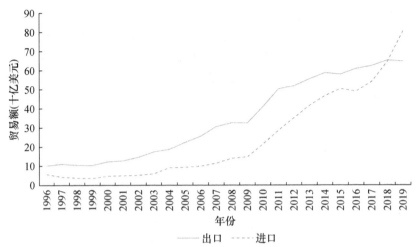

图 14-22　中国农产品贸易(1996—2019)

资料来源：CEIC 数据库。

四、工业产品贸易

按出口的货物分类考察中国的历年出口,可以看出中国的货物出口中工业制成品的出口占据了主要地位。工业制成品包括化学品及有关产品、轻纺产品、橡胶制品、矿冶产品及其制品、机械与运输设备、杂项制品以及其他未分类的产品等。由图 14-23 可以看出,中国的工业制成品出口一直占据了货物出口的绝对份额,2001 年以来这一比率一直在 90% 以上,1998—2007 年这一比率一直是稳定增长的,2007 年这一比率达到了 94.77%,为 1998 年以来的最高水平。2008—2019 年,这一比率一直稳定在 95% 左右,2019 年为 94.44%。可以说,正是中国工业制成品的出口增长,促成了中国货物出口总额的强劲增长。

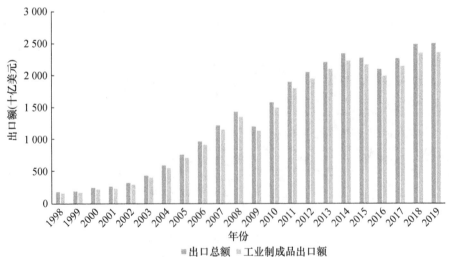

图 14-23　中国的工业制成品出口(1998—2019)

资料来源：CEIC 数据库。

从图14-24中可以看出,工业制成品出口额增长率的变动几乎是与出口总额增长率的变动重合的。二者都在1994年和2004年达到了极值,特别是2004年又创新高,分别为37.02%和35.39%。2009年,二者都达到最低点,出现负增长,分别为-15.84%和-16.01%。我们需要注意到,相对于出口额的增长,出口额增长率显得波动很大,自1992年以来经历了六次低谷,2019年以来又出现了下行趋势,二者的增长率分别只有0.35%和0.50%。未来工业制成品出口额的增长及全国出口总额的增长可能会放缓,甚至变为负增长。

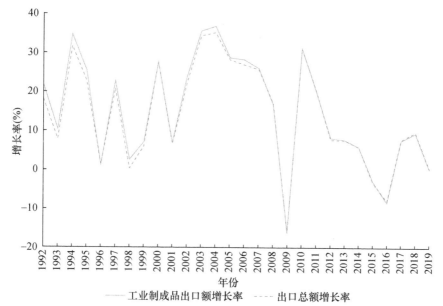

图14-24　中国工业制成品出口额增长率对出口总额增长的贡献(1992—2019)
资料来源:CEIC数据库。

从图14-25中可以看出,中国的货物出口总额自1990年以来经历了与GDP增速相近的增长。1990年,中国出口总额为620.91亿美元,GDP为3 608.58亿美元。中国加入WTO后,2002—2007年的出口总额保持20%以上的增长率,比GDP增长得更快。受2008年国际金融危机的影响,2009年中国出口总额自1983年以来首次出现负增长。2010年以后,中国GDP增速始终大于出口总额增速,表明出口对中国经济的拉动作用在不断减弱,中国经济发展从出口导向型向内需拉动型转变。

接下来我们考察一下中国外贸中重要的产品类别——纺织原料及纺织制品(即纺织品)和机器、机械器具、电气设备及零件(即机电产品)的出口。由图14-26和表14-6可见,这两类产品的出口额占据了中国出口总额的很大比例。2001—2019年,两类产品出口额占全国出口总额的比例合计一直在50%以上,其中机电产品出口额所占比例从2001年的31.90%起,一直稳步增长,2009年达到最高的44.70%,之后一直在42%—44%波动,2019年为43.54%;纺织品出口额所占比例则逐步下降,从2001年的18.73%逐年下降到2019年的10.43%。这并不意味着纺织品出口额出现了绝对下降,相反,其在2001—2019年保持了平均9.6%的增长速度。然而,机电产品出口额的增长速度更高,达到了年均

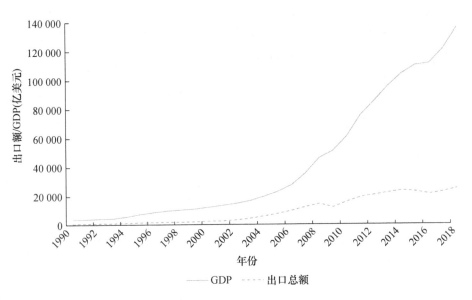

图 14-25　中国货物出口总额与 GDP(1990—2018)

资料来源:历年《中国统计年鉴》。

15.2%,拉动了全国出口总额的增长。2019 年,中国货物出口总额达到 24 990.29 亿美元,其中纺织品出口额为 2 605.74 亿美元,机电产品出口额为 10 879.74 亿美元,二者合计占出口总额的 53.96%。

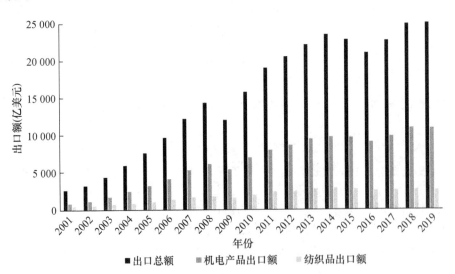

图 14-26　中国纺织品与机电产品出口(2001—2019)

资料来源:CEIC 数据库,历年《中国统计年鉴》。

表 14-6 纺织品与机电产品出口额占全国出口总额的比例(2001—2019)

年份	出口总额 (亿美元)	纺织品 出口额 (亿美元)	机电产品 出口额 (亿美元)	纺织品 占比 (%)	机电产品 占比 (%)	两类合计 占比 (%)
2001	2 660.98	498.70	849.48	18.73	31.90	50.62
2002	3 255.96	578.72	1 160.03	17.77	35.60	53.37
2003	4 382.28	733.75	1 724.45	16.74	39.33	56.06
2004	5 933.26	888.07	2 480.22	14.96	41.76	56.72
2005	7 619.53	1 076.89	3 222.41	14.13	42.26	56.39
2006	9 689.78	1 380.78	4 142.02	14.25	42.73	56.98
2007	12 200.60	1 658.56	5 289.98	13.59	43.36	56.95
2008	14 306.93	1 792.92	6 108.22	12.53	42.69	55.23
2009	12 016.12	1 613.73	5 371.67	13.43	44.70	58.13
2010	15 777.54	1 995.61	6 988.74	12.65	44.30	56.94
2011	18 983.81	2 406.14	7 997.27	12.67	42.13	54.80
2012	20 487.14	2 461.28	8 635.22	12.01	42.15	54.16
2013	22 090.04	2 740.57	9 450.87	12.41	42.78	55.19
2014	23 422.93	2 876.74	9 721.69	12.28	41.51	53.79
2015	22 734.68	2 735.84	9 653.02	12.03	42.46	54.49
2016	20 976.31	2 573.06	9 058.01	12.27	43.18	55.45
2017	22 633.45	2 584.56	9 836.39	11.42	43.46	54.88
2018	24 866.96	2 671.97	10 956.66	10.75	44.06	54.81
2019	24 990.29	2 605.74	10 879.74	10.43	43.54	53.96

资料来源:CEIC 数据库,历年《中国统计年鉴》。

五、服务贸易

中国的服务贸易在中华人民共和国成立之初就有一些传统的项目,如旅游业,但一直规模较小,发展缓慢。世界贸易发展的趋势是在 20 世纪末,服务贸易的地位越来越重要。自改革开放以来,随着改革的不断深入和开放的不断扩大,中国的服务贸易在规模和发展速度上,都有了显著提高。

从表 14-7 中可以看出,2018 年中国的服务贸易总体进口大于出口,贸易逆差额高达 2 922 亿美元。贸易逆差主要出现在旅行、运输、保险和养老金服务、知识产权使用费以及个人、文化和娱乐服务上。值得注意的是,中国出现贸易逆差的这些服务贸易子类,都是发达经济体具有明显比较优势的。中国加入 WTO 后逐步开放了包括通信、保险、银行等重要服务领域的国内市场,因此出现了较大的逆差。随着中国服务市场的进一步开放与透明,我们可以预期在中期内,这些子类服务贸易的逆差会进一步扩大。

表 14-7 2018 年中国国际收支平衡表:服务贸易部分   单位:亿美元

	差额	贷方(出口)	借方(进口)
服务	−2 922	2 336	−5 258
1. 加工服务	172	174	−3
2. 维护和维修服务	46	72	−25

(续表)

	差额	贷方(出口)	借方(进口)
3. 运输	−669	423	−1 092
4. 旅行	−2 370	404	−2 773
5. 建设	49	136	−86
6. 保险和养老金服务	−66	49	−116
7. 金融服务	12	33	−21
8. 知识产权使用费	−302	56	−358
9. 电信、计算机和信息服务	65	300	−235
10. 其他商业服务	191	662	−470
11. 个人、文化和娱乐服务	−24	10	−34
12. 别处未提及的政府服务	−27	18	−45

资料来源：中国国家外汇管理局。

六、行业内贸易

中国的对外贸易发展中，非常值得注意的一点是行业内贸易的发展壮大。表 14-8 给出了 1985 年、1996 年和 2005 年这三个有代表性年份的中国对外贸易分行业组成结构。其中，机械与运输设备的出口占总出口的份额在 20 年中出现了显著上升：这一比率在 1985 年是 0，在 1996 年也不过是 8.93%，然而经过十年发展，在 2005 年竟然上升到了 46.23%！反观中国在机械与运输设备上的进口，则一直占据着重要而相对稳定的份额，在 1985 年该行业进口占总进口的比率为 49.98%，随后出现了下降，在 1996 年为 40.72%，在此后的十年中变化不大，在 2005 年为 44.03%，虽然仍占重要的份额，但没有超过 1985 年的水平。结合进出口两个方面的数据，我们可以认为中国对外贸易在机械与运输设备这一行业中，出现了显著的行业内贸易模式。这种现象说明了中国在过去十几年的改革开放与经济建设中，机械与运输设备行业逐渐形成了一定程度的出口优势。对于高新技术设备，中国既进口该行业的某些高新品类的产品，也出口该行业的另外一些高新品类的产品。

表 14-8 中国外贸中的行业内贸易　　　　　　　单位：%

	出口			进口		
	2005	1996	1985	2005	1996	1985
初级产品	6.44	15.83	64.25	22.38	24.26	6.53
制造品	93.56	84.19	35.73	77.62	75.68	95.37
化学品与相关制品	4.69	3.79	2.40	11.78	18.76	10.94
轻纺产品、橡胶制品、矿冶产品	16.95	7.49	10.72	12.29	13.34	29.00
机械与运输设备	46.23	8.93	0	44.03	40.72	49.98
杂项制品	25.48	63.98	16.79	9.22	1.87	6.75
未分类的其他产品	0.21	0	5.82	0.30	0.99	0

资料来源：中国海关数据库。

七、外贸的地区分布

我们接下来考察中国的对外贸易在中国各地区的分布。2018 年，进出口排名前五位的地区依次是广东、江苏、上海、浙江和北京。这五个地区的合计进出口额达到 31 089.0 亿美元，占当年全国进出口总额（46 224.2 亿美元）的 67.26%。2005 年、2010 年和 2018

年,进出口排名前五位的都是这五个地区。但从图 14-27 可以看出,作为对外经济贸易改革先行者的广东,其相对重要性下降了,而长江三角洲地区(上海、江苏和浙江)的相对重要性显著上升了。这种进出口份额由南向北的转移,原因是多方面的。第一,中国内部的政策环境发生了变化,政府对环境与高科技产业,尤其是电子与信息行业的重视,使得长江三角洲地区在出口方面越来越重要,相关产业形成了集聚效应。第二,广东作为改革的先行者,发展已经较为成熟,增长速度较长江三角洲附近地区缓慢,而长江三角洲附近地区有较大的发展空间。毕竟,在改革开放之前,广东与福建只是对外贸易的二线省份,受到地理环境的限制,在与其他省份的交通、人员流动上不如长江三角洲那样便利;而长江三角洲附近地区本身就人口稠密、交通便利,能与中国广大的市场更为紧密地联系在一起。当中国的政策逐步有选择地开放国内市场时,广阔而富于发展潜力的市场就使得长江三角洲的地位越来越重要。2001 年年末,中国正式加入 WTO,按照入世承诺,逐步开放包括电信、保险、银行等重要而且在地域上分布广泛的服务业,而服务业无论是从业人员还是其客户,都与广泛且具有消费潜力的人口密不可分。因此,随着中国对外贸易的进一步发展,长江三角洲附近地区在中国的对外贸易中会占据越来越重要的地位。

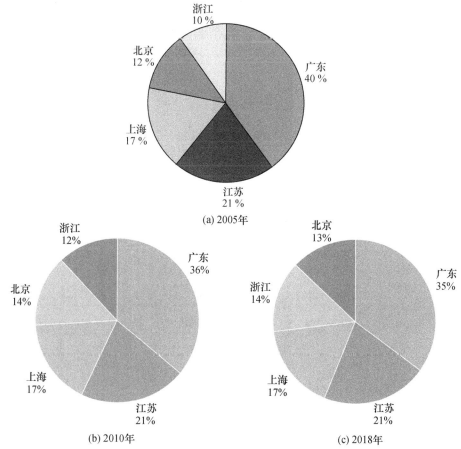

图 14-27　2005 年、2010 年及 2018 年中国进出口前五位地区所占份额对比
资料来源:历年《中国统计年鉴》。

第六节 中国的对外贸易盈余

本节先总体讨论中国的贸易盈余,然后具体探讨中美贸易情况,最后讨论中国 2007 年以后能否继续保持强劲的出口势头。

一、中国的贸易盈余

我们知道,一国的出口额若大于进口额,则贸易余额为正;反之为负。改革开放以来,中国的贸易余额从 1994 年以来都是正的,1993 年十分罕见地出现了贸易逆差,但幅度不大,仅为 122.2 亿美元(701.4 亿元人民币)。1998 年中国的贸易余额出现了一个极高点,数值为 434.7 亿美元,这是东亚金融危机造成的。2005—2008 这四年中国贸易余额增长得极为陡峭,分别同比增长了 217.86%、74.00%、47.73% 和 12.78%,从 2004 年的 320.9 亿美元跳跃到 2008 年的 2 981.3 亿美元。但是 2008 年国际金融危机爆发以后,欧美经济持续低迷,这对中国的出口影响较大,2009—2011 年中国出口出现了连续三年的负增长,分别为 −34.36%、−7.24% 和 −14.66%。2012 年以后中国出口强劲复苏,2015 年出口额达到历史最高值 5 939.0 亿美元。近年来,由于贸易保护主义抬头,出口受到负面影响,2019 年出口额为 4 219.3 亿美元(见图 14-28)。

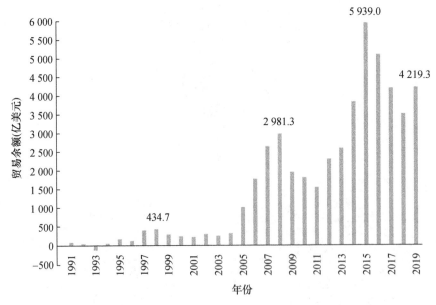

图 14-28　中国的贸易余额(1991—2019)

资料来源:CEIC 数据库,《中国统计年鉴 2019》。

表 14-9 给出了 2018 年按国别(地区)统计的中国内地贸易余额,按数值排序的前五个国家(地区)和后五个国家(地区)。美国的贸易余额最大,高达 3 233 亿美元;其次是中国香港,高达 2 935 亿美元。值得注意的是,除了中国香港,中国内地在东亚主要的贸易伙伴如韩国和中国台湾,都是贸易逆差,其中尤以中国台湾数值最大,达到了 1 290 亿美元。

表 14-9 中国内地 2018 年的贸易余额(按国别和地区统计)

序号	国别(地区)	贸易余额(亿美元)
1	美国	3 233
2	中国香港	2 935
3	荷兰	605
4	印度	578
5	英国	327
−5	瑞士	−345
−4	巴西	−439
−3	澳大利亚	−585
−2	韩国	−958
−1	中国台湾	−1 290

资料来源:《中国统计年鉴2019》。

中国香港在中国内地贸易余额中的特殊角色一方面是由于其特殊的地理位置,另一方面是由于中国香港一直参与中国内地的改革开放进程,并在这一过程中与中国沿海开放地区建立了密切的联系网络,成为中国内地与世界信息和物资交流的重要窗口。

我们接下来看一下中国内地的主要贸易伙伴(见表14-10)。以进出口总额衡量,美国自2004年到2018年都是中国最大的贸易伙伴,中国对美国的进出口总额从2001年的805亿美元,逐步增长到2018年的6 335亿美元,复合年均增长率为12.9%。同时,中美贸易顺差也从2001年的281亿美元,逐步增长到了2018年的3 233亿美元。日本自2001年到2003年是中国最大的贸易伙伴,随后是仅次于美国的中国第二大的贸易伙伴,这是受到日本经济状况的好转以及对中国发展前景预期的改变的影响。2018年中国对日本的进出口总额达到3 277亿美元,贸易逆差为337亿美元。

表 14-10 中国内地主要贸易伙伴(2001—2018)　　　　　　单位:亿美元

	2001年			2008年			2018年		
	进出口总额	出口总额	进口总额	进出口总额	出口总额	进口总额	进出口总额	出口总额	进口总额
总计	5 097	2 661	2 436	25 633	14 307	11 326	46 224	24 867	21 357
美国	805	543	262	3 338	2 524	814	6 335	4 784	1 551
日本	877	449	428	2 667	1 161	1 506	3 277	1 470	1 807
中国香港	559	465	94	2 036	1 907	129	3 105	3 020	85
韩国	359	125	234	1 860	739	1 121	3 134	1 088	2 046
中国台湾	323	50	273	1 292	259	1 033	2 262	480	1 776
德国	236	98	138	1 150	592	558	1 838	775	1 063
新加坡	109	58	51	525	323	202	827	490	337
马来西亚	94	32	62	536	215	321	1 086	454	632
荷兰	88	73	15	519	316	203	851	728	123
俄罗斯联邦	107	27	80	569	331	238	1 071	480	591

资料来源:历年《中国统计年鉴》。

二、中美贸易余额

根据中国海关总署的统计资料,2019年中美贸易规模有所下降,美国从中国第二大贸易伙伴降至第三大,双边贸易总额达5 413.9亿美元,同比降低14.5%。其中,中国从美国进口额为1 227.1亿美元,出口额为4 186.7亿美元,顺差额为2 959.6亿美元。

自20世纪80年代以来,美国经历巨额经常账户赤字,但是因为其经济一直在增长,经常账户赤字相对于GDP的比例较小,到2004年达到5%左右。美国在过去30多年中对中国的贸易赤字一直在增加。自2001年年底中国加入WTO以来,中国对美国的贸易顺差保持了较快增长(见图14-29)。这主要是因为美国从中国的进口保持了较快的增长,而美国向中国的出口增长相对缓慢。

中美贸易顺差的不断扩大,引起了美国国内理论界与决策层的关注与讨论,使得美国在汇率与知识产权保护等方面频频向中国施加压力。2007年6月13日,包括美国参议院负责贸易政策的金融委员会主席马克斯·鲍卡斯(Max Baucus)在内的4名参议员联名提出草案,要求对"汇率失真"的国家采取一系列惩罚性措施,包括向WTO提起申诉、采取反倾销措施、要求国际货币基金组织制裁等。这一草案显然是针对中国的。

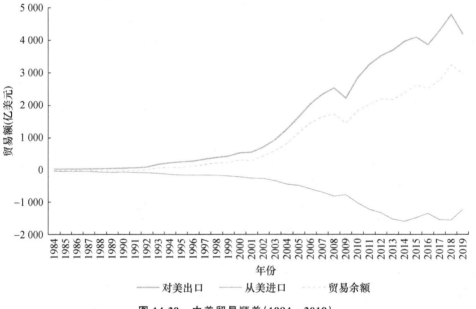

图14-29 中美贸易顺差(1984—2019)

资料来源:CIEC数据库,历年《中国统计年鉴》。

我们需要对中美贸易不平衡问题进行深入的分析。首先,美国的确保持了巨额的经常账户赤字,但这种现象并不意味着美国将遭遇经济危机。的确,2006年美国经常账户赤字占到了GDP的6.1%,而在20世纪90年代的金融危机中,很多出现危机的国家的经常账户赤字占GDP的比例达到了8%,美国似乎快接近这一警戒水平。但是美国的情况和那些经历了危机的国家有根本不同。美国并不是从外国的私人与厂商处进行融资,而是外国的私人与厂商对美国进行投资。为什么外国投资者愿意对美国进行投资呢?因为美国具有高度发达的资本市场、繁荣的商业、较为完备的司法体系与财产保护法,可以在保障财产安全的前提下提供可观的投资回报率,所以外国投资者会选择能保障投资安全的美国与其他发达国家进行投资。而且,美国获得的这些投资是长期的,没有"借短贷长"的问题;灵活的浮动汇率体系同样给美国带来了很大的政策调整余地,美国可以通过美元的贬值来调整外债(Cooper,2007)。

其次,我们来看中国对美国的全球贸易赤字的贡献程度,以及中美贸易失衡的原因。如表14-11所示,美中贸易逆差占美国全球贸易逆差的比重自2001年以来一直保持在22%以上,2015年上升到49.61%,之后几年始终维持在47%左右,2018年这一比重为47.71%。但是必须注意到,同时期美国与中国以外的东亚经济体的贸易逆差占美国全球贸易逆差的比例从51%降至17%。这意味着,中国只是从东亚其他经济体那里,竞争到了部分逆差份额。这种竞争是有助于改进效率、增加消费者福利的。另外,东亚其他经济体同期在中国大量投资,将它们的制造能力转移到中国,进而转移了它们与美国的贸易顺差。美国和中国的贸易失衡在很大程度上是美国和东亚经济体贸易转移的一个结果。美国和世界其他地区的贸易逆差增长,远高于美国和中国及东亚经济体的贸易逆差增长。在过去的12年里,东亚经济体在美国全球贸易逆差份额中所占的比重已经从75%下降到49%。[①] 整个东亚经济体作为一个整体,在美国贸易逆差中的份额在下降。这又一次证明了美国贸易逆差主要是由其他国家对美国的贸易顺差造成的,但根本原因在于美国出口能力,尤其是制造业出口能力的下降,而这种出口方面的负冲击是美国此轮经济周期的重要构成因素。

表14-11 美中贸易逆差占美国全球贸易逆差的比重(2001—2018)   单位:%

年份	2001	2008	2015	2016	2017	2018
占比	22.73	32.90	49.61	47.19	47.08	47.71

资料来源:国际货币基金组织,CIEC数据库。

三、中国2007年以后能否继续保持强劲的出口势头

由于人民币的不断升值,以及次贷危机等因素造成的美国消费者信心的下降,2007年中国出口增长出现减速情况。那么,在相当长的一段时间里中国能否继续保持强劲的出口势头呢?答案是肯定的,因为中国事实上还是采取出口导向型的外贸发展方式。历史上许多采取出口导向型的国家都经历了出口快速发展的阶段。比如,日本和亚洲"四小龙"就是很好的例子。依据国际货币基金组织的一项研究,在经济高速起飞的阶段,出口的增速都会很快。比如,日本在1955年以后,韩国在1965年以后,亚洲其他新兴工业化经济体在1966年以后,出口量都持续地增长。2007年虽然中国内地出口增长速度有所下降,但出口总量依然上升。事实上,相对于日本和亚洲"四小龙"的快速增长阶段,中国内地的出口增长速度自1979年以来还是比较慢的(见图14-30)。但可以肯定的是,以这些国家和地区为借鉴,中国内地仍然存在强劲的出口态势。

---

① 数据来源为美中贸易全国委员会。

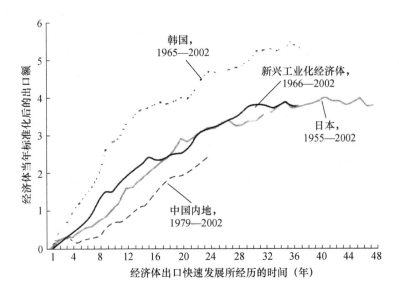

图 14-30　中国内地与若干经济体的出口增长比较

资料来源：Rumbaugh and Blancher(2004)。

注：初始期数字指数化为 1，取对数。年出口额以美元计算，以美国 GDP 平减指数消除通货膨胀的影响。新兴工业化经济体包括新加坡、中国台湾和中国香港。

　　美国向中国政府施加压力的重点是人民币汇率问题，美国曾试图将中国确定为"汇率操纵国"，进而施加国际压力。有人认为要解决美国贸易赤字，人民币必须升值。人民币升值虽然会起到一定作用，但不能从根本上解决问题。从 1994 年到 2007，特别是亚洲金融危机以来，日元、韩元等相对美元贬值 10%—20%，而人民币在这段时间是升值的，特别是从 2005 年 7 月 21 日开始人民币在两年内升值了大约 10%，但美国的贸易赤字却并没有减少多少。人民币升值不会大幅减少美国的贸易赤字，因为中国和东盟十国的贸易类型相似，如果人民币升值，美国将必须从其他国家以更高的成本进口，反而会加大贸易赤字，这最终会损害美国消费者的利益。人民币升值同样不会提高中国产品在美国的价格，因为企业可以通过减少利润来稳定价格和客源。此外，即使价格上升，美国消费者转而消费其他国家的产品还需要一段时间，这在短期内会加剧贸易赤字。

　　毋庸置疑，中美贸易存在大量的失衡。但贸易赤字一定是坏事吗？贸易赤字事实上意味着从一国向世界其他国家融资，利用其他国家的资源。为什么呢？中美贸易美国逆差意味着美元从美国人手中流到了中国人手中。但中国人不会将钱放在口袋里不动，我们会用它购买美国的债券。这就好比是美国人向中国人借钱。向外国借钱本身并不是坏事，关键在于如何使用这些资金，是进行消费还是进行投资？美国商务部的数据显示，美国的贸易赤字在 20 世纪 80 年代主要用于消费，在 20 世纪 90 年代主要用于投资，而在 21 世纪初重新用于消费。这也就部分解释了为什么美国的经济在 20 世纪 90 年代发展很迅速。当然这只是相关性分析，不见得是完全的因果关系。这一现象背后的原因还有待我们进一步探讨。

　　另外，贸易盈余对中国不一定是好事情，特别是当其金融账户也有巨额顺差的时候。

如何使用巨额的外汇储备成为一个重要的问题,由此引申出的问题是:我们应不应该鼓励出口?出口和企业生产率到底有什么关系?也就是说,更多的出口是否一定会导致更高的生产率?一般认为出口会导致现有产品的升级和新产品的创造,笔者最近的严格实证研究也支持这一观点。当前,中国出口增速放慢,导致了一部分工人失业。如以上分析可知,这只是短期的现象,长期来看,中国出口依然会保持较高的增速。不过,出口增或减都不是最重要的。重要的是中国企业应在出口的过程中"边出口边学习",以实现产品的升级换代和企业生产率的提高。当然,对因出口增速放慢而导致的工人失业,国家可考虑学习美国在20世纪80年代所采用的补贴政策,对失业工人进行一定程度的经济补贴,并在新的出口部门创造新的就业岗位,实现失业工人的再就业。

但我们仍需考虑到美国经济降温以及美元汇率调整的联合影响。美国经济降温可能会导致美国进口减少,而美元相对于日元、欧元的贬值会使中国进一步增加重型机械、医疗器械、化学化工等美国主要对中国出口领域的订单,从而从两个方面缩小美中贸易逆差。这种趋势的可能性可以从2008年第一季度的贸易数据中体现出来:2008年3月,美中贸易逆差缩减到161亿美元,达到最近两年的最低点。但是未来具体如何,还需要看美国经济发展的情况而定。

至于中美两国自2017年因贸易失衡而导致的不断加剧的中美经贸摩擦,有兴趣的读者可参阅《余淼杰谈中美贸易》一书。

党的二十大报告明确提出,在前进道路上,我们必须牢牢把握五个重大原则,其中包括"坚持深化改革开放"。坚持深化改革开放是更好统筹国内和国际两个大局、进一步解放和发展生产力的必然要求。习近平总书记指出:"改革开放是决定当代中国命运的关键一招,也是决定实现'两个一百年'奋斗目标、实现中华民族伟大复兴的关键一招。"在全面建设社会主义现代化国家的新征程上,我们应当在准确把握改革开放的伟大历史经验和核心要义的基础上,深入推动改革创新,坚定不移扩大开放,增强国内国际两个市场两种资源的联动效应,推动形成更高水平的开放型经济新体制,加快构建以国内大循环为主体、国内国际双循环相互促进的新发展格局。

本章概要

1. 改革开放之前,中国的对外贸易体系是一个典型的苏联计划经济模式,开放度很低。

2. 改革开放以来中国外贸取得了巨大的成就,已成为世界货物贸易第一大国和服务贸易第二大国。

3. 中国对外开放过程经历了三个阶段:广度开放阶段、深度开放阶段和全面开放阶段。广度开放阶段主要是以调动对外贸易部门经营积极性为目标,初步建立起较为完整的关税和非关税壁垒体系,开始启动汇率改革,下放外贸经营权和进口定价权,建立对外贸易承包经营责任制和实行企业自负盈亏为中心的改革。深度开放阶段始于中国加入WTO,在这一阶段,中国进一步扩大外商直接投资市场准入,放宽对外直接投资,建立自由贸易试验区,构建开放型经济新体制综合试点试验地区等。2017年党的十九大报告提出"推动形成全面开放新格局",自此,中国对外开放进入全面开放阶段。这一阶段最重要的举措包括落实"一带一路"倡议、自由贸易港试验和粤港澳大湾区发展等。

4. 初级产品、农产品、工业产品、服务业各行业的外贸发展情况都表明中国经济的迅速发展。

5. 中国目前存在大量贸易盈余,主要来自中美双边贸易。在未来的相当长一段时间里中国仍然能保持较强的出口势头。

习题

1. 简要从农业、工业、服务业三个部门来分析中国外贸改革40年来的发展。
2. 简要分析中国能否在"十四五"时期保持较高的出口水平。
3. 简要分析21世纪以来外商对华直接投资的发展情况。

参考文献

[1] Branstetter, L. and Feenstra, R. C., 2002, "Trade and Foreign Direct Investment in China: A Political Economy Approach", *Journal of International Economics*, 58, 335-359.

[2] Cooper, R., 2007, "Understanding Global Imbalances", *Brookings Papers on Economic Activity*, 2.

[3] Dai, M., Maitra, M. and Yu, M. J., 2016, "Unexceptional Exporter Performance in China? The Role of Processing Trade", *Journal of Development Economics*, 121, 177-189.

[4] Feenstra, R. C. and Hanson, G. H, 2005, "Ownership and Control in Outsourcing to China: Estimating the Property-Rights Theory of the Firm", *The Quarterly Journal of Economics*, 120(2), 729-761.

[5] Fujii, T. and Ando, M., 2005, "Quantifying the Economic Impact of Removing Non-Tariff Measures: Tariff Equivalent Approach", unpublished manuscript.

[6] Griswold, D., 2006, "Who's Manipulating Whom: China's Currency and the U. S. Economy", Trade Briefing Paper, No. 23, Cato Institute.

[7] Lin, J. Y., 2003, "Development Strategy, Viability, and Economic Convergence", *Economic Development and Cultural Change*, 51(2), 276-308.

[8] Naughton, B., 2006, *The Chinese Economy: Transitions and Growth*, The MIT Press.

[9] Pierce, J. R. and Schott, P. K., 2016, "The Surprisingly Swift Decline of US Manufacturing Employment", *American Economic Review*, 106(7), 1632-1662.

[10] Rumbaugh, T. and Blancher, N., 2004, "International Trade and the Challenges of WTO Accession", in *China's Growth and Integration into the World Economy, Prospects and Challenges*, International Monetary Fund.

[11] US-China Business Council, 2006, "The China Effect: Assessing the Impact on the US Economy of Trade and Investment with China".

[12] Voss, H., Buckley, P. J. and Cross, A. R., 2008, "Thirty Years of Chinese Outward Foreign Direct Investment", Paper Presented at the 19th Chinese Economic Association Conference: China's Three Decades of Economic Reform (1978—2008), 1-2 April, University of Cambridge, UK.

[13] Yu, M. J., 2015, "Processing Trade, Tariff Reductions and Firm Productivity: Evidence from Chinese Firms", *The Economic Journal*, 125(585), 943-988.

[14] Yu, M. J. and Zhang, R., 2019, "Understanding the Recent Sion-U.S. Trade Conflict", *China Economic Journal*, 12(2), 160-174.

[15] 海闻、P. 林德特、王新奎, 2003, 《国际贸易》, 上海人民出版社。

[16] 王洛林、李向阳, 2008, 《2008 年世界经济形势分析与预测》, 社会科学文献出版社。

[17] 余淼杰, 2013, 《加工贸易与中国企业生产率》, 北京大学出版社。

[18] 余淼杰, 2016, 《贸易开放与中国经济发展》, 北京大学出版社。

[19] 余淼杰, 2017, 《人民币汇率、信贷约束与国际贸易》, 北京大学出版社。

[20] 余淼杰, 2018, 《企业创新、产品质量升级与国际贸易》, 北京大学出版社。

[21] 余淼杰, 2018, 《余淼杰谈中美贸易》, 北京大学出版社。

[22] 余淼杰, 2019, 《中国对外贸易的奇迹:40 年开放强国之路》, 上海人民出版社。

教辅申请说明

  北京大学出版社本着"教材优先、学术为本"的出版宗旨,竭诚为广大高等院校师生服务。为更有针对性地提供服务,请您按照以下步骤通过**微信**提交教辅申请,我们会在 1~2 个工作日内将配套教辅资料发送到您的邮箱。

◎扫描下方二维码,或直接微信搜索公众号"北京大学经管书苑",进行关注;

◎点击菜单栏"在线申请"—"教辅申请",出现如右下界面:

◎将表格上的信息填写准确、完整后,点击提交;

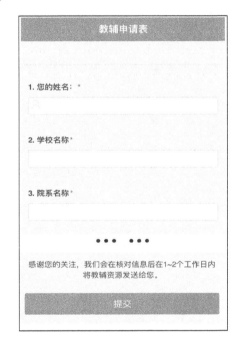

◎信息核对无误后,教辅资源会及时发送给您;
如果填写有问题,工作人员会同您联系。

温馨提示:如果您不使用微信,则可以通过以下联系方式(任选其一),将您的姓名、院校、邮箱及教材使用信息反馈给我们,工作人员会同您进一步联系。

联系方式:

北京大学出版社经济与管理图书事业部
通信地址:北京市海淀区成府路 205 号,100871
电子邮箱:em@pup.cn
电　　话:010-62767312 /62757146
微　　信:北京大学经管书苑(pupembook)
网　　址:www.pup.cn